U0107521

见识城邦

更 新 知 识 地 图 　 拓 展 认 知 边 界

宽容与执拗

迂夫司马光和北宋政治

赵冬梅 / 著

中信出版集团|北京

图书在版编目（CIP）数据

宽容与执拗：迂夫司马光和北宋政治 / 赵冬梅著
. -- 北京：中信出版社，2024.3（2024.4重印）
ISBN 978-7-5217-6230-3

Ⅰ.①宽… Ⅱ.①赵… Ⅲ.①司马光（1019-1086）
－生平事迹 Ⅳ.① K825.81

中国国家版本馆 CIP 数据核字 (2023) 第 238124 号

宽容与执拗——迂夫司马光和北宋政治

著　　者：赵冬梅
出版发行：中信出版集团股份有限公司
　　　　　（北京市朝阳区东三环北路 27 号嘉铭中心　邮编　100020）
承 印 者：北京启航东方印刷有限公司

开　本：787mm×1092mm　1/16　　印　张：29　　字　数：345 千字
版　次：2024 年 3 月第 1 版　　印　次：2024 年 4 月第 2 次印刷
书　号：ISBN 978-7-5217-6230-3
定　价：108.00 元

宽容与执拗

迂夫司马光和北宋政治

目录

图一 ⊙ 宋 佚名 《司马光拜左仆射告身卷》（卷首画像）
绫卷，27.3厘米×594.5厘米，现藏台北故宫博物院。

黄面霜须细瘦身，从来未识漫相亲。

居然不可市朝住，骨相天生林野人。

——司马光《自题写真》，《司马温公集》卷一四，又见山西夏县司马光墓文物保护所藏《宋涑水司马文正公真像》

我为什么要写司马光

印在一本书最前面的话，通常是最后写成的。

从 2011 年开始，在将近两年的时间里，为司马光作传成了我生命中最主要的追求。开始是"我要为司马光作传"，然后是"我必须为司马光作传"，再然后，"我欠司马光一个传"。曾经想过置一方闲章，上刻"涑水门下走狗"，来表达我对司马光的景仰——只是这景仰需附加一个条件："不包括做了宰相的司马光"。生命最后的一年零四个月里，司马光得到了宰相的高位，却背弃了自己一生的信仰，变得像他的对手一样颠顸、专横，不再宽容，不再谋求异见的共存相搅。就像王安石当年不顾一切地推倒旧法一样，司马光一股脑儿推翻了王安石所有的已变之法。苏轼大声抗议："当年韩琦做宰相（决策有误）……您是谏官，极力反对。韩琦不高兴，您一点都不在意。这件事我曾听您详细说过。难道说您如今做了宰相，就不许我说话了吗？"（《宋史》卷三三八《苏轼传》）

"许人说话"的风气一去不返，官僚集团的政见之争、政策之争演变成剧烈的派别之争，党同伐异，小集团的利益取代了国家利益、民族利益，到最后，甚至连皇帝也丧失了"中立"，再没有谁能站在国家民族的高度考虑问题，宋朝的政治走上了不归路。

我真正想写的，不只司马光的传，还有司马光成长、经历、参与创造的那个时代的传记。生于 1019 年，卒于 1086 年，司马光的生命跨越了真宗（997—1022 年在位）、仁宗（1022—1063 年在位）、英宗（1063—1067 年在位）、神宗（1067—1085 年在位）、哲宗（1085—1100 年在位）五个皇帝。

1038 年，司马光进士第六名及第，进入官场。这个时候，距离宋朝建国已经过去了七十八年，军队规模庞大，养兵费用居高不下，官场人满为患、人浮于事，利益集团挤压普通官僚的生存空间，侵占百姓利益，矛盾堆积，不平之气在郁积，在发酵。就在司马光这一榜的科举考试过程中，开封府解试落第举人集体抗议考试不公，仁宗不得不亲自下令取消了五名宰相、副宰相子弟的录取资格。而这只是宋朝国家内部矛盾的冰山一角。同样在这一年，宋夏战争爆发，战事一举击中宋朝武装力量建设方针——以对内防范武人威胁政权为主调——的死穴。经历了一连串的惨败之后，科举出身的文官儒帅终于稳住阵脚，保住了疆土，恢复了和平。范仲淹、韩琦和司马光的恩师庞籍也因为边功卓著积攒了"入相"的资本。由于战争，朝廷不得不加大对社会资源的征发或者说掠夺力度，社会矛盾加剧，部分地区"盗贼"横行。

这样的问题非宋朝所独有，乃帝制时代之通病。任何一个朝代，在建国之初、建国四十年、建国八十年等不同阶段，所面临的问题，所呈现的状态都各不相同。一个显明的例子，是用人。建国之初，朝廷招录、提拔官员的力度通常极大。宋朝建国十七年、二十年两榜（即宋太宗太平兴国二年、五年）所录取的进士，竟有不到十年从普通人升至宰相的（有兴趣的读者可以参看我的《千秋是非话寇准》，电子工业出版社，2012）。而这样的"奇幻"经历，司马光一代，只能想象，无法企及。即使是他的父亲司马池，开国四十五年之后进士及第，也硬是十七年才混到中层。通常来说，个人的命运很难超脱他所处的世代，而一代人的命运与这一代人在那个朝代中所处的阶段息息相关。

司马光所处的时代，矛盾重重，改革声浪高涨。如何解决问题、化解矛盾，让本朝长治久安，走出"朝代更替"的怪圈，是那个时代的精英念兹在兹、不敢稍有遗忘的大关怀。我固执地相信，就在那个时代，在宋朝内部，曾经存在着一种可以把这个王朝带出"朝代更替"宿命的力量，或者说，是很多因素的合力，这些因素包括：不那么强势的、尊重制度与传统的皇帝，有责任感、有担当的知识分子官僚群体，包容异见、接纳批评的政治风气与政治制度。1043—1044 年，在仁宗的大力推动下，范仲淹、富弼主导了一系列以制度建设为核心的改革，今称"庆历新政"。这是一次最为"对症下药"的改革，它触动的是上层的利益。按照通常说法，"庆历新政"以改革派被赶出朝廷而宣告失败。但是，细读历史，你会发现，"庆历新政"的结局绝不是我们理解的那种"失败"——十多年之后，改革派重返朝廷，多项改革措施重新展开，只不过姿态更低，步伐更为稳健、更加有力。改革需要决心和勇气，也需要对现状的尊重，需要长途跋涉、长期战斗的耐力。司马光是"这一派"的改革者——如果我们不把"改革"跟"王安石变法"画等号，只用"改革"的原意"把事物中旧的不合理的部分改成新的、能适应客观情况的部分"，那么，司马光完全可以被称为"改革者"。他尊君、"尊民"，有他的改革措施、改革思路。11世纪50年代后期的宋朝，有一种温和敦厚的、宽容的、向上的政治气候。我花了大量的篇幅描述这种气候，我承认我充满赞美之意，甚至为此甘冒有损历史学者理应保持的中立的风险。

在我看来，仁宗朝也许取得了帝制时代儒家政治所能取得的最好成绩，"吏治若偷惰，而任事蔑残刻之人；刑法似纵弛，而决狱多平允之士。国未尝无弊幸，而不足以累治世之体；朝未尝无小人，而不足以胜善类之气"（《宋史·仁宗本纪·赞》）——一种并不纯净整齐的中庸的美好，背后是复杂的人性与更加复杂的利益缠斗。司马光和他曾经的朋友、后来的对手王安石都是仁宗朝宽容政治的产儿。只可惜，这种宽容经这两个人的手走向了终结。宽容的政治培养出不宽容的政治家，最终埋葬了宽容。

我一直在强调，这是帝制时期儒家政治的最好成绩，皇帝制度是我们认识那个时代的最大前提。让我们不带偏见地、"中性地"来看"帝制"。至少有两重皇帝，第一，是作为朝廷国家象征的"抽象的皇帝"；第二，是宝座上的那个人——"具体的皇帝"。在帝制国家，"抽象的皇帝"具有至高无上的权力和权威，是唯一可以超越任何利益的主体，因而是政治斗争中唯一可称"公正无私"的最高仲裁人。当然，宝座上那个具体的人能否承担这种责任是另外一回事。"抽象的皇帝"与"具体的皇帝"之间的矛盾，或者更准确地说，"具体的皇帝"无法满足"抽象的皇帝"的要求，是帝制国家永恒的问题。

儒家信奉君子政治、贤人治国，那么，谁有资格判定人物贤愚，区别君子小人？说到底，只有皇帝。宰相大臣的判定资格是不完全的，一个不避群议、以选优汰劣为己任的宰相，最有可能受到的攻击就是"结党营私"。唯一可以为他辩白的人只有皇帝，而皇帝最忌讳的恰恰是朋党。"庆历新政"的搁浅，范仲淹、富弼的下台皆植因于此。宰相大臣不结党，政见可以不同，却能共商国是，皇帝保持中立，君臣间保有起码的信任，国家才有出路。对于这一点，司马光有着精准的认识。如果《功名论》这篇文章真的是他在十七岁时完成的，那么，司马光在思想上的早熟是令人赞叹的。

作为一个熟知历史、尊重历史、通达古今之变的人，司马光深知，在宋朝之前，没有一个朝代做到了长治久安。诚实的历史观察与大宋忠臣的美好愿望始终矛盾。从实践上看，司马光选择的是规劝、引导"具体的皇帝"扮演好"抽象的皇帝"的角色。从担任礼官开始，司马光积极参与批评朝政缺失，特别是皇帝以私欲干扰原则的行为。只不过，同包拯的大炮轰鸣、欧阳修的敏锐高调相比，司马光的谏议风格是温和理性的，他总是站在皇帝的立场、说着为皇帝打算的话，他甚至能够把皇帝尚未做出的英明决定描绘成一幕歌功颂德的话剧，最终把皇帝拉回到正确的立场上来。司马氏谏书真是提意见的最佳范本，值得学习。司马光是宋人公认最优秀的监察官、谏官和皇帝老师人选，"司马公，所谓'惟大人能格君心之非'者，以御史大夫、谏大夫执法殿中、劝讲经帷，用则前无古人矣！"（邵博《闻见后录》卷二〇）

　　然而，司马光绝非上佳的宰相人选。他的成长过程过于单纯顺利，作为一个高级官员的小儿子，他从小受到父亲的庇佑，父亲去世后又得恩师庞籍的提携照顾。如果跟王安石相比的话，司马光独当一面的地方工作经验，以及实际行政工作历练都太过缺乏。说到这里，还得回到"时代"的话题——到司马光开始参加工作的时候，完全没有家庭背景的人已经很难上来了，司马光是"官二代"，王安石也是。"官二代"意味着优质的教育条件，广阔的人脉资源，以及自幼的耳濡目染——即使选拔制度完全公平，他们也有更多机会胜出。仁宗朝的游戏规则还算公平。司马光从父亲和恩师那里得到的，基本上是正面的官场教育。这让他对"诚实""孝道""守职"等道德信条终生保持了坚定信仰，也让他在现实政治的"灰色地带"面前痛苦不堪。恩师庞籍违反制度，私藏文书，让司马光免于处分，给他带来了一生之中最大的痛苦和纠结。他的纠结多半来自内心，是内在的崇高道德标准与灰色现实之间的冲突，我们甚至可以说司马光有"道德洁癖"。对于一个政治家来说，这也许并非好事。

　　我想要以司马光为中心呈现一个时代，时代面貌在"司马光的故事"中展开、呈现。首先是作为"司马家孝子"的司马光，然后是在恩师庞籍照拂下的司马光。从家到国，从人子到臣子，忠孝兼顾，是那个时代士大夫的一般成长逻辑。我们离那个时代太远了，这种远，是时间上的暌隔，更是观念上的隔膜生分。我们和宋代，从"人"的概念到生存的意义，从家庭伦理到社会关系，从政治思想到生活方式都发生了决裂式的变动，所以，有的时候，我不得不停下来解释那个时代的基本观念，比如"天人感应"，比如孝道。我曾经说过，我是个细节控，至少在现阶段，我相信历史学相较社会科学的优势就在于细节的真实、丰富与生动，所以，我的司马光传是充满细节的，希望不至于让读者腻烦。

以上，是我为本书的前身《司马光和他的时代》所作的序言，写作时间是 2013 年 11 月 26 日，地点在北京大学李兆基人文学苑历史学系我的研究室。我非常罕见地在早晨思如泉涌，一气呵成。现在是 2023 年 10 月 9 日，同样是早晨，我在香港教育大学的宿舍。台风"小犬"过境，大雨不止。经历过超级台风"苏拉"，我已不再恐惧，只是大风啸叫，不容安卧，于是干脆起来，为本书的前言增补一些说明。

在本书之前，2020 年，我出版了《大宋之变，1063—1086》，它力图展现司马光生命的最后二十四年间北宋政治文化的变迁过程。感谢广西师范大学出版社的慷慨，惠允我使用其中的部分文字，它们构成了本书的第五、六两章；《司马光和他的时代》则构成了本书的第一至四章。我对全书文字进行了修订疏通，希望呈现完整涵盖司马光生命历程的北宋政治文化史。

本书前四章的叙事时间截止于仁宗朝庞籍过世，司马光学而优则仕，在实践中逐渐成长为一名优秀的士大夫；主导彼时政坛的，是范仲淹一代，他们"以通经学古为高，以救时行道为贤，以犯颜纳说为忠"（苏轼《六一居士集叙》），作成"本朝忠义之风"（朱熹语），开创了华夏政治文化史上的"造极"（陈寅恪语）之世。

后两章的叙事时间起于英宗即位，止于哲宗初年司马光过世，中经神宗朝波澜壮阔的大变法时代。一代新人换旧人，司马光－王安石代际的士大夫开始占据开封政治舞台的中心位置，成为宋朝政治的主导力量。先是王安石得君行道，推行新法，以"富国"促"强兵"，新法成为压倒一切的政治正确，反对派受到排挤打压，"天变不足畏，祖宗不足法，人言不足恤"，在"三不足"精神的指引下，"具体的皇帝"被从笼子里放出，趋向专制，士大夫的议政空间受到压缩，宋朝政治出现"法家转向"。司马光退归洛阳，做了十五年的"历史学家"，成就了一部不朽的史学巨著《资治通鉴》。神宗驾崩之后，司马光重返朝堂，获得了主导朝廷国家政治走向的权力，试图在政治上重返仁宗朝，可惜他志大才疏，回天乏术。一方面，他对王安石新法的实施效果不加调查辨析，一概视为害民之法，试图全面推翻，由此导致了官僚集团的认识混乱，加剧了分裂；另一方面，他希望推行和解，重建"异论相搅"的多元政治，却又不能约束台谏官对异己势力的排斥打压。最终，司马相业"寥寥焉无一实政之见于设施"（王夫之《宋论》），只有破坏，没有建设。

从《司马光和他的时代》到《大宋之变，1063—1086》，再到本书，我改变了对晚年司马光政治形象的看法。在本文的开头，我这样写道："生命最后的一年零四个月里，司马光得到了宰相的高位，却背弃了自己一生的信仰，变得像他的对手一样颟顸、专横，不再宽容，不再谋求异见的共存相搅。"这是我在 2013 年的认知。到了 2016 年，在方诚峰《北宋晚期的政治体制与政治文化》的支持下，我逐渐坚定了自己的新认识：司马光没有晚年变节，背弃宽容，他是一以贯之的，始终追求心中真理，希望重建宽容政治。但就是这样的司马光，在哲宗初年特定的历史条件下，却无可奈何又合情合理地"必然"走向宽容的反面。执政的司马光与王安石，外在行迹固然相似，内心理念其实相悖。王安石求仁得仁，司马光种瓜得豆。仁宗朝宽容政治培养出来的两位政治领袖，以不同的方式，联手破坏了宽容政治。每念及此，能不太息?!

　　1943 年，避难于广西桂林雁山园的陈寅恪先生充满深情地写道："华夏民族之文化，历数千载之演进，造极于赵宋之世，后渐衰微，终必复振。"就政治文化而言，我一向服膺此说。而我的观点又比陈先生微细具体，我以为，宋朝之取得帝制时期儒家政治的"造极"成绩，只在仁宗朝，之前是积累，而这种"造极"之势，可惜也未能长久，王安石变法之后宋朝政治出现法家转向，好景不再，迤逦以至金元明清，每下愈况，遂成近代之前中国之精神面貌。宋代何以"造极"？陈先生有过一句很简短的话，似可为说，"六朝及天水一代，思想最为自由"。

　　是为记。

赵冬梅

2023 年 10 月 9 日

香港教育大学职员宿舍

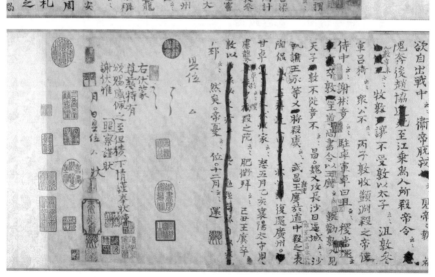

图二 ⊙ 北宋 司马光 《资治通鉴稿》残卷（局部）

纸本长卷，墨书，33.8 厘米×130 厘米。此残卷是史学家、政治家司马光亲手书写的《资治通鉴》文稿残本，约 29 行，计 460 多字，记录的是东晋元帝永昌元年（322）的事件。

我曾有幸近距离反复端详司马光《资治通鉴稿》残卷（高仿），忽然想明白了"残卷"和"长编"乃至"广本"之间的关系：首先，助手作"长编"，司马光对着"长编"，一边读一边把可以修入正文的部分自己用笔另纸标记下来，标记方式是每一事只记起首和结尾字样。这一环节的草稿，或可称为"标记稿"，"残稿"（残卷）即属此类。其次，抄书手利用"标记稿"的指示，将"长编"中需要保留的部分抄出，（极有可能）成为"广本"。再次，对"广本"做进一步修订（可能在广本上直接做），即成为定本。此前我一直对"残卷"的性质存疑，主要是因为司马光自述修书功课是每三天删定一卷，每卷四丈长。我误以为他是在"长编"原稿上直接删修，而"残卷"的内容相较于"长编"，显然简单得不像话。我因为对"残卷"的性质感到含糊，所以在《大宋之变，1063—1086》第一次印刷的文本中没有做处理，后经孙文泆先生提示，加了一个注释，略做说明，然而也未能明其所以。后蒙《春妮的美好时光》不弃，得与国图张志清馆长、善本组长李坚学妹共话《通鉴》，不想竟有此悟。下次讲课可以说得明白，诚意外之喜。

——作者新浪微博"八八级的赵冬梅"，2022 年 4 月 11 日

引子

司马光是谁

司马光这个名字，在中国几乎无人不知。

人们心目中的司马光，首先是"砸缸救人的小英雄"。小学课本里的故事是这样讲的：司马光小时候，跟小朋友们在花园里玩，有个小朋友没留神，一头栽进装满了水的大缸里，当时，周围一个大人也没有；性命攸关，别的小朋友全吓傻了，千钧一发之际，司马光搬起一块大石头，三下两下就把缸砸破了；缸破，水出，小朋友得救。"司马光砸缸"的故事，以及故事中勇敢有急智、遇事不慌张的小英雄司马光，可以说是家喻户晓、尽人皆知。当然，也有人怀疑"砸缸"故事的真实性。其事为真，为假？宋朝有没有那么大的缸？若其事为真，司马光又是在哪里砸的缸？以上种种，且容后文仔细分辨。至少，"司马光砸缸"故事的原型，在宋人笔下已经出现。

然而，司马光的生命又何止于"砸缸"?！司马光生于宋真宗天禧三年（1019），卒于宋哲宗元祐元年（1086），活到六十八岁，"砸缸"只是他童年生活一个小小的插曲。它瞬间发生，传为佳话，最终成为中华民族民间记忆的一部分，故事里的司马光也成了一代又一代中国孩子的榜样。"砸缸"故事，外人、后人可以反复讲述，不断强化，而司马光本人和他的父母却必须淡化甚至遗忘，不然的话，司马光的人生就很可能沦为"伤仲永"的又一版本了。司马光六十八年的人生岁月，"砸缸"之后，精彩无限。

人们对司马光的另一深刻印象，是"伟大的史家"。中国素有"史界两司马"之说，第一位指《史记》的作者司马迁，第二位指的便是司马光。司马光的史学成就与《资治通鉴》同光。《资治通鉴》是一部编年体巨著，皇皇二百九十四卷，按照时间顺序，记述了从周威烈王二十三年（前403）到五代后周世宗显德六年（959）一千三百六十二年间的历史，"专取关国家盛衰，系生民休戚，善可为法，恶可为戒者以为是书"[1]，旨在为治国理政者提供一部历史教科书。南宋大儒朱熹称赞《资治通鉴》："伟哉书乎，自汉以来未始有也！"[2]现代史家也从不吝啬对《资治通鉴》的赞美之辞，陈寅恪说它是"空前杰作"[3]，岑仲勉说"论到编纂的方法，史料的充实，考证的详细，文字的简洁，综合评论，确算它首屈一指"[4]。自《资治通鉴》问世以来，各种注释之作、考据之

---

[1] 胡三省：《胡三省新注资治通鉴序》，见司马光编著，胡三省音注：《资治通鉴》，中华书局，1956年，第28页。

[2] 朱熹：《跋通鉴纪事本末》，《晦庵先生朱文公文集》卷八一，见朱杰人、严佐之、刘永翔主编：《朱子全书（修订本）》第24册，上海古籍出版社、安徽教育出版社，2010年，第3827页。

[3] 陈寅恪：《唐代政治史述论稿》，生活·读书·新知三联书店，1956年。

[4] 岑仲勉：《通鉴隋唐纪比事质疑》，中华书局，1964年，第1页。

作、延续之作、改写之作、研究之作相继出现，司马光和他的《资治通鉴》已经成为史学研究领域中一处占尽风光的园地。

可是，"伟大的史家"又岂足以赅括司马光的人生?! 历史学家，这是今人按照现代职业分类标准给司马光贴上的标签。现代职业的特点是专业化和终身化，分工越来越细，专业领域越来越窄，专业人士所追求的，是成为"一领域之专家"，"从一而终"直至退休。然而，若以此标准评判和衡量一千年以前的宋朝人司马光，则必然失之偏颇。

宋朝是中国"科举社会"的开端，"取士全然不问门第，士大夫多出草野，贵族无论新旧而皆消亡"[1]，通过科举进入官场的新型士大夫是学者与官僚一身二任的。司马光二十岁中进士，步入仕途，此后一直到死，他的官僚身份都未曾改变，他对学术的追求也从未停止。对司马光这样的学者与官僚一身二任的宋朝士大夫来说，"治学"与"从政"就像是一个人的思想与行动，无法分割，或者说"治学"本身也是"从政"的一种方式。从二十岁中进士开始，司马光在宋朝官场上奋斗了四十八年。这四十八年当中，有十五年，他远离首都，退闲洛阳，专事《资治通鉴》的编修。但我们万不可因此误认为司马光的官僚生涯中断了十五年。对司马光来说，"得君"可以"行道"——如果皇帝接受自己的主张，那么他愿意留在朝廷用理想改造现实；如果皇帝的选择与自己的

[1] 何怀宏：《人累科举》，见刘海峰编：《二十世纪科举研究论文选编》，武汉大学出版社，2009年，第632页。

主张背道而驰，那么他只能选择通过学术来传递思想、教育皇帝、影响官僚。换言之，历史写作是司马光表达思想、参与政治的方式。在司马光那里，古代历史与现实政治之间不是了不相关，而是息息相通的，过去是现在的镜子，了解过去是为了建设现在。事实上，洛阳十五年，司马光虽然被排斥在政治中心之外，但他的政治影响力却在慢慢积攒、不断增长之中。

司马光的学问绝不限于史学，他的著作也不止于《资治通鉴》，他的学问要比我们通常所知的广大得多。司马光死后，苏轼为作行状，历数其一生著述："有《文集》八十卷，《资治通鉴》二百九十四卷，《考异》三十卷，《历年图》七卷，《通历》八十卷，《稽古录》二十卷，《本朝百官公卿表》六卷，《翰林词草》三卷，《注古文孝经》一卷，《易说》三卷，《注系辞》二卷，《注老子道德论》二卷，《集注太玄经》八卷，《大学中庸义》一卷，《集注扬子》十三卷，《文中子传》一卷，《河外谘目》三卷，《书仪》八卷，《家范》四卷，《续诗话》一卷，《游山行记》十二卷，《医问》七篇。"[1]司马光的礼学成就，得到南宋大儒朱熹的高度评价。朱熹认为司马光的礼学在北宋儒家中是首屈一指的，既有儒家经典做根基，又参考了当时通行的做法："本诸《仪礼》，最为适古今之宜"，"其中与古不甚远，是七八分好"。朱熹甚至嘱咐他

[1]苏轼：《司马温公行状》，见苏轼撰，茅维编，孔凡礼点校：《苏轼文集》卷一六，中华书局，1986年，第491—492页。《资治通鉴》的卷帙数为"二百九十四"，原文误作"三百二十四"，据《宋文鉴》本改。见吕祖谦编，齐治平点校：《宋文鉴》卷一三七，中华书局，1992年，第1936—1937页。

的学生，在编修礼典的时候，祭礼部分拿司马光的《书仪》做基础，略加修改，就可以了。[1]司马光甚至还留下了一部诗歌鉴赏小品《续诗话》，部头很小，只有一卷，而后来学者对它也是评价颇高，说："光德行功业冠绝一代，非斤斤于词章之末者。而品第诸诗，乃极精密。"[2]除此之外，司马光对医学也颇有心得。照南宋人的看法，司马光"于学无所不通"[3]，可以说是那个时代的全才。

因此，关于"司马光是谁"，典型答案二——"中国历史上最伟大的历史学家"仍然是正确而不全面的。

下面来看第三个典型答案，司马光是王安石变法的反对派领袖。中国历史上以变法著称的历史人物不少，任何一个受过教育的人都能数出几个来，比如赵武灵王、商鞅、吴起、王安石、张居正。但是，这些变法派的对立面是谁？普通人能说得上名字来的，恐怕就只有王安石的对立面——司马光了。教科书把变法派的对立面称作"保守派"。司马光可以说是中国历史上最著名的保守派。

司马光是保守派，是反对王安石变法的人。这个答案是中学历史教科书给出的有关司马光的标准答案。高考历史试卷上如果出现"司马光"或者"王安石变法失败的原因"，照下边这样答，

[1] 朱熹：《礼一·论后世礼书》，见黎靖德编，王星贤点校：《朱子语类》卷八四，中华书局，1986 年，第 2183 页。

[2] 语出《四库全书总目·集部·诗文评类》。清乾隆时期，纪昀（晓岚）等人奉旨修《四库全书》，收录司马光著作十七种，贯穿了经史子集四大门类。

[3] 王称：《东都事略》卷八七下《司马光传》；晁公武：《郡斋读书志》卷一九别集类下。

应该问题不大：宋神宗时，为了解决宋朝政府长期存在的积贫积弱的问题，实现富国强兵的目的，宰相王安石在宋神宗的支持下，推行了一系列变法措施；神宗去世之后，他的儿子哲宗幼年即位，神宗的母亲太皇太后高氏掌权，请保守派领袖司马光还朝担任宰相；在一年零两个多月的时间内，司马光将王安石的变法措施尽数推倒，全部废除。王安石变法最终以失败告终。

如果高考这样答，谁来阅卷也不能扣你的分。教科书上写着各种标准答案，背下来就能换来分数，这是教育体制跟学生签的合同，谁也不能违反合同。然而，教科书上写的实在不能等同于真理，在教科书、考场和分数之外，我们还是可以坐下来，认认真真、心平气和地讨论讨论这个问题。司马光的确反对王安石变法，这一点儿没有问题。那么，司马光反对王安石的变法，是不是就等于他是一个顽固守旧、抱残守缺、情愿看着国家走向衰败也不愿做任何改变的人呢？或者说，站在王安石的对立面就一定是错误的吗？反过来说，王安石变法就一定全面正确、没有任何问题吗？这些问题是可以问也应该问的。除此之外，我们甚至还可以讨论一下"保守派"的含义，"保守的"就一定是"反对变革"的吗？在激烈的变革与顽固的守旧之间，究竟有没有一条更稳妥的道路？

作为一个本分的历史学者，对于典型答案三，我同意"司马光是王安石变法的反对派"，但是对隐藏在这个叙述之下的价值判断——"司马光是顽固守旧、反对改革的"，我则持严重怀疑态度。在本书之中，我会尽我所知，从历史事实出发，为司马光辩护。

综上所述，关于"司马光是谁"，存在三种典型答案：第一，砸缸救人的勇敢男孩；第二，《资治通鉴》的作者——中国历史上最伟大的历史学家之一；第三，王安石变法的反对派领袖。这三种答案的共同特点，是它们都非常简洁明快，就像是京剧舞台上的人物脸谱，特征鲜明、类型突出、一目了然。它们简单抽象，最大限度地省略细节，以突出主题。

然而，如果我们真的认为这就是司马光，哪怕我们把这三种答案拼凑在一起，说"司马光小时候曾经砸缸救人；后来编著了《资治通鉴》，是个伟大的历史学家；他在政治上趋向守旧，反对王安石变法"，认为这就是历史上的司马光，也是不真实、不准确、不全面的。小学语文课本里有个故事，说图画课上，老师拿了个杨桃让同学们写生。正对着杨桃横切面的孩子画了一个五角星，同学们都笑他乱画，说这不是杨桃。但是，当他们一个一个坐到那个面对着杨桃横切面的位置上时，却看见了同样的五角星。那个敢于把杨桃画成五角星的孩子，诚实而勇敢。然而，如果这个孩子从此坚信杨桃就是五角星那样的，那他就跟盲人摸象故事里的盲人差不多了。杨桃不是五角星形的，大象的长相既不像扇子、柱子，也不像墙和绳子。对待比杨桃、比大象复杂丰富千万倍的历史人物、历史事实，只做脸谱化的简单抽象，只会让我们远离真实。杨桃可以画成五角星，但五角星只是从特殊角度看到的杨桃，杨桃究竟是一种什么样的东西，要从各个角度看，还得摸过、尝过，才能知道。要想知道历史上真实的司马光究竟是一个怎样的人，就必须回到历史本身，到史料中去，进行严谨细致的考察，还必须抛开成见，才有可能窥见真相。

关于司马光，最"靠谱"的史料应当是宋朝人的记载。那么，宋朝人记忆中的司马光是怎样一个人呢？

司马光去世之后，与他有师生之谊的苏轼为他撰写了行状，也就是"生平事迹总述"。行状中有两段十分"催泪"的记载。第一段所记之事发生在1085年神宗去世之后不久，原文如下：

> 神宗崩，光赴阙临。卫士见公入，皆以手加额曰："此司马相公也！"民遮道呼曰："公无归洛，留相天子，活百姓！"所在数千人聚观之。

因为反对王安石变法，司马光主动请求远离首都开封，远离政治中心，到洛阳居住，一心编修《资治通鉴》。到神宗去世为止，司马光已经在洛阳闲居了十五年。

神宗去世之后，司马光从洛阳赶往开封奔丧。守城的禁军军人看到司马光来了，都将手掌放在前额说："这就是司马相公啊！"开封的老百姓看见司马光，奔走相告，围观的人来了好几千，路都堵上了。人们哭喊着："大人不要再回洛阳了，留下来辅佐皇帝，给老百姓争一条活路吧！"

最终，司马光回到开封，担任了小皇帝哲宗的宰相。司马光的宰相生涯非常短，只有一年零两个月，而后便因病去世。这第二段记载的就是司马光去世前后的故事：

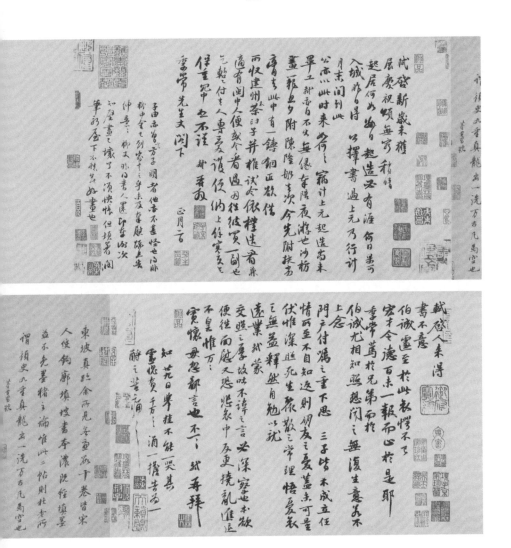

图三 ⊙ 北宋 苏轼 《新岁展庆帖》（局部）（上），纸本，30.2厘米 × 48.8厘米，现藏北京故宫博物院。《人来得书帖》（局部）（下），纸本，29.5厘米 × 45.1厘米，现藏北京故宫博物院。

病革，谆谆不复自觉，如梦中语，然皆朝廷天下事也。既没，其家得遗奏八纸，上之，皆手札，论当世要务。京师民画其像刻印鬻之，家置一本，饮食必祝焉。四方皆遣人购之京师，时画工有致富者。

图四 ⊙ 宋 佚名 《宋人耆英会图》（局部）

绢卷设色，32.2厘米×258.5厘米，现藏台北故宫博物院。司马光远离开封到洛阳居住，一心编修《资治通鉴》。此长卷反映的正是司马光闲居洛阳时，与赵丙、张焘等耆老在富弼家聚会的场景。

　　意思是说，司马光病情加重，不停地喃喃自语，就像说梦话一样，可是说的都是朝廷事、天下事，没有一件是私事、家事。司马光去世之后，家人把他最后的八纸遗奏进奉给朝廷，上面讨论的都是当世要务。开封有老百姓画了司马光的像，刻印出售。开封居民一家一幅，恭恭敬敬地供奉着，每次吃饭之前都要对像祷告。全国各地都派人到开封来买司马光的画像，有的画工因此发了财。

　　这两个片段所传递的历史信息其实很复杂，其中最核心、最显而易见的信息，是司马光深得百姓爱戴。一个什么样的官员或者说宰相能得到百姓如此爱戴？生活作风简朴，工作作风严肃，讲原则而通情理，关键的关键，是他时时事事，要把老百姓的疾苦放在心上！所有这些，司马光做到了，老百姓也看到了！这是口碑，是群众舆论。

　　那么，司马光的官方评价又是怎样的呢？司马光去世之后，

大宋朝廷给他的谥号是"文正"。谥号，是古代国家对个人最简明扼要的人生评价。"文正"是一个文官所能得到的最崇高的谥号。北宋凡一百六十七年，"居相位者七十二人，位执政者二百三十八人"[1]，宰相、副宰相级高官加起来有三百一十人，得到"文正"谥号的只有三位[2]，其中之一就是司马光。"文正"之难得，关键在于"正"。"文"所强调的是文官的文化修养、学术造诣，"忠信接礼""敏而好学""道德博闻"皆可称"文"。"正"所强调的是公众舆论的评价，"惟众人之所同服者正也，天下之议惟

[1] 脱脱等撰，中华书局编辑部点校：《宋史》卷二一〇《宰辅表·序》，中华书局，1985年，第5415页。

[2] 另外两位是王曾和范仲淹。李心传《建炎以来朝野杂记》甲集卷九《大臣谥之极美者》："大臣谥之极美者有二：本勋劳，则忠献为大；论德业，则文正为美。有国二百年，谥忠献者才三人，赵韩王、韩魏王、张魏公是也。谥文正者亦才三人，王沂公、范汝南公、司马温公是也，其品可知矣。"李心传自注："李司空、王太尉皆谥文贞耳。宣、政间，蔡卞、郑居中亦谥文正，终不足录。渡江后，秦桧谥忠献，实博士曹冠为之。"见李心传撰，徐规点校：《建炎以来朝野杂记》，大象出版社，2013年，第154页。

众为最公"[1]，只有得到群众的爱戴、舆论的广泛拥护，才配称作"正"。"文正"公必须是表里如一的君子，是按照最高标准践行了儒家道德标准的人。

司马文正公，公认的至诚君子，深受百姓爱戴，为朝廷鞠躬尽瘁、死而后已的好宰相。这就是苏轼笔下的司马光形象。这个司马光与历史教科书上那个顽固保守的旧势力代言人，简直就是南辕北辙、风马牛不相及。可是，历史上的司马光只有一个。那么，究竟哪一个司马光才更接近历史的真实？宋朝当时人对司马光的认识就更加正确或者说准确吗？苏东坡《司马温公行状》里的司马光形象就一定比教科书里的更接近真实吗？苏东坡《题西林壁》诗云："横看成岭侧成峰，远近高低各不同。不识庐山真面目，只缘身在此山中。"用苏东坡揭示的哲理来衡量苏东坡笔下的司马光，我们完全有理由质疑苏东坡记载的真实性。作为司马光的同时代人，苏东坡，还有当时的其他记录者很可能因为利益相关或者恩怨相结，故意扭曲事实，制造了一个他们想让我们看到的司马光形象。

说到这里，可能有些读者已经被我弄糊涂了："你刚才说我们教科书里的司马光形象不靠谱，说要回到史料，到史料中去寻找真相。苏东坡的记载是史料了吧，你又说苏东坡没准儿也不靠谱。那究竟还有靠谱的没有？我们还能不能了解一个真实的司马光？"

[1] 苏洵：《谥法》卷一"文"，卷二"正"，中国基本古籍库扫描清道光金山钱氏刻珠丛别录本，叶 2B、3A，叶 1A。

当然能。唯一的历史已经消失，唯一的司马光早已不在。但是，借助当时人的记载，我们还是有可能认识一个相对真实的司马光的。只不过，要想得到真实的认识，就必须做到两点。

第一，抛开现代人的成见。如果你还是把"司马光是反对王安石变法的顽固派"这个成见堵在大门口，那就不用听我讲了，因为听也听不进去。我不能也不敢要求大家把这个成见彻底忘掉，只希望大家把它放在旁边，当我讲到那部分的时候，请你把它跟我讲的做一个心平气和的对比，看看哪种更合情合理、接近真实。

第二，要警惕史料的记载偏向。当时人记当时事，好处是真切，问题是可能有偏向。这种偏向可能是无意的，也可能是故意的。比如儒家传统就讲究"父为子隐，子为父隐，直在其中"[1]，如果父亲偷了别人家的羊，儿子应当为他隐瞒而不是告发，反之亦然，这样做虽然涉嫌隐瞒犯罪，但是它符合孝道、符合家庭伦理需要，因此是正直的做法。所以，司马光的朋友、学生对司马光的记载多半会偏重于他好的一面，而他的敌人则多半会抹黑他。我们看到的史料多多少少会带有偏向。这是读史的人必须警惕的。我会尽量参考、比较正反两方面的意见，尽量去除史料的记载偏向，努力还原一个真实的司马光。当然，也请读者朋友监督、警惕我可能出现的个人偏向。

我为本书设定了三项任务。

---

[1] 皇侃撰，高尚榘校点：《论语义疏》卷第七《子路第十三》，中华书局，2013年，第338页。

第一，讲述一个人的成长史，揭示司马光的生命历程、政治生涯与思想变化。生命、政治和思想三大主题相互交织，理想、学术与现实相互激荡，共同构成了司马光六十八年的人生经历。他从二十岁开始官僚生涯，服侍了仁宗、英宗、神宗、哲宗四位皇帝，最终做到宰相，激昂过，低沉过，得意过，失意过，而忠君爱民之心始终如一。一个人做一时君子并不难，难的是一辈子都做君子。保持表面上的温文尔雅已是不易，更何况要做到至诚至忠、表里如一？司马文正公，这"文正"二字是如何炼成的，我希望能给出令人信服的解释。

第二，讲述一段激烈变革时代的思想交锋史、政治斗争史。其中最核心的部分，是大家所熟悉的司马光与王安石变法之间的缠斗。"变"并不是王安石的发明，在王安石变法开始之前很久，现状必须有所改变，就已经成为大宋有识之士的共识。如朱熹所言："只当是时，非独荆公要如此，诸贤都有变更意。"[1]司马光也有相当多的变革主张。只不过司马光想要的"变"是在维持现状基础之上的稳妥的、渐进的"变"，用今天的话来说，就是"在继承的基础上的改变"。而王安石的主张则要激进得多。哪一个更好，这里暂且不做评判。可以肯定的是，不管是王安石，还是司马光，都称得上伟大的理想主义者。[2]他们都是理想至上的人，如果不能

[1] 语出《本朝四·自熙宁至靖康用人》，见黎靖德编，王星贤点校：《朱子语类》卷一三〇，中华书局，1986年，第3111页。

[2] 见刘子健著，赵冬梅译：《中国转向内在——两宋之际的文化内向》，江苏人民出版社，2002年。

推行自己的政治理念，如果现行政策违背自己的政治理念，那么，这两个人都可以毫不犹豫地放弃高官厚禄，情愿退隐，情愿闲置。这样的两个人，即使成为政敌，也不妨碍他们给对方以公正的评价。这样的两个人是宋朝建国近百年来宽容的政治气氛培育和造就的，随着王安石和司马光在一年之内相继陨落，这种宽容也逐渐消散，直到完全不见。最终，我们看到了北宋灭亡之前宋徽宗、蔡京时代专权独断的腐败政治。宽容消失的源头，就在王安石和司马光的最初交锋之中。呈现那段思想交锋、政治斗争的历史，揭示宽容消失的过程，是我想要做的第二件事。

第三，讲述巨星们互动的历史，揭示司马光与同时代其他历史人物之间的关系。司马光时代的政治舞台上可以说是星光闪耀，有着"超豪华"的"演出阵容"。在司马光的故事里，有范仲淹、欧阳修、包拯，有王安石，有苏轼、苏辙兄弟，有宋神宗。是的，原来他们曾经在一起，曾经有互动。我将怀着一颗仰慕的心，跟大家一起回顾那个群星闪耀的时代。当然，在我的讲述中，司马光是毫无疑问的第一男主角，所有的故事都将围绕他展开。

宽容 与 执拗

迂 夫 司 马 光 和 北 宋 政 治

第一章

名父之子，迂夫本色

01 家世背景与祖先记忆

家庭出身与个人成就的关系，是现代历史学中一个老生常谈的有趣话题。秦末农民大起义领袖陈胜喊出的那一句"王侯将相，宁有种乎"，真有石破天惊的觉悟。而最终以平民之子登顶权力巅峰的，却是汉高祖刘邦。从东汉末年到唐代前期，家庭出身一度是压倒一切的决定性因素，能不能受教育、当官，当又累又危险的官还是当又轻松又升得快的官，能够跟谁结婚，该穿什么样的衣服，跟谁在一起吃饭聊天，都是家庭出身说了算。相比之下，宋代的人有了更多自由，更多地摆脱了家庭出身的束缚，可以靠个人奋斗求取功名。尽管如此，家庭背景在个人成长中的作用仍然是至关重要的。现代心理学告诉我们，成年人身上任何的善与恶、喜悦与悲伤，都可以在童年找到根源。家庭就像是无形的模子，在每个人走向社会之前就已经赋予了我们大

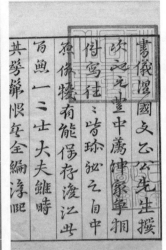

图五 ⊙《司马温公书仪》书影

司马光所撰《书仪》讨论家族内部的礼仪制度。

致的形状。走向社会之后，家庭的影响仍然时隐时现，几乎无处不在。古人其实也不例外。

宋朝士大夫特别重视家族的建设和维护，司马光尤其如此。他有一部礼学著作《书仪》，专门讨论各种家族内部的礼仪制度，受到南宋儒学大师朱熹的高度赞誉。这部《书仪》吸收了古礼，以宋代的标准衡量，又极为实用，有书信礼仪、冠礼（成年礼）、婚礼、丧礼等等，对于"新媳妇见公婆""女婿见岳父母"等等，都有相当具体的指导，对于怎样当家长、怎样当晚辈，也有原则性的意见。司马光对家族的重视，与司马家族有着莫大的关系，而司马家族本身也是他成长史的重要组成部分。可以说，没有那样的司马家，就不会有那样的司马光。

现代版的司马光简介，通常会说他是宋代的陕州夏县，也就是现在的山西夏县人，但是，宋元时代的人在谈到司马光家世的时候，却有三种不同说法。

第一种是大跳跃式的，首先把司马家的源头一直追溯到遥远古代的高贵皇族，然后中间没有任何过渡，就跳到了司马光无官无爵的高祖或者曾祖。比如，司马光死后，苏轼代表宋朝官方所作的《司马温公神道碑》[1]，就是这样写的：

> 其先河内人，晋安平献王孚之后。王之裔孙征东大将军阳，始葬今陕州夏县涑水乡，子孙因家焉。曾祖讳政，以五代衰乱不仕……

这段文字一共三句，每一句的内容都可以独立成篇。第一句："其先河内人，晋安平献王孚之后。"河内，郡名，治所在今河南沁阳。晋安平献王司马孚，是西晋奠基人司马懿的亲弟弟，西晋开国皇帝司马炎的叔祖父，《晋书》有传。[2] 这样说来，司马光的家世实在是很了不起的。

第二句："王之裔孙征东大将军阳，始葬今陕州夏县涑水乡，子孙因家焉。"这说的是司马氏这一支定居夏县的原因。司马孚的孙子司马阳，也是个响当当的人物——"征东大将军"，后来（不知何时何故）葬在了陕州夏县涑水乡的高壕里（今夏县坡底村一带），他的子孙就在那儿定居下来，繁衍生息，成了陕州夏县涑水乡人氏。

第三句："曾祖讳政，以五代衰乱不仕……"这说的是司马光的

---

[1] 见苏轼撰，茅维编：《苏文忠公全集·东坡集》卷三九，明成化本。

[2] 见房玄龄等撰，中华书局编辑部点校：《晋书》卷三七《安平献王孚传》，中华书局，1974年，第1081—1085页。

曾祖父司马政没有出来做官的原因。五代是唐朝之后、宋朝之前的一段分裂过渡时期，一共只有五十三年，却换了五个朝代、十三个皇帝，的确是个乱世。因为乱，所以司马政没有做官，只是个平头老百姓。其实，不只司马光的曾祖父、高祖父是平民，再往上捯，司马家族自唐代起就"仕宦陵夷，降在畎亩"，几百年没出过什么像样人物了。

三句连起来形成了强烈的跳跃感：从西晋的皇族、大将军"噌"的一下就跳到了唐五代的一介平民，六七百年的时光一跃而过。不仅跳跃，而且虎头蛇尾。皇族后裔、大将军子孙，是何等显赫威风，怎么几经跳跃就成普通百姓了呢？这中间没有任何交代，让人觉得那遥远的光荣简直就像是虚构的传说。这是宋朝人有关司马光家世的第一种说法。

宋朝人对司马光家世的第二种说法，是根本不提晋安平献王司马孚，抛开像传说一样辉煌的远祖，避虚就实，直奔主题。南宋人王称所作的《东都事略》中的《司马光传》就是这个路数，直接上来就是姓名、表字、籍贯，然后干脆利落地介绍本人事迹。这篇传记的开头是："司马光，字君实，陕州夏县人。"这样写，是不承认或者至少不重视司马光跟西晋皇族的关系。

关于司马光家世，还有第三种说法。在元人所修的《宋史》当中，司马光和他的父亲司马池都有独立的传。按照古人修史的一般做法，父子都有传的，有关家世背景的介绍要放在父亲的传里，儿子的传只要说明他爸爸是谁就可以了。《宋史·司马池传》这样介绍家世："司马池，字和中，自言晋安平献王孚后……"元朝人修《宋史》，很多内容都是从宋朝人自己编的"国史"中直接抄过来的，所以，这种说法多半是宋朝国史的记载，它反映了宋朝一部分人对司马光家世的看法。"自言"者，"自称"也。"司马池自己说他是西晋皇族的后裔"，年代那么久远，谁知道呢。这第三种说法大有弦外之音，对司马光与西晋皇族的关系，采取了一种有欠厚道的怀疑态度。

那么，说司马家是西晋皇族后裔、安平献王司马孚的后人，究竟是攀附还是历史事实？那遥远得像传说一样的辉煌祖先，在司马光的人生中是无足轻重还是意义非凡？不管答案是哪种，司马孚跟司马光的实际生活肯定是没关系的。所以，我们可以把他那辉煌的远祖暂时放在一边，先从他那"入宋以前皆平民"的近世祖先谈起。

司马光的高祖司马林、曾祖司马政都没当过官，"以五代衰乱不仕"。孔子曾经说过："邦有道，则仕；邦无道，则可卷而怀之。"[1]大意是，如果现政权有道，那么，有操守的人就应该当官，进入政府以实现理想、服务大众；如果现政权无道，那么，有操守的人就应该不参与政治、韬光养晦、保全自我。五代衰乱，政权短命而"无道"，所以，司马光的祖先选择了"卷而怀之"，不愿意出来当官。这是一种很高尚的形象，它属于司马家族的祖先记忆。

人们记忆中的祖先往往带着高尚美好的光环，而历史学者常常会做的事就是打破光环，告知真相。当然，真相不一定都糟糕，只是没有那么辉煌。关于司马光先祖的"不仕乱世"，可以补充两点。第一，五代时期，想"仕"也不易。五代，"天子，兵强马壮者当为之"[2]，各政权提供给读书人的工作机会非常少。虽然科举年年举行，但一年

[1] 皇侃撰，高尚榘校点：《论语义疏》卷第八《卫灵公第十五》，中华书局，2013年，第397页。
[2] 薛居正等撰，中华书局编辑部点校：《旧五代史》卷九八《晋书·安重荣传》，中华书局，1976年，1302页。

就录取那么几个人；就算考上了，巴结不上有权有势的，也很难获得提升；就算是靠上大树、抱住粗腿了，也不知道这棵大树能撑多久，这条粗腿何时会断。"徒见以乱易乱，若覆杯水。不如田家树一本疏木，尚得庇身荫族，积久存也。"[1] 所以，一般来说，当官不如种田。第二，司马家"自唐以来，仕宦陵夷，降在畎亩"[2]，财产和势力有限，所以，没有军人会强拉他们入伙，可以"不仕"。

大致而言，在进入宋朝以前，司马家族在陕州夏县涑水乡本乡本土的小范围内享有崇高声誉，属于"本乡贤达"。那么，这样一个平民家族为什么能为大宋培养、贡献司马光这样的名臣呢？司马光的成功是横空出世，还是循序渐进、水到渠成？

虽然司马家人宋以前皆平民，但是，司马光绝不是那种"朝为田舍郎，暮登天子堂"[3]、一步登天、横空出世的草根宰相。相反，如果我们把司马光的祖父司马炫、父亲司马池和司马光三代人的经历按照时间顺序排列一下，就会发现一条不断向上的爬升曲线。

第一代是司马光的祖父司马炫，此人是司马家第一个中进士做官的人，可能是因为去世得早，官位并不高，只做到耀州富平县（今陕

---

[1] 柳开撰，李可凤点校：《柳开集》卷一四《宋故中大夫行监察御史赠秘书少监柳公墓志铭（并序）》，中华书局，2015 年，第 181 页。

[2] 司马光在两份文本中这样描述自己的家世，一份是在《故处士赠尚书都官郎中司马君（沂）行状》，一份是在《故处士赠尚书都官郎中司马君（沂）墓志铭》，见《温国文正公文集》卷七五，四部丛刊影宋绍兴本。

[3] 语出南宋刘黻《庆元府劝农文》："一、劝尔农教子读书，力行好事，则积善之家，必有余庆。古语云：'朝为田舍郎，暮登天子堂。'非出于农家乎？又云：'不见公与相，起身自锄犁。'非出于农家乎？人事既尽矣，天理自见。可不勉乎？"见曾枣庄、刘琳主编：《全宋文》第 352 册卷八一五七，上海辞书出版社、安徽教育出版社，2006 年，第 406 页。

图六 ⊙ 明 仇英 《观榜图》（局部）

绢卷设色，34.4 厘米 × 638 厘米，现藏台北故宫博物院。画中观榜者中有急切地寻找自己排名的人，有得知高中后高兴地登马而去的人，也有名落孙山满脸沮丧被旁边人搀扶而出的人，还有纯来看热闹的路人。此画将应考文人渴望中举的心态刻画得惟妙惟肖。

西富平）的县令，属于下层官员。祖父算是为司马家开了个头，但谈不上有多大的社会影响力。

第二代是司马光的父亲司马池，同样是进士出身，踏踏实实从底层做起，一步一个脚印向上攀升，在地方、中央的许多重要职位上都干过，最终进入了高级官员行列，开始享有荫子特权，死后在宋朝官修国史中拥有自己的传。司马炫能够在正史上留下一笔，纯粹是因为有"孝子"司马池和"贤孙"司马光，而司马池能够名列史册，却并不依靠自己与司马光的关系。没有司马光，司马池也会留名青史，只不过可能会跟正史中大多数有传的人一样，只是作为一个名字悄无声息地躺在纸上。司马池本人成就已高，只是到今天还有人谈起他，显然是因为司马光。

第三代就是司马光，进士出身，官至宰相，生前声闻朝野，耸动四方。作为一个政治家，他在包括宋、辽、西夏在内的大中国范围内享有崇高声誉；作为一个史学家，他的《资治通鉴》是中国传统史学的巅峰之作。

从司马炫到司马池再到司马光，只用了三代人，司马家族就已经成为宋朝最显赫的文官家族之一。司马家的上升历程，非常正面地向我们展示了一个属于宋朝的成功故事，故事的主题是"科举改变命运"。在宋朝，科举考试相对公平，任何一个有志男青年都可以通过"寒窗苦读"一朝"金榜题名"，最终"功成名就""光宗耀祖"。

"科举改变命运"是司马家崛起故事的一个方面，没有这面是万万不行的，只有这面却是远远不够的。在宋朝，对家族地位的提升来说，除了勤学苦读好儿郎之外，还需要什么？

在回答这个问题之前，我们先来看一个真实的故事。

有一位苏先生，祖上三代都没有读书做官的人，家境也还算殷实，到了他这儿，自幼"慷慨有远志"，志向远大，"自力读书，不治家事"，一心读书，家里的事儿、地里的活儿全都（丢给仆人）不管了。结果，这位有志青年遭到了全体族人的一致耻笑怒骂。骂他的人说："你家祖祖辈辈都是普通农家，勤勤恳恳地种地、老老实实地种桑养蚕，这才衣食无忧。你倒好，想起什么来了，心血来潮丢下祖业，也学人家当书生？你呀你，过不了多久你就得穷死饿死！"[1]

读书做官，固然志向恢宏、前程远大，可是能不能实现，不好说。

宋代的科举考试可以说是一桩高风险、高回报的买卖。"高回报"

---

[1] 见司马光：《苏骐骥墓碣铭序》，见《温国文正公文集》卷七五。

好理解，用宋朝第三个皇帝宋真宗的话来说，书中自有黄金屋，书中自有千钟粟……书中有女颜如玉。一朝金榜题名，名誉、地位、财富、美女都会随之而来。高风险，可以从两个方面理解：一方面是考的人多，录取率低，考中不容易；另一方面是准备周期长，能够少年得志、一举得中的毕竟是少数，很多进士在考中之前，怎么着也得考个两三榜，耗上个十来年。一榜考试，从通常在州城举行、由地方政府主持的资格考试——"解试"开始，取得进京资格后还要赶往首都开封参加由中央政府举行的"省试"，最后是由皇帝亲自主持的"殿试"。这样一级一级地考下来，怎么着也得折腾一年多。这一年多，吃饭穿衣、旅行住宿、纸墨笔砚，再加上必要的社交活动，开销绝非小数。万一考不中，下次开科，还得重来一遍。所以，宋朝科举虽然说基本不设门槛，向一切有志青年开放，但绝不是穷人家的孩子玩得起的。像苏先生这样的普通殷实人家，搞不好就考"穷"了，自己也得挨饿受穷。族人的担心不是没有道理的。

那么，为什么苏先生非得挨饿受穷呢？他自己不能一边念书，一边经营家业吗？不能！不仅他不能，大多数古代读书人都做不到一边专心念书，一边经营家产。所以，如果没有雄厚的财力做后盾，书生们在金榜题名之前基本上就只能过相对清苦的穷日子。小说戏曲里赶考的多半是"穷书生"，就是这个缘故。

提升家族地位需要有人去读书应举，而苏先生的故事却告诉我们，读书应举与经营家产不能两全。因此，在宋朝，对家族地位的提升来说，除了"勤学苦读好儿郎"之外，还必须有善于经营家产、能够为读书郎提供物质保障的人。最理想的状态，当然是整个家族分工合作，会念书的专心念书，擅长经营的经营家产，提供物质保障。司马家崛起故事的另一面，就是和谐的家族关系、团结协作的家族精神。

按照司马光的记载，司马家"同居累世，宗族甚大"[1]，几代人都住在一起，没有分家，是个大家族。这个大家族之中，除了会念书能考试的好儿郎，总还有一位能干又顾全大局的当家人。司马光的笔下一共有三位当家人。两位是他的伯父，一位是他的堂兄。

司马光的父亲司马池这一辈，族中男丁除了司马池以外，还有他的两位堂兄司马沂和司马浩。这三兄弟当中，老大司马浩、老三司马池都选择了读书应举，当起了"撒手掌柜"，不问家事，一心读书。管家的重担落到了排行老二的司马沂身上。这位二伯父司马沂，是司马光所记录的第一位当家人。

司马家主要从事的是农业和畜牧业。自古以来，都是农业最累，农民最辛苦，而且远不如经商利润丰厚。靠农业养家，绝不是一件容易的事，必须吃得了苦、受得起累。司马沂比司马浩小七岁，比司马池大四岁。同为司马家子弟，哥哥在念书，弟弟也在念书，风吹不着，日晒不着，而自己却要在庄稼地里面朝土、背朝天，忍受风吹日晒，这样的事情放在别人身上，肯定是受不了的。但是，司马沂从小就是一个孝顺听话、顾全大局的好孩子，既然父辈和兄长都让他管家，他也就尽心尽力地承担起了全部家事，"平整土地，修理菜园子，把家里的篱笆院墙、猪圈、厕所、仓库全都修缮一新"。这些活儿当然不是司马沂一个人干的，家里有仆人，有雇工，但是，这些都是司马家的外人。家人不尽心，如何让外人尽力？司马沂管家，从来都是身先士卒、带头苦干。他晚上睡觉，从来不用枕头，就枕着块木板（"侧

---

[1] 司马光：《太常少卿司马府君墓志铭》，见《温国文正公文集》卷七七。

板而枕之"），为什么枕木板呢？为的就是"寐不至熟辄寤"，醒了就起来干活。[1] 靠着司马沂的苦心经营，司马家虽然人口越来越多，地没有增加一分，日子却过得富足安逸。司马沂做到了让家中长辈有酒喝、有肉吃，两位读书的兄弟后顾无忧。而这位当家主事者司马沂本人，不逢年不过节，从来不亲近酒肉。

可惜这位富有牺牲精神和大局意识的司马沂先生，只活了短短的三十二年。司马池感叹说，自从司马沂去世，"家遂贫"，家里顿时有了贫穷的感觉。那么，是不是从此司马家就分家单过、各奔前程了呢？没有，大哥司马浩接棒当了新的当家主事人。这是司马光所记录的第二位当家人。

司马浩主持家事，可以说是一种无奈的回归。他本来主修《诗经》，是准备应举当官的，但是考了八次都没有考中，又赶上弟弟去世，没人管家，只好下定决心不再参加科举考试，专心打理家业。这一管就是十几年，尽心竭力、公平无私。

司马浩最令人称道的事迹有两件。第一件是把司马沂年幼的儿子司马里培养成了进士。他看出这个孩子聪慧非凡，"自幼教督甚严"，后来，这个孩子考中进士，做了官，而且官声很好。悉心照顾弟弟留下的孤儿，在经济上支持，在感情上抚慰，这些凭着一颗善良的心，应该不难做到；难的是真正承担起教养责任，高标准，严要求。就凭这一点，司马浩可以说是一个称职的大家长。第二件是率领同乡修护农田水利，筑坝扬水。传统上，涑水乡人靠修筑水渠引涑水灌溉农田，

---

[1] 见司马光：《故处士赠尚书都官郎中司马君（沂）行状》，见《温国文正公文集》卷七五。

以提高粮食产量。但是，年深日久，涑水的堤岸受到水流的冲刷下切，越来越深，水位降低，流不到渠里。由于缺乏灌溉，高处的田越来越贫瘠，那一点点收成，眼看着都不够交租了。这时候，是大家长司马浩率领乡人，征得县官同意，在下游筑坝抬高水位，让涑水重新流到了田间。能够做到这一点，司马浩的贡献已经超出了司马家族，惠及乡里。

司马光记录的司马家的第三位当家人是他的堂兄、司马浩的儿子司马宣。司马宣才十六岁，司马浩就把管家大业交给了儿子，自己过上了"优游自适"的退休生活。在司马宣的管理之下，司马氏全族上下衣物饮食分配公平、供应充足，大家都满意，没人说闲话。

这三位当家人，在超过六十年的时间里，以勤劳、公正、高效的组织能力和自我牺牲精神，维持了一个几代同堂、团结和睦的大家族。

司马沂去世五十四年之后，司马光提笔为这位伯父写下"行状"，在行状中，司马光记录了司马池说过的一段话："自吾兄之亡，而家遂贫，岂所以资生之具减于昔，勤惰不同而已矣。呜呼！使天下之民皆若吾兄之为，虽古治世何以加？惜其无位而才不大施也。"[1] 司马池一方面感叹司马沂的勤劳可以为天下百姓的表率，另一方面则为司马沂抱屈，遗憾他终身家居，从未获得更高的地位，没有机会参与到更广阔的"治国、平天下"活动中去。

话虽如此，然而，就司马家族的整体发展来说，这种牺牲却是值

[1] 司马光：《故处士赠尚书都官郎中司马君（沂）行状》，见《温国文正公文集》卷七五。

得的，也是必要的。[1] 一个几世同堂的大家族，必须有人承担起家族事务，才能让整个家族衣食无忧、富裕安乐。家族为个人的进步提供后盾，个人为家族的发展提供动力。有时候，个人必须妥协甚至屈服，但是，这种妥协和屈服不是毫无结果的自我牺牲，而是互利双赢的彼此成全。这就是宋代涑水司马家族成功的秘诀。如果把宋代的涑水司马家族比作一幢大楼，那么，那些出去读书做官的子弟就是这幢大楼的地面部分，他们决定了楼的高度，而这些在家乡经营土地、维护宗族的子弟则是这幢高楼的地基，他们决定的是楼的稳固程度。

这三位当家人，司马光有幸见过的只有两位，成年之后打过交道的只有一位。因为司马光生得太晚，是司马池四十出头才有的"老来子"。但是，这三位当家人身上所体现的和谐友爱、团结协作的家族精神，毫无疑问对司马光产生了深远的影响。比如第一位当家人司马沂，他去世十三年之后，司马光才出生。但是，从司马光一生简朴低调的作风当中，却能看到这位伯父的影子。司马光"以圆木为警枕，小睡则枕转而觉，乃起读书"[2]。这"警枕"不就是司马沂睡觉枕着的那块木板吗？累世同居的涑水司马家给了司马光简朴、厚道、平和、沉稳的性格基调。作为涑水司马家的孩子，司马光一生都用温和厚道的态度对待别人，从不走极端。

---

[1] 第三位当家人司马宣，其实已经获得了做官的资格，但就是因为司马家族离不开他，所以推迟到很晚（六十来岁）才正式参加工作。而这，正是司马光父亲司马池的意思。司马光《尚书驾部员外郎司马府君墓志铭》："兄用从父太尉府君荫，补郊社斋郎。太尉以家事非兄不能办，未听从宦。后数年，乃调达州通川尉。"

[2] 赵善璙撰，程郁整理：《自警编》卷二《操修类·俭约》，大象出版社，2019年，第58页。

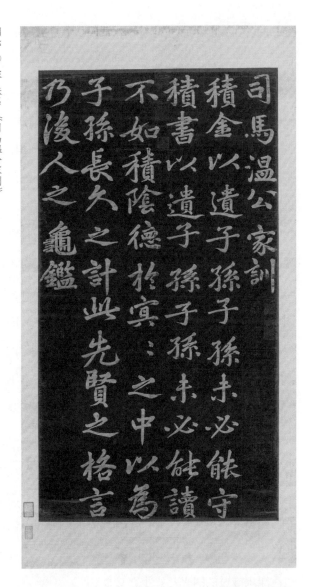

图七 ⊙ 宋 佚名 《司马温公家训》

绢卷，立轴，113.8厘米×61.7厘米，现藏台北故宫博物院。

　　司马光记录了这些本家尊长的故事，也继承了这些本家尊长的精神。这是他人生的根基所在。但是，当司马光记录家族历史的时候，也始终没有忘记说上一句，我们是西晋安平献王司马孚的后裔，是征东大将军司马阳的子孙。那么，涑水司马氏与西晋皇室究竟有没有直接的血缘关系？他们究竟是一个司马，还是两个司马？是"五百年前是一家"的糊涂亲戚，还是不绝如缕的血脉传承？要想准确地回答这个问题，或许只能求助于 DNA 测试。只是，我本人无意进行这样的研究，也无意主张或者鼓励任何单位或个人开展此类研究。

关于涑水司马氏与西晋皇族的关系，唯一可以肯定的事实是：涑水司马氏坚信他们是司马孚、司马阳的后裔。这是涑水司马氏"祖先记忆"的一部分。它与家族情感有关。

就司马光本人而言，司马孚的身上还有一种隔着数百年与他遥相呼应的精神传统。公元 265 年，魏元帝禅位于晋（司马炎）。曹魏的政权最终是被司马家夺去了。但是，就在那一刻，司马氏年辈最长的司马孚却拉着魏元帝的手，"流涕歔欷不自胜，曰：'臣死之日，固大魏之纯臣也。'"六年多之后，九十三岁的司马孚过世，临终遗令曰："有魏贞士河内司马孚字叔达，不伊不周，不夷不惠，立身行道，终始若一。当衣以时服，敛以素棺。""其家遵孚遗旨"，拒绝了司马氏皇帝所赐予"东园温明秘器"，举行了符合司马孚心意的葬礼。几百年之后，司马光在《资治通鉴》记下了上述情节。[1] 当写下"孚性忠慎"四个字的时候，司马光的心中又激荡着怎样的思绪啊！

西晋安平献王司马孚给了司马光遥相呼应的精神传统，涑水司马氏给了司马光坚实而厚重的人生基调。但是，司马光的一生之中，真正在涑水度过的时光却是少之又少。

[1] 司马光编著，胡三省音注：《资治通鉴》卷七九，第 2492、2519 页。

02 宦游人之子，奠定温和坚定本色

论籍贯，司马光是陕州夏县涑水乡的人。涑水是司马光心中的故乡，他晚年写信写文章，总是自称"涑水司马光君实"，君实是他的字。司马光还有一本书叫作《涑水记闻》。但是，如果我们仔细追究起来，从1019年出生到1038年进士及第，司马光真正在涑水老家生活的日子其实寥寥无几。他出生在光州光山县（今河南光山县），"司马光"的"光"字就来自光山。光州光山县、寿州安丰县（在今安徽寿县境内）、遂州小溪县（今四川遂宁船山区）都留下了司马光童年的足迹。从七岁到十二岁，司马光先到洛阳，后到开封，在宋朝两个最大最繁华的城市里长成了翩翩少年。十二岁之后，他又到过耀州（今陕西铜川耀州区）、利州（今四川广元）和凤翔（今陕西宝鸡凤翔区）。又过了几年，司马光重返开封，一直生活到二十岁进士及第。光州、寿州、遂州、洛阳、开封、耀州、利州、凤翔、开封，从呱呱坠地到金榜题名，在正式进入社会以前不到二十年的时间里，司马光竟然住过八个地方，搬了八次家。

小孩子搬家当然是因为父母的关系——司马光的这八次搬家，都是因为他父亲司马池的工作调动。宋朝实行的是承自隋唐的高度集权的人事管理制度，所有正式官员都由中央任命，在全国范围内实施调度。作为官员，司马池必须服从分配，不断搬家。这种生活状态，古人叫作"宦游"。

跟随父亲宦游四方，是司马光成年以前最基本的生活状态，宦游之中的司马池是司马光的第一个人生榜样。

图八 ⊙ 南宋 佚名 《宋人雪渔图卷》（局部）
绢卷设色，25.3厘米×332.6厘米，现藏北京故宫博物院。

二十年之中，司马池竟然被调动了如此多次，平均在每个地方工作两年多一点。作为官员家属，夫人聂氏也得拖儿带女跟着丈夫不断地旅行、搬家。当时旅行的速度很慢，夸张点儿想想，聂氏的时间简直就是在不断重复地收拾包裹与打开包裹之间度过的。对小孩子司马光来说，旅行、搬家肯定是很好玩的事情。但是，对官员司马池来说，宦游首先不是搬家，而是职位调动，每次调任，他都有许多新的关系要面对，有许多新的问题要处理。

司马池是一个又温和又硬气的人。他二十七岁中进士，得到了第一个职位——河南府永宁县（今河南洛宁）主簿。主簿官卑，司马家自然不富裕，司马池骑不起马，"出入乘驴"，遭到了顶头上司陈县令的鄙视。司马池因为公事去拜谒这位县令，结果陈县令"南向踞坐不起"。脸朝南，大大咧咧地坐着，看见司马池来了，连屁股都不挪一下。县令和主簿是同僚，分工不同，地位有高下，但同为天子之臣，从这个意义上说，他们是平等的。司马池给陈县令行礼，陈县令应当回礼，然后双方分宾主东西向对坐。陈县令是主人，地位较高，应当坐在东面——"东家"这个词就是这么来的。司马池是客人，地位略低，应当坐在西面。虽然规矩如此，但是陈县令根本就没把司马主簿放在眼里，存心不守规矩，想要欺负欺负司马池，给他来个"下马威"，看司马池如何应对。"池挽令西向，偶坐论事，不为少屈"[1]——他走上前去，把县令从北面的椅子上拉起来，让他坐到东面上，然后自己在西面坐下来，开始讨论公务，一丝一毫也不肯屈服！

这是斤斤计较吗？是，也不是。因为司马池所计较的，不是个人地位，而是礼仪秩序。座次事小，等级秩序事大。司马池是一个尊重现有秩序、努力维护现有秩序的人。

相比之下，陈县令是个没有原则的人，他为人"傲狠"，只关心权势。司马池骑驴，说明家境一般；再打听打听，他的爹只做过小小县令，而且早已去世。这么个无钱无势的小主簿，不欺负他欺负谁？没想到这家伙不好欺负。司马池的这一番动作，肯定把陈县令给弄蒙了，等陈县令明白过来，想要报复，却怎么也抓不到司马池的把柄。在接下来的任期当中，司马池对这位陈县令"不阿意以随其曲，不求疵以彰其过"[2]，既不曲意奉承，也不吹毛求疵，不卑不亢，保持了下级对上级的基本礼数；对自己的本职工作兢兢业业，清廉、勤勉，百姓爱戴，同事敬佩。无欲则刚，这就是司马池"敢把县令拉下座"的秘密。

"敢把县令拉下座"，是司马光出生以前的故事。这种坚持原则、

[1] 脱脱等撰，中华书局编辑部点校：《宋史》卷二九八《司马池传》，中华书局，1985年，第9903页。

[2] 庞籍：《天章阁待制司马府君碑铭》，见清雍正《山西通志》卷一九四，文渊阁四库全书本。

无欲则刚的勇敢，伴随了司马池一生。宦游之人，经常要面临的一个问题就是如何处理与上级之间的关系。按照宋代制度，官员由中央的组织部门统一审核、提拔，地方政府基本上没有人事权。但是，中央考核、选拔官员靠什么？响当当的政绩之外，就是地方或者部门长官的评语、推荐了。下层官员（"幕职州县官"）想要升到中层（"京官"）去，必须获得一定数量的推荐信。这个东西攒不够，想要从"下层"上"中层"，是万万不能的。为了得到推荐信，那些没有背景的下层官员使尽浑身解数结交有推荐资格的大官，甚至有人笑话说他们"只要能得到推荐信，杀人放火浑不吝"。当官的人说不想升官，不是谎言，就是空谈。所以，当官的人都会非常顾忌长官、大官对自己的看法，会努力跟上级搞好关系。但是，上级意志和百姓利益、职业原则不一定总能保持一致，当上级意志和百姓利益、职业原则发生冲突的时候，就把宦游人摆到了一个相当为难的境地。

在司马光的出生地光州就发生了一件事，把司马池摆在了上级意志和百姓利益之间。

这一年，开封的皇宫大内着了一场大火。火灾过后，宫殿需要重建。火是在开封的大内烧的，重建的影响却是全国性的。为了重建大内，宋真宗下旨，命令各州收购竹材木材。上级最喜欢的下级类型，是一声令下，坚决执行，毫无保留，不打半点折扣。这一点，光州的知州盛度做到了，他在接获中央命令之后，雷厉风行地召来了属下四个县的县令，下达了限期三日的收购指示：三天之内，各县必须缴纳规定数量的建材。但是，光山县的县令司马池却告诉他，三天交差，办不到。为什么办不到？因为所需建材，非光州本地所产，必须到邻近地区采办，一来一往，三天根本不够。

这位盛知州当过翰林学士，只是因为在开封的高层政治斗争中站错了队，才被外放到光州来。虽然被贬了官，但是气势还在，影响力还在。一个小小的县令、下层官员，竟敢当面抗命?! 盛度大怒。但是，司马池态度坚决，语气肯定："三天不可能！"

最终的结果怎么样? 光州下属四个县，没有一个县是三天之内就把建材交齐了的。而司马池所领导的光山县交得最早！为什么? 因为司马池平时对老百姓讲信用，体恤老百姓的难处，所以，光山的老百姓也不愿意让他们的好县令为难，积极配合，主动工作，不等催督就完成了搜集建材的任务。

三天缴齐建材，是完不成的任务，这一点，其实早在盛度下令时，各位县令就心知肚明，唯一不了解情况的是刚刚到任的盛度本人。但是，除了司马池，没人敢吭声。为什么? 盛度是谁? 他是知州，县令的顶头上司，各位县令的年终考评、任期鉴定，都得他来定调。盛度还是谁? 前任翰林学士，余威犹在，人脉广阔。这样一位顶头上司、前任翰林，各位县令巴结还巴结不过来呢，又怎么敢得罪? 特别是那些跟司马池一样，还处在下层的官员，心里都指望着跟盛度搞好关系，让他帮忙弄一封推荐信来，谁敢当面顶撞?

只有司马池！司马池做官，从"把陈县令拉下座"到"当面顶撞盛知州"，十几年如一日地坚持着自己做官的原则，从不为了取悦上级而做违反原则的事。当然，这样做是要付出代价的，这代价就是，当同时参加工作的官员都升到中层的时候，他却因为升等所必需的推荐信一直没有攒够，还停留在下层。司马池在下层的级别上一共滞留了十七年，他的好朋友庞籍后来总结说，别的人遇到这样不公平的待遇，早就"愤慨叹息"、牢骚满腹了，而司马池却"处之怡然"。[1]
他求仁得仁，甘之如饴。

有意思的是，正是这位遭到司马池当面顶撞的盛度知州，为司马
池带来了好运气。在光山任上，司马池得到了升迁所需的推荐信，而
且推荐信超过了规定份数。可见盛度不是糊涂人，他明白那些实事求
是、敢于顶撞的下级，其实比不管三七二十一就"坚决执行"的下级
要有价值得多。

不过话又说回来，司马池对上级错误的纠正从来都不是"愤怒抗
议型"的，相反，他对上级的抗议走的都是温和路线，坚定、理性，
不羼杂任何意气用事的成分。而且事后不管对方反应如何，他自己总
能做到谦和有礼，不巴结、不对抗。所以，尽管他遇到的上级不都像
盛度这样赏识他，但是，他们也挑不出他的毛病，最多不给他推荐信
罢了。

司马池在下层的级别上滞留了十七年。级别上不去，工资待遇有
限，家人生活肯定要受影响。在司马光之前，司马池和妻子聂氏先后
生过三个孩子，两个男孩，一个女孩。第一个男孩司马旦，比司马光
大十三岁；第二个男孩司马望，很聪明，但是不幸短命，很小就没了。
到光山之后，又添了司马光。一家五口，负担不轻，日子过得不易，
但是，司马池却能够安之若素。

司马池能够守道安贫，除了他个人能坚持理想，夫人聂氏够贤惠
之外，还应当特别感谢涑水的司马家族。在司马池准备考试的过程中，
家族给了他极大的支持。用如今流行的庸俗市场理论来分析，这是投

---

[1] 见庞籍：《天章阁待制司马府君碑铭》。

资，投资就应该有回报。司马池考中做官之后，司马家族就该一拥而上瓜分红利才是。实际上恰恰相反，十几年过去，司马池做官的收入，大概仍然只够他的小家庭开支，搞不好还要涑水老家支援。留在涑水的那一大家子几十口人，还像从前一样，靠着祖传的田产和辛勤的劳动过着殷实的日子，并没有想要从司马池的权力地位中"捞一票"。

做官的人不应该为经营家业操心，不能"以利灭命"[1]、因为贪图利益而背弃理想、出卖灵魂——在宋朝，这样高尚的官员，司马池不是第一个，也不是最后一个。培养子弟读书当官不是投资，更不是把贼送进金库去当内应——在宋朝，这样高尚的家族，司马家也不是独一无二的。南宋就有一位官员曾经深情地回忆说，他父亲虽然只是一个普通地主，却坚持认为，既然当官，就不该再为挣钱养家的事操心了。为了让他不慕名利，做一个有操守的好官，父亲不仅从不要求他在经济上对自己有所回报，而且还主动"倒贴"，替他照顾九个孩子，甚至用自己的钱为他置办田产。[2]

高尚的家族才能培育出高尚的官员，这话是千真万确的，在司马池身上适用，在司马光身上也适用。当然，这是后话。

对于违反常理、良心和原则的上级意志，理性抗议，温和坚持，不卑不亢，有礼有节，这就是司马池的宦游态度。这种态度让他在下层的级别上滞留了十七年，但最终为他赢得了广泛的认同。

1025 年，司马光七岁的时候，司马池得到新任西京留守刘烨的推

[1] 叶适著，刘公纯等点校：《水心文集》卷一四《忠翊郎致仕蔡君墓志铭》，见《叶适集》中华书局，2010 年，第 254 页。

[2] 叶适著，刘公纯等点校：《水心文集》卷一四《忠翊郎致仕蔡君墓志铭》，见《叶适集》第 254—255 页；《忠翊郎武学博士蔡君墓志铭》，见《叶适集》第 257 页。

荐，被调到洛阳担任刘烨的下属，并且很快就被提拔成刘烨的副手。北宋的首都在开封，被称为东京，开封西边的古都洛阳，被称为西京。东京开封，西京洛阳，一个政治中心，一个文化中心，就像是双子星座。司马池这样一个毫无背景的官员能够进入两京工作，起作用的显然是他良好的声誉。

一年多以后，群牧司的判官职位出缺，司马池的良好声誉再度起效。群牧司负责管理马政，关系国家安全，它的长官在当时是由宋朝的最高军事机关——枢密院的长官兼任的。群牧判官是群牧司的实际负责人，属于中层官员中的紧要职位。撇开这个职位本身的重要性不说，群牧判官在整个官僚升迁制度中的位置也相当要紧。群牧判官任满之后，在京可以出任开封府的推官或者三司副使，出京就是方面大员，可以督管好几个州的经济、运输、司法。谁都想在这个职位上"经历一下"。两个群牧判官同时出缺，诱人的好菜上桌，筷子刀叉一齐上阵，拿着"条子"跑官的来了好几十。这"条子"的来头可不一般——"中旨"，"宫中旨意"。"宫中"，不是皇帝，是太后。当时，宋仁宗即位刚四年，才十六七岁，实际掌权的是刘太后。这位刘太后，大节基本上说得过去，就是耳朵根儿有些软，对亲属要求不严格。

群牧判官的任命权掌握在枢密使兼群牧制置使曹利用的手里。两个空缺，几十个走后门的，个个都来头不小，怎么办？这位曹枢密使，年轻的时候曾经在两军阵前出使契丹（1066年复称"辽"），也是个有胆色有血性的。曹利用跟其他中央领导一商量，"得孤寒中有声望才节可以服人者与之，则中旨可塞矣"[1]。要想堵住太后的中旨，只

[1] 司马光：《太子太保庞公墓志铭》，见《温国文正公文集》卷七六。

有从那些没有任何背景、家世清寒的官员中选拔有声望、才能气节可以服众的人来当这个群牧判官！

曹利用向刘太后上报了两个人选，一个是司马光的父亲司马池，另一个是庞籍。这两个人跟曹利用，跟朝中的任何势力都毫无瓜葛。刘太后欣然点头。司马池、庞籍最终走马开封，就任群牧判官。

司马池和庞籍战胜走后门的人，必定是许多因素交互作用的结果，这中间少不得有高层的权力平衡术。然而，能有这样的结果，就足以说明，尽管有拿着中旨跑官的，尽管争权夺利的戏码从未停止上演，但是当时的宋朝官场并没有被利欲彻底熏坏了鼻子、熏瞎了眼，人们还是能够分辨美丑，还是能够认识到原则、正义这些美好东西的价值。

这一年对司马池和司马光来说都意义非凡。司马池终于进入中央工作，司马家和庞家的通家之谊也正式开启。这一年司马光八岁，他搬到了开封，见识了首都的繁华。更重要的是，他小小年纪，就亲眼见证了声誉在一个人的官僚生涯中所起的积极作用。那些苦心经营的关系、那些靠出卖原则编织的人脉、那些肮脏的条子，统统让位，声誉、才能、气节才是最终的胜利者。

在群牧判官任上，司马池和他的顶头上司枢密使曹利用之间发生了一次有趣的小碰撞。当时，很多大臣从群牧司买马，都是赊账。群牧司的账面上欠款很多。曹利用派司马池去追债。讨债，堪称古今中外第一难办的事，司马池却只用了几天时间就顺利完成了追债任务。他是怎么办到的呢？司马池查过账之后，第一个就找到曹利用，说："古语说'令之不行，由上犯之'。您欠的买马款还有很多，您不先把欠款缴纳了，我怎么去追别家的债呢？"曹利用闻言大惊，说："下边的人骗我说都缴过了。"随即命人补缴了自家的欠款。司马池连曹利用的欠款都敢追，还有谁的款是他不敢追的呢?! 曹利用都还了，又有谁还敢继续拖欠?!

"令之不行，由上犯之"，主管领导带头遵守，制度才能顺利执行，这番道理谁都明白。但是，敢于开口向顶头上司讨债，这般勇气，能有的人恐怕不多。在开口向曹利用讨债之前，司马池已经做好了得罪上司、被穿小鞋、受挤对的思想准备，曹利用能如此痛快地接受批评、及时还款，又不能不让司马池由衷地敬佩。在餐桌上、在父母的闲谈之间，年幼的司马光耳闻目睹了讨债的过程与司马池情绪的变化。开封政坛给司马池和司马光上的这头一课，非常正面。

但是，开封的水太深了，若有人觉得满目青山秀水、蓝天白云，只能说是此人走马观花、浮光掠影，还没有真正介入开封的政治生活。

司马池进入群牧司工作不到一年，1027 年阴历正月，曹利用倒台了。先是被革职罢官，解除了枢密使之职，而后被一贬到底，押送房州（今湖北房县）安置（限制居住）。走到襄阳驿站的时候，在押送宦官的一再刺激之下，最终上吊自杀。开封得到的报告是曹利用"暴病"身亡。消息传来，举国上下为之唏嘘，"死非其罪，天下冤之"[1]。

曹利用是谁? 大英雄! 1004 年，契丹举国来犯，气势汹汹。宋真宗在宰相寇准的支持下亲征，至澶州。两军对垒，战场上形势未分。曹利用奉命出使，达成了寇准所主张的三十万岁币的谈判目标，两国订立"澶渊之盟"，以和平的方式解决了困扰多年的边境问题，为两国人民带来了安宁。在"澶渊之盟"的订立过程中，如果说寇准是战

---

[1] 李焘撰，上海师范大学古籍整理研究所、华东师范大学古籍整理研究所点校：《续资治通鉴长编》卷一〇七，中华书局，2004 年，第 2498 页。

略上的英雄，体现了领导者的气概，那么曹利用就是外交战场上的英雄！曹利用犯了什么罪？真宗晚年，他参与过对寇准的迫害，当时，刘太后跟寇准两派正在争夺对皇太子，也就是当今皇帝的监护权，曹利用打击寇准，实际上就是帮了刘太后。所以，到这个时候为止，打击寇准还是曹利用的"功"，不是他的"罪"。他最大的罪过，不是别的，而是得罪了刘太后和她身边那群宦官，"初，太后临朝，威震天下。中人与贵戚稍能轩轾为祸福，而利用以勋旧自居，不恤也。凡内降恩，力持不予，左右多怨"[1]。

树倒猢狲散。曹利用倒了，司马池是曹利用提拔起来的，司马池不会受到牵连吗？曹利用的党羽的确遭到了打击，但是，司马池并不包括在内，因为没人觉得他是曹利用的人。虽然曹利用提拔了他，虽然曹利用支持了他的讨债工作，但是，司马池跟曹利用的关系一直是公对公的，"非公事未尝私造"。对于这个当时政坛上炙手可热的人物，司马池始终保持了应有的距离。所以，当曹利用倒台、他的党羽纷纷落马的时候，司马池逃过了一劫。

在常人看来，这是绝对值得手摸胸口，长出一口气，念一声"阿弥陀佛"的万幸之事，而司马池平静如常。"利用贬，其党畏罪，从而毁短者甚众。"[2]"墙倒众人推"，从前那些抢着巴结曹利用的人，利用各种机会撇清自己。人人都赞美司马池的先见之明，"众美其先见而免"。而司马池却淡然一笑，说："前在洛闻召，谓入为御史，非所乐，故辞。苟知曹公举佐群牧，登即行矣。"言下之意是，他若

---

[1]《续资治通鉴长编》卷一〇七，第 2491 页。

[2]《续资治通鉴长编》卷一〇七，第 2493 页。

图九 ⊙ 金 杨邦基 《出使北疆图》

绢本设色，152.5厘米×26.7厘米，现藏美国大都会艺术博物馆。此图描绘的是宋金交聘的历史故事，又名《聘金图卷》。画面近处矗立三棵苍松，松下有座亭子，旁边是宋朝的使臣和金兵。从亭中桌椅陈设可看出，金人设宴席待客刚刚结束，由此可见，这是宋代官员出使金国的一个画面。据统计，百年间，宋遣使者出使金国近两百次，史料记载的宋金使者也近四百人。文中所讲的宋与辽之间亦复如是，这两国于1005年订立"澶渊之盟"，自此宋朝皇帝和契丹（辽国）皇帝结成异姓兄弟，朝廷严令，边将不得轻举妄动破坏协议。

早知道是曹公推举他做群牧判官，立时三刻就来了！"自是不出一语彰曹之短，诵言嗟痛之。"[1]在曹利用冤死之后敢于声称自己愿意接受他的辟召，并且多次为曹利用的遭遇鸣不平，司马池凭的是什么？

勇气，不畏权势、不贪富贵的勇气。"富贵不能淫，贫贱不能移，威武不能屈，此之谓大丈夫也。"正因为不畏、不贪，当曹利用大权在握的时候，司马池可以做到不巴结；同样也是因为不畏、不贪，当曹利用倒霉的时候，司马池能够为他说上一句公道话。变化的是曹利用，是周围形势，不变的是司马池的操守。官场的"万变"，以这样

[1] 庞籍：《天章阁待制司马府君碑铭》。

的"不变"，都可以因应。

除了勇气之外，司马池对曹利用应该还有一分真心佩服。曹利用骄傲自大不假，但是这个人有原则，有胆气。刘太后身边那些得宠的宦官个个都是"通天人物"，曹利用竟然毫不姑息，太后的条子，曹利用也从来不给面子。这样的胆气，不是谁都有的！

扳倒了曹利用，宦官们乐了。刘太后身边的得宠宦官皇甫继明，还兼管着估马司，专门负责给马匹定价，然后收购。皇甫继明提出，自己掌管估马司有盈利，请求论功行赏，给自己升官。估马司是群牧司的下属单位，有没有盈利，得群牧司核查确认。核查的结果是"查无此事"。盈利是谎报的，可是鉴于皇甫继明是太后身边的大红人，群牧司上下都打算顺情说好话，"与人方便，自己方便"，让皇甫继明升官得了。但是，这件事最后愣是没能成。因为有一个人拦着不签字。曹利用倒了，群牧司还有人敢坏宦官的事吗？有，这个人就是司马池！

司马池坏了皇甫继明的好事，皇甫继明能让他安生吗？没过多久，司马池群牧判官任满，按惯例应当升任开封府推官。任命状都从皇帝手里批下来，到了皇帝的收发室兼礼宾司——阁门（司），就差送达司马池了，愣生生让皇甫继明的党羽给截下来，堵回去了。司马池好端端的开封府推官，改成了耀州知州！

司马光也只好跟着爹妈搬出了开封城，离开首都，搬到耀州去。小孩子搬家，大概如同过家家，自有乐趣。司马池此次离京，毕竟是受了迫害，他究竟作何想法，我们不得而知。但是，我猜司马池的心情多半还是平静的，因为在他的心中隐藏着一个秘密，而这个秘密有着让他安心的绝对力量。

03 仁君儒臣

　　这个秘密隐藏在一个奇异的梦里。做这个梦的时候，司马池一家还在司马光的出生地光州光山县，司马池的职位是光山县令，他的级别还在下层。按照宋朝制度，下层升中层必须有一定数量的推荐信。在光州，由于得到了知州盛度的理解和赏识，司马池终于攒够了升等所需的推荐信，升等有望了。

　　司马池梦见他到了开封，参加升等觐见仪式，被人引着去叩见皇帝。他抬头一看，不禁愣住了：怎么宝座上的皇帝，有着一张小孩子的脸？当今的皇上（真宗）不是已经五十多岁了吗？难道，难道……梦中的司马池越想越觉得不对，他猛然惊醒，醒来之后心有余悸，汗流浃背。睡在旁边的夫人聂氏被丈夫的动静吵醒，看到司马池那一副惊恐的样子，关切地询问怎么了，而司马池只是摇头说没事儿。关于这场梦，对至亲的妻子，司马池一个字也不曾透露。

　　司马池为什么会梦见升等？因为他心里还是在乎升等的。十七年升不上去，怎么能不在乎？在乎还是在乎的，只是绝不能为了升等降低做人的标准、改变做官的原则。现在好不容易推荐信攒够了，升等应当就是个手续问题了。可是，为什么梦里的皇帝是小孩子呢？难道说真宗皇帝要驾崩了吗？这个念头，让司马池觉得危险。于是，他在心里对这场梦做了一个安全的解释，那就是，"升改之期方远"，升等的日子还早着呢。熬着吧，十七年都熬过了，再多几年又何妨？

　　到开封述职、办理升等手续的日子终于到了。按照程序，司马池提交了所有与升等相关的文件，办完了所有申请手续，但是，由于那个梦的关系，他对升等根本没抱太大的希望。然而，几天之后，他就接到了参加升等觐见的通知。一大群准备升等的官员，被人事部门的官员引导着，穿廊入殿，拜倒在宝座之前，行礼如仪。礼毕，司马池抬头一看，心里的谜团顿时消散了。眼前宝座上的，不正是梦里那个小孩子吗？这个孩子是谁呢？就是当时的皇太子、未来的仁宗皇帝。真宗生命垂危，只好把皇太子推到前台，让这个十一岁的孩子直接面对群臣，处理一些简单的常规政务，进行政治实习。

经过未来的仁宗皇帝的亲自审核批准，司马池终于从下层官员晋升到中层，迈出了他官僚生涯关键性的一步。那个梦应验了！对司马池来说，那个梦是一个伟大的启示，是神明给他的特别提示：他的未来，他的前途都将在仁宗皇帝的直接照顾之下，他和仁宗皇帝的君臣之谊是上天的安排。

那个应验了的梦，坚定了司马池对仁宗皇帝的忠诚与信仰——请注意，我说的是"信仰"，而不是"信任"。因为司马池对仁宗皇帝的感情，是比普通的人与人之间的信任更虔诚、更专一、更无保留的。司马池的心中有一个仁宗皇帝，所以，得罪刘太后身边的宦官对他来说并不可怕，司马池坚信，年幼的皇帝一定会认识到他的忠诚，早晚会还他一个公道。

一个梦竟然有这样强大的力量吗？有。

二十年后司马池病逝，好友庞籍应司马光兄长的请求，亲自为司马池写作"碑铭"。"碑铭"详细记载了这场梦中的君臣际会。上面这个故事的来源，就是庞籍的记载。庞籍还发出了这样一段感慨："难道说真龙天子出世，一定会在冥冥之中有所兆示吗？还是说君臣之间的遇合，都会早早地埋下伏笔，建立神秘的契约呢？"庞籍的回答是肯定的。他接下来又说:"如若不然,为什么神明会在梦中给司马池如此清晰的指示?!"庞籍认为,神明所给的提示,与司马池的官僚生涯简直如出一辙。司马池"以孤介之节,无左右之助",气节清高孤傲,没有任何背景,一辈子不攀附权势,却能官至高位,做到天子的侍从,成为一代名臣,为什么?"实由天子特知之",就是因为仁宗皇帝本人非常赏识他。[1]

那一年,因为得罪了刘太后身边得宠的宦官,司马池被排挤出京城,做了耀州知州。但是他的官僚生涯并没有从此走下坡路。相反,刘太后去世之后,仁宗亲自掌握政权,立即召司马池回京,提供的职位非常诱人——谏官。谏官,就是专门负责提意见的官,皇帝、宰相大臣有错误,政府决策、行政有问题,都可以提出来。宋朝政治有一个好传统,就是鼓励提意见。谏官有一项特权,是可以"风闻言事"。什么叫"风闻"呢?就是"我听说"。听说的问题也可以提出来。这不是鼓励捕风捉影、胡编乱造吗?不是。北宋前期的谏官通常是富有政治责任感的中青年官员。谏官"风闻言事",提出问题而不必指明信息来源,是在充分信任谏官人品的基础上,保护信息提供者的政策。当然,谏官"风闻"而不"胡说",靠的不全是人品,还有良好的配套制度和传统。第一是不杀言事官(提意见的官)的政治传统,谏官生命有保障。第二是谏官有着光明的前途,就算因得罪皇帝、宰相和其他大臣暂时调离京城,也会获得很好的安排,很多谏官都能升至高位,甚至官至宰相。西方人说:"不当总统,就当记者。"欧阳修说:

---

[1] 见庞籍:《天章阁待制司马府君碑铭》。

"不得为宰相，必为谏官。"[1] 刚刚亲政的仁宗皇帝请司马池回来做的，就是谏官。

这样一个诱人的职位，司马池却上表恳辞。对此，司马池的解释是："谏官有两种做法：一种是豁出去，不怕得罪皇帝，直言进谏，以尽做臣子的节操，搞不好自身难保；一种是打打擦边球，尽提些不痛不痒的问题，来为自己博取名声，谋求权势富贵，必然是名誉扫地。总之，当谏官，如何能做到身家性命与清名令誉两全其美呢？"[2] 靠打擦边球保持"发声率"来赢得名声的事情，像司马池这样用最高的标准要求自己的人，肯定是不屑于去做的。他如果接受职位，就一定会尽忠职守，那么，尽忠职守的谏官就一定会自身难保吗？究竟是什么状况让他对谏官这个职位恳辞坚拒呢？

这一年是宋仁宗明道二年（1033）三月，刘太后撒手西去，仁宗亲政。这个在御座上坐了十一年的孩子，终于可以自己发号施令了。仁宗的性格其实是很温和的，但是再温和的人也有脾气，再温和的人也有不愿服管的地方。皇太后没了，仁宗决心给自己的身心做一套舒展运动，搞一些突破性的动作——他要表达他的爱欲。天圣二年（1024），十五岁的仁宗奉刘太后懿旨，娶郭氏为皇后。郭皇后的祖父是国初勋贵郭崇，母亲是太宗李皇后的姐姐。郭皇后出身高贵，有点小脾气。而仁宗本来另有所爱——张美人，"欲以为后"，被刘太后拒绝。郭氏虽然做了皇后，"而颇见疏"，跟仁宗的关系并不好。刘太后在时，仁宗好歹有所顾忌，如今太后没了，仁宗撒了欢儿，后

[1] 欧阳修：《欧阳文忠公集·外集》卷一六《上范司谏书》，见四部丛刊影元本。

[2] 见庞籍：《天章阁待制司马府君碑铭》。

宫里有名有姓的美人们开始嘀瑟起来，"尚美人、杨美人俱幸，数与后忿争"[1]。事情传到宫外，司马池自然知道。皇帝沉湎女色，这不是小事，是有失体统的大事。如果司马池接受谏官的位置，他就一定得拼死进谏，他会说尽各种逆耳忠言，到那时，仁宗必然大怒，司马池的身家性命也就岌岌可危了。这就是司马池不接受谏官职位的原因。

司马池对形势的预测非常准确。没过多久，仁宗后院起火，尚美人当着仁宗的面对郭皇后出言不逊。从来没受过委屈的郭皇后哪里咽得下这口恶气，"噌"的一下站起来，抡起巴掌直击尚美人的小脸儿。仁宗赶紧跳起来英雄救美，只听"啪"的一声，说时迟，那时快，郭皇后打在了仁宗的脖子上！可以想象，郭皇后顿时"石化"，跪倒在地。仁宗两眼冒火，小夫妻间的种种新仇旧恨一齐涌上心头。仁宗决定废后。

皇后母仪天下，废后从来都不是家事，而是国家大事。而宰相吕夷简表示支持，说这样的事"古亦有之"。仁宗于是宣布郭皇后自愿出家，封净妃、玉京冲妙仙师，赐名清悟，居长乐宫。[2] 这个时候，代表着正义的谏官和御史台官连连上疏，持续抗议，最终被仁宗一股脑儿赶出了开封。这拨谏官里，最著名的就是范仲淹。如果司马池当时在列，必然也会拼死一争。其实，就最终结果看，仁宗没有危害这拨提意见者的身家性命。所以，我想，司马池把当谏官的结果说得那么可怕，可能还有一个他没说出口的原因，那就是他不愿意跟梦里的真命天子起冲突。

[1]《宋史》卷二四二《后妃上·仁宗郭皇后》，第 8619 页。

[2]《宋史》卷二四二《后妃上·仁宗郭皇后》，第 8619 页。

司马池拒绝当谏官的真实原因，仁宗无从得知。但是，拒当谏官这件事却让司马池给仁宗留下了美好的印象，仁宗夸奖司马池说："人人都想升官，司马池却喜欢退让，实在是难能可贵啊。"既然司马池不愿意进京当谏官，仁宗也不勉强。司马池继续留在地方工作，但是，仁宗给了他一个"直史馆"的头衔。"直史馆"从字面意思看，应当是在史馆工作，负责修史。但是，在这儿，它只是一个荣誉头衔，专门表彰道德高尚、学养出众的文官。算上做梦成真那一次，这是仁宗第二次亲自照顾司马池。

几年之后，司马池终于奉调回京，进入三司（盐铁、度支、户部）工作。仁宗又给了司马池第三次照顾，提拔他做御史台的侍御史知杂事。御史台是宋代的纪检监察机关，侍御史知杂事是副台长，专门负责处理台中日常事务。之后，司马池还做过三司户部、度支、盐铁副使。从盐铁副使的位子上任满下来的时候，司马池又遭遇小人陷害，被压低职务和待遇，这时候，又是仁宗皇帝亲自出面，给了他第四次关照：仁宗批示"此人早年辞群牧副使，又辞谏官，爱惜名节，是真君子"。皇帝发话，司马池得到了天章阁待制的虚衔和知河中府的职位。"天章阁"大家不熟，但龙图阁大家比较熟悉。京戏里唱"包龙图打坐在开封府"，"龙图"就是龙图阁。天章阁、龙图阁都是宫中的藏书楼，专门收藏皇帝的御集。龙图阁藏的是太宗的御集，天章阁藏的是真宗的御书。天章阁待制是高级文官的荣誉头衔，皇帝侍从，光荣无比。

司马池的所有这些光荣都跟仁宗有着直接的关系。所以，庞籍在总结司马池一生的成就的时候要说"府君以孤介之节，无左右之助，

图十 ⊙ 明 佚名 《帝鉴图说·天章召见》

《帝鉴图说》是由明代内阁首辅张居正主持编撰，供年仅十岁的万历皇帝阅读的教科书。该书由一个个小故事构成，每个故事配以形象的插图，用来引导、教诫万历帝做个好皇帝。《天章召见》讲的是宋仁宗在天章阁召见大臣，赐臣下笔纸书写谏言，鼓励大臣陈述理政得失的故事。

自进直太史，入副纲宪，以至于登内阁为侍臣，实由天子特知之"[1]，特别强调皇帝的关照。庞籍这样认为，司马池肯定也是这样认为。他把那个梦铭记在心，又郑重地告诉知心好友和儿子们，就是这个原因。

要有"孤介之节"，做一名不攀附权势的"孤臣"，与天子建立特殊关系，只效忠于皇帝，对于其他任何的派别或者权势，不巴结，不投靠。这是司马池留给司马光的极其重要的政治遗产。在当时的政治结构当中，皇帝代表国家，代表江山社稷，皇位的稳定关系着国家的长治久安，皇帝的仁慈牵动着天下苍生的幸福。皇帝以天下为家业，以万民为孺子。皇帝的私心最大，大到可以约等于"公"——皇帝不是"大公无私"，而是"大私为公"。相比之下，将相大臣互相勾结所形成的政治势力则是"自私自利"的，他们会"以权谋私"，为了小群体的利益破坏制度和传统，轻则营私舞弊，重则贪赃枉法，对自己人官官相护，对"非我群类"的人打击迫害。政治势力间的斗争，首先会损耗行政效率，降低政府的行政能力，发展到极端，甚至会危害江山社稷，给王朝招来灭顶之灾。所以，从这个意义上说，司马池选择做一名孤臣，把个人的政治生命跟皇帝捆绑在一起，是高尚的、正确的。当然，忠于皇帝不是说对某一个具体皇帝的所有具体做法、说法都一概服从，而是要从儒家的政治理想出发，为了江山社稷的长治久安，纠正皇帝的错误，补正皇帝的缺失，帮助自己的皇帝做一个明主仁君。这才是"孤臣"的"大忠"之道。这一点，司马池做到了，司马光也将终生实践。

毫无疑问，司马光一生下来就是个官僚子弟。司马光出生的时候，

[1] 庞籍：《天章阁待制司马府君碑铭》。

他的父亲还是一个小小的县令。到司马光二十岁中进士，司马池已经是盐铁副使，这样的级别跟宰相比当然不算高，但是在普通官员当中已经是凤毛麟角了。二十年时间，司马光跟着父亲母亲走过许多地方，他住的是官衙，吃的是父亲的俸禄，从记事起听见的、看见的，也都是官场里的人和事。官场是司马光成长的主要环境。

那么，在司马光成长的这二十年里，宋代官场的大环境究竟是怎样的呢？第一，有能力的人还是上得去的，但是，升官的速度，从总体上讲，已经不那么快了。为什么？最简单的原因，就是人才积压。宋朝于960年建国，对科举文官的大力提拔是从第二任皇帝宋太宗开始的，太宗的第一个年号是太平兴国，南宋人回顾"国朝自太平兴国以来，以科举罗天下士，士之策名前列者，或不十年而至公辅"[1]。太平兴国二年（977）的状元吕蒙正为官七年即官拜参知政事，成为副宰相。太平兴国五年（980），进士里出了李沆、王旦、向敏中、寇准、苏易简等多位宰相、副宰相。其中，寇准中进士时只有十九岁，三十三岁就做到了参知政事。春日簪花宴会，太宗特赐寇准异花，说："寇准年少，正是戴花吃酒时。"[2]到了司马池这辈儿，"簪花少年"的故事已经不再上演。司马池在宋朝开国四十五年之后中进士，升迁速度已经明显放缓，机会少了，制度严了，条条框框多了。没有推荐信上不去，缺乏背景的人想要升官，难了。草根传奇的时代结束了。家世背景开始发挥作用，但是还没有走向封闭，还是一个相对公平的

[1] 洪迈撰，孔凡礼点校：《容斋随笔》卷九《高科得人》，中华书局，2005年，第120页。

[2] 吴曾撰，刘宇整理：《能改斋漫录》卷一三《记事·御亲赐带花》，大象出版社，2019年，第119页。

时代。

第二，科举考试制度变得更加严格。我们今天所知道的应用于高考的那些防作弊措施，比如命题人事先隔离、试卷密封等等，在宋朝的科举中都已经出现，并且更加精密周全。考官是临时任命的，一旦任命，随即进入考试院封闭居住，这叫"锁院"。考生答卷卷头的个人信息部分，在考试结束后要由特定官员用纸盖住，试卷密封，这叫"糊名弥封"。高级别的考试，考生答卷在"糊名弥封"之后，还要由抄写员用统一的字体抄录，然后才能送到阅卷官员的面前，这叫"誊录"。所有能够作弊的环节，都有相应的制度加以防范。这样的考试，从技术层面看，真就像欧阳修所说的"无情如造化，至公如权衡"[1]。只是，作为选拔行政官员的考试，恐怕人们更应该关心的，还是在技术以外，它究竟能够考察什么，通过这种考试选拔出来的人才，其能力是否符合未来的职业要求。当然，这是后话。在后来的岁月中，有关考试和人才选拔的话题还会不断重现。防作弊制度的成熟，背后所透露出来的，其实是竞争的激烈化——科举越来越难考了。

第三，官场风气，总体来说还是"正"的。"正"不是说完全没有不好的东西，而是说总体风气，主流的价值判断还没有偏离正常的轨道。权势、地位、财富并没有成为仅有的标准，高尚的品德还在人们心中持续生长。如刘子健先生所言，"北宋中叶，庆历年间，有学问的士大夫开始抬头。他们是文臣中的儒臣，守原则，重理想，一般说来，当时的士风可以算最好的"。这个时候，是范仲淹、欧阳修血气方刚的时代，也是司马池敢把陈县令拉下座、敢于在盛知州面前据

[1] 欧阳修：《欧阳文忠公集·居士集》卷一七《论逐路取人札子》。

图十一 ⊙ 清 梁亯 《观榜图》（局部）

绢卷设色，30.7厘米×430.8厘米，现藏台北故宫博物院。画卷呈现的是凌晨时分众人举着火把查看榜单。悬榜之处，人头攒动。从侧面也可以看出，直到清代，科举考试仍竞争激烈。

理力争的时代。

　　关于这个时代的风气，可以再举一个例子。司马池在西京洛阳时，其顶头上司是刘烨，刘烨的故事司马光肯定小时候就听到过。刘烨家世显赫，先祖出自代北，随北魏孝文帝迁都，定居洛阳，"唐末五代之乱，衣冠旧族多离去乡里，或爵命中绝，而世系无所考，惟刘氏自十二代祖北齐中书侍郎环㑺以下，仕者相继。环㑺生隋大理卿坦，坦生唐渝国公政会，由政会至烨十一世，皆葬河南，而世牒具存"[1]。刘家世代冠冕蝉联，谱牒记载完整。而刘烨的麻烦也正起于这显赫的

[1]《续资治通鉴长编》卷一〇三，第2380页。

家世。

　　刘烨姓刘，刘太后也姓刘。只不过此刘非彼刘。刘太后是谁？四川来的歌女，"善播鼗"，打得一手好鼗鼓。先嫁银匠龚美，龚美把她带到开封，献给了当时的三皇子，后来的真宗皇帝。真宗无子，刘氏安排自己身边的宫女李氏为他生了一个，然后据为己有，借此登上皇后宝座。真宗晚年，本来想安排寇准为太子保驾护航，却没想到寇准也没能斗过刘氏。最终，真宗晏驾，仁宗登基，刘氏成了摄政皇太后，丁谓是宰相。丁谓没把这个身居宫中、行动不便的女人放在眼里，自己想要专权，结果遭到罢官、流放。刘太后大权独揽，满朝文武，一屋子的大男人都跪倒在这个女人的脚下。女人能做到这个份儿上，应该没什么遗憾了吧？有，人心不足蛇吞象，遗憾总还是有的——刘太后还想要一个显赫的家世。她当皇后的时候，其实就已经为父亲伪造了禁军高级将领的身份。如今当太后了，家世岂不应该"更上层楼"？！刘太后看中了刘烨的家世。

刘太后单独召见了刘烨。亲切交谈之下，刘太后说："知卿名族，欲一见卿家谱，恐与吾同宗也。"

如果刘烨把家谱捧出来，那就不是"说不定"了。家谱到了刘太后手里，她跟刘烨必定会"同宗"的。跟太后变成同宗，好像也不是什么坏事，万一太后变成了姑妈、姑奶奶，他就是皇亲国戚了。诱惑啊！那么，刘烨是怎么回答的呢？

刘烨说："不敢。"刘太后后来又追问过好几次，一副不入刘烨家谱誓不罢休的架势。刘烨无计可施，只能装"死"，当着太后的面，晕倒在殿前，被人抬了出去，这才免过。为躲开太后，刘烨只好放弃权发遣开封府事的职位，主动要求到洛阳去工作。刘烨到洛阳之后，刘太后还想召他回京，刘烨恳辞，终生不再入京为官，死在了河中知府的任上。[1]

这样的"好事"，放在今天，恐怕真会有人哭着喊着就扑上去了，肯定还有人只恨自己不姓刘。刘烨为何避之唯恐不及？因为这是造假！祖宗造假，是原则问题，把个不相干的太后拉进本族，不是光宗耀祖，而是辱没门庭。孔子曰："惟器与名，不可以假人。"不错，"名义"是空的；但是，名义的价值就在于这不可兑换、不可交易的"空"，"空"赋予了名义权威和力量。如果名义可以买卖交易，那它就一钱不值了。

---

[1]《续资治通鉴长编》卷一〇三，第2380页；《宋史》卷二六二《刘烨传》，第9075页。

退一步说，刘烨哪里看得上刘太后那样一个歌女出身的女人?! 权势可以让人的身体拜服在地，却不能让人的灵魂心悦诚服。其实，刘太后的能力和成就早就超越了她的出身，如果她能坦然面对过去，本来可以赢得更多的敬意。只是这一番做法，白白地送上门去，生生地让世家子弟刘烨给看低了。

刘烨用装"死"、调离捍卫了世家的尊严，到洛阳做了西京留守。司马池就是应刘烨的推荐，到洛阳来工作的。刘烨是司马池的上司。司马光肯定见过他，刘烨的故事，司马光应当不止一次听家中大人讲。

官场正气犹在，家族团结，家庭和美，父亲严肃方正，母亲和蔼可亲，一兄一姐对他爱护有加，这就是司马光的成长环境，他在父亲的宦游中长大，行万里路，读万卷书，见识四方风物，结交各地翘楚。司马光所拥有的是一个最好时代的最佳成长环境，但这并不意味着一帆风顺、毫无挫折。

04 "迁夫"本色"诚"为先

三十九岁时，司马光开始写作一部名为《迂书》的人生随笔，"时有所获，书以示人"，从中年一直写到老年，共得四十一篇。《迂书》又名《庸书》。司马光在自序中这样解释了这两个书名："人之论高者则曰：'子之书庸而无奇，众人所同知也。'论卑者则曰：'子之书迂而难用于世，无益也。'嘻，我穷我之心，以求古之道，力之所及者则取之。庸与迁，惟人之所名也，我安得知之？故命其书曰《庸书》，亦曰《迁书》云。"[1]"古之道"即"孔子之道"，"孔子之道，非取诸己也。盖述三皇、五帝、三王之道也；三皇、五帝、三王亦非取诸己也，钩探天地之道以教人也"[2]。"古之道"充盈于天地之间，亘古不变，看似平常，其实难行，高明者视之为平庸，在所难免；见识卑浅者视之为迂远，却不知迂远正是"古之道"的本质。在《迂书》中，中年司马光自称"迂夫"，晚年自称"迂叟"。[3]迂，最简单的意思就是绕远，可以组词"迂远""迂阔"，今人常用的则是"迂腐"。司马光在《迂书·释迂篇》中设想了这样一场问答：

> 或谓迂夫曰："子之言太迂，于世无益也。"迂夫曰："子知迂之无益，而不知其为益且大也；子知径之有益，而不知其为损亦大也。"[4]

看上去绕远、没好处的，反而收益长远盛大；而那些走了近路、得了便宜的，反而危害极大。"迂"是因为善于从基本原则出发，谋求彻底改变，"大抵虑事深远，则近于迂矣"。[5]自古圣贤皆迂阔，

[1] 司马光著，李之亮笺注：《司马温公集编年笺注》卷七四《迂书·迂书序》，巴蜀书社，2009 年，第 445 页。

[2]《司马温公集编年笺注》卷五九《答陈充秘校书》，第 525 页。

[3] 叶梦得《石林燕语》中说"司马温公自少称'迂叟'"，误。叶梦得撰，宇文绍奕考异，侯忠义点校：《石林燕语》卷一〇，中华书局，1984 年，第 152 页。

[4]《温国文正公文集》卷七五。

[5] 见吴曾撰，刘宇整理：《能改斋漫录》卷一三《司马光近于迂阔》，第 114 页。赵冬梅：《大宋之变，1063—1086》，广西师范大学出版社，2020 年，第 136—137 页。

子路说过孔子"迂"，孟子也有"迂"名。但在与急功近利的竞争中，"迂"往往溃不成军——此事古今同。"迂"是司马光的生命底色。

我也是个喜欢"绕远"的人。前面三节，我们谈了涑水司马氏的祖先记忆、家族传统，讲了司马光的父亲司马池的为人和做官经历，讲了司马池周围那些长官、同事的故事，范围在逐渐缩小，但还是在司马光的外围打转。这些"迂远"的外围故事，可以让读者对司马光和他成长的时代有更深入的了解。这一节，我们正式聚焦司马光，追寻"迂夫"成长的轨迹。

关于司马光，最著名的故事当然是"砸缸"。比如，小学课本大概是这样讲述"司马光砸缸"的故事的：

古时候，有个孩子，叫司马光。有一回，他跟几个小朋友在花园里玩。花园里有假山，假山下面有一口大水缸，缸里装满了水。有个小朋友爬到假山上去玩，掉进了大水缸。别的小朋友都慌了，有的吓哭了，有的叫着喊着，跑去找大人。司马光没有慌，他举起一块石头，使劲砸那口缸，几下子就把缸砸破了。缸里的水流出来，掉进缸里的小朋友得救了。

如果我们只是把"司马光砸缸"当作一个有关"勇敢""沉着"的寓言故事，那么，这样讲没有任何问题。但是，如果我们把这个故事放回真实的历史当中去，把它当作司马光的人生片段来讲，那么，问题就出来了：第一，是真实性的问题，这个故事是否真实？司马光真的砸过缸吗？第二，如果司马光真的砸过缸，那么，砸缸究竟发生在何时、何地？第三，这件事情，在司马光的人生中有怎样的意义？或者说，司马光本人对"砸缸"的看法是怎样的？

严肃认真地看砸缸，可以有三问。

砸缸第一问，真实性，司马光是否砸过缸。我的回答是"应当砸过"。小学课本里的那段"砸缸"故事应当是从宋人笔记中翻译过来的，原文如下：

> 司马温公童稚时，与群儿戏于庭。庭有大瓮，一儿登之，偶堕瓮水中。群儿皆弃去，公则以石击瓮，水因穴而迸，儿得不死。……至今，京、洛间多为《小儿击瓮图》。[1]

司马温公就是司马光，温国公是他死后朝廷追赠的爵号。瓮是大水缸。以上文字翻译过来，基本上就是小学课本里的《司马光》了。只不过，这个原始版本里的"别的小朋友"胆子更小，也更不够意思——"群儿皆弃去"，他们全都丢下落水的那个，被吓跑了！当然，这就越发显出司马光临危不乱的风度了。

宋人笔记里还有一个信息是小学课本里所没有的："至今，京、洛间多为《小儿击瓮图》。""至今"，意为"直到现在"——这个"现在"不是我们的"现在"，是笔记作者诗僧惠洪生活的年代，也就是蔡京当政的北宋末年。"京"指宋朝的首都东京开封，"洛"指西京洛阳——北宋定都开封，洛阳是陪都，在北宋末年的两京地区，"司马光砸缸"仍然是人们喜爱的绘画题材。由此可见，至少北宋末年的人相信司马光砸缸的真实性。

砸缸第二问，时间、地点。小学课本采取了模糊处理的办法。地

[1] 惠洪撰，陈新点校：《冷斋夜话》卷三《活人手段》，中华书局，1988 年，第 31 页。

点不详，一上来就是最具体的花园，至于这个花园在哪儿，不清楚。时间是"古时候"，这是大人给孩子讲故事时最常用的时间概念，简单、省事儿。用"古时候"糊弄小小孩没问题，只是，再大一点的孩子恐怕就要追问了："古时候"究竟要"古"到什么"时候"呢？

根据现有史料可以大致推定，司马光砸缸的故事应当发生在公元1025 年或 1026 年，地点是今天的洛阳。1025 年阴历四月，那位勇敢地抵制了太后冒认同宗的刘烨先生，自愿请求调离东京开封，到西京洛阳来做留守。刘烨为自己选择的属下当中就有司马光的父亲司马池。于是，司马池就带着夫人聂氏、司马光的哥哥姐姐和司马光，一家五口搬到洛阳来了。司马池在洛阳工作的时间不长，只有两年左右。所以，砸缸故事就应当发生在 1025 年或者 1026 年。按照虚岁算，司马光当时七八岁，按周岁算，是六七岁。

砸缸第三问，是砸缸对司马光本人的意义。一个六七岁的孩子，能够在小朋友掉进大缸、别的孩子哭爹喊娘的时候，搬起石头砸缸救人，实在是很了不起：首先，他得清醒地判断形势——要想救人就得把缸砸破；其次，他得快速找出解决办法——找一块石头，这块石头不能太轻，轻了砸不破，也不能太重，重了搬不动；最后，他还得具有非凡的行动力，能搬起这块石头，又稳又准地向缸砸去。无论以宋朝还是现在的标准衡量，司马光小朋友都绝对称得上"临危不乱、见义勇为小英雄"！这段英雄事迹，在北宋的开封、洛阳一带不胫而走，广为流传。

但是，至少从今天留下来的文字材料看，司马光本人后来再也没有提起过"砸缸"这件事。为什么？砸缸对于司马光不重要吗？当然重要。只是再重要也不过是一个瞬间完成的偶然壮举。"砸缸"可以成为绘画题材，一画就是一百年，养活诸多画工，也可以变成睡前故事，从宋朝一直讲到现在。但那都是别人的事情，对司马光而言，"砸缸"是并且只能是他童年生活的一个片段、一朵小小的浪花，如果司马光的人生辉煌就停留在"砸缸"的瞬间，那就真的悲剧了。

如果砸缸不重要，那么，对司马光而言，什么才是他童年记忆中最重要的事情？我觉得有两件事。

第一件，可以叫作"不敢谩语"。谩语就是胡说八道、撒谎吹牛。这件事是司马光在家信中亲笔记录下来的：

> 光年五六岁，弄青胡桃。女兄欲为脱其皮，不得。女兄去，一婢子以汤脱之。女兄复来，问脱胡桃皮者。光曰："自脱也。"先公适见，诃之曰："小子何得谩语。"光自是不敢谩语。[1]

这段话的大意是，我五六岁的时候，有一次摆弄青核桃。姐姐想要替我剥核桃皮，却怎么也剥不下来。姐姐走了以后，家里的婢女把核桃放到热水里一烫，皮就很容易地剥掉了。姐姐回来，问是谁剥的。我说："我自己剥的！"这一切凑巧让父亲看见了，他呵斥我说："小孩子怎么能吹牛说谎呢?!"打那以后，我再也不敢撒谎吹牛了。

不敢谩语，做一个诚实的人，这是司马光从父亲那里得到的教诲。这个教诲，他终身铭记，一生践行。后来，司马光的学生刘安世考中进士，正式参加工作之前，"且乞一言终身行之"，请司马光给他一

---

[1] 邵博撰，李剑雄、刘德权点校：《邵氏闻见后录》卷二一，中华书局，1983年，第166—167页。

句可以置之座右的铭言。司马光说："其诚乎！"刘安世又问"行之何先"，司马光答："当自不妄语。"[1] 不妄语，不谩语，意思都是不撒谎吹牛。

关于"诚"，中年之后，司马光做过更深刻的解释。他在《迁书》里说：

> 鞠躬便辟，不足为恭；长号流涕，不足为哀；弊衣粝食，不足为俭。三者以之欺人可矣，感人则未也。君子所以感人者，其惟诚乎！欺人者，不旋踵人必知之；感人者，益久而人益信之。[2]

大意是，鞠躬逢迎，还不能算是恭敬；痛哭流涕，还不能算是哀痛；破衣烂衫、粗茶淡饭，还不能算是简朴。这三种做法，用来蒙人是能蒙到的，却未必能够打动人。君子之所以能够打动人，凭的只是一颗至诚之心！蒙人的，过不了多久，人们一定会醒悟；能够打动人的，时间越长，人们就会越发信任。

本着至诚之心，以最诚实的态度对待自己和别人，不隐瞒自己的感受，勇敢地表达观点，坚持理想，坚持原则，是司马光一辈子的做人准则。而这颗至诚的种子，是在他的童年时期，在他低头摆弄青核桃的时候就种下了的。至诚是司马光成功的基石，是司马光打动仁宗、英宗、神宗、哲宗四位皇帝和天下百姓的真正利器。至诚的力量就在

---

[1] 王绚：《〈尽言集〉跋》，见曾枣庄主编：《宋代序跋全编》卷一二五，齐鲁书社，2015 年，第 3528 页。王称：《东都事略》卷九四《刘安世传》。

[2] 司马光：《迁书·三欺》，见《温国文正公文集》卷七五。

于，它会让人真诚、勇敢、与人为善，它会创造出一个"人际环境友好"型的小环境。只有在这种小环境的作用下，那些尽人皆知的成功因素，比如良好的教育、勤奋的态度、敬业精神、创造力，还有足够的运气，才能发挥出它们最大的功效。

司马光童年记忆当中第二件要紧的事，我认为，应该是他始终都觉得自己不算太聪明。或者应该说，不是司马光不够聪明，而是他周围聪明剔透的孩子太多，让他从小就感到了压力。

司马光的童年、少年是在不断的搬家中度过的。他出生在光州，随着司马池的调动搬到了寿州的安丰县。在那儿，司马光有了最初的记忆。当地丁家有个孩子，十几岁就已经气度不凡，书背得滚瓜烂熟，文章写得字字珠玉，是全县闻名的神童。这位神童很快就成了司马光的榜样，家里人总是对他说："他日得如丁君足矣！"你要是有一天能像丁家小哥那样，我们就满意了！[1]这话听着耳熟吧？中国的孩子，差不多每个人在成长的过程中都有过一个"丁家小哥"，永远比你聪明，比你学习好，比你有礼貌，比你有眼力见儿。"丁家小哥"是父母用来鞭策孩子的榜样，也是许多孩子童年挥之不去的一抹小阴影。有一些孩子可能一辈子都不能了解，父母其实真正爱的还是自己，而不是"丁家小哥"。家里人用丁家小哥来刺激自己的话，差不多三十年之后，司马光仍然记得清清楚楚。所以大家可以想象，当年这位丁家小哥给过司马光多少激励、多少压力！

在丁家小哥之后，给司马光带来更大压力的，是庞之道。司马光八岁时，他的父亲司马池进入开封，出任群牧判官。当时还有一位群

---

[1] 见司马光：《送丁浦江序》，见《温国文正公文集》卷六四。

牧判官庞籍，跟司马池同僚相好，志趣相投，两家住得很近，关系很好。庞籍的长子名元鲁，字之道，比司马光大三岁，两个人天天一起念书，一起玩，司马光把庞之道当哥哥。根据司马光的回忆，这位庞之道小哥哥天资聪颖，悟性极高，"于文辞，不待力学而自能，读书初如不措意，已尽得其精要，前辈见之皆惊叹"。庞之道念书，看上去好像不怎么用心，可是那些要点、难点早就烂熟于心；庞之道写文章，也没见他怎么用功，可是华丽的辞藻、工整的对偶简直就像是从笔端流淌出来的。所以，老师、家长都觉得庞之道这孩子简直是太聪明了，不得了，前程不可限量。司马光的父母肯定又没少用庞之道来鞭策司马光："加油啊，看看人家庞家老大！"跟庞之道相比，司马光的形象就黯淡多了。将近四十年之后，当司马光回忆起这位童年伙伴时，仍然自叹弗如，说："光年不相远，自视如土瓦之望珠玉。"[1]

司马光笨吗？当然不笨。只是，他"幼时患记诵不如人"[2]，那种过目不忘的本事，他没有。他也不擅长写作那种辞藻华丽、讲究对偶排比、形式大于内容的文章，而这种文风在他和庞之道开始学习写文章的时候是最流行的。宋神宗即位之初，请司马光做翰林学士，翰林学士的职责是"代王者立言"，为朝廷起草重要文书。司马光推辞，理由便是自己"不能为四六"，写不了那种辞藻华丽的官样文章。苏东坡评价司马光"文辞醇深，有西汉风"[3]，其实是一种扬长避短的实话实说。

---

[1] 司马光：《庞之道墓志铭》，见《温国文正公文集》卷七六。

[2] 朱熹、李幼武撰：《宋名臣言行录》后集卷七六。

[3] 苏轼：《司马温公行状》，见《司马温公集编年笺注》，第 474 页。

司马光聪明吗？应该说聪明。但是，在念书这件事儿上，却有点儿"开局不利"。司马光六岁就开蒙读书，不知道为什么，司马池为儿子选的启蒙教材竟然是《尚书》。《尚书》包含古代圣王的政治思想，文字非常古奥。年幼的司马光"虽诵之，不能知其义"[1]，而他的记忆力又一般。完全不明白是什么意思，还要背下来，旁边又有那些特别聪明的榜样比着，对一个好强的孩子来说，那肯定是一个相当痛苦的过程。只不过，司马光有一个大优点，那就是不服输。同样的内容，兄弟们看两三遍就背下来，完成任务出去玩了，就剩下司马光一个人还在用功。他给自己定下规矩，背会为止。因为没有近路可走，只好绕远，但是，"远"没有白绕，所谓"用力多者收功远"，因为下的力气格外多，所以收到的功效也格外长远。"其所精诵，乃终身不忘也。"那些下大功夫认真背过的书，司马光一辈子都记得牢牢的。他后来还用自己的经验教育后辈说："书不可不成诵，或在马上，或中夜不能寝时，咏其文，思其义，所得多矣。"[2]当然，这些都是司马光在多年之后的总结，六岁开始读书那年，可怜的小孩心里只有痛苦和挣扎，实在谈不上有什么快乐。

七岁的时候，司马光的读书生活有了幸福的转机。他偶然听到老师在给别的学生讲《左传》。《左传》是历史书，故事性很强，跟《尚书》相比，文章夹叙夹议，内容具体而实在。司马光听懂了，也听进去了，一下子爱上了《左传》。回家之后，司马光把自己听到的讲给家人听，讲得头头是道，让司马池和夫人感到十分惊喜。从《左传》开始，司

[1] 司马光：《迂书·序》，见《温国文正公文集》卷七六。

[2] 朱熹：《三朝名臣言行录》卷七，见《朱子全书（修订本）》第12册，第570页。

马光爱上了读书，"自是手不释卷，至不知饥渴寒暑"[1]。司马光跟历史学的毕生缘分也由此埋下了伏笔。当然，在读书一事上，司马光全面开窍，还要更晚，到十三岁，他"始得稍闻圣人之道，朝诵之而夕思之"[2]。

司马光的故事告诉我们，如果孩子不喜欢读书，那只是因为他还没有碰到自己喜爱的书，所以，正确的解决方式是，把他推到书海里去，然后耐心等待，早晚，他会碰到属于自己的书。

从《左传》开始，司马光找到了自己要读的书，也找到了读书的乐趣，但是，就在那个时候，他又碰到了天生会读书的庞之道——跟庞之道相比，司马光仍然是第二名。记性没别人好，就只好多读几遍；不够聪明，就只好多下功夫。因为父亲说过，好孩子不谩语，不说瞎话，要诚实地对待别人、功课和自己。于是他只好向丁家小哥和庞之道学习，努力追赶。这大约就是童年司马光心中的自我。

司马光自己看自己，看见了一个得第二名的孩子，所以只好笨鸟先飞、用勤补拙。和所有好强的孩子一样，司马光非常想做一个大人喜欢的好孩子，因为总有人比他强，所以他的心中会有一些小挫折、小波澜。当然，这些挫折和波澜，在大人看来是微不足道、不值一提的。

[1]《东都事略》卷八七上《司马光传》。

[2] 司马光：《迁书·序》，见《温国文正公文集》卷七六。

05 论君臣，说彼我——思想早成的司马光

　　其实，在周围大人的眼中，司马光这个六七岁就能砸缸救人的孩子，又何尝不是另外一个"丁家小哥"？因为家里大人总是在拿庞之道激励司马光，所以司马光觉得自己跟庞之道比，就像把土块瓦片跟珍珠美玉放在一起。他不知道，庞籍在教育庞之道的时候，多半也是拿他当榜样的。传统的中国家长最不肯下本钱的地方，就是夸奖自己的孩子。父亲母亲们总是背着孩子才肯说一两句得意的心里话。而这些话，司马光不可能有机会听到。

　　司马池心里绝对是为小儿子感到骄傲的。司马光十三岁时，司马池出任利州路转运使。转运使的工作特点是要经常巡视，利州路下辖府州县众多，地方广大，司马光也经常陪着父亲出差。有一次，司马池带着司马光一起游览阆州阆中县的南岩山，乘兴题词。在题词的最后，司马池写了"君实捧砚"四个字。君实是司马光的字。长官的题词是要刻在石头上与江山同老、与日月同辉的，司马池把儿子的名字留在题词中，让它刻到石头上，就是在用这样一种特殊的方式，表达对儿子的赞许。司马池和阆中当地官员肯定没有想到，由于司马光后来的成就，这四个字最终为阆中带来了一座名胜古迹——就在十三岁的司马光为父亲捧砚的地方，阆中人修起了一座亭子，取名"捧砚亭"。[1]

[1] 祝穆撰，祝洙增订，施和金点校：《方舆胜览》卷六七，《利州东路·阆州·楼亭》，中华书局，2003 年，第 1176 页。

司马池周围的同事、朋友们也都喜欢这个孩子。司马光"为儿童时，凛然如成人"[1]，是个小大人儿。传统中国，以老为尊，属于尊老型社会。老就是智慧，老就是权威。就连孩子，也是老成的好，简直要在精神上长出胡子才可爱。像司马光这样，沉稳有气度、懂礼貌守规矩、"凛然如成人"的好孩子，当然会被叔叔伯伯们看好。

庞籍是头一个欣赏司马光的长辈。庞籍是司马池在群牧司的同事，两人的职位都是群牧判官。这两个人都是普通官僚家庭出身，都属于"孤寒中有声望才节可以服人者"，他俩志趣相投，常常在司马家饮酒聊天。司马家待客的饮食很简单，就是开封市上现打来的酒，就着梨、栗子、红枣、柿子之类的干鲜果品，荤菜就是简单的肉干、肉酱，现做的菜只有蔬菜羹，斟酒、盛菜的器皿不是漆器就是瓷器。既无美食，亦无美器。然而，主人不觉得难为情，客人也不觉得怠慢。"会数而礼勤，物薄而情厚"[2]，司马池和庞籍吃饭，讲究的不是排场，而是感情和思想的交流。

照当时的规矩，客人来了，家中男孩要出来拜见，拜见之后，若要陪同，则当垂手侍立。宋初的王祜有个好儿子，名叫王溥，做了宰相。客来王府，必先拜见老太爷。而王祜待客，必令王溥"朝服趋侍左右"。宰相侍立，谁能安坐？"坐客不安席，辄引避。"王祜则大大咧咧地说："此豚犬尔，勿烦诸君起。"[3] 司马池和庞籍饮酒聊天的时候，司马光还很小，只有八九岁。这么大的孩子，尤其是男孩，想要安安

[1]《东都事略》卷八七上《司马光传》。

[2] 司马光：《训俭示康》，见《温国文正公文集》卷六九。

[3]《宋史》卷二四九《王溥传》，第8801页。

静静地保持一种状态是很难的。所以，平常人家的普通孩子，打完招呼就可以退下去自便了。而八九岁的司马光却恭恭敬敬地在一旁侍立，从头到尾都在认认真真地听大人讲话，而且眼睛里明显有内容——他听进去了！这让庞籍感到很惊讶。慢慢地，庞籍到司马家来，就不单单是跟司马池聊天，还会跟其儿子交流。根据司马光的回忆，庞籍待司马光"爱均子姓"[1]，就像是对待自家儿郎一样，常常抚摸着司马光的发髻，关心他的学习情况。

张存是另一个很早就"慧眼识英雄"的长辈。仁宗景祐四年（1037），张存奉调回京，出任三司户部副使。当时，司马池是三司盐铁副使。张存和司马池都是景德二年（1005）进士，有"同年"之谊。但在过去的三十多年中，两位"宦游人"你东我西，天南地北，实际交往并不多。这一次，两人竟然同在三司供职，正好重叙同年情谊。张存亲自到司马府上拜会司马池。司马池赶紧命令司马光出来拜见这位父执。这一年，司马光十九岁。张存一见，当场决定把自己十五岁的三女儿许配给司马光为妻——"不卜不谋，遂妻以子"[2]。

宋神宗熙宁四年（1071），张存以八十八岁高龄辞世。司马光接获丧报，泪如雨下，但他当时正在御史台工作，按规定不能离岗，无法往灵前致祭，只好为文以祭，表达哀思。时隔三十四年，对于岳父"一见许婚"的非凡举动，司马光仍然充满了感激。他在祭文中写道："自惟童骏，齿位殊绝。未尝交语，从何辱知？知己之恩，重于姻戚。

[1] 司马光：《祭颍公文》，见《温国文正公文集》卷八〇。

[2] 司马光：《祭张尚书文》，见《温国文正公文集》卷八〇。

图十二 ⊙ 宋 何荃 《草堂客话图》（局部）
绢本册页，设色，24.2厘米×22.5厘米，现藏北京故宫博物院。

没身衔戢，不敢弭忘！"[1] 司马光感叹的是，当时他还是个不懂事的傻孩子，地位低下。张存跟他头一次见面，并未深入交谈，张存是怎样了解他的呢？在司马光心中，张存对自己的知己之恩，远远要超过翁婿之情。他没齿难忘，终身感激！

从司马光的角度来看，张存之"一见许婚"，是长辈对晚辈最高

[1] 司马光：《祭张尚书文》，《温国文正公文集》卷八〇。

级别的肯定和鼓励，是"知己之恩"。但是，在外人看起来，张存对司马光"未尝交语"便"不卜不谋，遂妻以子"的举动，虽然确实不同流俗，但也不难理解。张存和司马池本来就是"同年"，当时又是同事，三司三个副使，司马池是盐铁副使，张存是户部副使，地位相当。张家和司马家是百分之百的"门当户对"。司马光这孩子，举止大方，彬彬有礼，聪明而老实，还曾是"砸缸"救人的小英雄。到哪儿去找这么好的女婿啊?! 张存不是不得意的。

十九岁的司马光，在学术、文章和思想上都已经形成了较为成熟的认识，做好了出仕做官、服务朝廷的准备。在学问上，他对史学的浓厚兴趣，从《左传》开始萌芽，不断滋长。他的文章，虽然辞藻并不华丽，但是文辞醇深，自成一格。更重要的是，在父亲和周围师长的影响下，他对当时政治中最为重要的一些关系有了清晰而成熟的认识。

当时的政治中，什么关系最重要？当然是君臣。景祐二年（1035），十七岁的司马光完成了《功名论》，这篇文章的核心就是君臣关系。文章的开头，司马光自问自答，直奔主题：

> 自古人臣有功者，谁哉？愚以为人臣未尝有功，
> 其有功者皆君之功也。[1]

司马光所设的问题是什么？"自古以来，有哪位臣子曾经建立了功业？"这个问题问得很奇怪，从汉代的萧何、韩信到本朝名相赵普、寇准，有多少文臣武将，功在史册。问题奇怪，司马光所给的答案更

---

[1] 司马光：《功名论》，《温国文正公文集》卷七一。

奇怪："我认为，臣子不曾建立功业，那些所谓的臣子建立的功业都是君主的功业！"一句话，所有功劳皆归君主！

奇怪的问题和更加奇怪的答案让文章充满了吸引力。接下来，司马光正面阐述了自己"所有功劳皆归君主"的观点："臣有事业，君不信任之，则不能以成。"臣子想要成就一番事业，可若得不到君主的信任，肯定是成不了的。臣子依靠君主的信任成就事业，而君主也必须依靠臣子的辅佐才能做到政治清明、国泰民安。君主对于贤人君子，必须做到"三能"——能知、能用、能信，否则"人主有贤不能知，与无贤同；知而不能用，与不知同；用而不能信，与不用同。不用贤而求功业之美、名誉之白，难矣！"所以，司马光真正想要表达的内容是，"君主必须信任、依靠贤人君子治理国家"。

那么，"所有功劳皆归君主"是个幌子吗？绝不是幌子，而是体制内的实话实说。一方面，自秦始皇建立皇帝制度、废分封为郡县以来，皇帝就是至高无上的统治者，"天上天下，唯我独尊"。在这个体制框架之内，如果没有皇帝的支持，臣子是做不成任何事情的。任何有想法、有能力的政治家都必须获得皇帝的支持，"得君"方可"行道"。另一方面，承认"所有功劳皆归君主"也是在为皇帝"疏肝解郁"，帮助皇帝摆正心态，处理好与能臣的关系。帝制时代的最大特色是什么？皇帝是世袭的，选择面很小或者根本就没得可选。正常情况下，登上皇帝宝座的人也就是中等智力、中等能力，属于二流人物。而任何一位能攀上高位的文臣武将，却都是一流人物，没有过人的本领、不经过十几二十年的摸爬滚打，哪里到得了那个位置?！如果能得到皇帝的充分信任和支持，得到合适的地位和适当的权力，很多人的确足以成就大事。二流皇帝领导一流臣子，如果皇帝不把臣子的功劳当成朝廷的荣耀，心生妒忌，那么，功臣的命运可想而知。反之，如果臣子居功自傲，不怀着一颗谦卑的心，不把所有功劳归于君主，那么，"搞不好"是降级丢官乃至家破人亡，"搞得好"是谋朝篡位——他倒是搞好了，但是由此而生的动荡乃至战争却会给老百姓带来灾难。从这个意义上讲，"所有功劳皆归君主"，是君臣和睦相处，保证国家长治久安的重要基础。

司马光爱皇帝，他没法不爱。因为，在帝制时代，皇帝是江山社稷的代表。既然一个朝代的统治建立了，那么，让这个朝代安安稳稳地持续下去，天下太平，对大多数人都有好处。这篇《功名论》其实有一个默认前提，那就是，皇帝应当是好的、靠谱的。那么，如果皇帝是荒淫无道、不靠谱的，如果皇帝对贤人不知，或者知而不用、用而不信，又该怎么办？作为现代的读者，我们很可以这样追问司马光。而作为一个热爱历史的人，司马光当然比我们更了解，在宋朝以前改换了多少朝代，有多少皇帝是不靠谱的。

现代的读者可以直接质疑皇帝制度本身是否合理，而司马光所能做的，就是告诉皇帝："君子难进易退"，如果皇帝不给贤人君子充分的信任，如果君子"知其身死而功不立"，那么，官再高、禄再厚都无法让君子留在朝堂里，君子会躲出去，宁可种田、砍柴，甚至逃到深山老林里当野人，也不愿意为皇帝服务。

十七岁的司马光对君臣关系的理解之透彻，不知要超过多少官场老人，而他所说的，"君子难进易退"，即若不能推行自己的政治理念，宁可退隐山林、不要高官厚禄，在温和的文字之下，透着真正儒者的高尚、激烈。这份激烈，是否会被官场世故磨灭？这种高尚，是否会被功名利禄污染、掩盖？司马光用他后来的人生告诉我们，《功名论》

绝不是少年不谙世事的空话大话，而是他一生践行的行为准则。

君臣关系之外，司马光还讨论了另外两种重要关系：一种是"人我关系"，自己和他人的关系，还有一种是人的内心追求与外部世界的关系。十九岁这年，司马光写过一组《修己箴》，一共三篇，题目分别是《勇箴》、《逸箴》和《友箴》。前两篇讨论"人的内心与外部世界"，《友箴》说的是"人我关系"，其文如下：

> 余何游乎？余将游圣之门、仁之里。非圣不师，
> 非仁不友，可乎？未可。不若游众人之场，闻善而迁，
> 观过而改。

大意是，我要往哪里去呢？我要到达圣人的门庭、仁义的所在。不见到圣人不认老师，不见到仁人不交朋友，行吗？不行。还不如就混迹于芸芸众生，发现谁有长处就努力学习，发现自己有错误就尽心改正。

这一段《友箴》，体现了写作者对周围世界的认识，充满了中庸的智慧，平和理性，完全不像是出自一个十九岁的毛头小伙子。关于"人我关系"，司马光还有一篇具体写作年代不详的箴言，叫《我箴》。与《友箴》相比，《我箴》对"人我关系"的论述更为周详，文字也更为浅显：

> 诚实以启人之信我，乐善（易）以使人之亲我。
> 虚己以听人之教我，恭己以取人之敬我。
>
> 自检以杜人之议我，自反以息人之罪我。容忍以
> 受人之欺我，勤俭以补人之侵我。警悟以脱人之陷我，

奋发以破人之量我。逊言以免人之詈我，危行以销人
之鄙我。静定以处人之扰我，从容以待人之迫我。游
艺以备人之鄙我，励操以去人之污我。直道以伸人之
屈我，洞彻以解人之疑我。量力以济人之求我，尽心
以报人之任我。弊端切勿始于我，凡事毋俾有私于我。

圣人每存心于无我，天下之事尽其在我。[1]

　　这篇《我箴》可以分为三部分。第一部分是正面论述如何"为我"：
要诚实、乐易（平和），才能取得别人的信任、建立良好的人际关系；
要虚心，才能得到别人的指点；要尊敬别人，才能获得尊敬。第二部
分谈如何避祸。怨天尤人、以恶制恶皆不可取。倘若那样，"我"就
先坏了。司马光所主张的，是在心理上、行为上、能力上加强自我建
设——若"我"够强大、够坚硬，那么，没有任何人能够打倒"我"。
在"人我关系"上，司马光强调的是从"我"做起，在"我"身上找
原因。这是看似胆怯，实际上非常有效的做法，因为在大多数情况下，
人际关系就像是照镜子：你对着镜子笑，镜子里的那个人也会对你笑；
你对着镜子暴跳如雷、大吼大叫，镜子里的那个人怎么可能一脸甜蜜
地对你微笑?! 当然，司马光并没有否认小人的存在，他也提醒自己，
要保持警惕，以防陷害。除此之外，司马光甚至还提醒我们，对待别
人的求助，比如借钱，要"量力以济"，不要做力所不及的事情。

　　在第一、第二部分中，司马光的"我"是谦卑的。然而，这个谦
卑的"我"却有大用，这就是《我箴》的第三部分："圣人每存心于
无我，天下之事尽其在我。"只有在姿态上"无我"，才能成就大我，

[1] 司马光：《我箴》，见曾枣庄、刘琳主编：《全宋文》第56册卷一二二四，第245页。

成就天下事。

以谦卑之心灵、平和理性之姿态建立和谐的人际关系，成就天下事，这就是司马光的"人我关系"论。这样的司马光绝对当得起"少年老成"四个字！

以上是《友箴》《我箴》中所体现的司马光的"人我关系"论。下面，让我们透过《勇箴》《逸箴》这两则箴言，看看司马光对"内心与外部世界关系"的认识。司马光勉励自己做一个勇敢的人，一个勤奋的人，要和内心的懒惰、外界的诱惑做坚持不懈的斗争，永远牢记"宴安之娱，穷乎一旦。德著名成，亿年不朽"[1]。对于勇敢，司马光有着深刻的理解。古代有位勇士，力大无比，武功高强。这位勇士要坐船过河，把前边五个排队的人都扒拉到一边去，抢先上船。船家看不过，用船桨拍了他一下。船到河中间，勇士发作了，怒眼圆睁，嗷嗷大叫着把一船人全扔进了河里。这能叫勇敢吗？司马光说，"致诚则正"，"蹈正则勇"，勇敢的人是能够坚持正义的人，是诚实对待自己和他人的人；"临义不疑，呜呼勇哉"，面对外界的诱惑，可以做到不动心，这才是勇敢！[2]

十七岁作《功名论》，勘透君臣关系，十九岁作勇、逸、友三箴，摆正人我关系、内心与外部世界的关系。就算张存没有读过这些文章，站立在张存面前的十九岁的司马光，也必定流露出一种特殊的成熟、理性与稳重。张存一见，如何不喜欢？就在张存许婚的第二年，宋仁宗宝元元年（1038），司马光高中进士第六名。过了没多久，二十岁

[1] 司马光：《修己箴·逸箴》，见《温国文正公文集》卷六八。

[2] 司马光：《修己箴·勇箴》，见《温国文正公文集》卷六八。

的司马光和十六岁的张氏在开封完婚。宝元元年真是司马光的幸福年，金榜题名时，洞房花烛夜，人生之中的两大乐事，司马光都在这一年中完成了。

06 恩荫与科举

　　然而，回到当时，宝元元年的科举考试，却像是晴天的大海，表面上风平浪静，海面之下暗流涌动。而司马光正在海中央。

　　这一年的三月十七日，仁宗亲御崇政殿考试礼部奏名进士，内出试题三道：一篇赋，题为"富民之要在节俭"；一首诗，题为"鲲化为鹏"；一篇论，题为"廉吏民之表"。最终录取吕溱以下三百一十人。四月十一日，新进士授官，状元吕溱授将作监丞，在文官全部迁

图十三 ⊙ 明 仇英 《观榜图》（局部）

绢卷设色，34.4厘米×638厘米，现藏台北故宫博物院。

转梯级三十七级中位列第二十七级，第二名李绚、第三名祖无择授大理评事，位列第二十八级；第四名石扬休授同州观察推官，位列第三十三级；第六名司马光则得到了太常寺奉礼郎的官阶，位列第二十九级。[1]

第六名的官阶比第四名高，而且不是一般地高——文官三十七级又分为两段，三十级以上为中上层，宋人称之为"京朝官"，其中二十六至三十级为"京官"，二十五级以上为"升朝官"（省称"朝官"）；三十一级以下为下层，宋人称之为"幕职州县官"。"幕职州县官"升"京官"，下层跃升到中层，是文官升迁路上最重要的关口，想要过去不容易。想当年，司马光的父亲司马池足足熬了十七年才越过去的。司马光为何初登科第便获此高阶？若说是因为名列前茅，

---

[1]《宋会要辑稿·选举》二之七，七之一六，徐松辑，中华书局影印本，1957年，第4287页下、第4363页下。《宋史》卷二九九《石扬休传》，第9930页。文官迁转梯级用龚延明《宋代官制辞典（增补本）》附表《元丰前后两宋文官（朝官、京官、选人）寄禄官阶对照表》，中华书局，2017年，第759页。

又为何名次更高的石扬休要从幕职州县官做起?

原因说来并不复杂。因为司马光在参加科举考试之前,就已经凭借司马池的高位获得了官阶。父亲官至高位,儿子就能当官,走的却并非"后门"。这在宋朝是一项正常制度,名为"荫补",又称"恩荫"——蒙恩以荫补官,"恩"是皇帝的恩典,"荫"是父祖的庇护。恩荫是宋代高级官员的一项重要特权。宋朝的恩荫是从真宗朝开始走向泛滥的,"自真宗皇帝以太平之乐与臣下共庆,恩意渐广"。有资格恩荫子弟的官员很多,官职越高恩荫的指标越多。恩荫的对象除了儿子、孙子,还可以是兄弟、侄子,甚至门客、家丁。恩荫的机会也多,每年一次的圣节(皇帝、皇太后过生日),三年一度的南郊祭天典礼,一生一次的致仕和遗表。"假有任学士以上官经二十年者,则一家兄弟子孙出京官二十人,仍接次升朝",一个高级官员,在二十年的时间内,可以把二十名本家男性成员拉扯成中层官员。所以,范仲淹认为恩荫是"滥进之极也"。[1]

荫补制度公平吗?从现代社会伦理出发,当然是赤裸裸、明晃晃的不公平。从传统社会伦理出发,则是合情合理的——传统中国,家国同构,皇帝"以孝治天下",臣子"事亲孝,故忠可移于君;居家理,故治可移于官"[2]。皇帝理应尊重臣子对于家族的孝道责任,既要给官员已故和健在的父母、妻子封赠恩宠,又要照顾官员的子孙,给他们当官的机会。但是,随着高级官员队伍的扩大,荫补制度的问题也越来越严重。第一,从这条道上进来的人太多了,多一个人多一

---

[1] 见《续资治通鉴长编》卷一四三,庆历三年范仲淹《答手诏条陈十事疏》,第3434页。

[2] 司马光:《皇从侄右屯卫大将军士虬墓记》,见《司马温公集编年笺注》。

份薪水，对国家财政来说就是负担。第二，这些人进来之后都要安排工作，可是，职位的增长显然跟不上官员人数的增长。工作机会不够，怎么办？第三，相较于科举出身者，通过恩荫进来的官员子弟很多能力不强，不学无术，可是上边有爹，旁边有一大堆伯伯叔叔，升官反倒比正经科举考试上来、有能力的人快。有能力的上不去，没能力的倒上去了。对"家"来说，当然是好事；对朝廷国家来说，长此以往，则问题多多。

司马光就是这样一名高级官员子弟。他哥哥司马旦是第一个享受父亲司马池的恩荫当官的。按规定，下一个就轮到司马光。司马光懂事谦让，考虑到涑水司马家族的和谐，先把机会让给了两位堂兄，然后才接受了恩荫官阶。到二十岁参加科举考试的时候，司马光就已经拥有了"将作监主簿"的官阶，属于"京官"。父亲司马池靠个人奋斗，摸爬滚打了十七年才混到的层级，儿子司马光不到二十岁靠着老爹的恩荫身不动、膀不摇就得到了。真不知道司马池心里怎么想，在为儿子高兴之余，是否也会有一丝苦涩？

那么，既然已经有了将作监主簿的官阶，司马光为什么还要参加科举考试呢？原因很简单，在宋代，虽然恩荫的口子开得很大，但是恩荫对官员来说不算是正途出身。宋朝官员的正途是科举。通过科举，一层一层考上来的才是正途出身。正途出身有什么好处？举凡宋朝国家机构重要职位，文章写得漂亮的进士可以说是无往而不至的，如蔡襄所言："今世用人大率以文词进：大臣，文士也；近侍之臣，文士也；钱谷之司，文士也；边防大帅，文士也；天下转运使，文士也；知州郡，文士也。"[1] 相反，恩荫出身者在仕途发展上有诸多限制，不得任台谏官（监察纪检部门官员）、翰林学士（皇帝秘书）、经筵官（皇帝老师），不得出任外交使节，不得主持科举考试，不得任职于国子监等教育机构。[2] 而且，恩荫所赋予的只是官阶和入仕资格，受荫者必须等到二十五岁之后，通过一定的考试，才能正式获得职位。

荫补就像是宋朝国家和高官之间的一笔微妙的交易，给你特权，但不是无限制的。官僚子弟如果资质平平，或者不愿意努力，靠着老爹的恩荫，是可以做官的，只不过一旦走上了这条路，一辈子的发展就有限了。像司马光这样有理想的官僚子弟，怎么肯窝在父亲的翅膀底下做小鸟？参加科举考试，获得正途出身，靠自己的学问和能力闯出一片天地来，这才是司马光想要的。

像司马光这样，已经有了恩荫官阶，还来参加科举考试的官僚子弟有不少，甚至相当普遍。司马光的同榜进士中，身为官僚子弟并且已经获得恩荫官阶的，还有庞籍的长子元鲁[3]、司马池同年的儿子郎景微[4] 等。

为解决官僚子弟的考试问题，宋朝政府甚至创立了"别头试"制

[1] 蔡襄：《上英宗国论要目十二事》，见曾枣庄、刘琳主编：《全宋文》卷一〇〇三，蔡襄一〇，《国论要目十二事疏·任材》，上海辞书出版社、安徽教育出版社，2006 年，第四十六册，第 378 页。

[2] 游彪：《宋代特殊群体研究》，商务印书馆，2006 年，第 206—215 页。

[3] 庞籍"为广南东路转运使，奏之道试秘书省校书郎；及为知杂御史，又奏守将作监主簿。景祐五年，光与之道同登进士第"，见司马光：《庞之道墓志铭》，见《温国文正公文集》卷七六。

[4] 郎景微之父与司马池同年，郎景微"由七品官举进士，一上中选，可谓美矣"，见司马光：《送同年郎兄景微归会稽荣觐序》，见《温国文正公文集》卷七六。

度。宋代的科举考试分为解试、省试和殿试三级，解试通常由各州政府主持，通过解试获得取解资格的举人，才能进京参加省试。按照规定，举人应当在户籍所在州参加解试。随着官僚子弟大量涌入考场，出现了两个问题。第一，如果考生有亲戚在本州当官，或者担任发解考试官，如何回避？第二，官员远宦，子弟随侍，远离户籍所在地，无法及时还乡，如何解试？"别头试"就是为解决这两个问题而产生的一项制度。对于上述两类考生，由州的上一级单位"路"另设考场，单独考试，按特定的比例单独录取，这就是"别头试"。[1]"别头"就是"另外单独"的意思。"别头试"正是从司马光这一榜的解试开始的！

宋朝建国于公元 960 年，至此已立国将近八十年。这八十年来，在宋朝政府优待官僚的政策哺育下，官僚队伍越来越庞大，力量也越来越不容忽视，他们在通过各种途径追求自己的利益、扩张自己的权力。

"别头试"解决了旧问题，又引发了新问题。"别头试"的目的：一是回避，让本州官员，特别是考官的亲戚避嫌，以便让解试显得更加公平；二是让那些远离户籍所在地的官僚子弟也有地方考试，以求方便。然而，"别头试"的录取比例太高了，"以十率之，取三人"[2]。正常情况下，各州的解试录取采取定额制，比如说青州的解额是三十六个[3]，那么，不管有多少人来考，就录取前三十六个。一百人来考是这样，一千人来考也是这样。这叫定额制。相比之下，

<hr>

[1] 见《宋史》卷一五五《选举志》。

[2]《续资治通鉴长编》卷一二〇，第 2821 页。

[3] 见赵冬梅：《北宋科举解额考》，见北京大学历史学系编：《北大史学》第 5 辑，北京大学出版社，1998 年，第 229 页。

"别头试"采取按比例录取的制度，按十分之三的比例录取，那就太不一样了，一百个考生取十分之三，是三十，一千个考生取十分之三，那就是三百了。当然，"别头试"的考生肯定没那么多，但是就这个录取政策来看，实在是太优惠了。它把一部分官员子弟直接从普通解试当中"择"了出去，等于是开了个小灶。"别头试"，真的很特别！

那么，司马光参加"别头试"了吗？没有。当时司马池在京城做官，按照规定，司马光不用回陕州老家，可以在开封参加由开封府或者国子监主持的解试。这是比"别头试"更优惠的一项考试——一方面，录取名额高；另一方面，在这儿复习考试，能够接触最新最全的考试信息，第一时间摸准考官脉搏。所以，从开封府或者国子监通过解试的考生，比外地考生更容易通过后面的省试、殿试。在开封，司马光亲身感受到了官僚子弟与平民考生之间的矛盾。

这一年，"有官员身份"而又在开封府报名参加解试的举人高达数百。这些有官员身份的人主要是中高级官员子弟。开封府的解试一放榜，举人们立刻炸了窝。为什么？解元是当朝宰相陈尧佐的儿子陈博古！而参知政事韩亿的四个儿子综、绛、维、缜都在榜上！一时之间"嘲谤群起"，谣言满天飞。在巨大的压力之下，同知枢密院事（枢密院副长官）章得象主动提出，他的远房本家章仲昌"实无艺业"，"请牒归其家"，取消录取资格。[1] 章仲昌只是章得象的远房本家，所以章得象舍得。陈尧佐和韩亿所面对的，是亲生儿子，又怎么肯轻易放弃？陈博古和韩家四子顶着巨大的压力，和司马光一起参加了解试之后的省试和殿试。

---

[1] 见《续资治通鉴长编》卷一二〇，第2838—2839页。

谣言和不满在继续发酵。终于，在殿试之后，仁宗皇帝批示：陈博古、韩亿的四个儿子，还有这两家的"门下士"范镇、家静试卷作废，就不用看了。陈博古、韩亿的四个儿子只好黯然离场。没有人敢为他们辩白。但是，考官们却为范镇和家静做了解释，说这两个人都是真正有文才的，"久驰声场屋"，长期以来在举人们中间享有崇高声誉，"非附两家之势而得者"，他们能一路走到今天，靠的是自己的实力，而不是陈、韩两家的势力！[1] 这个解释，仁宗接受了。仁宗之所以被称为"仁宗"，是有道理的。仁宗下旨，范镇、家静可以录取，但必须降等。

家静后来如何，史无明文，这个人从历史上消失了。范镇是省试第一名，也就是所谓的省元。按照不成文的规矩，省元在殿试之后的最终录取排名，必须在第一甲。即便省元的殿试文章作得并不理想，也要适当照顾面子，把名次提前。具体操作则是在"唱名"仪式上。

殿试之后就是唱名赐第仪式，由皇帝亲自主持。皇帝坐在高高的宝座之上，所有新录取的进士在殿下列队等候。礼宾官手持皇榜，按照名次一个一个唱出新进士的名字，喊到名字的新进士随即出列，上殿叩谢皇恩。在唱名仪式上，省元可以"自陈以祈恩"，自报家门，向皇帝申请调整名次。在那样喜气洋洋的气氛下，皇帝当然会恩准。通常情况下，唱过了前三名还没听到自己的名字，省元就可以上前一步，大声抗议了。著名的欧阳修就是一位通过抗议提高了名次的省元。

但是，在宝元元年榜的唱名仪式上，情况却有些特别。第一名吕溱，第二名李绚，第三名祖无择，第四名石扬休，第五名李异，第六

[1] 见《续资治通鉴长编》卷一二一，第2867页。

名司马光……一个个名字唱过去，省元范镇却一直没有吭声。"左右与并立者屡趣之使自陈"[1]，站在范镇旁边的新进士们都在催他："快站出去吧！""说呀，说你是省元！""再晚就来不及了，快呀！"录取名次的先后，不仅决定所授官阶的高低，对于官员职业生涯的后续发展，也有着不可忽略的作用。前几名可以很快进入中央，很容易获得升迁。

旁边的人都在为范镇着急。范镇却一声不吭，安安静静地站着，听着。终于，唱名的人唱出了"第七十九名范镇"！范镇平静地出列，平静地谢恩，平静地归队，一句多余的话都没有。

沉默的省元范镇博得了全场新进士、所有在场官员和仁宗皇帝的敬意。省元在唱名仪式上请求提高名次的旧风气，也因此改变。司马光亲身经历了这一幕，他从心底里敬佩范镇。范镇后来成为司马光毕生的挚友、诤友和战友。范镇比司马光年长十一岁，他们相约为彼此作传，司马光为范镇作了《范景仁传》，景仁是范镇的字。上面那段"沉默的省元"的故事，便出自司马光的《范景仁传》。司马光死后，范镇也如约为他写了墓志铭，可惜的是，这个墓志铭我们今天看不到了。

沉默的省元范镇用沉默终结了宝元元年榜科举考试的喧嚣。但是，官员子弟与平民"争夺"考试资源的矛盾只是暂时得到了平息，并没有因此消失。平民考生感到委屈，认为官员子弟以不公平的手段侵占考试资源。那些饱读诗书的官员子弟也觉得委屈。为了给舆论一个交代，平息平民考生的愤怒，宰相陈尧佐的儿子陈博古、副宰相韩亿的四个儿子，被剥夺了录取资格。可是这五个人，却恰恰都是正经念书

[1] 司马光：《范景仁传》，见曾枣庄、刘琳主编：《全宋文》第56册卷一二二四，第249页。

念出来的。韩亿的第五子韩维，只比司马光大一岁，当时只有二十一岁，自被取消录取资格，就赌气，"不肯试大廷，受荫入官"[1]，不肯再入科举考场，最终以恩荫出身。然而，就是这个韩维却突破了恩荫出身的一系列任职障碍，当过史官、皇帝老师、翰林学士和开封知府。韩维之"破界"任职，不排除有其他因素，但是，他的文字能力突出这一点是毫无疑问的。像陈博古、韩维这样的官员子弟，本身就占有优质教育资源，即使考试制度是完全公平公正的，他们也有天然的优势。可是，他们五人却因为是宰相、副宰相的儿子而被取消了录取资格！

差一点被剥夺了录取资格的宰相门生范镇，又是何等人物？范镇是四川成都人。名臣薛奎主政四川，慧眼识才，请范镇跟自己的儿子们一起读书讲学。还朝的时候，薛奎把范镇带回了开封。有人问他"人蜀何所得"，薛奎答曰："得一伟人，当以文学名世。"[2]后来范镇的成就也证明，薛奎并没有看走眼。但是，在宝元元年殿试放榜之前的风口浪尖上，范镇差一点就被当作"宰相门客"而被取消了录取资格。

宰相、副宰相的儿子，明明读书读得很好，却要被取消录取资格，是因为平民考生怒火难消。让平民考生感到愤怒的，是的确有很多官员在利用考试制度谋取私利，的确有很多不合格的官员子弟在考试中获得了不应有的照顾——他们对制度和执行制度的人失去了信任。陈博古、韩家四子这五个高官子弟本来是会读书的，却做了这场怒火的

[1]《宋史》卷三一五《韩维传》，第 10305—10309 页。

[2]《宋史》卷三三七《范镇传》，第 10783 页。

牺牲品。为什么非得是他们？因为他们是最高级别官员的子弟。既然平民考生对考试制度感到不信任，既然开封的大街上已经怨气沸腾，那么，作为朝廷国家的最高领导人，仁宗皇帝就必须做出取舍。牺牲这五个高官子弟，平息众人的愤怒，这对五个年轻人而言也许是不公平的，但在政治上却是合适的。

真正公平的人才培养机制，应当不只是考试制度公平，还要提供相对公平的教育机会。这一点，宋朝做不到。考试制度完全公平，宋朝也做不到。但是，宋朝政治却有一个高尚的追求，那就是尽量防止官僚子弟霸占科举通道。这种追求，值得大书特书。

司马光从头到尾经历了宝元元年的科考暗战，这场暗战让他认识到范镇的价值，也让他思考进士这个身份的价值。司马光的同年中还有一位——郎景微，跟司马光有着特别的关系。他们是两代同年，司马池跟郎景微的父亲同年，司马光又与郎景微同年带官参加科举考试，高中进士。这年六月，郎景微要回会稽老家探亲，司马光写文章为他送行。借着这篇文章，司马光表达了对进士功名的看法，他写道：

> 进士此科见重于时久矣……乃至贩鬻给役之徒，皆知以为美尚。是以得之者矜夸满志，煜耀于物，如谓天下莫己若也。亦何惑哉！贤者居世，会当蹈仁履义，以德自显，区区外名，岂足恃邪！郎景微……由七品官举进士，一上中选，可谓美矣！然未尝有偃蹇之容，自满之意，或未识者卒然遇之，尚不知其为举人，又焉知其有科级邪！所谓以德自显者，殆无过此乎！[1]

[1] 司马光：《送同年郎兄景微归会稽荣观序》，见《温国文正公文集》卷六四。

在司马光看来，新进士志得意满，到处炫耀，是糊涂的表现。真正的贤人，应当践行仁义，靠美德建立名声，区区进士功名，身外之物，又何足依靠?! 他夸奖郎景微一举得中，毫无骄傲自满之意。司马光说的是郎景微，也是他自己——二十岁的年纪，七品恩荫官阶，头一次参加科举考试就高中第六名，金榜题名，继而洞房花烛。但是，即便是在这样春风得意的时刻，司马光仍然抱持着一颗谦卑的心，低调，谦逊，脚踏实地。

对现代读者来说，司马光官僚生涯初期的状况是很难理解，也不易接受的。因为他虽然考中进士正式参加了工作，却仍然亦步亦趋地追随着父亲司马池，看上去还像是父母身边的一个孩子。

宝元元年三月，司马光进士及第，在六七月间，他被正式分配工作，得到了华州判官的职位。就在这一年的十月，司马池出任同州知州。同州、华州相邻。所以，司马光可以"以吏事时往省觐"，频频"因公出差"到同州去拜见父母，同享天伦之乐。司马光在同州盘桓的时间应该不短，同州除了父母以外，还有他的同年、时任同州推官的石昌言。这两位相差二十三岁的同年曾经同游隋文帝下令改建的龙兴寺。寺中有隋内史令李德林所撰碑文、唐吴道子所绘壁画，虽青苔斑驳、画迹漫漶，二人却看得津津有味，"吴壁评残笔，隋碑读渍苔"[1]。司马光甚至还在同州搜集整理了他非常敬佩的一位儒者颜太初的文集。[2]

[1] 司马光：《石昌言学士宰中牟日为诗见寄，久未之答，今冬罢武成幕来京师，此诗谢之（扬休）》，诗注，见《温国文正公文集》卷七。

[2] 司马光：《颜太初杂文序》，见《温国文正公文集》卷六四。

图十四 ⊙ 北宋 佚名 《大宋重修铸镇州龙兴寺大悲像并阁碑铭并序》拓片

民国拓片，334厘米×118厘米，现藏中央美术学院图书馆。此碑立于北宋端拱二年（989）。碑文记述了大悲菩萨像铸造和大悲阁修建的始末，以及落成后高僧琼法奉旨住持等事宜。碑文字体道劲有力，洒脱俊逸。此碑立于今河北石家庄正定隆兴寺（原名龙兴寺）内。

司马池在同州工作的时间很短。十个月之后，宝元二年（1039）八月，司马池奉调出任杭州知州，司马光又随着调到苏州，担任签书苏州判官事，仍然有大把的时间陪侍在父母身旁。

司马池在同州，司马光在华州；司马池调任杭州，司马光调任苏州。父亲调到哪里，司马光就跟到哪里。儿子的工作随着老子走。一个正式参加工作的人，却常常陪在父母身边，在今人看来，这实在是很奇怪的事。但是，以宋人的逻辑来看，年轻官员司马光一边工作一边陪侍父母，却是一件十分正常并值得嘉许的事情。

第一，宋朝的人事制度支持司马光的调动请求。如果说司马光和司马池第一次邻州任官的便利只是一种偶然，那么，他们第二次在邻近地方工作却是得到了朝廷的支持。司马池奉调杭州知州时，司马光主动"辞所迁官，求签书苏州判官事，以便亲"[1]。他谢绝了升迁，主动请求调任签书苏州判官事，就是为了"方便陪侍父母"。司马光光明正大地提出了追随父亲的请求，而这个请求得到了朝廷的支持。

第二，在苏轼为司马光所作的《司马温公行状》当中，有一个细节。苏轼说司马光请求到苏州去，以便陪侍父母，朝廷"许之"，而司马光却"未上"，并未赴苏上任，而是干脆"泡"在了父母身边。这个细节无疑是错了，因为司马光曾经回忆"宝元中，光从事在苏"，所谓"从事在苏"，指的就是担任签书苏州判官事。[2]

[1] 苏轼：《司马温公行状》。

[2] 司马光在作于皇祐三年的《送李子仪序》中写道："宝元中，光从事在苏，子仪侨居州下，得从之游。"也就是说，他是因为在苏州工作才结识了寓居苏州的李子仪的。见《温国文正公文集》卷六四。

苏轼把历史细节弄错了，但是，这个错误却向我们透露了一些别的、更有意思的信息：首先，苏轼相信司马光没有到苏州上任，而他不去上任的理由是要陪侍父母；其次，司马光一生经历丰富，像这样一个早年生活的小细节，似乎是可记可不记的，而苏轼却把它郑重记录下来，足见重视，在苏轼看来，这件事情可以帮助人们了解司马光的人品；最后，就文本性质而言，行状是司马光的生平事迹概述，它将上呈中央，成为朝廷为司马光盖棺论定的基础。苏轼自述"轼从公游二十年，知公平生为详，故录其大者为行状。其余，非天下所以治乱安危者，皆不载"[1]。行状的事迹选取原则，是司马光生平之"大者"、事关"治乱安危者"，特地记下这样一笔，足见苏轼赞赏并且看重这件事，苏轼的态度反映的是宋朝官方主流舆论和社会风气的倾向。

综上所述，司马池调任杭州，司马光主动"辞所迁官，求签书苏州判官事，以便亲"，宋朝的人事管理制度、官方主流舆论和社会风气都投了赞成票。"便亲"的本质是孝道。司马光放弃升迁，主动请求追随父亲，是他作为儿子对孝道的主动践行；而朝廷的批准和其他人的嘉许，则是当时社会对孝道的弘扬。

儒家主张优老孝亲，"老吾老以及人之老"，《礼记·王制》云："八十者一子不从政，九十者其家不从政。"宋真宗咸平四年（1001）规定，"京朝官及吏部选人，亲老无兼侍者，特与近任"[2]，"京朝官父母年七十以上、合入远官无亲的兄弟者，并与近地"[3]，以便赡养。

[1] 苏轼：《司马温公行状》。

[2]《续资治通鉴长编》卷四八，第 1057 页。

[3]《宋会要辑稿·职官》一一之一。

图十五 ⊙ 北宋 李公麟 《孝经图卷》（局部）
绢卷白描，21.9厘米×475.6厘米，现藏美国大都会艺术博物馆。

而那些父母年纪超过八十岁，兄弟几个还都在官场上追名逐利的人，不仅会遭到周围人的耻笑，而且皇帝通常还会亲自下令，让其中一个儿子回家侍奉父母。父母过世守孝三年，更是每个文官必须遵守的制度。这就是宋代的道德观。这种道德观的基石是每一个人首先属于家庭，然后才属于皇帝、国家。所以，一个官员首先必须是一个孝子，然后才有可能成为皇帝的忠臣、国家的栋梁。按照这种道德观，皇帝和国家必须照顾官员的家族利益，帮助、成全官员的孝道，让官员成为孝子，然后才可以心安理得地享受官员对皇帝、国家的服务。这不是交换，而是教化，是"以孝治天下"。

一个时代有一个时代的社会制度、道德观念，我们不能脱离社会制度、道德观念拿古人的行为来为现代人的无耻遮羞，也不能拿今天的标准去苛责古人。司马光在官僚生涯初期对父亲的追随，是在孝道的阳光照耀下的光明正大的行为，与"不正之风"毫无关系。

其实，即使是在宋代，也不是所有官员都愿意牺牲自己的发展来追随父亲、照顾父母的。司马光做出这样的选择，还有涑水司马家族的孝道传统在发挥作用。他的父亲司马池就是一个大孝子。司马池二十出头参加科举考试，解试、省试都过了，一路顺风顺水，再考一场殿试就大功告成、富贵在望了。殿试前夜，司马池却怎么也睡不着，心里头空落落的，一闭眼就看见久病缠身的母亲，看见她微笑着向自己挥手告别。

第二天就是殿试，殿试在宫中举行。天还没亮，考生们在巍峨的宫殿大门前排队进入，这些人基本上是头一次进宫，脸上是掩饰不住的兴奋、憧憬和紧张。只有司马池还在想着梦里的母亲。如果母亲真有个好歹，他是一定要赶回去的。行至宫城内门，司马池停住了脚步，"徘徊不能人"。

其实，这个时候，司马池的母亲已经病逝，只是报丧的信被同来的朋友截留了。这位朋友就像今天在高考之前向考生隐瞒噩耗的亲友一样，他们看重的是世俗的成功，生怕功亏一篑。司马池对朋友诉说了心中的不安，"友止告以闻有疾"。却没想到，闻听此言，司马池"遂号恸而归"，一路狂奔、风尘仆仆地赶回了家乡。[1] 母亲已经去世，他所能做的只是抚床恸哭。考试不只有一场，而亲人却是唯一的，是我们生命之中最重要的相遇。司马池耽误了一次考试，实践了孝道，获得了心灵的安稳。弃考对司马池来说是一场冒险，他有可能以后会

[1] 曾巩撰，王瑞来校证：《隆平集校证》卷一四，中华书局，2012年，第402页。

考中，也有可能从此运气转衰，再也无缘殿试，要在家里当一辈子农民。当然，司马池还是幸运的，他最终考中了进士，只不过，那个时候他已经二十七岁了。这个故事，《东都事略》和《宋史·司马池传》都有记载，文字基本相同。

司马池是一个大孝子，作为司马池的小儿子，司马光也心甘情愿地做了一个孝子，追随着父亲。在父亲的羽翼下成长，这种经历，对司马光而言，既是优点，也是弱点。优点是在父亲的指导之下，他不会走太多的弯路，不会遇到太多挫折。因此，他可以相对容易地持守诚实自然的本性，但是也会相对缺乏对人情世故的真实历练。这样的人不太会走极端，但是也稍欠锋芒。

07 四年丁忧，忧国忧民

司马光是顺利的，他的国家却很不顺利。宋辽缔结澶渊之盟、结束边境冲突三十三年之后，宋朝再度面临巨大的战争威胁。这一次，威胁来自西北的党项部族。

唐代中后期，党项人主要生活在今天的陕西北部一带。宋朝建立以后，党项人利用宋辽两个大国之间的矛盾，在辽的支持下不断侵扰宋朝的西部边境。公元997年，党项从宋朝手里夺取灵州（今宁夏灵武一带），占领了富庶的宁夏平原。公元1005年年初，宋辽缔结澶渊之盟，结束战争状态。一年之后，1006年，党项向宋纳贡乞和，接受宋朝皇帝的册封、赐姓，结束了与宋朝之间的边境冲突。此后三十年间，宋、辽、党项基本无战事。表面上看，党项地盘最小、实力最弱，党项人的首领同时接受辽和宋的册封，是辽、宋的附属国，地位最低。但是，从这三十余年和平之中得益最深的，却正是党项。没有了宋朝在背后掣肘，党项人集中精力向西发展，很快就控制了河西走廊，境内经济也得到了长足发展。随着领土的扩大和经济的发展，部分党项人对本民族的地位有了新的认识。首领李德明之子元昊屡屡劝说父亲不要向宋朝臣服。李德明告诫元昊说："吾久用兵，疲矣。吾族三十年衣锦绮，此宋恩也，不可负。"元昊则回答说："衣皮毛，事畜牧，蕃性所便。英雄之生，当王霸耳，何锦绮为？"[1]

公元1032年，李德明去世，元昊即位，开始了一系列称帝前的准备活动，他从姓氏、发型、服饰入手恢复本民族习俗，在银川修建宫城，制定颁行本民族文字，建立年号，并开始向东、向南对宋朝和依附宋朝的部族政权发动军事进攻。当"衣冠既就，文字既行，礼乐既张，器用既备，吐蕃、达靼、张掖、交河，莫不服从"，准备就绪之后，1038年，元昊"受册即皇帝位"，建国号为夏，并派出使者前往开封，上表于宋朝皇帝，"伏望陛下许以西郊之地，册为南面之君"，要求建立平等的国家关系。[2]

这一年，正是司马光正式开始官僚生涯的宝元元年。元昊称帝的具体时间是这一年的十月十一日，此时，司马光已经到了华州，他的父亲则是同州的知州，而他的岳父张存正在陕西担任都转运使，专门

---

[1]《宋史》卷四八五《外国一·夏国上》，第13993页。

[2]《续资治通鉴长编》卷一二三，第2894页。

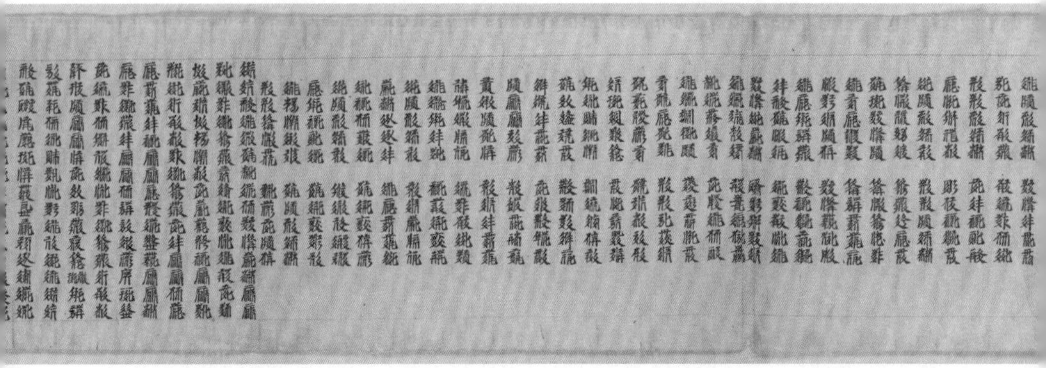

图十六 ⊙ 宋 佚名 《西夏文字写经卷》（局部）

负责物资的调度。

华州在今陕西渭南一带，同州在今陕西大荔一带，这两个地方都比开封更为靠近西北边境。各种小道消息在悄悄流传，不安的情绪在弥散，人们都在猜测究竟发生了什么。挨到十二月，开封的"大路消息"终于下来了。朝廷下令，"禁边人与元昊互市"[1]，对党项实行物资封锁。

转过年来，宝元二年，从春到夏，有关战争的消息一波接着一波从开封传向各地。三月，仁宗在崇政殿检阅殿前卫士[2]，卫士们奔跑跳跃、策马张弓，"万岁"之声响彻宫宇，显示出强大的勇气、高涨的士气，表达了对皇帝、对大宋无比的忠诚。到了四月，夹在宋和党项之间的部族首领受到了加官晋爵的奖赏。朝廷出台新政，鼓励陕西、河东的老百姓向边境地区运送粮草物资。五月，仁宗皇帝下诏，要求各位近臣推荐"方略之士"，意在选拔军事指挥人才，专门负责军事

[1]《宋史》卷一〇《仁宗本纪二》，第 204—205 页。

[2]《续资治通鉴长编》卷一二三，第 2900 页。

的枢密院也换了长官。五月十六日，司马池的好友庞籍被任命为陕西体量安抚使，奉命前往陕西前线视察战况民情，代表皇帝慰问犒劳守边将领和部族首领。隐藏在这些消息背后的，是一个越来越明确的信号——仗马上开打，形势不容乐观。司马光所在的华州和司马池所在的同州都属于陕西，是前线中的后方，后方中的前线。这一点，司马池父子当然感觉得到。

六月二十三日，仁宗终于明下诏书，"削赵元昊官爵，除属籍"[1]，褫夺宋朝皇帝授给元昊的官爵，把元昊从赵宋皇家的族谱当中开除出去，不允许他姓赵了。这是宋对元昊的正式摊牌。其实，早在二月间，元昊就已经向宋朝政府发来文书，"请称帝改元"，要求宋朝承认自己的平等地位。对宋朝政府来说，这是无法容忍的公然背叛和挑衅，是可忍，孰不可忍?! 宋可以和辽结为兄弟之国，因为辽比宋建国要早，而且从五代以来就是中国北部最强大的力量。而党项尽管叛服不定，名义上却一直是宋朝的臣属。元昊公然要求平等，是对固有秩序的颠覆，而且，元昊在向宋朝要求平等的同时，仍然向辽保持臣服。如果听之任之，宋朝将如何处理未来的宋辽关系？宋与元昊开战是必然的，之所以拖到六月才正式宣战，恐怕主要是因为仁宗的性格和当时相对温和的外交作风。

八月，在对宋夏战局的不安和担忧之中，司马池调任杭州，司马光随之调到苏州，父子俩双双离开陕西。但他们对陕西前线局势的关注未有丝毫减少。

战争初期，宋朝方面可以说是被打得措手不及，狼狈到了极点。

[1]《续资治通鉴长编》卷一二三，第 2913 页。

图十七 ⊙ 北宋 燕文贵 《扬鞭催马送粮忙》（局部）
绢卷设色，51.4厘米 × 953.8厘米，现藏美国大都会艺术博物馆。盘旋弯转的崎岖山道
上的送粮人或是推着独轮车，或是赶着驴队。有人走累了，就在道旁歇脚，然后继续赶路。

虽然官方的战报总是在报告胜利的消息。但是，像司马池、司马光这样的官员还是有办法从其他渠道得到更为真实的消息，而这些真实的消息，则让那些胜利的泡沫黯然破碎。这是怎样的一场战争呢？

元昊称帝的野心昭然若揭，但元昊只是在边境上修筑城堡，摆出一副进攻的架势，而首先发动进攻的，却是宋朝的边防军。这些军队没本事长驱直入，直接跟元昊硬碰硬，只会偷袭边境城寨，"无不杀戮老弱以为首级"，砍下老弱平民的头颅来邀功请赏。这些无辜的边民，也是宋朝的子民，他们夹在宋和元昊之间，本来是可以争取的对象，结果却都被宋朝军队的暴行赶到了元昊那边。"王师伐叛吊民之体，自此失之"[1]，大大损害了宋朝方面的正义性。刚刚开战，宋朝方面在道义上已先失一城。

那么，在军事上呢？同样是一塌糊涂，从中央到战场，没一处是对劲的。对元昊而言，这是一场蓄谋已久的战争。对宋朝高层来讲，战争却像是忽然发生的，"变起仓卒，事无准绳，众皆谓之忽然"。他们毫无准备，只能仓皇应战，被动招架。去年十二月，元昊称帝的消息传到开封的时候，皇帝赶紧从酒席宴前把宰相大臣召来商量对策。"不容顷之间，辅相驰车马于康衢"，一群国之重臣，在侍从仪仗紧张急促的清道声中，带着一张张惊慌失措的脸，打马加鞭，急匆匆穿过繁华的开封街市，赶到了同样惊慌失措的皇帝驾前。[2]元昊早就厌倦了俯首称臣的日子，"要当皇帝"的大话也放出去好多年了，可是，宋朝的高层却没有一个人当真。国防战略没人研究，情报工作无人重视。别的不说，就说六月二十三日仁宗的宣战诏书，宣布"削赵元昊官爵，除属籍"，削官爵是没问题的，"除属籍"却实在是无的放矢。宋朝虽然赐了元昊皇家姓氏，却未把他列入皇家族谱。既不曾列入，又何来删除？堂堂大宋，礼仪之邦，竟然在涉及名分礼仪的问题上犯这样低级的错误，实在是取笑夷狄，白白让契丹人和党项人看了笑话。

[1]《续资治通鉴长编》卷一三二，第 3130 页。

[2]《续资治通鉴长编》卷一二四，第 2925 页。

这样的疏忽暴露了宋朝高层的无知。他们既不了解自己，也不了解对方。

三十余年的和平，党项人厉兵秣马，励精图治，不断扩张。宋人在干什么？"塞垣之下，逾三十年，有耕无战，禾黍云合，甲胄尘委，养生葬死，各终天年。"[1] 享受和平的同时，却疏忽了战备，军队的训练变得越来越松懈，一个"指挥"有四五百人，真正训练过硬、有战斗力的连一百人都不到。[2] 兵不行，官也不行。和平时期，军官的提拔走的是熬资历、混年头的官场路数。军界的上层，一半是论资排辈熬出来的老兵油子，一半是功臣子弟和皇帝亲信。宋朝最高军事机关——枢密院的长官，是仁宗在正式宣战之前刚换上来的，大名夏守赟。此公何许人也？"性庸怯，寡方略"，"才术无闻，公忠弗有"[3]，关键是根本不懂军事。那么，仁宗为什么要用他呢？因为这是真宗和刘太后给他留下的人，是一个听话的人。夏守赟是军人后代、烈士子弟，他的父亲战死在对辽（契丹）作战的前线，他四岁被真宗收养、教育、培养，在真宗和刘皇后（后来的刘太后）身边长大。人肯定是很机灵的，有探听消息的本事，真宗曾经派他到河北和陕西前线去做调查。机灵之外，夏守赟似乎也就没有其他太大的本事了。忠诚加机灵这点本事，伺候皇帝是够的。调动千军万马，运筹帷幄，坐镇开封指挥西北战事，夏守赟显然不是那块料。真正懂军事的人，有吗？也许有，必须有，但是，在宋夏战争的初期，还没显露出来。

[1]《续资治通鉴长编》卷一三〇，第 3086 页。

[2] 陈振：《宋史》，上海人民出版社，2003 年，第 183 页。

[3]《续资治通鉴长编》卷一二四，第 2932、3013 页。《宋史》卷二九〇《夏守赟传》，第 9716 页。

对于边防大势，当时有人总结说："举西北二陲观之，若澒落大瓠，外示雄壮，而中间空洞，了无一物，脱不幸戎马猖突，腹内诸城，非可以计术守也。"[1] 边防不牢靠，内地更空虚。这种论调，听上去很悲观，但绝非危言耸听。

司马光和司马池在苏州、杭州，距离首都开封一千二百里，距离陕西前线四千多里。江南风光，旖旎温柔，身边有妻子相守，又能时时在父母膝下承欢，就家庭生活而言，司马光是幸福快乐的。作为官员，司马光和父亲司马池一直都在关注西北战事，司马光的岳父张存、司马池的老朋友庞籍都在前线，他们的关注里还有一份对亲人朋友的牵挂。苏杭当地的老百姓仍然过着平静安逸的生活，好像战争与他们无关。司马光与父亲、朋友讨论完西北战事，还沉浸在忧国忧民的情绪当中，出门看到苏杭街市上熙来攘往的人群，满耳吴侬软语，有时会觉得战争似乎很遥远，与眼前的一切似乎毫不相干。然而，当国家投入战争，何人何地能置身事外！宋夏战争的冲击波很快扩散到东南，苏杭百姓陷入恐慌，作为杭州知州的司马池面临选择，司马光也写下了他官僚生涯中的第一篇时事报告。

宝元二年年底，宋和西夏之间发生了几次战斗，互有攻防，就战绩看，倒是宋朝方面占的便宜多些。当然，其中有割了无辜边民的脑袋冒充敌军首级的。只是，这种恶行当时并未被揭露。所以，从中央的角度看，形势还是很不错的。转过年来，康定元年（1040）正月初九，元昊派使臣来跟宋朝方面接触，表达求和意愿。仁宗指示边防大帅，

[1]《续资治通鉴长编》卷一二五，第 2955 页。

西夏方面"所上表如不亏臣礼，即受之"[1]。

出使延州（今陕西延安）的元昊亲信贺真向延州守臣范雍（979—1046）[2]表示，元昊"欲改过，归命朝廷"[3]。范雍时任延州知州兼鄜延、环庆路沿边经略安抚使，鄜延路马步军都部署，是陕西前线最高军事长官之一。他六十二岁，进士出身，曾任三司使、枢密副使，却仍然书生气十足。延州向北约五十里有个金明寨，驻有十万重兵，是延州抵御西夏进攻的重要堡垒。元昊派人到金明寨来诈降，金明寨主向范雍请示，是否把这些党项降卒安置到南方去。范雍说："讨而禽之，孰若招而致之？"怀着大国招徕远人的仁慈，范雍把这些党项降卒安置在了战略要地金明寨。"于是降者日至，分隶诸寨甚众。"越来越多的党项人投降到宋朝这边来，各个寨子里就都有了元昊的奸细。就地安置党项降卒，范雍自以为得计，他自己照镜子，简直要看见羽扇纶巾的诸葛亮！如今，元昊竟然亲自派人来表达悔过之意，足见"夷狄"也是可以感化的。范雍闻言大喜，"厚礼而遣之"。[4]

元昊的使者贺真带着范雍所赐的上国厚礼，转身北去。范雍在延州城头目送着党项人谦卑的背影，心满意足。他下令，解除战备状态，把之前砍头示众的党项俘虏收敛埋葬，公开祭奠。战事将要结束，和平即将到来，延州百姓将重享太平。被战争威胁冲淡了的新年气氛重

---

[1]《续资治通鉴长编》卷一二六，第 2965 页。

[2]范雍的卒年见《续资治通鉴长编》卷一五八庆历六年正月壬辰条，第 3818 页；享年六十八见《东都事略》卷五四《范雍传》，"中国基本古籍库"扫描"清嘉庆三年席氏扫叶山房刻本"，叶 3B；《宋史》卷二八八《范雍传》无之，第 9678 页。

[3]《续资治通鉴长编》卷一二六，第 2969 页。

[4]见《续资治通鉴长编》卷一二六，第 2969 页。

新高涨起来，这个正月十五，延州城要过一个热闹祥和的上元节！

范雍万万没有想到，贺真的队伍刚刚离开宋朝控制区，元昊的骑兵就呼啦啦冲了上来。正月十八日清晨，元昊拿下了金明寨。那些被范雍厚赐金帛安置在寨中的党项降卒一下子露出了本来面目，倒转枪头，杀得宋军目瞪口呆。金明寨距离延州只有五十里，元昊的大军乘胜追击，拍马就到了延州城下。范雍只得紧闭城门，等待救兵。

负责救援的是武官刘平和石元孙。延州与宋夏边境的直线距离是一百五十里，元昊能够如此迅速地突破边境防线，直抵延州城下，这是范雍始料未及的。所以，他最初给刘平的命令是率部北上，到边境线上迎击元昊；当刘平接到救援延州的命令时，已经率领大军急行军四天。刘平立即下令回撤，"昼夜倍道兼行"，直奔延州。城中情形如何，刘平一无所知。二十日五鼓，刘平"合吏议进师"，讨论作战方案，部将郭遵提出"吾未识寇深浅而瞀进，必败；请先止此，侦而进"。郭遵的建议遭到刘平义正词严的呵斥："吾谓竖子骁决，乃尔怯沮吾军！"喝退了郭遵，刘平转身上马，做了慷慨激昂的战前动员："义士赴人之急，蹈汤火犹平地，况国事乎！"热血沸腾的刘平领着饭都没吃完的军队，踏着厚厚的积雪，向延州进发。行进几十里之后，又碰到了范雍的传令兵，要他们加快行军速度，"寇已至，道隘，宜单骑引众"[1]。此时，延州城已被元昊的军队团团围定，哪里还派得出传令兵？！刘平不知道，他所接受的其实是元昊的命令！

二十二日夜，刘平、石元孙率领的骑兵部队抵达预定位置，只等

---

[1] 司马光撰，邓广铭、张希清点校：《涑水记闻》卷四，中华书局，1989年，第63页。《续资治通鉴长编》卷一二六，第2967页。

步兵一到，便可发起进攻，解救延州。刘平和他的部队度过了一个漫长而寒冷的冬夜。第二天早晨，天都亮透了，步兵还没有跟上来。刘平、石元孙只好率领骑兵回头去寻找步兵，行进了二十里之后，才跟步兵会合。会合之后的宋朝步兵与骑兵合计万余人，在刘平的指挥下立即向东奔赴延州。这支连续奔袭了七天、又累又饿的军队走到距离延州三十多里的三川口的时候，遭遇了早已在那里严阵以待的西夏军队。从二十三日到二十四日，经历了一轮又一轮的血腥交战之后，郭遵战死，刘平的预备队在宦官黄德和的带领下临阵脱逃，刘平左耳、右腿中箭，身边的士兵只剩下一千多人。二十四日晨，战斗结束，宋军几乎全军覆没，刘平、石元孙生死不明。同日，由于天气原因，也可能是出于战略考虑，元昊从延州撤兵。

这就是震惊朝野的三川口之战。三川口战败的消息是在四天之后，正月二十八日才从延州送抵开封的。司马池和司马光得到三川口战败的消息，应当已经是二月中旬以后了。司马池闻讯，唏嘘不已。他和刘平是同年，司马池、刘平，还有司马光的岳父张存都是景德二年的进士。刘平出身军官家庭，靠自己的努力考中进士，做了十九年的文官，一直做到侍御史、三司盐铁判官。仁宗即位之初（天圣元年，1023），刘太后考虑到他的家庭出身和个人能力，下令让刘平由文换武，改任武官。刘平转任武官之后，表现出众，在一班靠祖宗荫庇、皇帝恩宠上位的武官中显得鹤立鸡群，赢得了"儒将"的美名。司马池却不太看好这位同年，曾经批评刘平"好自用，必误大事"[1]。如今刘

[1]《东都事略》卷六〇《司马池传》。何冠环：《败军之将刘平（973—1040后）——兼论宋代的儒将》，见何冠环：《北宋武将研究》，中华书局（香港），2008年，第283—340页。

平战败，又有人当面恭维司马池有先见之明，却见司马池面沉如水——这样的先见之明，不要也罢。

作为一名年轻官员，司马光感受到战败给国家带来的震荡。战败的消息传到杭州的瞬间，他体验了震惊、哀痛与惊惶。这样的惨败在司马光以后的生命当中不断重现，给他冲击，让他思考。十一年后，当司马光成为一名史官，他赫然发现，这样一桩重大战事在本朝国史中却是一片空白，毫无记录。史馆前辈给出的解释是"国恶不可书"[1]。如果不能记录真实，那么历史还有什么力量?! 司马光当时的震惊程度，当丝毫不下于他闻听三川口战败之时。从那以后，司马光执着地追寻着三川口战役的详情，他查阅档案，访问故老，努力捕捉不断流失的历史记忆。司马光所搜集的有关三川口战役的记录，保留在他的笔记《涑水记闻》中，后来，南宋史家李焘正是依靠《涑水记闻》的记载，又参考了当时所能找到的其他材料，才复原出上文所讲的三川口战役的经过。司马光关于三川口战役真相的追寻，还涉及他父亲、岳父的同年刘平的最终下落问题，这是后话。

宋夏开战一年多，直到三川口战败、折损两员大将及万余精兵，宋朝高层才算明白形势是何等严峻，眼前是什么样的敌人，己方又有着怎样的实力。

二月初二，三川口战败的消息传到开封的第五天，在副宰相宋庠的坚持下，宋朝政府下令"潼关设备"，重修潼关关城（在今陕西潼关港口镇一带），加强稽查力度；初四，又下令禁止僧人道士前往河

---

[1]《续资治通鉴长编》卷一七一，第 4116 页。又载江休复《嘉祐杂志》。江休复（1005—1060），字邻几，是司马光好友。何冠环《北宋武将研究》曾论及此节，见该书第 323 页。

东（今山西）、陕西。潼关是从陕西进出河南的门户，以潼关为界，西边是陕西，东边是整个河北、河南、山东的广大地域。谏官富弼强烈反对，他说："天子守在四夷，今城潼关，自关以西为弃之耶？"[1]潼关以西百姓更是怨声载道，觉得朝廷这是要抛弃他们了。尤其是华州华阴（今陕西华阴）的老百姓，修潼关的物力、人力有一半来自华阴。可是华阴在哪里？正在潼关西边，潼关大门一阖，华阴人正好被关在外边。[2]在实属内地的潼关设备，对一贯宣称"守在四夷"的天朝大国来说，的确是很丢面子的事情，它透露出宋朝政府对战局毫无把握和对开封安全的高度焦虑。这种焦虑不是没有根据的，范仲淹就认为，陕西内地的空虚无备比前线的状况更为令人担忧。[3]

从正月到五月，经过四个月的紧张忙乱之后，西北边防终于见到了一丝光亮。负责从陕西到首都开封传递军政信息的四十四个马递铺得以充实马匹，陕西各个州军之间建立了烽火台。[4]二月，韩琦（1008—1075）被任命为陕西安抚使。三月，范仲淹被从南方调往陕西前线。五月初一，司马光的岳父张存取代范雍，出任延州知州，负责安抚刚刚经历了围城之困的延州百姓，整顿延州边防。五月二十五日，韩琦、范仲淹被任命为陕西经略安抚副使、同管勾都部署司事，成为陕西边防的实际负责人。陕西边防总算有了有头脑、肯钻研军事的领导人。

[1]《续资治通鉴长编》卷一二六，第2972页。《宋史》卷一〇[四]《仁宗本纪二》，第206页。

[2] 见田况撰，张其凡点校：《儒林公议》卷上，《夏台叛命修潼关》，中华书局，2017年第1版，第58页。

[3]《续资治通鉴长编》卷一二七，第3012页。

[4]《续资治通鉴长编》卷一二六，第2971、2985页。

　　在战争威胁面前，宋朝高层喊得最多的一个口号就是增兵，增加武装力量的规模。宋朝的兵少吗？何止是不少，简直堪称史上最多。仁宗即位之初，全国总兵力九十一万两千，其中，在理论上应当具有战斗力的禁军是四十三万两千。[1] 但是，仗一打起来，几乎所有人都觉得兵不够用，增兵成了上上下下的一致呼声。

　　最初的增兵活动是在军队内部进行的。宋朝的军队，大体分为两种，一种是禁军，接受军事训练，具备战斗力，工资待遇较高；另一种叫作厢军，主要从事各种劳役，修桥补路、看管仓库草料场、运输物资，工资待遇较低。最初的增兵就是从厢军里挑选能打仗的升格为禁军，这叫"拣军"。为补充西北兵员，从宝元元年年底到宝元二年四月，"未及半年之内，相继三度拣军"，挑拣的对象甚至包括了像宋江、林冲、武松那样的配军。[2] 拣军导致了开封辇官的集体抗议。辇官是一种特殊的厢军，专门负责为皇帝后妃抬御辇。北宋官员骑马上朝，不坐轿，唯皇家用辇。真正用得起辇的，就那么几个人，可是负责抬辇的厢军竟然不止一千。仁宗下令，从辇官中选拔四十岁以下的为禁军。皇帝愿意牺牲小我的享乐排场，充实国防力量，却没想到辇官们觉悟不高，不肯配合。一千多辇官带着妻子儿女拦住宰相、枢密使的仪仗抗议，混乱喧嚣之中，竟然惊了宰相大人的马，令可怜的宰相大人摔倒在地。非常时期，岂容小小的辇官骄横！最终，朝廷砍了两个带头闹事的辇官的头，发配了四十四个，剩下的还是被送上了

[1]《宋史》卷一八七《兵志一》，第 4569 页。

[2]《续资治通鉴长编》卷一二四，第 2928 页；卷一二七，第 3009 页。

图十八 ⊙ 佚名 《城池》

24厘米×21厘米，此图曾由清代杨勇收藏。

战场。[1]朝廷要打仗，增兵没商量。

三次拣军，"皆遣使臣，传布宣命，每至郡邑，无不张皇，仍带殿侍数员，番次押人赴阙"。这让不明就里的百姓以为是要拉壮丁、

◇◇◇◇◇◇◇◇◇◇◇◇◇◇

[1] 见《续资治通鉴长编》卷一二七，第3010、3015页。

强制征兵。宋朝的军人是职业兵，要在脸上或手背上刺青，以防逃跑，这个记号让宋代的军人颇有些贱民的意味。普通老百姓虽然有时候难免被拿枪的欺负，但在内心深处却瞧不起当兵的。拣军导致了民间的恐慌，"致有奔窜山林，钻凿支体，不顾伤毁，苟避刺黥"。当然，时间久了老百姓也明白这不过是虚惊一场，然而拣军导致百姓惊惶与混乱却是不争的事实，"久乃知其非然，其如终是已惑"。[1]

人们的担心不是没有道理的。随着战争形势的恶化，增兵潮最终还是波及了普通百姓，先是陕西，然后是河北、河东、京东、京西，最后是全国各地。康定元年下半年，宋朝政府下令各地都要添置弓手，增加地方武装。弓手是一种县级的民兵。弓手的数量与本县人口数量成正比，最高的万户县三十人，最低的千户及不满千户的小县十人。[2]弓手通常由本县富户家的男丁轮流担任，在县尉的领导下缉捕盗贼，维护本地治安。法令本来规定，本县不得随意占用弓手从事其他工作。然而，现在军情紧急，朝廷下令，弓手也要按照军队编制组织训练。

作为杭州的地方长官，司马池当然也接到了添置弓手的命令。弓手能打仗吗？短时间内肯定是不能的。中央要添置弓手，命令已下，地方官该怎么办？照办是普通地方官的一般性选择。形势是明摆着的，西北边境告急，朝廷已经输怕了心、输红了眼，在这个时候，跟皇帝谈理智，谈"远水不解近渴"的道理，那不是自找麻烦吗？司马池沉默了。

司马光知道，父亲是在思考，在权衡，在聚集勇气。最终，司马

[1] 见《续资治通鉴长编》卷一二四，第 2928 页。

[2] 见《宋会要辑稿·职官》四八之六〇、六一。

池开口了。司马池口授，司马光执笔写下了他人生中第一篇上达皇帝的奏状。这篇奏状保留在司马光的文集当中，题为《论两浙不宜添置弓手状》[1]，司马光自注"先公知杭州代作"。从题目可以看出，司马池是明确反对在两浙添置弓手的，奏状里列举了添置弓手之"五不可"。

第一，添置弓手，让弓手进行准军事训练，会让老百姓觉得迟早这些弓手要被强征入伍，从而引发恐慌，导致逃亡。

第二，两浙地区民间本来没有武器，也很少有成群结伙的强盗，最多不过走私茶、盐，逃漏商税。而添置弓手必然引发的逃亡，加上允许民间私自置办武器，毫无疑问会增大犯罪的规模和力度。

第三，增派弓手靠的是官府的户口记录，可是户口记录不止一本，登记信息各不相同。[2] 贪官污吏会借此机会敲诈勒索，搞得整个社会乌烟瘴气、动荡不安。弄不好，老百姓还没来得及为国家效力，就已经被贪官污吏给折腾散了。

第四，老百姓是种田的，不是当兵的，让种田的学打仗，恐怕白费力气，徒劳无功。

第五，东南地方，在历史上本就民风剽悍，有以武力求割据的先例。进入本朝以后，经过长期的和平教化，祥和之气已深入骨髓。添置弓手、

---

[1] 见《温国文正公文集》卷一六。

[2] 司马光没有具体谈到户籍异同的问题。《续资治通鉴长编》卷一三一记载了时任睦州通判的张方平的奏状（第3105页），提到当时的户籍有"升降帐""桑功帐"，还有"五等户版簿"，用途、登记人口数各不相同。"升降帐"是给官员发工资的依据，当时睦州"升降帐"在册"主户"（有田产、应纳税服役的户）两万两千三百多。"桑功帐"是对户口异动情况的实时记录，当时在册住户三万七千六百多。"五等户版簿"是最常用的人口登记簿，睦州当时的数字，张方平没有写。

动刀动枪，搞不好会激活那些反叛的基因，招来大祸。

这篇奏状是司马池、司马光父子通力合作的产物。

毫无疑问，"两浙不可添置弓手"是司马池的态度。这篇奏状所展示的司马池的形象，是一个真正负责任的地方长官和一个真正忠诚的臣子。宋朝版图虽然无法与汉唐相比，但也称得上幅员辽阔，东西南北差距极大。中央无法完全了解各个地区的状况，当中央的命令没有顾及地方实际时，一个真正负责任的地方长官应当仗义执言，"从道不从君"，不唯上，只唯实。这才是"大忠"的忠君爱国之道。试想，如果两浙乱了，对朝廷国家又有什么好处呢？因此，跟中央保持一致与维护地方利益从根本上说是不矛盾的。只不过，它要求地方官必须把个人前途先放在一边，要甘冒风险。

而奏状中"五不可"的总结应当是司马光的贡献，它反映了司马光对两浙历史文化的理解和对现实的认识。这篇奏状从头到尾贯穿了诚实理性的态度。这种态度离不开司马池的教导，也是司马光多年来读书、思考的结果。

这篇《论两浙不宜添置弓手状》有点像司马光的硕士毕业论文，题目和大体方向是司马池给的，文章则是司马光自己作的。父子二人合作无间。有子如此，司马池可以多喝两杯，小小得意一下。有一个值得敬佩、堪为榜样的父亲，对已经成年、开始做官的司马光来说，又何尝不是人生一大幸事！对司马光来说，随侍在父母身边，既是孝道的要求，也是令人欢欣的美妙时光。只可惜，"大都好物不坚牢，彩云易散琉璃脆"[1]。美好的时光总是短暂的，大约就在这篇奏状完

---

[1] 白居易撰，谢思炜校注：《白居易诗集校注》卷一二，《感伤四·简简吟》，中华书局，2006 年，第 971 页。

成后不久，司马光便经历了丧母之痛，一年以后，父亲也离开了他，司马光在父母庇护下的美好时光即将结束。

康定元年秋，司马池的夫人聂氏去世。司马光丧母，按照制度丁忧守制，他辞去了苏州的工作，守候在母亲的灵前，陪伴年迈的父亲。之后司马池调任虢州（今河南灵宝一带）、晋州（今山西临汾），司马光一直服侍左右。庆历元年十一月二十五日，也就是公元1041年11月22日，司马池在晋州知州官邸的安静堂去世，享年六十三岁。[1] 第二年八月，司马池和夫人被安葬在夏县涑水的司马氏家族墓地中。在短短两年的时间内，司马光两次经历丧亲之痛，这对他的人生究竟会产生怎样的影响？

司马光是见识过死亡的。他的母亲聂氏是秘阁校理聂震的女儿。聂震曾经参与《册府元龟》的编修。聂氏有两个姐妹，一个嫁到吴家，另一个嫁到李家，三家同属"宦游人"。三姐妹的婚事应当是聂震在开封编书时选定的。李氏姨夫是真宗朝名相李沆的侄子，家世背景雄厚，恩荫出身，所历职位自然谈不上清贵显要，却胜在实惠、工作地点好；吴氏姨夫同样是恩荫出身，但家世单薄，只做到县令。天圣九年（1031）八月，司马光十三岁，刚刚得到邻水县令任命，还没来得及赴任的姨夫吴元亨病死在洛阳。十九岁的大表哥吴颢到司马家来报丧。吴家大表哥是穿着丧服来的，进了门一边哭一边给母亲行礼。当母亲问起姨父去世的原因，好不容易收住了哭声的表哥又呜呜地哭了

<hr>

[1] 关于司马池去世的时间，庞籍《天章阁待制司马府君碑铭》的记载已经精确到日，为"庆历元年十一月癸未"。司马光母亲聂氏的去世时间，《天章阁待制司马府君碑铭》记载模糊，为"先府君一年而逝"。按当时的习俗，司马光为父母连续服丧五十四个月，他在庆历四年年底已经复出，反推回去，当为康定元年秋天。

起来。当时司马光的哥哥司马旦已经离家出去做官，母亲让司马光接待、照顾这位表哥。司马光清楚地记得，这位眼睛一直肿着的吴家大表哥，人长得高高大大，仪表堂堂，"论议慷慨，读书属文，材敏过人，为进士业已完美"。司马光还记得，母亲不住地端详吴家大表哥，就像是在赏玩一件珍宝，说："我可怜的妹子命不好，年纪轻轻的丈夫就没了。幸好有这样成器的儿子，我妹妹还是有指望的！"可是谁都没有想到，两年之后，吴颢就病死在蒲阪（宋代河中府的古称，在今山西永济黄河畔），年仅二十一岁。消息传来，母亲恸哭失声，喃喃自语说："我妹妹做了什么对不起天的事吗，她的命怎么这样苦?!"[1]那个丧夫又丧子的小妹妹从此成为母亲心上最大的牵挂。又过了不到三年，吴家姨母也撒手人寰，撇下小儿子和一个年幼的女儿。

吴家姨父、大表哥、姨母的接连去世，曾经是司马光与死亡最近距离的接触。他听到过吴颢在梦中哭泣的声音，也看到过母亲发自心底哀痛的样子。可是，那都只是看别人，终归是隔了一层。母亲的去世让司马光第一次与死亡有了痛彻心扉的直接交流。"天人永隔"四个字，只有降临到自己身上，才会明白有多痛，有多冷。母亲去后，他还有父亲，他要宽慰父亲、照顾父亲，而父亲没了，就真的无父无母，什么都没有了。二十三岁的司马光觉得自己从此成了一个孤儿。这种痛苦的感觉并未随着时间的流逝减少，多年以后，司马光还写下过这样的诗句：

才薄无由禅覆煮，命奇不得报劬劳。

[1] 见司马光：《故进士吴君墓志铭》，见《温国文正公文集》卷七五。

平生念此心先乱，蓼蓼难分莪与蒿。[1]

这几句诗的大致意思是：我的才华有限，不能辅佐皇帝，命运畸零，无法报答父母的养育之恩；无论何时，只要一想到这些，我的心就乱了。才华有限，当然是司马光的自谦之辞，丧失父母的痛楚才是真实的。"报劬劳""莪与蒿"两句化用了《诗经·蓼莪》的句子："蓼蓼者莪，匪莪伊蒿。哀哀父母，生我劬劳！""无父何怙，无母何恃！出则衔恤，入则靡至"。莪蒿生长长又高，不是莪蒿是青蒿。可怜我的父和母，生儿养女太辛劳。没有父亲依靠谁？没有母亲谁依傍？我出门时满心悲伤，进门来再也不见我爹和娘。

"出则衔恤，入则靡至"，无论心中如何思念，却再也无法见到、听到、触摸到，这就是"天人永隔"。司马光常常想起父亲最后的岁月，以及他作为一个儿子，同时也是学生陪侍在父亲身边时所共同经历的种种。

最让他感动的，是父亲的大度。司马池从杭州调任虢州不是正常调动，算是降职。弹劾他的是两位转运使。杭州的官场本来是好热闹的，迎来送往，吹拉弹唱，有饭大家吃，有酒大家喝，当地官员一团和睦，中央来人满意而归。司马池则反其道而行之，"不饰厨传，不乐游宴。以静临下而事益寡，以公制物而政无私谒"[2]。不喜欢搞接

---

[1] 司马光《和钱学士呈邵兴宗》一诗，"命奇不得报劬劳"句自注云："光仕始周岁，二亲继丧。"司马光自注的丧亲时间与《天章阁待制司马府君碑铭》不符，本当以个人自述为准，但考虑到庞籍的碑铭是以司马光兄弟所撰行状为依据的正式文字，当不至于出错，而司马光凭记忆记事，容或有误，谨从碑铭。

[2] 庞籍：《天章阁待制司马府君碑铭》。

待，不喜欢搞联欢，抱定了安静的宗旨，导致政府活动越来越简单，他办事公正，从不接受私人讲情。前文提到的康定元年添置弓手这件事，本来是中央命令，只要执行就好，司马池却向中央上奏表示反对，这得挡住多少人的财路。这样一来，他肯定是要遭当地官员"怨恶"的。两位转运使于是弹劾司马池"决事不当十余条及稽留德音"[1]。罪名是两条：一是十多件公务处理不当，二是推行皇帝的恩典不及时。这两条应当都是事实。要整治这样一位历史清白、官声卓著的资深高级官员，必须用事实说话。

就在两位转运使弹劾司马池的当口，碰巧两案齐发：有个小吏偷盗库银，案情牵连到其中一位转运使，而另一位转运使的亲戚则有偷税事实。这两位转运使弹劾司马池的两条罪名，在宋朝都算是"公罪"——公务没有办好。如果司马池下决心罗织的话，那么这两位转运使的罪名可以是百分之百的"赃私罪"（因私犯罪，涉及赃污），这类犯罪的惩罚可比"公罪"重多了。有人劝司马池拿这两件案子做武器，给他们狠狠一击。司马池拒绝了，他甘愿接受调动，从杭州转往虢州。在丧妻之痛中遭受降职处分，司马池默然接受。自己的错误自己承担，不转嫁危机，更不诬告他人。

这一切，司马光都看在眼里。作为儿子，他心疼父亲；作为一名正在成长中的年轻官员，他看到了人事的复杂，看到了一位官场前辈在复杂人事中所保持的操守，并对此敬佩有加。

司马光最珍惜的是父亲留下的精神遗产。他家中建有"影堂"，供奉列祖列宗的画像。司马光六十二岁时，把父亲的遗文、手书还有

---

[1]《宋史》卷二九八《司马池传》，第 9905 页。

别人为他作的行状、碑铭等搜集整理，装在一个匣子里，供奉在影堂中。他教诲子孙，手书、遗文比画像更珍贵，因为画像只能保存先人外貌，而手书遗文则是先人手泽，是心灵的痕迹，所以要格外珍惜，"子子孙孙永祇保之"。司马光还指示后人，如"遇水火盗贼，则先救先公遗文，次祠版（牌位），次影（画像），然后救家财"[1]。遗文手泽排第一位，家财排最后一位，这种排序方式所流露的人生态度，耐人寻味。

司马光为母亲和父亲分别守制三年。说是两个三年，按照当时的习俗，实际上是五十四个月[2]，也就是四年半，从康定元年冬开始，到庆历四年（1044）冬服阕。换句话说，从宝元元年中进士到庆历四年守制完毕、恢复工作，司马光官僚生涯的最初七年当中，有四年半是居家守孝、不工作的。

这种置身"世"外的状态，很多人不喜欢。他们怕离开官场太久会跟不上形势，怕好不容易建立起来的关系会变疏远，怕各种"错过"。不仅他们怕，就连孔子最调皮的弟子宰我也觉得守孝三年时间太长，他曾经当面对孔子说："父母死了守孝三年，时间太长了。君子三年不练习礼仪，礼仪一定会荒疏；三年不演奏音乐，音乐一定会失传……我看一年就够了。"

孔子反问宰我："（父母死了不到三年）你就吃着白米饭、穿着锦缎衣裳，你心里能安生吗？"

[1] 司马光《先公遗文记》作于元丰三年（1080）三月十日，见《温国文正公文集》卷六六。另见司马光：《书仪》卷一〇《影堂杂议》。

[2]《续资治通鉴长编》卷九六，天禧四年十二月乙酉条，"向来京朝官承制并丁父母忧，持服五十四月"，第2229页。又见《宋史》卷一二五《礼二八》。

宰我说："安！"

孔子说："你安，你就去干吧！君子守孝，吃好的不觉得香甜，睡在床上不觉得安稳，才不这样干。如今你觉得心安，那就干吧！"[1]

隔着两千多年的悠悠岁月，我们今天读到《论语》中所记载的这段对话，还能感受到孔夫子"恨铁不成钢"的情绪。为父母服丧三年，是儒家的礼制。宰我不服气，还能跟孔子当面辩论。随着汉代以后帝制国家法令制度的儒家化，到宋朝，为父母服三年丧已成定制，没得商量了。虽然有人不乐意，但也必须执行。而对司马光这样一个家传孝道而又对父母充满了感激怀念之情的儿子来说，守制既是对礼制的遵从，也是个人情感的需要。情感需要表达，礼仪就是出口。婚礼如此，葬礼如此，守制也是如此。

苏轼在《司马温公行状》里说，司马光"执丧累年，毁瘠如礼"。儒家的礼制主张，守制期间，私人生活要简朴克制，只有把生活化约到最简单最质朴，才能表达哀痛之心，向生命的致敬。当然，这种哀痛必须是有节制的，完全丧失自我——无论在精神上还是肉体上——都不是儒家所提倡的。只有在哀悼中自省，求得进步，才对得起父母交付自己的宝贵生命。

守制期间，司马光主要做了两件事：一是读书写作，一是观察思考。

这一阶段，司马光的阅读重点是他自幼喜好的史学，中进士之前的学习不得不一切从考试出发，而现在，当考试的约束解除、可以自

---

[1] 见杨伯峻：《论语译注·阳货篇第十七》，中华书局，2009 年，第 188—189 页。文字略有改动。

由选择阅读的对象之后，司马光回到了史学。四年乡居，司马光写作了一系列史论，对孔子从祀弟子中的"十哲"、贾谊、战国四公子、廉颇、蔺相如等历史人物做出了自己的评判。

司马光看历史，不是站在历史中看历史，而是站在现在看历史。在司马光的史论当中，我们能够强烈地感觉到，一个青年人对现实政治的深切关注。比如说，司马光的《贾生论》。[1]

贾生就是贾谊（前 200—前 168），西汉文帝时的儒生官员，在政治上主张削藩以巩固中央集权，富国强兵，抗击匈奴，政治抱负远大，文章精辟雄辩，流传千古，直到今天，他的《过秦论》还是中学语文课本里的经典古文。贾谊志大命舛，他主张削藩，却被安排去做诸侯王的太傅，从政经历惨淡，三十三岁郁郁而终，是典型的"怀才不遇"。在司马光的时代，很多人都相信，假如贾谊运气好，皇帝听他的，贾谊的政治抱负得以施展，则"三代可复"，天下早就太平了。

司马光却不这么认为，他觉得贾谊的很多观点本身就是有问题的，比如，贾谊认为汉朝不能让匈奴臣服，是一件"可为流涕"的事情。而司马光则在《贾生论》中追问，让匈奴臣服对于汉朝究竟有什么意义。

司马光认为匈奴本在汉朝化外，是未开化民族，"天下治而不服，不足损圣王之德；天下弊而得之，不足为圣王之功"[2]。倘若天下太平，汉朝国内政治清明，人民生活富足，纵使匈奴不臣服，也不会损坏皇帝的德行；倘若天下败坏，汉朝国内政治腐败，人民怨声载道，那么，

---

[1]《贾生论》作于庆历三年，见《温国文正公文集》卷七〇。

[2] 司马光：《贾生论》，见《温国文正公文集》卷七〇。

就算匈奴臣服了，也算不得皇帝的功劳。

文帝的时候，汉朝对匈奴，就像宋朝对契丹一样，是要每年奉上"金絮采缯"来赎买和平的。这一点让贾谊感到屈辱。司马光却说："贾谊念念不忘那一点点的金絮，却忘了如果打仗要花多少钱；贾谊对匈奴与汉之间的礼节感到愤然不平，却忽略了如果打仗会给老百姓带来多大的危害。所以，凭什么说贾谊懂得治理国家的根本呢？"司马光认为，像贾谊这样，抛开国家真正的大政，只关注削藩和匈奴，是本末倒置、缓急失序、不明大体的。

在《贾生论》中，司马光所表达的，其实是他对宋夏关系问题的思考。

宋夏战争进行到庆历三年（1043），基本上已经进入尾声，双方都不想打，也很难再打下去了。宋朝方面，在经历了三次大败仗之后，终于建立了相对可靠的边境防御体系，韩琦、范仲淹和庞籍被任命为陕西安抚经略招讨使，成为沿边三帅。仁宗皇帝下令，沿边三帅"凡军期申覆不及者，皆便宜从事"[1]，皇帝和中央放弃了从开封遥控指挥的做法，把指挥权下放给三位大帅。各个战区之间建立了应援机制，不再各自为政。在一次又一次的战争中，也涌现出一批能打仗、会带兵的军人出身的战场指挥官，比如著名的狄青。宋朝方面，守边终于是没有问题了。但是，再进一步，捣毁元昊的巢穴，宋朝高层却是既无野心也无勇气，仁宗皇帝已经不想再打了。西夏方面，大概从来也未产生过与宋朝一决雌雄的想法，元昊真正想要的只是宋朝承认夏国的存在，他虽然不爱宋朝光滑灿烂的锦缎衣裳，但也不想完全切断跟

---

[1]《续资治通鉴长编》卷一三九，第3342页。

宋朝这个资源丰富、经济文化发达的大国的经济交往。而契丹方面也在敦促宋夏休战。庆历三年正月二十四日，元昊上书请和，宋夏双方正式开始停战谈判。这场谈判进行了一年多，直到庆历四年五月，双方才正式缔结和约。谈判进行如此之久，最大的阻碍就是名分问题，宋朝要求元昊称臣，而元昊却只愿做假父子，不愿屈膝称臣，只肯称"男"。谈判旷日持久，双方使节来来往往，朝野议论纷纷。

《贾生论》所表达的，就是司马光对宋夏名分问题的看法。在皇帝、国家的面子与实实在在的民生之间，司马光更看重的是民生。倘若国家的虚荣、皇帝的面子需要牺牲民生来满足，那么，这种面子不要也罢。这种重视民生的思想，在宋朝渊源有自，宋太祖就曾经想用赎买的办法来解决北方边界问题，宋真宗朝更是最终与契丹订立澶渊之盟，用岁币换取和平。而司马光的岳父张存早在宋夏开战之初，就主张"与其责虚名于戎狄，曷若拯实弊于生民也？！"[1]

司马光之所以会有这样的见解，可能受到了岳父的影响，但主要还是因为他目睹了战争对人民生活的损害。害民最深的便是增兵。他曾经为父亲代笔反对杭州添置弓手。如今，司马光丁忧在陕州老家，更耳闻目睹增兵给社会带来的恐慌与混乱：

> 自陕以西，闾阎之间，如人人有丧，户户被掠，号哭之声，弥天亘野，天地为之惨凄，日月为之无色。往往逃避于外，官中絷其父母妻子，急加追捕，鬻卖田园，以充购赏。[2]

[1] 司马光：《礼部尚书张公墓志铭》，见《温国文正公文集》卷七七。

[2] 司马光：《义勇第二札子》，见《温国文正公文集》卷三一。

司马光看见从陕州往西，老百姓就好像人人都死了亲人，家家都遭了抢劫，到处是呼号，到处是哭泣，直让人觉得天昏地暗、愁云惨雾。男人们逃出去躲避抓丁，官府就抓住他们的父母妻子，悬赏捉拿——看你出来不出来！而这份悬赏也是要从被抓的人家里出的，多少人为此卖房子卖地，家破人亡！

作为一名丁忧在家的官员，司马光的身份是非常特殊的——他不是普通老百姓，所以征兵是征不到他头上来的；但是，陕州是他的故乡，周围那些号哭的、逃亡的、卖房子卖地的，是他的乡亲，作为一个有良知的学者和官僚，司马光如何能视若无睹、置身事外？！他也不是普通官员，不在其位不谋其政，没有中央的命令、上级的指示要执行，所以，他不用像父亲当初那样在上级指示和个人良心之间纠结。这种特殊身份给了司马光特殊的观察角度，让他可以在政府和百姓之间采取相对公正的立场。

农民该当兵吗？不该。按照宋朝的制度，兵是职业兵，一旦刺面入伍，就不再从事农业生产，靠国家俸禄养活本人和妻子儿女。农民只管种地，交租交税，没有当兵打仗的义务。国家从农民那儿征收租税，用来养兵。农民种田，士兵打仗，各司其职，这才是正常秩序，天下才太平。仗打起来，兵上战场，天经地义。仗打不赢，应当从军事上找原因，而不应一味增兵，慌慌张张地把负担转嫁到无辜农民身上——农民已经交过税，做了他们该做的事了。司马光的同情显然在普通老百姓这边，但是，这与他的官员立场并不矛盾。在外来的威胁面前，老百姓必须依靠朝廷和军队来获得安全保障，而一个朝廷要想维持下去，要打仗，还要打胜仗，又怎离得开老百姓的支持？在这场征兵危机的背后，司马光还看到了宋朝政治更深层次的危机，那就是政府的信誉危机。承诺弓手"必不刺充正军、屯戍边境"的敕榜还挂在城楼上，刺弓手充正军的命令就下来了。这是赤裸裸的"朝廷号令失信"。日后再遇危亡，朝廷拿什么来动员老百姓？ 司马光在观察，在思考。这些观察和思考会在他未来的政治生涯中反复重现。

宽容 与 执拗

迁夫司马光和北宋政治

第二章
恩师庇佑

01 千江有水一庞丈

纵观司马光的一生，庆历四年就像是一道分水岭。从宝元元年中进士开始，到庆历四年为止，司马光正式当官将近七年，前两年随侍父母、承欢膝下，后四年半居家守孝，生活重心基本上都在司马家，虽然说他的所作所为完全符合孝道的最高标准，但是这样的时间分配多多少少还是会让人觉得他更像是一个"司马家的孝子"，不太像是一个国家官员。庆历四年复出之后，司马光就再也没有长时间离开过工作岗位，他全心投入、服务于朝廷国家，逐渐成长为"大宋的贤臣"，直到元祐元年去世。

以庆历四年为界，司马光从"司马家的孝子"转向了"大宋的贤臣"。当然，"司马家的孝子"和"大宋的贤臣"并不矛盾，在司马光身上，孝道与忠诚这两种美好的品质是互相发生、互相促进的。庆历四年以前，作为孝子的司马光可以说是一直都在学习、积累和思考，积蓄力量，准备做一个贤臣；而在庆历四年之后，不断走向成熟、逐渐建立功名的司马光仍然不失为司马家的孝子贤孙，只不过他践行孝道的方式变了，从相对感性而直接的"承欢膝下"变成了更为理性的"显亲扬名、光宗耀祖"。

庆历四年末，"司马家的孝子"——二十六岁的司马光脱下丧服，穿戴整齐，走出家门，他整顿衣冠，转身上马，准备出发。身后已经没有了父亲和母亲的注视，眼前还有漫漫长路。此去独行，但司马光并不孤单。

司马光复出之后所担任的第一个职务是签书武成军判官事，是滑州（今河南北部滑县一带）知州的属官。然而，他复出后的第一站却不是滑州，也不是开封——开封他肯定是要去的，他要去人事部门报到，等待分配工作，但是，开封也不是他的第一站。司马光复出后的第一站是延州。因为那里有他父亲的老朋友庞籍。

庞籍在司马光生命中的重要性，丝毫不下于父亲司马池。从庆历四年复出开始，在此后长达十九年的时间里，庞籍一直充当着司马光在官场上的保护人。嘉祐八年（1063），庞籍去世，司马光在灵前痛哭，洒泪以祭，他在祭文中把自己的成就归于庞籍的提携成全，说："今日所蒙，莫非公力。言念恩纪，终身敢忘？"这是生者对死者最后的告白，剖肝沥胆，重在表达主观情感，没必要追求客观。客观地看，庞籍的提携之所以能够奏效，还得是司马光本身资质够佳；当然，话又说回来，资质够的人一大把，能够成功也得有人帮扶——天时地利人和，一样都少不得。

庞籍对司马光的影响，绝不只是父辈对晚辈、上级对下级的提携成全，他更像是司马光思想上的导师和行为上的榜样。想要深入了解司马光，就不能跳过庞籍。那么，庞籍究竟是一个怎样的人呢？

庞籍的墓志铭是司马光亲笔所作，它是我们了解庞籍的主要依据。中国人说"千江有水千江月"，外国人说"一千个人心中就有一千个哈姆雷特"，不同的人对同一件事或者同一个人的看法、说法可以是千差万别，甚至截然相反。透过墓志铭来看庞籍，所能看见的，当然是并且只能是司马光所认识的庞籍，是司马光心中的"庞丈"。一千个人会看见一千个庞籍，而司马光心中的庞丈是唯一的，是他的恩师，是他的偶像。

在司马光的心目中，庞籍首先是一个勇敢正直、坚持原则的官员：皇太后的旨意敢抗，皇帝的意见敢提，皇帝宠妃的条子敢挡。

庞籍刚当上御史，就赶上最高权力交接。仁宗明道二年，垂帘听政了十一年的刘太后去世，临终遗命，要把杨太妃升格为皇太后，"军国大事与太后内中裁处"。其实，不管是刘太后还是杨太妃，都不是仁宗的生母。仁宗的生母另有其人，那就是著名的李宸妃。仁宗的身世，我在《千秋是非话寇准》中已经讲过了，这里不再唠叨。简单地说，李宸妃生下了仁宗，刘太后抱过去对外宣称是自己的亲儿子，然后请了跟自己相好的杨太妃来照顾。所以，在名义上，还有在仁宗的心里，刘太后是亲妈，是"大娘娘"，杨太妃是养母，是"小娘娘"。大娘娘严厉，小娘娘温和，仁宗跟杨太妃的感情恐怕还要更好一些。然而，感情归感情，权力归权力。即位之时，仁宗只有十三岁，刘太后垂帘听政还可以说是必要的；此时，仁宗二十四岁，早已成年，完全可以自己当家做主，哪里还用得着再立一位太后来掌舵护航呢！仁宗不需要，可刘太后想要。刘太后死了，权势还在，嚣张的气焰从棺材里往外冒,她要借着杨太后的手继续掌权。太后遗命如此,朝廷当如何处置?

新任殿中侍御史庞籍果断奏请仁宗下令焚毁阁门司所保管的《垂帘仪制》,来打消杨太后垂帘听政的念头。阁门司是宋朝的礼宾司,《垂帘仪制》是刘太后时期为太后垂帘听政而特地设计的礼仪制度。焚毁《垂帘仪制》,足以表达反对太后继续垂帘听政的决心。此言一出,人人都佩服庞籍的勇敢。

仁宗正式亲政之后,没了太后管束,日子过得不免放纵,后宫佳丽争奇斗艳,宫廷珠宝匠人各出新意,又是庞籍直言相谏,为这股奢侈之风降温减速。不久,庞籍调任开封府判官,接到仁宗宠妃尚美人的条子,要免除某匠人的租税。庞籍立刻报告仁宗说,自本朝开国以来,就没有一个"美人"敢批条子直接干预开封府政务的。此风不可开!仁宗虽然爱美女,却从没打算当昏君,破坏祖宗传下来的规矩。他闻言大怒,狠狠地批评了娇滴滴的尚美人,又把递条子的宦官打了一顿板子,并且下令各政府部门,"自今宫中传命,毋得辄受"[1],遇有宫中传出来的指令,不能随便接受,要先核实了再说。这就是司马光为庞籍所作的墓志铭所讲述的庞御史事迹。

司马光的讲述,会让读者以为庞籍简直勇敢得像《皇帝的新装》里那个说真话的小男孩。就历史事实而言,真实的庞籍的确勇敢;但他勇敢的程度并不特别突出——庞籍只是当时那些勇敢的御史和谏官当中的一员。就拿杨太后垂帘这件事来说,反对杨太后垂帘听政的,庞籍既不是唯一的一个,也不是第一个——御史中丞蔡齐早就表达过

---

[1]《续资治通鉴长编》卷一一四,第2673页。《宋史》卷一〇《仁宗本纪二》,第198页。

相似的立场，而谏官范仲淹的态度则更为激烈，他压根儿就不赞成再立太后。

突出死者的正面形象，这是碑铭写作的必然要求。司马光没有歪曲或夸大事实，他只是省略了没有直接关系的人和事，把所有的光亮都聚集在庞籍身上。司马光作墓志铭，为庞籍树碑立传，这样写符合传统和原则，毫无问题。当然，今天的人们如果想更为客观准确地了解庞籍，就还需要尽可能全面地挖掘事实，把庞籍"放回"当时的历史情境中去。即便如此，庞籍也称得上勇敢正直、不畏权势，对皇帝、对朝廷满怀忠诚。用御史中丞孔道辅的话来说，庞籍是"天子御史"[1]，无党无偏，不谋私利，有"大忠"之义。

司马光心中的庞籍，还是一个尊重传统价值观，敢于和歪风邪气做斗争的人。庞籍做御史的时候，屡次弹劾龙图阁学士范讽[2]，仁宗都置之不理。不久，庞籍被外放到广东去做转运使。御史是监察官，有监督、批评的责任，转运使就没这份责任了。庞籍临行之际，又参了范讽一本。这最后一奏把范讽问题的性质提高到了骇人听闻的地步，"苟不惩治（范讽），则败乱风俗，将如西晋之季，不可不察"[3]。西晋之季是个什么状态呢？上层人士不守礼法，崇尚玄谈，道德沦丧，伤风败俗，最终招致亡国之灾。

在庞籍的一再坚持之下，仁宗"有诏置狱，以核其实"，朝廷设

[1] 司马光：《太子太保庞公墓志铭》，见《温国文正公文集》卷七六。

[2] 范讽，《宋史》有传，生卒年不详。见《宋史》卷三〇四《范正辞传附子范讽传》，第 10061—10064 页。

[3] 司马光：《太子太保庞公墓志铭》，见《温国文正公文集》卷七六。

置"专案组"调查范讽一案。调查的结果是范讽被贬为闲官，朝廷下诏"戒天下风俗"。而庞籍也因为"贬逐大臣"暂时遭到了降级处分——这个处分的作用主要是平衡，并不代表仁宗真意——仁宗很快就恢复了庞籍的级别，并予以提拔重用。[1]

那么，这个被庞籍视为洪水猛兽的范讽究竟是哪一路的妖魔鬼怪呢？对于范讽的罪行，司马光为庞籍而作的墓志铭记载得十分简单："龙图阁学士范讽喜放旷，不遵礼法，士大夫多慕效之；又为奸利事。"[2] 据此，范讽的罪行主要是两条：第一，行为放荡，不守礼法，而且在官员群体中形成了恶劣的影响；第二，有以权谋私的行为。从行文上看，司马光真正重视的是范讽对道德礼法的败坏。问题是，庞籍对范讽的弹劾是否合乎正义，司马光对庞籍弹劾范讽的记载又是否合乎事实。

《续资治通鉴长编》是南宋人李焘所著的北宋编年史。李焘对庞籍弹劾范讽一事也有比较完整的记载。其调查结果与司马光的记载略有不同，他比较详细地记载了范讽以权谋私的行为，比如跟某外戚打得火热，帮助该外戚虚造政绩骗取升级奖励，又比如以欺骗的手段借用公家的银子，依仗权势低价购置土地，等等。至于司马光特别强调的"败乱风俗"罪，李焘似乎不是十分重视，相反，他指出庞籍揪住范讽不放，可能与当时的高层权力斗争有关，而范讽一案也的确引发了高层的人事调整。[3]

[1] 见司马光：《太子太保庞公墓志铭》，见《温国文正公文集》卷七六。

[2] 司马光：《太子太保庞公墓志铭》，见《温国文正公文集》卷七六。

[3]《续资治通鉴长编》卷一一六，第 2721 页。

李焘是司马光的崇拜者，所著《续资治通鉴长编》在编纂体例上遵循《资治通鉴》，在时间断限上接续《资治通鉴》，等于《资治通鉴》的续编；李焘又自谦，以为自己的书配不上司马光的书，只能算是有待删节精简的资料汇编，故称《续资治通鉴长编》——"长编"是《资治通鉴》的资料汇编，由助手纂集，以待司马光"削删"定稿。作为司马光的崇拜者兼严肃的史家，在遇到司马光所爱敬的庞籍的时候，李焘肯定会特别谨慎，他的调查结果应当十分接近事实。换言之，不排除司马光对范讽案的记载有"为尊者讳"的成分。然而，更加毋庸置疑的是，在司马光的心中，"败乱风俗"是关系存亡的大事。

司马光有一篇与范讽案有关的文章，题为《颜太初杂文序》[1]。这篇文章作于宝元二年，也就是范讽案结束四年之后。当时，司马光只有二十一岁，在华州工作，他父亲在同州担任知州。这篇文章真实地反映了当时的司马光对范讽案的看法，而这种看法与庞籍基本一致。

《颜太初杂文序》，顾名思义，是一个名叫颜太初之人的杂文集的序言。颜太初是孔子弟子颜回的第四十七世孙，《宋史》卷四四二《文苑四》有他的传。司马光对颜太初的描述可以用三个关键词来概括。第一，"小官"——颜太初是进士出身，活了四十多年，一辈子只做过县尉、主簿级别的小官。第二，"大儒"——颜太初读儒家经典，"必求其理而已矣"，最关心为人处世和治国的道理；"既得其理，不徒诵之以夸诳于人，必也蹈而行之"，领悟到其中的道理之后，不是挂在嘴上炫耀，而是身体力行，并尽可能影响身边的人。第三，"敢言"，

---

[1] 司马光：《颜太初杂文序》，见《温国文正公文集》卷六四。以下关于颜太初的文字均选自此文，不另注。

为了让儒家经典的光辉照耀到整个社会，颜太初又"求天下国家政理风俗之得失，为诗歌泊文以宣畅之"，写文章作诗来讽刺时事、评论时政，希望借此来影响整个社会的思想文化走向，进而影响宋朝国家的未来。在范讽案中，颜太初的作用是举足轻重的。他写过一首名为《东州逸党》的诗[1]，专门刻画范讽及其追随者的放荡行为。这首诗上达天听，对仁宗下决心惩治范讽起了重要推动作用。一个芝麻绿豆大的小官，关心的却是天下苍生、江山社稷，颜太初人微，言却不轻。当然，也正是因为人微，官小职卑，颜太初最终为自己的敢言赔上了政治生命，始终不得升迁。颜太初死后，"世人见太初官职不能动人，又其文多指讦，有疵病者所恶闻，虽得其文，不甚重之"，他的诗文也随之散乱凋零。而年轻的司马光却决心为颜太初保留思想的香火，他搜集整理颜太初的文章，编成《颜太初杂文集》，又为它写了这篇序言。

搜集整理颜太初的文章，并为之作序，可以说是司马光对范讽案相对直接的参与。褒扬颜太初，就等于褒扬庞籍，反对范讽。在范讽案上，司马光的立场与庞籍始终一致。从年轻时候起，司马光就坚定地认为不遵礼法会导致道德败坏，从而破坏社会稳定的基石。

那么，范讽是如何冲击礼法制度的呢？根据颜太初《东州逸党》的描述，范讽及其追随者自称是"方外友"，扬言抛弃"礼义廉耻"，蔑视儒家经典，非要毁古圣先贤，穿奇装异服，有时候打扮得像牧童一样，梳着鬟髻饮酒作乐，唱着低俗的歌曲，还有人干脆剃了光头。这帮人聚在一起，根本就不讲究尊卑上下。范讽的行为已经深刻地影响了社会风气，"斯人之一唱，翕然天下随。斯人之一趋，靡然天下驰。

---

[1] 南宋吕祖谦编《宋文鉴》卷一六收录了这首诗。

乡老为品状，不以逸为嗤。宗伯主计偕，不以逸为非。私庭训子弟，多以逸为宜。公朝论人物，翻以逸为奇"。与规矩礼法相对立的"逸"反而成了朝廷取士、父母教子的标准。

东州逸党的行为，在今人看来，可以说是"酷"，特立独行，崇尚自由，值得吹一声口哨来表达赞赏。谁年轻的时候没动过叛逆的念头呢？可是，范讽实在不年轻了，他是一位在官场摸爬滚打了半辈子、深谙世故的高级官员，升官发财，一样也不落人后。他号召别人做方外人，自己却在红尘中纵横捭阖。这种行为，最低限度也是可耻的虚伪。从表面上看，范讽所破坏的只是发型、服饰、音乐等风俗习惯，他对儒家经典也只是口头攻击，没有更进一步的激烈行为，而且范讽对传统道德秩序的破坏行为也只限于私人生活领域、业余时间，他在朝堂上并没有什么过激行为。但范讽本人却是进士出身，是靠读儒经取得功名、建立官员身份的。一个成功的儒生却主张抛弃儒家的礼义廉耻，这就构成了强大的破坏性示范作用。范讽的所作所为与他的出身、身份相冲突，是对传统道德、社会秩序的剧烈冲击。正因如此，颜太初、庞籍和司马光才把范讽看作洪水猛兽。用颜太初的诗句来说："家国尽为逸，礼法从何施？"放任这种不守规矩、不尊重传统的行为，让这种风气扩散到整个社会，将彻底动摇礼法的根基，而隐含在礼法制度之中的传统价值观念，必将无处存身。长此以往，国将不国！

庞籍弹劾范讽、颜太初作《东州逸党》、司马光编纂《颜太初杂文集》的年代，正是儒家价值体系重新确立其主导地位的时代。宋以前的唐代，尤其是唐的全盛时期，疆域广大，国力强盛，但是，中国传统的主流思想——正统儒学却沦为教条，失去了维护社会秩序、诊断社会问题、调节社会矛盾的作用，所以现代学者有"盛世的平庸"

之说。[1]唐代后期的思想界曾经出现过以儒家思想为核心重建道德秩序的努力，只是由于唐中央统治的日渐衰微与唐朝皇室的自身素质，这些努力总体上收效有限。唐之后的五代是典型的乱世，藩镇割据，战乱频仍，君臣父子和礼义廉耻在实力面前通通靠边站，当时的人所信奉的，是"天子，兵强马壮者当为之"，是赤裸裸、血淋淋的现实政治、丛林法则。宋朝建立之后，采取了重视文化建设的政策，经过太祖、太宗、真宗三代皇帝七十余年的涵养培育，到仁宗亲政前后，终于卓见成效，出现了一批像范仲淹这样真正读过儒家经典、有独立思考能力、以天下为己任、有理想、有担当的学者型官僚——士大夫。儒家的价值体系重新确立了主导地位，礼义廉耻成为公认的道德准则，君臣、父子等重要社会关系得到尊重，被置于现实势力之上，形成相对良好的社会风气。以枪杆子、印把子为代表的势力的作用，任何时代都无法彻底消除。好风气就是能让权力与暴力有所顾忌，虽势力可以攫取之，而人以为耻，己不能以为荣。仁宗朝初期，宋朝主流的社会风气正是如此，那是一个逐步归正的时代。在这样的背景之下，庞籍、颜太初对范讽与东州逸党格外警惕，是完全可以理解的。在范讽案中，司马光采取了与庞籍完全一致的态度，尊重传统价值观，反对那些破坏现有秩序的行为。这种态度贯穿了司马光的一生。

勇敢正直、坚持原则，尊重传统价值观，敢于和歪风邪气做斗争，这是司马光心中的庞籍。"千江有水千江月"，庞籍有多个侧面，司马光所看重的，实际上也是他本人所向往和坚持的。庞籍与司马

---

[1] 见葛兆光：《中国思想史》第2卷《七世纪至十九世纪中国的知识、思想与信仰》，复旦大学出版社，2013年，第9、28页边注。

光的故事，是一个漫长的故事，它构成了司马光人生中的第二个重要成长阶段。这两个人之间长达十九年的交往故事，与北宋仁宗朝的大历史交织在一起，有人心，有世故，有政治，有国防，且容我慢慢道来。

02 晁仲约事件与新政之败

网上曾经流传一组非常有趣的摄影作品，这组照片的拍摄对象相同，都是一个躺在地上睡觉的男子，拍摄角度相同，都是从上往下俯瞰，不同的是拍摄距离。第一张距离 1 米，照片里能看见这个男人的上半身，他睡觉的姿势，他的衬衣、手表、腰带，甚至手臂上的汗毛都清清楚楚，男子的周围有面包、饮料和吃剩的餐盘，还有一本《科学》杂志。第二张距离 10 米，衬衣、手表、腰带、杂志都看不清了，但是，新的信息出现了——这男人是躺在一块草坪上的，草坪很大，应该不是他家后院，那究竟是哪里呢？第三张，当拍摄位置拉高到 100 米，草坪的位置清楚了，左边是公路，右边是码头，码头上停着一艘艘帆船；可是，在这张照片中，男子本身变得十分渺小，不知前情的人乍一看，根本认不出草坪上那个小方块究竟是什么。第四张，距离拉大到 1000 米，照片里的是一幅谷歌地图，草坪、帆船码头、滨湖大道、飞机跑道、博物馆等大型建筑都清晰可辨。那个男人呢？肯定还在草坪上睡大觉，但是我们却完全看不见他了。

这组图片形象地说明，距离不同，观察尺度不同，所得到的信息不同。随着距离拉大，观察尺度变大，小的细节性的信息不断损失，大尺度的信息——比如相对位置之类的——开始增加。如果再远一点，我们还可以知道这个人所在的地方究竟是哪座城市、哪个国家、哪个洲、哪个半球、哪个星球。看历史也有距离不同的各种观察尺度。较大的有人类集体命运的尺度、文明代谢的尺度、政权兴败的尺度，中等的有国际关系的尺度、国内政治的尺度、群体命运的尺度，比较小的有人际交往的尺度、个人命运的尺度，等等。

通常来说，大尺度的或者说宏观的历史关注的是大事件、大人物、大变化，它可以完全不理睬个人，除非这个人是秦始皇——他死了秦也要亡了。我在本书中所讲的有关司马光的故事，在大尺度的历史叙述当中都只能是一带而过或者根本不会出现的。然而，我们讲到历史中的个人的时候，却不能不注意到那些当时发生的大事件、大历史。司马光的故事可以是小尺度的历史，但是必须有大尺度的关怀，才能看清楚、讲明白。

从个体生命的尺度观察，就司马光论司马光，庆历四年冬是司马光人生的分水岭，他孝道圆满，结束乡居苦行，重返正常社会，开始实践理想、伸张抱负。这一年，他脱下丧服，穿起官袍，开始从"司马家的孝子"成长为"大宋的贤臣"。

如果把距离拉开一点，以更大的尺度来看庆历四年，还能看到更多的信息、更广阔的场景。以"国际"关系的尺度看，宋夏战争宣告结束。日渐强大的党项政权西夏以武力谋求"国际承认"与生存空间，挑起战端，宋朝方面经历了最初的惨败与惊惶之后，逐渐稳住局面。最终，这场战争以西夏向宋称臣、宋给西夏每年二十万"岁赐"告终，西北边境终于宁帖。

以国内政治的尺度看，庆历四年同样是意义非凡的。就在这一年，宋朝建国以来第一场轰轰烈烈的政治改革行动——庆历新政"自然流产"。庆历新政是最简括的历史教科书都不会落下的内容。它于庆历三年九月启动，改革措施主要包括：第一，打破论资排辈、熬年头、人人有份的官僚升迁法则，重建考核机制，强调能力与绩效；第二，缩减恩荫特权，同时禁止高官子弟进入能够快速升迁的特殊单位——"馆阁"；第三，改革科举制度，加强人才培养；第四，对现任州、县两级长官进行大筛选，工作能力不行、贪污腐败的就地免职，同时调整地方官收入结构，缩小不同地区间的待遇差异；第五，改变县级机构设置过多的状况，把户口过少的县改成镇，以此减轻老百姓的徭役负担。

改革抓住了宋朝政治中的主要问题，顺应了时代的需要，路线正确，措施正确，可惜最终却宣告流产，只持续了一年多。新政流产的原因是多方面的：第一，阻力巨大，支持不足，新政的核心是限制官僚特权——虎口夺食，必然会遭到既得利益集团的抵制；第二，新政的改革措施虽然方向上大体正确，但实施性考虑不周；第三，新政从一开始就错过了改革的最佳时机，改革者在错误的时机做了正确的事；第四，新政领导人自身存在某些问题。

"虎头蛇尾"是我对庆历新政最深刻的印象。它的开头可以说是轰轰烈烈：仁宗皇帝亲下手诏，呼吁改革，情真意切；范仲淹发表的改革纲领切中时弊，真如黄钟大吕；改革措施一项一项出台，从开封传向全国，显得雷厉风行；负责审查地方官的中央特派专使莅临各地，贪官污吏闻风色变，端的是威风八面。相比之下，它的结束则显得十分平淡，缺乏失败应有的悲壮色彩：改革措施被一项一项地取消，新政领导人和支持者纷纷被外放，暂时远离政治中心，然后转任地方官，并未遭到怎样的折辱迫害。新政的主要领导人是参知政事范仲淹和枢密副使富弼。除此之外，庆历新政还有一位非常活跃的鼓吹者，此人可能更为今人所知，这便是名列"唐宋八大家"的欧阳修，他时任谏官，专门负责为新政鼓吹呐喊。范仲淹死后得到了"文正"的谥号，这是文臣谥号的极限；而富弼、欧阳修这些年纪较轻的，后来又都回京为官。[1]

以国内政治的尺度看庆历四年，新政的自然流产是最具标志性的大事件。以这样的尺度来观察庆历四年，是看不到司马光的。这就好像本节开头所说的那第四张照片，从1000米的高空向下俯视，男人明明就在草坪上睡着，照片上却只见草坪不见人。庆历四年，司马光年纪尚轻，地位卑微，这些国家大事看上去仿佛与他毫无关系。然而，就像是在2013年年初的雾霾天气里，即使一个人躲在家里，哪儿都不去，什么都不干，也还是分担了三十余年快速工业化、城镇化所积累下来的环境恶果。尽管我们在庆历新政中不能直接看到司马光的行动，但司马光也在那里，作为一个青年官员、未来的政治家在观察，在思考。

世事往往如此，当时当事人所能得到的信息，可能反而不如后来人所能获取的那么全面和系统；当然，后来人所得到的信息肯定也不是事情的全部。但是，那些能够被记录下来、流传至今的故事肯定在当时也是更为引人注意的。首先流传开来的，多半是那些带有一定戏

---

[1]相关研究可参看朱瑞熙、程郁著:《宋史研究》,福建人民出版社,2006年,第114页。

剧色彩的小故事。关于庆历新政，下面这个"晁仲约的故事"司马光肯定听说过。

这个故事分为两段，前半段发生在庆历三年，新政刚刚开始的时候。当时各地叛乱很多，有一伙盗贼打到了高邮军（今江苏高邮）附近。"兵来将挡，水来土掩"，问题是，拿什么来挡呢？宋朝真正有战斗力的军队——禁军全部由中央调度，地方政府所能掌握的，只有数量有限的厢军以及民兵——弓手。厢军属于"材不中禁卫而足以执役"[1]者，战斗力是不能指望的，民兵就更不用说了。闻听盗贼将至，高邮知军晁仲约盘点了一下本军那点可怜的人马，得出的结论是硬碰硬肯定没戏，还不如破财免灾，拿钱买平安。于是，晁仲约就让当地富民"出金帛，具牛酒，使人迎劳"[2]，让人抬着好酒好肉，去慰问盗贼。盗贼得了酒肉，开开心心地离去，高邮军躲过一场浩劫。站在高邮人的角度看，晁仲约肯定是做了一件好事。

然而，从朝廷国家的角度看，堂堂朝廷命官竟然贿赂盗贼，显然属于严重的违法乱纪行为。该怎么处置晁仲约，改革派出现了严重分歧。枢密副使富弼、谏官欧阳修主张"重行朝典"，要砍下晁仲约的头来以儆效尤，整肃风纪。参知政事范仲淹却认为晁仲约情有可原，罪不该死。双方在仁宗面前展开了激烈争论。最终，仁宗被范仲淹说服，晁仲约幸免一死。富弼怒不可遏，当面质问范仲淹："方今患法不举，举法而多方沮之，何以整众！"大意是，现在最大的问题就是有法不依，我要依法办事，你却多方阻挠，那还怎么管别人呢！在富弼看来，

---

[1]《宋史》卷一六三《职官志三》，第3855页。

[2]《续资治通鉴长编》卷一四五，第3499页。

范仲淹这事做得无原则、无底线。

当着别人，范仲淹一句话也没说。等到两人单独相处的时候，范仲淹这才道出了自己的顾虑：

> 祖宗以来，未尝轻杀臣下，此盛德之事，奈何欲轻坏之。且吾与公在此，同僚之间，同心者有几？虽上意亦未知所定也，而轻导人主以诛戮臣下，他日手滑，虽吾辈亦未敢自保也。[1]

这段话的大意是这样的：本朝自建国以来，列祖列宗从不轻易杀戮官员，这是有大德的事情。这样的好传统，为什么要轻易破坏它呢？再者说，我跟你在中央，这一班同僚之间，有几个是同心同德的？即使是皇上的心思，也不知道究竟会怎么样啊！就这样轻率地引导皇帝杀戮臣下，只怕将来有一天，他杀得手滑了，即便你我的性命也不敢说保得住啊！

这就是"晁仲约的故事"的前半段。这段故事中的范仲淹顾虑重重，全然不似中学老师讲《岳阳楼记》时所描述的那般正气浩然、大义凛然；新政伊始，他就已经在想着失败的事情了，明显信心不足；而范仲淹信心不足主要是因为他对皇帝没有十足的把握。从中学到大学，历史课本上的庆历新政，往往以这样的方式开头："宋仁宗庆历年间，范仲淹领导了……"皇帝（及其年号）只是时间标记，而非行为主体。隐藏在这种行文方式背后的认知逻辑，是把新政视为"进步的改革派"与"守旧的大地主大官僚"之间的较量，成败系之，皇帝

[1]《续资治通鉴长编》卷一四五，第3499页。

图十九 ⊙ 北宋 范仲淹 《道服赞卷》

纸本，34.8厘米×47.9厘米，现藏北京故宫博物院。该帖是范仲淹为同年友人"平海书记许兄"所制道服作的一篇赞文，称赞友人制道服之举是"清其意而洁其身"。

反而是不重要的。然而，回到历史现场，我们赫然发现，范仲淹怕皇帝，新政的成败，甚至改革者的生死都系于皇帝，真正掌控一切的还是皇帝。这才是皇帝制度的真相。

"晁仲约的故事"的后半段发生在庆历新政流产之后。庆历四年六月初一，仁宗再度发出手诏，对改革措施表示不满，范仲淹主动请求离开中央，为国守边。二十二日，仁宗批准范仲淹的请求，让他到陕西、河东对西夏前线宣抚视察。八月，富弼被派往河北宣抚视察，防备契丹。尽管范仲淹的参知政事、富弼的枢密副使头衔尚在，但是，改革派大势已去。十一月十二日，仁宗发布"戒励朋党诏"，明确否

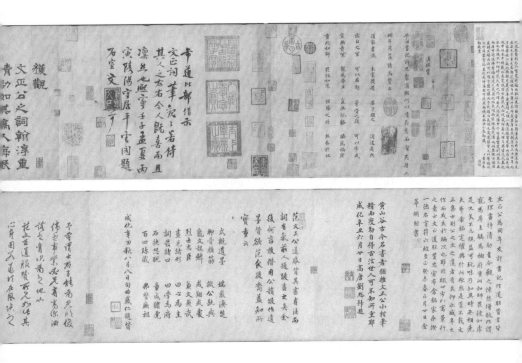

定了新政中特派专使筛查、替换地方长官的做法，"按察将命者，恣
为苛刻，构织罪端，奏鞫纵横，以重多辟"[1]，暗指改革派结党营私。
各种恶意诽谤开始漫天飞舞。次年正月，富弼从河北宣抚归来，有人
告他"更张纲纪，纷扰国经，凡所推荐，多挟朋党，心所爱者尽意主张，
不附己者力加排斥，倾朝共畏"[2]。任用亲信，排斥异己，把持朝政，
扰乱纲纪，这罪名令人胆寒。富弼"及国门，不许入"，人都到了开

[1]《续资治通鉴长编》卷一五三，第3718页。

[2]《续资治通鉴长编》卷一五四，第3740页。

封城下，仁宗却听信谗言，让他在城外听候处理。天恩难测。富弼"比夜，彷徨不能寐"。此时，他的耳畔忽然响起范仲淹的话："他日手滑，虽吾辈亦未敢自保也。"想当初，范仲淹为晁仲约求情，说这番话的时候，富弼是"终不以为然"的。可是在这一夜，一想到皇帝一个念头跑偏，自己的项上人头、毕生名节就会统统灰飞烟灭，富弼忽然开窍了，他喃喃自语，连连感叹："范六丈，圣人也。"[1] 范六丈，是富弼私底下对范仲淹的尊称。范仲淹是他在西京国子监的老师， 也是他和晏殊女儿的媒人。[2] 富弼度过了他一生中最漫长的黑夜。最终，仁宗还是守住了不杀大臣的祖宗之法，只是解除了范仲淹、富弼的领导职务，把他们降为地方长官。

这后半段"晁仲约的故事"最令人印象深刻的，是富弼的肺腑之言"范六丈，圣人也"。范仲淹的睿智就在于，他始终都没有忘记君臣之分，他始终都知道作为臣子，无论多么位高权重，都是在皇权的笼罩之下，如果皇帝不支持，那就什么也干不成。这个简单的道理，范仲淹在新政之初就是明白的，所以他从头到尾都有所保留，从没打算赴汤蹈火；富弼起初不明白，所以他态度刚硬，非黑即白。然而，在那一夜之后，富弼也明白了，所以他后来再度入朝，政治态度变得相对中庸，不再有激进的行为。

这样的故事，一定传播甚快甚广，司马光必然知晓，他会怎样理解？没有皇帝的支持，无事可以成功，这样的道理，十七岁时，司马

---

[1] 见《续资治通鉴长编》卷一四五，第3499页。苏辙撰，俞宗宪点校：《龙川别志》卷下，中华书局，1982年，第89页。

[2] 见魏泰撰，李裕民点校：《东轩笔录》卷一四，中华书局，1983年，第160页。

光就在《功名论》中说过了："人臣未尝有功，其有功者皆君之功也。""臣有事业，君不信任之，则不能以成。"宋朝的统治，皇帝的权威，司马光是打心眼里拥护支持的，他想要做的，或者说他自以为能够做的，就是帮助皇帝成为好皇帝、维护皇帝的权威。这种想法符合司马光的时代的要求。在宋朝的权力结构下，皇帝代表国家，皇权至高无上，就像是如来佛的手掌，任何人想要成就任何事，都必须获得皇帝的支持。其实不光是宋朝，从秦始皇到宣统逊位，整个帝制时期两千多年向来如此。反过来说，想要摆脱这种皇帝说了算、官员有盘算的状态，就必须打破帝制。当然，在宋朝谈论这个问题，实在是为时过早了。

宋朝有三位"文正公"，司马光是最后一位，范仲淹是第二位，也是离司马光最近的一位。范仲淹去世于 1052 年，这两位"文正公"曾经在同一片天空下呼吸，他们有充足的时间可以建立直接关系。那么，"司马文正"与"范文正"是否打过交道，又有过怎样的交集呢？

宋太宗、真宗的时候有一位谏官田锡（940—1004），出了名地敢说话、作风硬朗。田锡死后，范仲淹给他写了墓志铭，这墓志铭是深埋在坟墓里边的。又过了几十年，到神宗朝的时候，忽然流行起神道碑来——竖立在坟墓外边。田锡的曾孙田衍就拿着田锡的文集和范仲淹给田锡写的墓志铭，到司马光府上，请求司马光为田锡撰写神道碑铭。为祖先树碑立传，请名人撰稿，希望祖先的事迹借助名人的吹嘘传之久远，是唐宋时期盛行的风气。名人出手，有为钱财的，也有为友情亲情的。不管哪种，下笔之际，都要想着如何把死人说好说美，让活人满意。所以这类文章最大限度的诚实也不过是捡着好事美德说，坏事丑事忽略不提。

中年以前，司马光写过不少墓志铭。那时候他年轻，为尊长、前辈、家人、朋友写作碑志，是责任，义不容辞。但是，对于这种"不能诚实"的文体，司马光持批评保留态度。到了晚年，司马光成为老人，可以按照自己的想法办事、直道而行了，就干脆封笔不写这拍死人马屁的东西了。所以，当田锡的曾孙田衍上门来请求司马光为田锡作神道碑铭的时候，司马光很客气也很直接地拒绝了，他说："光不惟愚陋不学，且不为人作碑铭已久，不敢承命。"[1]

不写是不写，司马光给田衍出了一个新奇的主意，让他把范仲淹所作的墓志铭一物两用，直接当作神道碑文刻石，立在墓前，"既纳诸圹，又植于道"，让"圹中之铭"与"道旁之碑"文字一致，表里如一，以便"取信于永久"，然后，再在神道碑的背面刻上司马光所写的一段文字，来解释这么做的缘由。司马光的解释文字至今尚存，题为《书田谏议碑阴》。而田锡的文集《咸平集》里也附着范仲淹所写的墓志铭和司马光的碑阴题记。

《书田谏议碑阴》是司马光留下来的为数不多的直接谈到范仲淹的文字，他还代表两制官员为范仲淹写过祭文，但那是官方文字，反映的是官方立场。[2]《书田谏议碑阴》则是私人书写，相对而言更能反映真实想法：

> 范公大贤，其言固无所苟，今其铭曰："呜呼田
> 公，天下之正人也！"虽复使他人竭其慕仰之心颂公

[1] 司马光：《书田谏议碑阴》，见《温国文正公文集》卷八〇。

[2] 见司马光：《祭范尚书文》，见《温国文正公文集》卷八〇。

之美，累千万言，能有过于此乎?! 光于范公无能为役，
范公恨不得见田公，则田公果何如人哉!

从不轻易臧否的大贤之人范公为田锡作墓志铭，却说："呜呼田
公，那是普天之下公认的正人!"这一句话胜过他人的万千赞美之词。
司马光说："我只可惜自己没能为范公做些什么，而范公却为自己未
能见到田公而遗憾，这样想来，田公该是多么伟大的人呢!"

司马光对范仲淹是佩服的、仰慕的，但是，他跟范仲淹之间应当
没有实际交流。范仲淹是他在政治上的前辈，却不是他的人生导师。
司马光的导师是庞籍。同样是在庆历四年，庞籍官拜枢密副使，进入
中央领导层。庞籍的政治生命与司马光的个人命运关系密切，他的政
治作风也对司马光产生了深刻影响。庞籍入朝，恰恰是在新政失败、
范仲淹下台之后，范仲淹、富弼前脚下台，庞籍后脚上台。那么，庞
籍是否就是一个反对新政并从中渔利的人呢? 此点关乎庞籍的名节，
也关乎司马光的政治走向，需要仔细辨析。

03 庞籍入朝，司马复出

庆历五年（1045）正月二十五日，仁宗免去了范仲淹、富弼的中
央领导职务；范仲淹被派往陕西，出任邠州知州兼陕西四路缘边安抚
使，全面负责宋夏和平之后的陕西边防；富弼被派往山东，出任郓州

知州兼京东西路安抚使。二十六日，同情新政的宰相杜衍罢相，出任兖州知州，也被派往了山东。杜衍担任宰相才刚刚一百二十天。新政彻底失败。同一天，在新调整的中央领导班子中，庞籍赫然在列，出任枢密副使。那么，是否就可以由此推定庞籍反对新政，并因此上位呢？

关于庞籍入朝的原因，司马光在庞籍的墓志铭中这样写道："上以西鄙之宁，皆公之功，乃密诏谕以两府有缺当补之。"仁宗认为西北边境的安宁，全是庞籍的功劳，因此早有密旨给庞籍，承诺两府——宰相府或者枢密院——出缺就用他。据此，庞籍入朝的原因是他守边有功，且仁宗与他有密诏约定在先。

把西北边境的安宁全都归功于庞籍，当然有夸张的成分。但是，庞籍对仁宗中期的西北边防建设贡献巨大，却是毫无疑问的。

首先，他几乎是在一片废墟上重建了延州军分区的防务。宋朝与党项人领地接壤、直接承受西夏军事打击的是两个路——陕西和河东，陕西又分为四个军分区，其中，延州军分区的边防线最长，最为难守。宋朝军队跟西夏作战，吃的第一场大败仗就是在延州附近的三川口，战败之后，延州防线极度内缩，一直缩到了延州城的城墙根儿，军心涣散，人心惶惶。延州成了西夏人想来就来、想走就走的"无人之境"。在庞籍之前，范仲淹守过延州，情况有所好转，只是范仲淹在任的时间只有短短七个月，作为终归有限。延州防务面貌的彻底改观和延州军民信心的重建，都是在庞籍手里实现的。从庆历元年十月就任到庆历四年年底，庞籍在延州一干就是三年多。在庞籍的苦心经营下，延州防线虽然不能说是固若金汤，但也从软柿子变成了硬骨头，西夏军队根本不敢轻易靠近。庞籍又乘机收复失地，占据险要修筑城寨，等于在延州的北边构筑了一道外围防线。巩固延州防线，这是庞籍对西北安宁的第一大贡献。

庞籍对西北安宁的第二大贡献，是他以边防大帅的身份主持宋夏和谈，逼迫西夏称臣，为宋朝争取了名义上的胜利。宋夏和谈的启动者就是庞籍。仁宗和宋朝中央想要停战，却又碍于大国体面，不便主动开口，是庞籍通过巧妙方式向西夏吹风，促使西夏方面主动求和，启动了和谈程序。在和谈过程中，双方在名义问题上产生重大分歧。元昊给宋仁宗的信，抬头称"男（儿子）邦面令国（西夏自称的国号）兀卒（国王）郎霄（元昊的名字）上书父大宋皇帝"，只愿意认假父子，不甘心做真君臣。"称臣"与否，事关重大，绝不仅仅是面子问题，它关系到宋夏关系的性质以及辽—宋—西夏关系的走向。宋夏双方相持不下，和谈因此陷入僵局。在这个时候，庞籍向朝廷报告，指出西夏方面"虽屡战得气，然丧私市之利，民甚愁困"，尽管在战场上屡屡得手，然而却失去了对宋民间贸易的好处，老百姓愁苦穷困，内部厌战情绪严重。庞籍据此判断，西夏方面迟早会改弦易辙臣服大宋。这份准确的西夏情况分析报告为宋朝方面调整谈判策略提供了保证，最终，元昊俯首称臣。宋仁宗的面子和宋朝国家的地位都得到了保障。宋夏和谈之所以能够顺利达成，庞籍绝对功不可没。

庞籍对西北安宁的第三大贡献，是他对军队的管理，特别是对军事将领的培养。宋朝的军事管理体制十分特别，其一是户籍上兵农分离，军队高度职业化。宋朝军人最显著的外在特征就是他们的脸上刺着字，时称"面涅"。刺面为兵，终身行伍，完全脱离农业生产，只管训练、打仗，军人及其家属全靠国家财政养活。其二是军队的戍守实行更戍法，所谓更戍，就是轮流戍守。理论上，宋朝的禁军皆"天子卫兵"，"列营京畿，以备藩卫"，军营（军人及家属驻地）在首都开封及附近地区。边防等战略要地需要重兵屯守的，则要从首都派兵前往，轮流戍守，戍边期限通常为一年，家属并不随行。更戍法的立法之意，是要让士兵"往来道路，以习勤苦、均劳逸"，同时防止士兵与将领之间形成胶结关系。[1] 其三，边防军的组织结构明确分为上下两层，下层就是打破了禁军原有组织体系在边防上重新集结起来的军人，他们有"面涅"；上层即边防军的领导层、统兵官却是没有"面涅"的武选官，相较于军人，他们是"外人"，是国家的官员。宋夏战争以前，这些外来的统兵官主要是皇帝身边的侍从武官，其出身要么是开国元勋的子孙，要么给即位之前的皇帝当过保镖跑过腿。宋夏战争一开打，这拨人的劣势立即显现出来，他们既不懂军人，也不懂军事，简直是逢战必败。武选官屡战屡败，只好换文官上场。太宗以来，宋朝国家特重科举，进士一途吸引了全社会最优秀的青年人，进士出身的文臣构成了最大的人才库。用文臣统率边防军，实在是无法之法。当然，文臣也不是一开始就行、个个都行的，文臣统兵也吃过败仗。但是，架不住这个群体素质高、基数大，文臣还是很快就把局面给撑起来了。能管得住军队、可以守土、可以指挥作战的文臣，范仲淹是一个，韩琦是一个，第三个就是庞籍了。

庞籍统兵的特点，首先是严刑峻法，镇得住。史料说他"抚民以仁，驭军以严"，军人犯法，动不动就拿出"便宜行事"的特权，先斩后奏，"或

---

[1] 见马端临撰，上海师范大学古籍研究所、华东师范大学古籍研究所点校：《文献通考》卷一百五十二，《兵考四·兵制》，中华书局，2011 年，第 4554 页。另见《宋史》卷一八八《兵志二》，第 4627 页。

断斩刿磔，或累笞至死"。[1] 宋朝军法严厉，军官有此作风本不稀奇，文臣为此，则颇不寻常。庞籍如此做，主要目的是树立威信——他一介书生，与军队素无瓜葛，凭什么统领十万大军？杀一儆百，严刑峻法，不得已而为之。当然，庞籍统兵，也不是一味地严厉，他还有体贴关怀的一面，军人的住处、饮食、家属，他都尽心尽力照顾周全。这样做的效果是显著的，延州驻军前后将近十万人，战事紧迫，来不及修筑营房，大部分就借住在老百姓家里，"无秋毫敢犯民者"，十万大军和延州百姓做到了平安相处。内部不乱，方可一致对外。延州百姓是庞籍治军严明的直接受益者。按照司马光的记述，庞籍调离延州的时候，有百姓拦着马头含泪告白说："公用兵数年，未尝以一事烦民。虽以一子为香焚之，犹不足报也。"[2]

其次，庞籍十分注意军队将领的选拔培养。经他推荐、提拔的军队将领有著名的狄青、种世衡等人。狄青是真正的军人，行伍出身，脸上刺着字，能骑善射，本来在开封皇帝御前当兵，西北战事吃紧之后，才被选拔到陕西前线，此后屡立战功，南征北战，一路升迁，最后甚至打破了军人升迁的限制，成为唯一的军人出身的枢密使。狄青的成长，离不开战争所带来的特殊机会，也离不开文臣儒帅对他的培养、提拔。很多人都知道范仲淹对狄青有提拔之恩，知道范仲淹曾经提示狄青要读《左传》。其实，庞籍是更早赏识、提拔狄青的人。庞籍的机要秘书何涉曾经为军官开班，讲授《左传》，坐在下面捧着书本规

[1] 见司马光：《太子太保庞公墓志铭》。另见《东都事略》卷六六《庞籍传》，《宋史》卷三一一《庞籍传》。

[2] 司马光：《太子太保庞公墓志铭》。

规矩矩听讲的学生里边，就有狄青。到宋夏战事结束，庞籍已经在西北边防军，甚至在全国的军人中树立了很高的威信。

人才的脱颖而出、建功立业需要时机，而战争所能提供的机会可能是最公平的，战场之上，能与不能，生死一线，优胜劣汰，毫无情面可讲。北宋中期，宋与西夏之间的这场战争，从某种意义上也可以说是一场淘汰赛。它以残酷的方式，为论资排辈的宋朝官场和只讲出

图二〇 ⊙ 苏文《狄青像》
此画像出自《中国历代名将图典》。狄青（1008—1057），字汉臣，汾州西河人，北宋名将。他自少入伍，善骑射，面刺字，人称"面涅将军"。

身、不论能力的军事领导选拔体制带来了有限的生机。仁宗中后期中央领导层中的很多人都是在这场战争中建立声望的。比如范仲淹、韩琦、富弼，以及庞籍。凭着在西北前线积累的军事经验、在军中的威信，还有对宋夏和谈的贡献、守卫延州的功劳，再加上庞籍此前当御史时给皇帝留下的忠直敢言的好印象，到庆历四年，他已经是一名举足轻重的高级官员，进入中央应当说是众望所归。

而仁宗皇帝的密诏约定也确有其事。司马光为庞籍写作墓志铭的时间还在仁宗朝，天子在上，谁敢假称密诏?! 其实，不单是庞籍，西北前线三位最主要的帅臣——范仲淹、韩琦、庞籍都得到了仁宗的入朝承诺。几年之后，受过庞籍提携的将领种世衡之子到京城来告状，说他父亲才是迫使元昊称臣的真功臣，庞籍是窃取了他父亲的功劳才进的中央。此事当然纯属诬告。然而，这个诬告的罪名恰好从侧面证实，当时的人们都知道，庞籍是因为西北守边有功才晋升为枢密副使的。庞籍当着皇帝的面解释这件事的时候，亲口提到了当年的君臣约定，说他"与范仲淹、韩琦皆豫受中书札子，'候西事平，除两府'"，并且说，"文书具在，皆可考验"。[1]

由此可见，庞籍入朝，靠的是皇帝的信任，自己的能力、功劳和资历。当然，庞籍的枢密副使之位的确是富弼、韩琦腾出来的，从这个意义上，也可以说庞籍是新政失败的受益者——如果新政成功，富弼、韩琦继续任职，庞籍入朝可能要推迟一些。但是，庞籍入朝对庞籍、对仁宗来说，都是或迟或早必然发生的事情。

庞籍入朝，辅佐皇帝治理天下，司马光肯定是相当振奋的。在人

[1] 见司马光：《涑水记闻》卷九，第176页。《续资治通鉴长编》卷五十，第1226页。

满为患、讲究论资排辈的宋朝官场，想要从"路漫漫其修远兮"的常规升迁路上脱颖而出，没有高级官员的推荐基本没戏。而庞籍对司马光是如此赏识与器重，庞籍入朝，基本上等于司马光得到了高层重视，获得引荐、进入皇帝视野，已是必然之事。司马光应当为此感到兴奋欣喜。当官的人想升官，就像念书的人想要名列前茅，没什么可遮遮掩掩的，也用不着扭扭捏捏。然而，如果把司马光的振奋理解成"一人得道，鸡犬升天"的庸俗指望，就误解了司马光和那个时代。那是一个怎样的时代？那是范仲淹喊出"先天下之忧而忧，后天下之乐而乐"的时代，是有理想、有底线的时代，是一个当官要做事，而不只是升官发财的时代。如果说庞籍要提携司马光，那也主要是因为司马光的能力、抱负，而不仅仅是因为他们之间的私人关系。

庆历四年在延州，司马光得到的第一个好消息莫过于庞籍入朝。在延州，还有让他快乐的事，那便是和庞之道的久别重逢。庞之道是庞籍的长子，这三年来一直跟在庞籍身边担任经略安抚司的"书写机宜文字"，也就是机要秘书。庞之道和司马光，可以说是渊源深厚：他们是"发小儿"，从十来岁就在一起念书游戏，好得像亲兄弟一样；是同年，都是宝元元年的进士；又是亲戚，都是张存的女婿。

烛光之下，两杯暖酒下肚，庞之道谈起前一阵子，仗打得激烈的时候，公务繁忙，常常一宿一宿地不能合眼，可是心里却非常充实。司马光望着庞之道兴奋的脸庞，心中有佩服、有羡慕、有失落。庞之道自幼聪明绝顶，记忆力超群，想当年两个人一起读书的时候，司马光就常常自惭形秽，觉得庞之道是珠玉，自己是土瓦。一别六年，庞之道在官场同辈当中已经是小有名气的后起之秀，而司马光却在服丧中虚度光阴。宋夏战争意义重大，正是报效朝廷的大好时机，他都错过了。司马光觉得，两人之间的差距越来越大了。庞籍入朝，庞之道自然也可以跟着进中央。有那么一瞬间，司马光心里甚至有点酸楚，觉得自己这辈子怕是永远也没有可能赶上庞之道了。

最能让人产生"攀比"心理的，都是从小在一起的人，比如兄弟姐妹、同学密友。这些人就像是"参照物"一样，让你时时注意到自己的长短肥瘦。庞之道就是司马光的"参照物"。两位好友久别重逢，庞之道意气风发，司马光略带惆怅，而这两个年轻人都不知道，命运会对他们的未来做出怎样的安排。如果他们知道，司马光定然不会有那样的感慨。

庞籍是在庆历五年正月正式就任枢密副使的，他离开延州应当是在庆历四年的年底。而在此之前，司马光已经离开延州赶赴开封销假，然后从那里奔赴滑州上任。他到达滑州的时间是庆历四年的冬天，天气寒冷，司马光心里却感到十分温暖。

感觉是主观的。一个人的感觉如何，往往取决于他所生活的小环境，家里那两三口、单位那十几二十口，抬头不见低头见的，最是要紧。这些人若合得来，寒冬腊月也有满室春风。司马光在滑州便遇到一群合得来的上级和同事。司马光在滑州任职一年，先后经历两位知州，前任张锡，后任郭劝，都当过翰林侍读学士，各位同僚也都是儒雅之士。用司马光的话来说，"主人贤厚宾友嘉"[1]，公务之暇，一班僚友把臂出游，饮酒赋诗，"高论探要妙，佳句裁清新。有诗纵欢谑，杯案沾衣巾"[2]。

[1] 司马光：《春日书寄东郡诸同舍》，见《温国文正公文集》卷二。

[2] 司马光：《河上督役怀器之，寄呈公明、叔度，时器之鞫狱沧州》，见《温国文正公文集》卷二。

滑州在黄河南岸。司马光初到滑州，便与各位同僚同游黄河，他们登上岸边的亭子，但见脚下黄河冰封渡口，遥望太行皑皑白雪与莽莽山林交相映照，把酒狂歌，奇丽的诗句伴着醇香的美酒冲口而出，直落笔端，让人忘记了天有多冷，直到太阳落山。[1]到了夏天，李子还绿着，地里的瓜刚下来。下班之后，知州请客。酒是滑州酒库酿就的新酒，下酒的菜就是这李子和瓜，用刚打上来的井水冰着，绿色的李子沉在盆底，瓜却浮上水面。同事们你一言我一语，"清言妙谕间诙谐，笑语往反何喧哗"[2]，让这简朴的酒席充满了雅趣。

对司马光而言，这是一种久违了的快乐。他已经在老家憋了四年多。司马光刚回到夏县老家那年，夏县的县尉正好是他的同年孟翱（字仲习）。这位孟同年是一位非常有责任感、有抱负的官员，担任夏县县尉刚满一年，就已经把本县的山川、道路、村落、人口情况摸得一清二楚。孟县尉公务之余，会到涑水乡下来拜访司马光。寂寞乡居，能够有这样一位谈得来的朋友，让司马光颇感欣慰。只可惜没过多久，孟翱就得到上级推荐，被破格提拔为坊州宜君县（今陕西宜君）县令。[3]孟翱调离之后，司马光基本上就只能在书中和古人做精神交流了。以司马光的个性而言，这样的寂寞也不是不能忍耐的，况且，忍受寂寞本来就是服丧守孝的一部分。但是，重新回到一群心灵相通、志趣相投的朋友中间，还是让司马光感到了前所未有的快乐。

---

[1] 见司马光：《去岁与东郡幕府诸君同游河亭，望太行雪饮酒赋诗，今冬罢归京邑，怅然有怀》，见《温国文正公文集》卷六。

[2] 司马光：《春日书寄东郡诸同舍》，见《温国文正公文集》卷二。

[3] 见司马光：《送孟翱宰宜君序》，见《温国文正公文集》卷六四。

图二一 ⊙ 元 赵孟頫 《兰亭修禊图》（局部）

手卷，绢本设色，257厘米×23厘米，现藏美国大都会艺术博物馆。世人多喜欢《兰亭序》，不仅因为高妙的书法造诣，更因为文章将古代雅集的高雅意境书写得淋漓尽致。司马光重新回到与之心灵相通、志趣相投的朋友中间，既可高谈诗书、阔论理想，亦可灯前对酒、浅吟低唱，这种以文会友、以酒会友、吟诗作赋、充满雅趣的交游，为司马光的生活平添了一抹暖色。

　　打个可能不太恰当的比方，居丧期间的司马光就像是一条鱼在池子里，多少还是有些孤单的；复出之后，他就像是鱼回到了河里，水流平缓，水草丰美，无风无浪，身边还有伙伴同游，可以高谈诗书、阔论理想，也可以灯前对酒、浅吟低唱。那种快乐非曾经寂寞者无法体会。

　　有一个细节很能体现司马光的快乐。庞籍在延州有两个机要秘书，一个是庞之道，还有一个是四川人何涉（字济川），就是当过狄青老师的那一位。司马光与何涉一见如故，结为好友。何涉也是一个大孝子。庞籍入朝担任枢密副使，打算带着何涉一起进京。多好的机会！然而，何涉竟然拒绝了，他说："我父母老了，需要人照顾。作为儿子，我不能只考虑自己。"何涉向中央请求回四川老家去工作，以便照顾父母，于是被任命为眉州通判。但是，直到庆历五年初秋，眉州来迎接新通判的人还没有到。秋老虎热死人，知了在树上叫成一片，本就让人心烦，心里有事儿的人更是不得清净。何涉百无聊赖，作诗自娱。他把诗寄给远在滑州的司马光，司马光和诗一首，对何涉"出处两不惬，孤坐心烦萦"的处境表示同情，又想象着等眉州的人来了，何涉衣锦荣归，"飘飘若神仙，皂盖西南征"，该是多么风光。在诗的最后，司马光对何涉说："有意肯相过，不妨巾屦并。官舍稍虚凉，愧无肴酒迎。"[1] 大意是说：你要是肯来我这儿，那是最好不过了，只不过我这儿跟眉州可不一样，眉州人迎接新官上任，有酒有菜，我这儿就只是宿舍凉快一点儿，酒菜相迎？不好意思，是没有的。若不是真心快乐的人，怎会有这样轻松俏皮的语气？

滑州的人际关系，接近司马光的理想状态，长官爱惜下属，下属尊重、爱戴长官，同事间团结友爱，秩序与和气并存，既不是毫无秩序的一团和气，也不是硬生生的上下左右无感情、无交流的等级尊卑。

司马光当时的职位是签书武成军判官事，其实就是滑州知州的助手。滑州下属三县：韦城（今河南滑县东南）、胙城（今河南卫辉一带）、白马（今河南滑县东）。胙城、韦城两个县的县令，年龄、资历、官阶都比司马光高，但是，这两位县令却很谦卑，逢年过节，必定要给司马光写贺牍，而且措辞恭敬、礼数周全，那态度就像是在对待知州大人。这让司马光感到很不舒服，"日夜鞠躬重足"，赶紧致信"乞停此仪，以安反侧"。韦城的张县令从善如流，改了。胙城的郭县令

---

[1] 司马光：《奉同何济川迎吏未至秋暑方剧呈同舍十二韵》，见《温国文正公文集》卷三。

却以己度人，固执地认为司马光只是在口头上表示谦虚，心里还是很受用的，继续发来这种恭敬的贺牍，害得司马光"每得一纸，流汗沾足"，不得不再次给郭县令写信，请他自重也尊重别人，"凡此过礼，率从蠲削"。[1]

过分的称呼与过分的谦卑，是古今官场的通病。郭县令给司马光上贺牍，敬的哪里是他这个人？人家的躬是对着整个知州衙门鞠的，拍马屁不能只拍知州一个人的，要连他的下属、家属、仆人一起拍才最有效。只可惜，这样的礼节，在司马光眼里就"过"了，过犹不及，对个人的过分恭敬其实就是对礼节秩序的不恭敬、不遵守，不能接受，必须反对。要让一个纯粹的官僚了解一位纯粹的儒者的想法，就像让一位纯粹的儒者了解一位纯粹的官僚的想法一样困难。司马光最重视秩序，秩序的核心是合宜有度。过度的恭敬让司马光感到局促不安，他辛辛苦苦写了两封信给郭县令，要求恢复恰当的礼仪，怕也难以说服官场老油子。当然，这样的一段插曲，并不影响司马光在滑州的快乐。

庆历四年访问延州，与庞之道旧友重逢，庆历五年在滑州任职，尽得僚友之乐，旧雨新知两相欢，司马光如鱼入水、鸟投林，日子过得舒心畅快。那么，他在滑州的政绩如何呢？滑州可以说是司马光复出之后交出的第一份政绩答卷，这份答卷成绩如何，对他的官声、他未来的发展都至关重要。

◇◇◇◇◇◇◇◇◇◇◇◇◇◇◇◇

[1] 见司马光：《答胙城郭太丞书》，见《温国文正公文集》卷五八。

04 清贫快乐的国子监直讲

　　司马光在滑州这一年，公务其实相对简单，春天，滑州黄河大堤加固，司马光是现场负责人，这是个苦差事，吃住都在工地上，一刻不能离开，就连好朋友出差也无法赶去送行。夏天，滑州下属三县之一韦城县的县令暂时出缺，司马光又奉命代理韦城县令。这一年，韦城遭遇了多年不遇的大旱，夏天快要结束的时候，还没下过一场像样的雨，眼看着地里的庄稼都要干死了。这时候，司马光做了一件事情，他亲自率领韦城县官员和百姓代表，到当地的豢龙庙里向豢龙氏之神求雨去了！

　　豢龙氏是传说中负责养龙的神仙，"天有甘泽，龙实司之；以时宣施，神实使之"[1]，龙掌管雨水，神掌管降雨的时机分寸——下雨这件事，在滑州地界，还是豢龙氏说了算。豢龙氏灵验不灵验呢？灵的！二十五年之后，司马光重过韦城，回忆当年情形，曾有诗云："二十五年南北走，遗爱寂然民记否？"[2]司马光在韦城的时间非常短，他对韦城最深刻的记忆、他能够给当地百姓的最大遗爱，必然是为他们求来了甘霖，可见当年那场求雨，神是应了的——有求必应，豢龙氏是个有信誉的好神仙。

　　雨能求来，应当纯属巧合。但是，信仰科学的现代人，也别急着

---

[1] 司马光：《豢龙庙祈雨文》，见《温国文正公文集》卷八〇。

[2] 司马光：《昔予尝权宰韦城，今重过之，二十五年矣，慨然有怀》，见《温国文正公文集》卷四。

图二二 ⊙ 北宋 李公麟 《为霖图》

绢本立轴，浅设色，100.5厘米 × 42.7厘米，现藏台北故宫博物院。这是一幅求雨图。图中一位仙人驭龙从天而降，身边还有各路神仙相伴，下方有两个人和一只虎在虔诚祈雨。天色阴暗，祈雨似乎已初见成效。

笑话古人愚昧。农耕靠天吃饭，从古到今，一直都没有彻底改变，只是今天，凭借着越来越昌明的科学技术，我们比古人更多一些减灾办法，仅此而已。拜神求什么？求心安。像豢龙氏这样历史悠久的神祇，在当地必定是声誉卓著的。地方官尊重老百姓的信仰，主动去拜它，不管灵不灵，对当地群众的心理而言，都是一种安慰。司马光拜神求雨，是那个时代地方官的正常行为。比较特别的，是他对神说的那几句话："民实神主，神实民休。百姓不粒，谁供神役？"[1]老百姓是神的主人，神在老百姓家做客，给老百姓带来吉祥。要是老百姓颗粒无收，连饭都没得吃了，谁来供养神呢？这番话可以说是语重心长、柔中带刚，很诚恳也很有力道的，但凡正常一点的神，只要考虑到自己的香火供养，都会动容的。"民实神主"语出《左传·桓公六年》，是随国大夫季梁劝谏随侯的话，"夫民，神之主也，是以圣王先成民而后致力于神"，其中包含着华夏民族最古老也最质朴的政治智慧。

把这句话中的"神"换成"官"、换成"皇帝"，这道理也一样成立。司马光尊君，他知道在维持当时体制不动的前提之下，一切荣耀归于皇帝才符合各方利益；然而，他更明白，民——老百姓才是社会资源的生产者和提供者。所以，在司马光看来，神仙、皇帝、官老爷都应当尊重民生。老百姓有粮食，日子过得好，神仙、皇帝、官老爷才有好日子过。司马光眼里的老百姓是有能力也有尊严的，是老百姓供养了神仙、皇帝、官老爷，而不是反着来的。司马光的这种思想可以叫作"尊民"，这是我生造出来的一个词。另一个更常用的现成的词，叫作"爱民"。为什么不说"爱民"而要说"尊民"？"爱民如子"

---

[1] 司马光：《豢龙庙祈雨文》，见《温国文正公文集》卷八〇。

是把老百姓当作不懂事的小孩子来管教和抚养，"爱民"是高高在上的，好像"民"的一切都是他们的恩赐。"尊民"则不同，"尊民"首先承认老百姓有能力养活自己，进而相信是老百姓在供养神仙、皇帝、官老爷和军队。"爱民者"给"民"的赐予可能是丰厚的，但所有恩赐皆为控制，他们翻手为云，覆手为雨，为了一己之私，可以任意牺牲"民"的利益乃至生命，因为在他们心里，民"不配"拥有尊重。"尊民者"则不同，他们知道粮食物资等社会财富是老百姓生产的，老百姓的生命财产值得尊重，不可滥用。"尊民"与"爱民"之间的意义差别可能是极其细微的，然而反映到政策上，其差别则不可以道里计。

这篇《豢龙庙祈雨文》只是司马光庆历五年在滑州所作的诸多文章之一。从现存的司马光文集看，庆历五年是司马光文章创作上的一个小小的"井喷期"，他写了十八篇历史人物评论，还对人才的选任等政治议题发表了自己的看法。[1] 很多人都注意到这些文章，把它们当作观察司马光思想的材料，却很少有人注意到"井喷"的原因——司马光在为一场资格考试做准备。庞籍入朝担任枢密副使，顺便向中央推荐了一批人才，列在推荐名单第一个的就是司马光。

庞籍想要推荐司马光参加的，是担任"馆职"的资格考试。何谓馆职？简单而通俗但未必准确地说，就是国家图书馆的工作人员。宋代的"国图"分为昭文馆、史馆、集贤院（以上合称"三馆"）和秘阁四个部分，总称"馆阁"，其中，史馆在藏书之外，还负有编修本朝历史的责任。传统时期的国家图书馆是藏书单位，不对公众开放，

[1] 司马光现存文章中，标明是在庆历五年完成的，就有《廉（颇）蔺（相如）论》《才德论》《机权论》《不以卑临尊议》《龚君宾论》《述〈国语〉》《河间献王赞》等史评十八篇。

所以，馆职的工作要比今天国图工作人员的工作简单轻闲得多，就是对图书进行保管、整理、校勘，并且在必要的时候为皇帝的阅读生活、政府的决策管理提供参考。这样清闲的工作肯定是没有实权的，工资待遇也不高，但是，在宋朝，馆职却是每一个读书人都梦想得到的职位。庆历新政之前，馆阁里就塞满了宰相、枢密使等的子弟亲戚，有直接出任馆职的，也有在馆阁里读书的。足见馆阁是个好地方。

馆阁好在哪里？别的不说，单说一样，三馆名义上的长官是谁呢？宰相！如果同时有三名宰相在任，首相兼昭文馆大学士，这叫昭文相，次相兼修国史，这叫监修，第三位兼集贤院大学士，这叫集贤相。如果是两名宰相，首相兼昭文馆大学士、监修国史，次相兼集贤院大学士。皇帝到图书馆来看书，顺便请高级文学侍从吃饭，馆职虽然地位卑微，却也是可以列席的。宰相领衔，直接服务皇帝，这样的职位，谁敢说不重要？未来的皇帝秘书、宰相大臣就在这样轻松愉快的氛围之中崭露头角了。馆阁就是高级人才库，进了这个库，就脱离了普通官员的漫长队伍，可以比较快地"直挂云帆济沧海"[1]了。这就是那么多高级官员都把自己的儿子孙子往馆阁塞的原因。

但是，这么一来，馆阁的性质就变了。所以，庆历新政曾经规定，宰相等高级官员不得为子弟申请馆阁职位，如有违犯，御史台限期弹劾，谏官即时批评。那么，馆阁缺人怎么补？进士考试前三名，做一任地方官回来，可以毛遂自荐，献上自己的作品，经皇帝秘书集体审阅，确实属于上乘的，再经过现场考试，如果合格，就可以进入馆阁。这是一种方案，能够符合这个标准的人可以说是少之又少。另外还有

---

[1] 李白：《行路难》（其一）。

一种方案，如果馆阁实在人手不足，可以由宰相、枢密使联名保举，皇帝秘书集体签字同意，还要当着皇帝和全体大臣的面表扬其能力，当众背书，此人才可以进入馆阁。[1] 庆历新政规定的馆阁入职标准，可以说是苛刻至极。随着新政的流产，自然也就不了了之。但是，入馆阁要考试的大原则基本没变。

庞籍"入赞枢极，荐士之奏，首列光名"[2]，首先就推荐了司马光。司马光也积极地进行了准备，他瞄准的应当是史馆。可以说，这推荐是公正合宜的。第一，司马光是以第六名中的进士，虽然不在前三名，但也是名列前茅的。第二，司马光在史学方面所下的功夫极深，完全有资格进入史馆工作。第三，若要论私心，庞籍最该推荐他的长子庞之道。陕西三年，庞之道一直是父亲的机要秘书。入朝之前，庞籍征求过庞之道的意见，庞之道大度地表示："将吏有功者，愿大人悉奏之，元鲁不足言也。"能够在名利面前如此洒脱，顾全大局，这才是大器，是有长远眼光的人。庞籍"喜而从之"，心中的欢喜自不必说。[3] 庞之道从陕西回京之后，只是到国子监做了一名书库负责人。庞籍舍庞之道而荐司马光，正是因为他认为司马光更合适。

令人遗憾的是，这项推荐却没有得到仁宗的积极反应。具体原因，其实也不难猜想。仁宗还不想给庞籍这个面子。从仁宗的角度看，首先看到的是庞籍的势力和特权，然后才是司马光的能力。而给不给庞

---

[1] 见范仲淹：《答手诏条陈十事》之二"抑侥幸"，见范仲淹撰，李勇先等点校：《范仲淹全集·政府奏议》卷上，中华书局，2020 年，第 465—466 页。

[2] 司马光：《授校勘谢庞参政启》，见《温国文正公文集》卷五八。

[3] 见司马光：《庞之道墓志铭》，见《温国文正公文集》卷七六。

籍面子，这个权柄在仁宗手里。庞籍刚刚上来，已经得到太多恩典，暂时可以不必追加。至于司马光是不是合适的馆职人选，跟皇帝与枢密副使之间的权力平衡比起来，微不足道。司马光进入馆阁的第一次努力，就这样悄无声息地被平衡掉了。司马光做了充足的准备，却没有得到召试馆职的机会，而是被任命为国子监直讲，成了宋朝最高学府的一名教员。这结果虽然并不理想，但也相当不错，最起码司马光可以"息肩簿领"，不用像在滑州那样处理杂七杂八的各种行政事务了，"庶几克徇宿昔之志"[1]，专职教书，专心读书。

庆历六年，二十八岁的司马光进入国子监担任直讲，开始了为期三年的教书生涯。教书这个职业，古今中外都差不多，饿不死也发不了财，充其量粗茶淡饭的水平。京城街市繁华，物价也比外地贵。国子监直讲的那点儿薪水就显得格外寒碜。然而，越是穷日子，越能显出人的档次来。

此时，司马光的表弟聂之美刚刚参加工作，"月得数斗禄，仅足供饘糜"[2]，那点儿可怜的俸禄只够喝粥的，也是个穷官。因为穷，他觉得家里应该不会有贼来，所以连篱笆都没修。结果没想到，还是被小偷光顾，把穷家里仅有的一点儿家当席卷一空。没办法，可怜的之美只好请同事帮忙，东借一条腰带，西借一件衣裳。这些同事也都不富裕，所以，太阳都老高了，还没凑出一身体面衣裳。没衣裳怎么出门？只好在四面白墙之间傻站着，自己都觉得自己可怜又可笑。聂之美提起笔来写下两首小诗，寄给了司马光，这两首诗有一个共同的

[1] 司马光：《谢校勘启》，见《温国文正公文集》卷五八。

[2] 司马光：《和之美二贫诗》，见《温国文正公文集》卷二。

题目，就叫作《贫》。聂之美的这两首诗，可不只是哭穷的，他还感叹自己自做官以来公务繁忙，导致学业荒废——在聂之美看来，这是比物质上的贫乏还要让人难受的穷。

收到这两首诗，司马光反复诵读。看到表弟竟然比自己还要穷困潦倒，司马光又是心疼，又是难受，又是敬佩。他和诗一首，与同样生活在贫困之中的表弟共勉，说我们虽然官小职卑，但是我们有才华有能力有抱负，一旦我们的抱负施展出来，那是可以济世救民的，有才华不怕穷，我们缺少的只是钱财，不是道义，既然如此，那又何必唉声叹气——"如君有此富，岂必藏珠玑。财贫非道贫，已矣何嗟咨?！" [1]

让司马光万万没想到的是，转过年来快入冬的时候，他自己的穷家也遭了贼，贼盗走了他和夫人仅有的衣服、被子。眼看着一天比一天冷，被子里没有丝絮——那个时代还没有普及棉花，所以，被子、冬衣里絮的都是丝絮——也没有像样的衣服可以穿着出去见人。当初表弟家遭贼，司马光还能和诗安慰，好言鼓励，如今轮到自己，司马光也犯了愁，连连叹气。夫人张氏却笑着说："只要咱们人在，身体安好，丢了的东西还会再有的。" [2] 体面衣服会有的，丝絮也会有的，大不了，还有两件首饰可以变卖，何必发愁呢? 张氏的乐观让司马光豁然开朗。张氏比司马光小四岁，开封正是他们定亲、结婚的地方。想当年，司马光二十岁，是刚刚金榜题名的新进士，张氏十六岁，是满面娇羞的新嫁娘，两位父亲是同年同僚，两个家庭门当户对，一对

[1] 见司马光：《和之美二贫诗》，见《温国文正公文集》卷二。

[2] 见司马光：《叙清河郡君》，见《温国文正公文集》卷六四。

新人，青春洋溢，珠联璧合。如今八年过去，司马光的父母双双亡故，张氏的父亲张存也在外地做官，小夫妻重回开封，虽然有物是人非的种种感慨，却也有道不尽的重逢喜悦。

最让司马光和张氏开心的，是庞之道也在开封，而且和司马光同在国子监工作。庞之道的夫人是张氏的姐姐。这姐妹俩嫁了情同兄弟的两个人，可是一直以来都随着各自的丈夫在各地东奔西跑，亲近的机会并不多，这一回终于可以常常在一起说说体己话了，不知有多欢喜。司马光和庞之道也像是回到了一起念书的时候。

国子监虽然比不上馆阁那么受重视，但在当时，也是一个卧虎藏龙的地方，除了司马光、庞之道，还有邵亢、李子仪。李子仪是司马光在苏州结识的老朋友，此番在国子监重逢，从早到晚在一起讨论学问道德，司马光心中十分快乐。邵亢（字兴宗，1014—1074）的职位跟司马光一样，也是直讲。[1] 此人的经历堪称传奇，小小年纪就获得范仲淹的推荐，参加制举考试。制举是一种不定期举行的特殊人才选拔赛，比进士难考，待遇也高。那一年十四位考生同场竞技，考中的就只有邵亢一个。可是，偏偏有人诬告他是宰相亲戚，是靠裙带关系上来的，结果，仁宗脸一黑，邵亢就被抹下来了。但是，邵亢的进取之心并未消沉。后来宋夏开战，邵亢献策纵论军队战斗力的问题，再次引起仁宗的注意，仁宗亲自下令为他单开考场，邵亢考试合格，终于获得官位。在进入国子监供职之前，他给前任宰相晏殊做过助手，深得倚重。司马光跟邵亢的堂叔邵必（字不疑）是同年好友，他跟这

---

[1] 见《宋史》卷三一七《邵亢传》，第10335—10337页。邵亢是从颍州团练推官任上下来之后"入为国子监直讲"的。邵亢在颍州时，颍州知州是晏殊。按《宋史》卷二一一《宰辅表二》，晏殊出知颍州在庆历四年九月庚午，见第5467—5468页。

位奇人的关系也非常好。[1]

邵亢租的房子在开封南城，地方偏僻，院子很大，里面本来种有桃树、李树，好好拾掇拾掇，应当是一处清雅的所在。只可惜邵亢对园艺没有特别的爱好，他不锄草，不施肥，就那么放任荆条、野草恣意生长。到了夏天，草长得比人高，桃树、李树夹杂在荒草丛中，不细看根本分不出来。邵亢对此的解释是：我对花草树木是不分远近亲疏、一视同仁的，要是把杂草拔了，只留着桃李，"岂得完天真"？还不如任其自然，让荆棘野草与桃李共同享受大自然的雨露恩泽。邵亢的这番解释多多少少还是有点儿强词夺理的嫌疑。司马光本来是一个讲究秩序、干净利落的人，他自己肯定不会这么做。但是，对于邵亢家这个原生态的园子，司马光还是颇能包容的。他用诗歌记录了邵亢和这个园子的故事，诗中引用《论语》的典故，把邵亢的说辞升华成为一种人生态度，说"物性且不违，人心何缁磷"[2]，让人的心灵不受外界的侵染磨蚀，保持天真本性，那该是多么惬意与高洁的生活状态！退出世俗的纷争，做一个隐居世外的人，这一点，司马光做不到，也不想做。他从小所受的教育就是要服务于皇帝、国家和社会的。但是，在内心深处，他希望做一个不那么在乎、不那么计较的人，不被污染，不被磨蚀。通过司马光的诗，我们看见了邵亢家原生态的园子，看见了不修边幅的邵亢，也看见了司马光和邵亢之间高质量的友谊。高质量的友谊是不仅能在一起吃饭、喝酒，还可以在一起互相交流、激发

---

[1] 见《宋史》卷三一七《邵必传》，第 10337—10338 页。

[2] 司马光：《兴宗南园草盛不剪，仆过而爱之，为诗以赠邵亢》，见《温国文正公文集》卷二。

图二三 ⊙ 清 沈源 《清明上河图》（局部）
纸卷，浅设色，34.8厘米×1185.9厘米，现藏台北故宫博物院。图中植物恣意生长的
偏僻院落，恰如邵亢居所的样貌。

思想。

　　第二年春天，有朋友从河北大名府来，给司马光带了一些山药籽。
司马光和夫人在自家园子里播种之后，很快就长出了幼苗。可是，司
马光家的院子太小，山药苗儿太密，根本长不开，"危根递扶戴，怒
牙犹拂郁"。于是，司马光立刻想到了邵亢在南城的大园子，给邵家
送去了一大把山药苗，还附诗一首，首先表扬邵亢"家蓄桐君书，喜
观氾氏述"，家藏种树的书，对农书也颇有心得；然后告诉他"分献
取其诚，岂容羞薄物"，礼物虽小，却是一番真诚的心意，不能推辞，
必须收下；又说"况闻知药者，饵此等苓术。愿益君子年，康直体无

疾"[1]，说老医者讲，山药这个东西，药性堪比茯苓和白术，最是养人，送君山药苗，就是希望老兄延年益寿，身体健康，没病没灾。有这三个理由在，邵亢就是再不愿意劳动，也只好收下山药苗，锄草开荒，好好收拾他的园子。估计这一年，邵家大园子应该损失了几分天真，但是肯定也增添了几分条理。

司马光的老同年石昌言这时候也在开封，他听说司马家有山药苗，主动来要。这应当是一个勤劳的老同志。[2] 司马光家的山药苗，到秋天的时候会收获多少山药呢？不知道谁家收成会更好一些。

司马光和他的这群教书做官的朋友，在开封过着清贫而快乐的日子。有书读，有志趣相当的朋友可以切磋讨论，能感觉到自己在学业上的点滴进步；有庞籍这样的父辈在身后扶持关注。这种生活，让司马光感到舒心惬意，近乎理想状态。只可惜，好的东西总是易碎，生活里总会有缺失、有遗憾。先是李子仪因为父亲去世丁忧还乡，接着，他的好朋友、好兄弟庞之道也遭遇不幸，司马光再次经历生离死别。

05 痛失好友

庆历七年五月初四，也就是 1047 年 6 月 1 日，庞籍的长子、司马光的好友庞之道病故，得年三十二岁。这件事情就像是一道闷雷、

---

[1] 司马光：《送薯蓣苗与兴宗》，见《温国文正公文集》卷二。

[2] 司马光：《答昌言求薯蓣苗》，见《温国文正公文集》卷二。

一场暴雨，打破了司马光在开封平和安闲的教书生活。要知道，庞之道不仅是司马光的童年好友，他的夫人还是司马光夫人张氏的亲姐姐。司马光和张氏急忙赶到庞家，去安慰庞籍和庞之道的夫人。

庞府上下早已哭成了一片。庞籍结过两次婚，先娶边氏，后娶刘氏。之道是边氏所生，司马光为庞之道所作的墓志铭里说庞之道对后母很尊敬，对四个弟弟也都是爱护有加，彼此之间"始终无间言"，没有人说过什么不该说的生分的话。所以，庞之道去世的时候，后母刘氏和四个弟弟都哭得很伤心，这也让司马光进一步了解到"之道孝友之行深矣"。[1] 但是，我们读来，却还是能感受到一股淡淡的苦涩味道。就算刘氏再贤惠，庞之道再孝顺，那也不是亲妈，终究是隔了一层。如果是亲妈、同母所生的弟弟，还有谁会注意他们彼此之间是不是有"间言"呢？庞之道亲生母亲边氏的父亲边肃也是一位文学名臣，做过枢密直学士。庞之道小时候念书从来没费过力气，玩儿似的就把功课搞定了，曾经让司马光又佩服又羡慕。有这个本事，想来也是因为继承了父亲和母亲两边的优秀基因。身为长子又能读书，这是庞之道博得父亲喜爱、继母另眼相看的最大本钱。

庞籍对这个儿子是寄予了很大希望的。他到陕西前线，把庞之道带在身边，让他担任机要秘书，就是要让他历练，让他为未来的发展积攒资历、人脉。庞籍从陕西入朝担任枢密副使，庞之道主动提出把功劳让给其他人，成全父亲的清名。庞籍内心的激动和喜悦是无以言表的。关键时刻知道谦让，知道好名声的重要性，这样的人比一味抢跑、不顾规则横冲直撞的人，会走得更远、更稳当。这样的好儿子，不愁

---

[1] 见司马光：《庞之道墓志铭》，见《温国文正公文集》卷七六。

没有好前程。可谁也没有想到，三十二岁，庞之道就这样走了。庞籍的心像是被挖掉了一大块，痛啊。从此之后，一直到庞籍去世，亲戚朋友们都不敢在他面前提起庞之道的名字。偶尔有不明就里的人提起，每提一次，庞籍便会伤心落泪一次。这个早逝的长子成了庞籍心中永远的痛。

之道的夫人张氏更是哭成了泪人儿，瘫倒在自己的妹妹、司马光夫人张氏的怀里。按照当时的习俗，之道的灵柩没有马上下葬，而是停放在荐严佛寺里。十六年后，庞籍去世，庞籍的二儿子元英为父亲举行葬礼，这才顺便也让之道入土为安，陪伴在父亲身边。在张氏之前，之道还娶过一位夫人孙氏，生过一个女儿，孙氏和女儿都早就没了。与之道一同葬入庞家祖坟的，便是这位原配夫人孙氏。张氏和之道没有孩子，她与之道的夫妻情分尽于此世。之道死后，张氏回到张家，在父亲的主持下改嫁贾氏。[1]

庞之道的死让司马光感受到生命的脆弱。十来岁在一起读书的时候，他羡慕之道的过目不忘、举重若轻，觉得之道如珠玉，自己如土瓦。三年前在陕西重逢的时候，他羡慕之道有那么好的机会，可以在宋夏战争中建功立业，他想，之道将来一定会前程远大。可是，死亡一来，一切全休。死亡这东西该是多么强大？一旦来袭，人的一切努力都可以烟消云散。十六年后，庞元英要安葬之道，请司马光为之道写作墓

[1] 冀小斌（Xiao-bin Ji）对庞之道与张氏的关系有详细考证，见 *Politics and Conservatism in Northern Song China: The Career and Thought of Sima Guang (A.D.1019—1086)*, HongKong: The Chinese University Press, 2005, 第194—195页注释18。另见司马光：《礼部尚书张公墓志铭》，见《温国文正公文集》卷七七；《庞之道墓志铭》，见《温国文正公文集》卷七六。

志铭。那种感觉又回到了司马光的心里，他在铭文中写道：

> 学施于治，孝友兼美。官不登朝，没才壮齿。如
> 光何人？荣禄及此。噫，才固不足言，直命而已矣！[1]

隔着十六年的悠悠岁月，庞之道之死对司马光的震撼依然强烈。死亡很强大，我们打不过它。个体生命不是无限度的，每个人都会死。但是，成事在天，谋事在人。在死亡必定到来之前，每个人还是要尽自己的最大努力，把自己建设到最好，才不枉到这世上来一遭。

若论人情，人生的不幸莫过于白发人送黑发人，但是，按照礼仪制度，父亲死了儿子要服丧三年，儿子死了父亲的哀悼时间却是很有限的。之道死后，庞籍很快就恢复了工作。对庞籍来讲，恢复工作不是件坏事，最起码，忙起来可以让他忘记丧子之痛。

庆历七年的枢密院公务的确繁忙。到了十一月二十八日，冬至这天，出大事了。这一天本来是皇帝举行圜丘大典、祭祀天地的大日子。圜丘大典每三年举行一次，是国家最高级别的祭祀典礼，隆重非凡。在此之前，仁宗已经把自己家的祖宗先行拜祭一过，冬至这天，他穿着衮冕、手持玉圭，拜祭天地、诸神，向天父地母报告成绩，祈求天地保佑，同时发布大赦，与官民分享天恩神佑。这一天，开封天气晴好，圜丘大典一切顺利，看起来真像是个太平盛世。可惜，开封不等于整个宋朝。这天河北出事了，就在仁宗皇帝向天地诉款曲、表衷情，天上人间其乐融融的时候，贝州（今河北清河西北）发生了兵变。

---

[1] 司马光：《庞之道墓志铭》，见《温国文正公文集》卷七六。

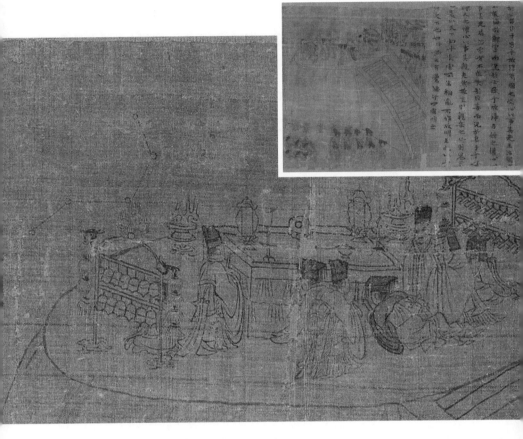

图二四 ⊙ 北宋 李公麟 《孝经图卷》（局部）
绢卷水墨，21.9厘米×475.6厘米，现藏美国大都会艺术博物馆。《孝经图卷》中所绘
的正是皇帝举行圜丘大典、祭祀天地的场景。皇帝身穿衮冕、手持玉圭，拜祭天地、诸神，
向天父地母报告成绩，祈求天地保佑，并发布大赦，与官民分享天恩神佑。

　　一个名叫王则的禁军下级军官率众造反。反叛的军人打开兵器库，放出监狱里关押的犯人，占领了贝州城。贝州当地八名主要官员，知州张得一被俘，通判董元亨等五人遇害，只有两人侥幸逃脱。贝州成了王则的天下！宋朝实行养兵政策，遇到大灾之年就招兵，青壮年男子脸上刺字，变成兵。变成兵有什么好处呢？变成兵就有俸禄给养，有吃有喝有地方住，就不会造反了。青壮年都当了兵，剩下那些老弱妇孺想造反也没力气。据说，这一招是很管用的，宋朝人说起来都觉得本朝太祖实在英明，竟能想出这么釜底抽薪的高明主意来。这种感觉未免太过良好，宋朝的确少有普通百姓造反，却多军人叛乱。一般军人哗变，主要是因为待遇问题，比较容易搞定，王则可不一般，他是有政治野心的。

王则自称"东平郡王"，取了国号，设了年号，在名义上跟宋朝分庭抗礼；他在自己住的地方挂了块牌子，号称"中京"，首都有了；封了宰相、枢密使，中央政府有了；再给贝州城里的每一幢楼都挂个牌子，叫作"某某州"，里面管事的人叫"知州"，地方政府也有了。贝州虽小，五脏俱全，王则把城门一关，要过家家、玩独立。玩这种游戏，需要最疯狂的自信心。那么，王则的自信心是从哪儿来的呢？

为王则及其党羽提供精神支持的，是一种秘密宗教。这种秘密宗教流行于贝州和邻近的冀州（今河北衡水冀州区）一带，是中国传统的谶纬、妖术和某些佛教元素的大杂烩，它宣扬"释迦佛衰谢，弥勒佛当持世"。王则本是苦出身，因为闹饥荒，只好离开涿州老家出来碰运气，流浪到贝州，把自己卖给人家放羊，后来又当了兵。王则离家时，母亲在他后背上刺了一个"福"字，为的是日后万一相见，纵使面目全非也有个记号。这个"福"字，本来是可怜的母亲心酸无奈的标记，却被一帮宗教狂热分子当成了真佛出世的符号，真的把王则捧成了佛，捧上了神坛。

贝州出事是在十一月二十八日，三天之后，十二月初一，开封才得到消息。仁宗亲笔批示：第一，命令中书和枢密院立即会商，选拔得力将领前往剿灭叛军；第二，命令贝州周边各州府加强守备，防止事态扩大；第三，命令契丹使节改道入京，绕开贝州。新年将至，契丹前来祝贺正旦的使节马上就要来了，按照往年规矩，契丹使节进京，是肯定要从贝州过的。家丑不可外扬，况且，此事关系国家安全，让契丹使节改道入京是必要的。

贝州距离开封约六百五十里地[1]，这么大的事，上面想瞒也瞒不住。司马光得知此事之后，第一时间提出了自己的看法和解决方案。这是司马光第一次以个人名义讨论国家具体政务。他当时的职务是国子监直讲，专职教书。像兵变这种事情，如何处理，是皇帝和宰相大臣的事情，有资格参与讨论的，是涉事部门、皇帝近臣和言事官。像司马光这样一个教书的闲官，如果不是皇帝公开求言，他是既无义务也无责任的，贸然开腔，搞不好不但无功，反而有罪。然而，那个时代最优秀的士大夫所抱定的宗旨是"宁鸣而死，不默而生"[2]，对关系国计民生、国家存亡的大事，知无不言、言无不尽，一定要发出自己所认为正确的声音来。而那个时代的皇帝对于言论也采取了相对宽容的态度，"不杀言事官"就是宋朝重要的政治传统之一。当然，没有资格的官员和平民也可以通过多种多样的方式"发声"，甘冒风险、直接上书皇帝是一种办法，还有一种，是给自己认识的、有发言权的重要人物写信。司马光所采取的就是后一种，给庞籍写信。这封信保留在传世的司马光文集当中，题为《上庞副枢论贝州事宜书》。[3]

在这封信的开头，司马光首先说明的，是自己为什么要写这样一

[1] 据《元丰九域志》卷二推算。

[2] 范仲淹：《灵乌赋（并序）》，见《范仲淹全集·文集》卷一，第8页。

[3] 见司马光：《上庞副枢论贝州事宜书》，见《温国文正公文集》卷五八。

封信。他要说的事很大，但是他说事的理由却很小，那就是报恩，要报答庞籍的知遇之恩。所以说，这封信是发生在庞籍与司马光两个人之间的，司马光希望通过直接主管军事事务的枢密副使庞籍做出正确的决定。至于这封信的流传、这些信息的公开，都应当是司马光死后的事情。

接下来，司马光谈了自己对贝州事态的认识。第一，此事不宜久拖，应当尽快解决。拖得久了，"万一城中之寇未即伏诛，而他变旁起，不逞之人，同恶相济，乘衅而动，则为朝廷之忧，方此始耳！"一个贝州发生兵变不可怕，怕的是贝州久攻不下，其他地方又趁乱造反，星火燎原。第二，造反的只是个别人，贝州城中大部分都是被胁迫的军人和良民。"城中之众，未必皆有怨叛之志，其造计首恶者，不过数人。自余皆迫于凶威，不得已而从之者。"[1]

基于上述两点判断，司马光提出了贝州问题的解决方案：第一，围而不打，切断贝州与外界的联系；第二，重赏招募勇士入城焚毁城内粮食物资，这样一来，城中叛兵就陷入了"逃无所出，守无所资"的困境；第三，对叛军实行重赏招安，分化瓦解。前往招安的人选必须是"素仁厚为士卒所信爱者"，在军人中有信誉有影响力的朝之重臣。招安的旨意必须明确，要对胁从反叛者网开一面，对率先投降的军人要越级提拔，让他们穿着锦绣衣裳、骑着骏马，在贝州城下招摇，要让城里的叛军见者动心，互相猜疑，土崩瓦解。然后再乘乱拿下罪魁祸首，处以最严厉的刑罚。司马光认为，这样做既可以避免兵力的过度消耗，做到"士卒无伤，甲兵不顿"，也可以节约财政成本，做到"财

---

[1] 见司马光：《上庞副枢论贝州事宜书》，见《温国文正公文集》卷五八。

谷不费", 是贝州问题的最佳解决方案。

司马光提出的贝州问题解决方案所遵循的原则, 是尽量避免武力解决、避免劳民伤财、避免国家兵力和军人生命的损失。他说: "圣王之诛, 不在快意多杀, 要欲布陈条理, 期于安而已。"[1] 这种态度绝不是简单的和稀泥, 而是一种现实的仁义态度, 它把整个社会——包括皇帝、国家、军人和老百姓——看成一个互相依存的整体, 希望追求整体的和谐安宁, 而不是皇帝和国家单方面的胜利。早在宋夏战争期间, 司马光就曾经目睹战争给国家正常生活和老百姓带来的种种困扰、灾难。他也曾为父亲代笔, 写下了人生中第一篇上达天听的文字, 反对在两浙招募弓手。至于贝州问题, 司马光希望朝廷能够趁着叛乱初起、叛军 "众心危疑未定之际", 尽快下手, 以最小成本快速解决。

关于贝州和河北一带秘密宗教的情况, 司马光一定早就有所耳闻和关注。他的岳父张存的老家就在与贝州相邻的冀州。张存虽然出来做官多年, 但根基还在冀州。张存的大女儿嫁给了冀州当地的李家。李家跟张家差不多, 都是读书做官同时也在地方上有产业的富足人家。李家的小儿子李教, 三年前因为传习妖术遭到通缉, 先在家里躲着, 后来实在躲不下去, 只好自杀。作为亲戚, 张存也算比较直接地领教了秘密宗教在冀州的势力。就在贝州兵变之前, 张存曾向朝廷秘密进言, 指出贝州 "守臣非其人, 州兵骄悍, 恐有意外之变"。[2] 但是, 张存的预警并未引起中央的重视, 他的预警报告打到仁宗那里, 却泥牛入海, 并无回应。这些情况, 司马光应该早就知道。

[1] 司马光: 《上庞副枢论贝州事宜书》, 见《温国文正公文集》卷五八。

[2] 见司马光: 《礼部尚书张公墓志铭》, 见《温国文正公文集》卷七七。

如今贝州兵变，张存的担心变成了现实。司马光第一时间上书庞籍，提出了相对温和的解决方案。从1038年到1044年，宋夏战争打了七年，年年增兵，岁岁运粮，政府财政已经超负荷运转多年，刚刚安定了两年，的确不适合再大动干戈了。贝州的问题，如果能够像司马光所说的那样顺利解决，那是再好不过了。那么，实际状况如何呢？司马光的形势判断与解决方案究竟在多大程度上能够与现实契合？

司马光说"城中之众，未必皆有怨叛之志"，这个判断是很准确的。叛乱发生八天之后，从贝州逃出来的士兵和平民就超过六百人。为了把贝州老百姓跟叛军捆在一起，王则下令在贝州城十二岁以上、七十岁以下的老百姓脸上都刺六个大字"义军破赵得胜"。[1] 这个法子很阴毒，但是也没能拦住半夜趁人不备顺绳子溜出城的士兵和老百姓。

但是，单纯靠招安分化显然还是不够的。因为王则一伙有政治野心，叛军背后有宗教信仰的支持。宋朝政府采取的是两手策略，围起来，边打边招安，以打为主。打也不易：第一，贝州本来就是一座边城，为了抵御契丹，长期驻军，防御工事修得很到位，城高墙厚，易守难攻；第二，叛军并非乌合之众，而是受过良好军事训练的职业军人；第三，军队内部以及中央高层都有人私心作祟，不能顾全大局。

贝州城高，政府军最先采取的攻城战术，是在城外修筑距闉（土山），希望能够达到城墙的高度，然后才好进入。结果，官军在城外堆土山，在土山上建造攻城器具；叛军在城上修战棚（掩体），还取了个名字叫"喜相逢"。城外头的土山工事耗费了两万人工。干了将

---

[1] 见《续资治通鉴长编》卷一六一，第3890页。

近三十天，好不容易要成了，城里头射出几支火箭，一把大火烧了足足三天，就把这条攻城之路给烧没了。官军只好另起炉灶，改挖地道。就在此时，事情似乎出现了转机。城中有平民射箭投书，表示愿为官军登城做内应。当天晚上，沿着城上垂下的绳梯，一支几百人的突击队进了城。眼看着胜利马上就来了，可是这支突击队却生怕再有军队进来跟自己抢功，上去之后就收起了绳梯，准备独占其功，最终却因为寡不敌众，仓皇撤出。而这样的荒唐事，还不仅仅发生在下层。上层也有类似的龌龊小人。朝廷最先派到前线担任河北体量安抚使（前线最高协调指挥官）的是明镐。明镐在前线指挥将士浴血攻城，枢密使夏竦却在后方拖他的后腿，"恐其成功，凡镐所奏请，辄从中沮之"[1]。仗这样打，还能有什么好结果?!

　　贝州的叛乱从庆历七年十一月二十八日爆发，一拖就拖到了庆历八年（1048）的正月。仁宗在焦虑不安中度过了庆历八年的新年。让仁宗稍感安慰的，是贝州事件的影响没有超出宋朝国境。正月初，西夏国主、倔强的党项人李元昊寿终正寝，西夏人忙着权力交接，根本无力东顾，不可能跑来给宋朝捣乱添堵。契丹派来祝贺新年的使者也算平安往返，没有受到贝州兵变的影响。正月十一，契丹人从贝州附近路过的时候，王则曾暗地里派出一支三百人的小队，打算绑架契丹使者。还好这个情报被明镐事先侦知，在贝州西门外设下埋伏，一举歼灭了这一小股叛军，这才没有酿成"外交"事件。

　　一个小小的贝州城、几个"妖人"竟然如此难搞，实在有失大宋体面。正月初六，忧心忡忡的仁宗召集宰相大臣，决定加大对贝州的

---

[1]《续资治通鉴长编》卷一六二，第3903页。

攻击力度。参知政事文彦博主动请缨，要亲自上前线，为皇帝分忧。仁宗大喜，立即委派文彦博为河北宣抚使，还给了他"便宜行事"的权力。文彦博到前线二十二天之后，庆历八年的闰正月初一，政府军从地道入城，宋朝政府终于收复了贝州城，活捉了王则。此时，距离王则兵变已经过去了整整六十五天。

从贝州事件的发展过程来看，司马光对形势的判断、他所提出的解决方案基本上都是正确的，但是，实际情况却比他所设想的复杂和困难得多。造成这种复杂和困难的，是各级各类官员人等的私心杂念：枢密使本来是国家最高军事机构的首脑，但是身为枢密使的夏竦却故意给前线指挥官明镐使绊子，生怕明镐立了功超过自己。后来，文彦博收复贝州，请求在河北重镇大名府处决王则，夏竦却说"恐所获非真盗"[1]，坚持要把王则运到开封来验明正身，最后王则还是在开封被处死的。当时又没有 DNA 测试，夏竦凭什么断定王则是否正身呢？他无非是妒忌文彦博，一心找碴儿。上层有上层的私心，下层也有下层的杂念。那支率先进城的突击队，还没把贝州城拿下，就已经在想争功的事儿了。还有更令人发指的事情——官军刚刚开到贝州城下，竟有士兵砍下从城里逃出的无辜平民的脑袋，为的只是给自己增一份功劳！

司马光给庞籍写信讨论贝州问题，是坐而论道、纸上谈兵，一切从理想状态出发的泛泛而论，在他所设想的解决方案当中，宰相大臣忠君体国、前线将士勇敢忠诚，都是理所应当的，而事实显然绝非如此。司马光的成长经历可称一帆风顺，不管是读书还是做官，他都

[1]《续资治通鉴长编》卷一六二，第 3906 页。

没有遭遇过真正的挫折，也因此没有太多机会见识人性的阴暗面。正统的教育、顺畅的经历让司马光成为一个温和而坚定的理想主义者。

在庞籍看来，这样的司马光是幼稚的，他需要现实的历练。庞籍已经失去了长子庞之道，在庞之道最好的朋友司马光的身上，他时时能看见庞之道的影子，这让他对司马光在本来的器重之外，更增添了几分怜惜。他会尽量给这个年轻人创造机会，让他更好地成长。把一个理想主义者放到并不理想的现实中去，把他暴露在虚伪、自私、寒冷的空气之中，会发生什么？他是会为理想而抗争，还是会逐渐屈服甚至同流合污？

06 得庞籍提携入馆登朝

庆历八年五月，庞籍升任参知政事，也就是副宰相[1]，他趁此机会，重申了庆历五年的请求，"则又复前奏，出之扆前"，再次当面向仁宗提出，给司马光一个召试馆职的机会。这一次，仁宗再也没有理由不给庞籍面子，"亟命近署，试其所能"，立即下令有关部门为司马光单开考场，看看这个年轻人究竟有什么能耐。[2]考试的结果不用说也是合格的，司马光得到了"馆阁校勘"的头衔，终于进入了人

◇◇◇◇◇◇◇◇◇◇◇◇◇◇◇◇

[1] 见《续资治通鉴长编》卷一六四，第3952页。

[2] 见司马光：《授校勘谢庞参政启》，见《温国文正公文集》卷五八。

人向往的馆阁！

捧着馆阁校勘的任命状，司马光"涕泗横集"。他当然知道这一切都是庞籍的恩情。按照当时的习俗，得到一个职位，要向推荐自己的人写信表示感谢。司马光得到馆阁校勘的职位之后，写了两封谢启，也就是感谢信，一封没有标明收信人，措辞也比较平常，另一封给庞籍的则情真意切，充满了感激，在信的开头，司马光这样写道：

> 伏以朋友道缺，为日久矣！陵夷至于近世，益以衰薄。甚者旦为好言，暮而反之。况于存没之异、贵贱之绝，苟能言其姓名，识其游处，斯可颂矣。矧又收抚其孤，诱掖成就，使之自卵而翼，去幽而光，天下几何人哉?! [1]

大意是说，朋友之道的沦丧，已经太久，越到近世，越是凉薄。甚至有人早上还好言好语的，到晚上就翻脸不认人了。更何况是生死相隔、贵贱悬殊！对于已经过世的、混得不如自己的朋友，如果还能叫出名字、简单了解他的境况，就已经值得赞颂了。更何况是照顾、抚育朋友留下的孤儿，教育、提携、成全，让他长出飞翔的翅膀，从幽暗飞向光明。能做到这一点的，天底下能有几人啊?!

透过这一段发自肺腑的表白，隐约可以看到，父亲死后，司马光应当还是遭遇过一些翻脸无情的人。清朝官场上有一句话，叫作"太太死了压断街，老爷死了没人抬"[2]，说的就是官场上的人情世态。

---

[1] 司马光：《授校勘谢庞参政启》，见《温国文正公文集》卷五八。

[2] 高阳：《清宫外史》下册，华夏出版社，2008年，第279页。

太太死了，老爷还在位，权势俱在，所以人们争相吊唁，送葬的人简直要把大街压断；反过来，倘若老爷死在任上，撇下孤儿寡母，明明最需要帮助，却往往无人问津。人人都忙着迎接新老爷，谁有心思回顾旧上司。司马光的父亲司马池就是死在晋州任上的。当时司马光已有官位，司马家也还有其他做官的人，司马池去世应当还不至于"没人抬"，但是，人情冷暖的温差肯定是有的。越是遭遇过这些，司马光就越是明白庞籍与父亲之间的友谊是何等珍贵。接下来，司马光回忆了父亲死后庞籍对友谊的执着，对自己不离不弃的抚慰提携：

> 及夫上天降灾，祸罚崇大，屏伏田里，号咷待尽。
> 执事赐书吊抚，俾能自存。

这一段是说父亲去世之后，司马光回到老家守孝，感觉天都要塌了，终日号啕大哭，伤心欲绝。这个时候，是庞籍写信来，百般安慰，这才让司马光有了活下去的力量。

> 又撰著遗烈，表之楸柏，使其后祀，焜耀无穷。

这是说庞籍还在百忙之中为亡友司马池写下了墓碑铭文，高度评价了司马池的一生。这篇碑铭为司马池的生命增添了光彩，也让司马光还有整个司马家都感到荣耀。

庞籍写信安慰刚刚失去父亲的司马光，又为司马池写作墓碑铭文，这份恩德在司马光心里的分量是无与伦比的，"凡兹大恩，固已无量矣"[1]。司马池去世时，司马光虽然已有二十三岁，但是从来没有远离过父母。他似乎没有经历过一般想象中的青春叛逆，一直是父母膝下的好儿子，他的父母也通情达理，对司马光有着无比的尊重与爱惜。司马光和父母之间的关系是紧密的，父母特别是父亲在他生命中占据着最为重要的位置。然而越是珍惜，也就越是痛其丧失。司马光的丧父之痛超乎寻常。父亲走了，他的生命有了缺口，不完整了；而庞籍的及时慰问等于补上了这个缺口，让他觉得虽然父亲走了，但是父爱还在。

司马池去世的时候，庞籍正在陕西前线指挥对西夏作战，"以制兵监边，方事之剧，无复栖念于文矣"。[2] 戎马倥偬之际，还能写信安慰一个后生晚辈，为亡友整理生平，写作碑文，足见庞籍对司马池的情谊。庞籍对自己和司马家的大恩大德，司马光永生难忘。然而大恩往往最难言谢，平平常常一个"谢"字跟庞籍的恩德比起来，实在是轻飘飘，太过无力。这一次，借着写作谢启的机会，司马光把积攒在心中多年的感激之情痛快淋漓地抒发了出来。这样的一封信，必然又把司马光与庞籍之间的感情拉近了一步。

庞籍本来是司马光父亲的朋友，是司马光亲近的长辈。如今司马光经庞籍的推荐得入馆阁，按照当时的观念，他就实实在在地成了"庞籍的人"。司马光与庞籍结成了休戚与共的官场命运共同体。此时的庞籍可以说是独得圣眷，春风得意。庆历八年五月，他从枢密副使升任参知政事，到了第二年（皇祐元年，1049）八月，他再获升迁，出

[1] 司马光：《授校勘谢庞参政启》，见《温国文正公文集》卷五八。

[2] 见庞籍：《天章阁待制司马府君碑铭》。

任枢密使；一年零两个月之后，皇祐二年（1050）十月，庞籍终于拜相，登上了宋朝士大夫政治生涯的最高峰。随着庞籍的步步高升，司马光的地位也在不断提高。他进入馆阁大约是在 1048 年下半年或者 1049年上半年。到了 1050 年，司马光又取得了他官僚生涯的一个重要进步，晋级成为一名"升朝官"。

宋朝的文官按照级别从低到高可以分为三大层：第一层是幕职州县官，第二层是京官，第三层是升朝官。每一层里又细分为若干级，在同一层的上下级之间提升是比较简单的事情，比较困难的是"跃层"，从下层到中层，从中层到上层，每跨越一层，都是一次人生飞跃，委实不易。司马光的父亲司马池从最下层做起，辛辛苦苦干了十七年才熬到中层。司马光凭借着父亲的恩荫，一开始就是中层，三十出头又升到了上层。从中层的京官升到上层的朝官又叫"登朝"。同司马光一起"登朝"的，还有前任参知政事、文学名臣宋绶之子宋敏求。宋敏求登朝之后，赋诗表达喜悦之情，司马光和诗一首，其中大有意趣，诗云：

> ……
> 夫君名卿嗣，华实双葳蕤。
> 如何仕不偶，通籍鬓生丝。
> 岂非秋桂类，不足烦嗟咨。
> 我今三十余，汩没无他奇。
> 正恐食浮人，敢言位犹卑？
> 同登天子廷，自视诚非宜。
> 清朝正求治，谏路方坦夷。

太平可立致，此任非君谁?! [1]

　　"名卿嗣"指宋敏求为名臣之后；葳蕤，草木茂盛的样子，"双葳蕤"，指宋敏求与宋绶父子两人都是杰出人物。"不偶"就是"不遇"，"仕不偶"的意思是官运不够亨通。"通籍"的意思就是登朝，也就是从中层升入上层。这四句是在替宋敏求抱屈，说他升迁太慢，与本人的才华、家世不相称。接下来六句说自己，三十出头，没什么突出贡献，竟然与如此优秀的宋敏求一同登朝，实在是不合适。照此看来，似乎宋敏求要比司马光年长许多。然而事实上，两人皆出生于1019 年，都是三十登朝，本无所谓谁早谁晚。司马光之作是和诗，宋敏求原诗已不存。他之所以如此调侃，很可能是宋敏求原诗有所抱怨。宋敏求是一位十分能干的学者型官员，只是家世优渥，自视甚高，所以老觉得升得慢，习惯性抱怨。他四十岁出守太平州（今安徽当涂、繁昌、芜湖一带），司马光写诗送他说："暂喜红尘远，休嗟素发生。专城方四十，自古以为荣。"[2] 明显可以看出宋敏求是在抱怨自己头发都白了才混到个小知州。宋敏求四十知州要抱怨，三十升朝肯定也要抱怨。因为宋敏求抱怨了，所以司马光才要安慰他，同时也对朋友提出委婉的批评——不要嫌升官晚，还是先想想是否会愧对俸禄。

　　在诗的最后，司马光写下"清朝正求治，谏路方坦夷。太平可立致，此任非君谁?!"大意是本朝政治清明，力图建设太平盛世，广开言路。帮助皇帝建立太平盛世的重任，除了阁下谁还能担当？这话是对宋敏

[1] 司马光：《酬宋次道初登朝呈同舍》，见《温国文正公文集》卷三。

[2] 司马光：《送次道知太平州》，见《温国文正公文集》卷九。

求的勉励，也是司马光夫子自道，"此任非君谁"，舍我其谁，当仁不让！

帮助君主兴致太平的责任，司马光责无旁贷地承担起来。他进入馆阁之后，还兼任了同知太常礼院。这个职位让他第一次在宋朝政坛上发出了自己的声音。太常礼院是个什么性质的单位呢？就是负责研究、制定朝廷礼仪制度的机构。礼是什么？礼就是规范行为、建立等级秩序的各种规矩、仪式。太常礼院的主要工作不是操作，而是研究，判断怎样做才是合适的。要想做好这项工作，需要两样利器：第一是博学深思，第二是非凡的勇气。这第一样很好理解，礼仪制度都是"向后看"，以周公、孔子还有本朝的列祖列宗为指归。儒家典籍的记载浩如烟海，本朝先例汗牛充栋，想要从中找到最优的礼仪解决方案，需要严肃的学者态度，博学深思是必需的。那么，非凡的勇气呢？为什么一个礼官还需要非凡的勇气？因为礼是从道理、从原则出发的，礼告诉人们按道理应该如何如何，但是人却不一定总是愿意听道理的，很多时候，很多有权有势的人都想用权势来扭曲、改变礼仪，他们想让道理听权势的。在这种时候，一个礼官能坚持从原则出发，用道理去纠正权势，让道理在礼仪中闪光，让人们从礼仪中看到秩序，那绝对是需要勇气的。而那个不愿意讲道理的人如果是皇帝，那么，这个礼官的勇气就必须是非凡的了。实践证明，这样的勇气，司马光是有的。

第三章

最初的政坛历练

01 灵乌初鸣

皇祐二年八月，大宦官麦允言去世了，仁宗十分痛惜，封赠逾礼，给麦允言的身后哀荣超过了制度规定。一场小小的礼仪地震由此引发，司马光也灵乌初鸣，首度发声。

无论古今，人们提到宦官，大抵不齿，好像他们都是外形猥琐、心思龌龊、阴狠卑劣、专事祸害忠良的恶人。其实，宦官群体的复杂程度与文臣、武将没什么两样，个体的脾气秉性、能力才干、道德水准千差万别。伟大的航海家郑和就是宦官。宦官与普通臣僚的最大差别，是宦官与君主之间的关系可以更亲密，宦官更容易取得君主的信任，特别是幼君和掌权的后宫女性。

麦允言与仁宗之间的信任是如何建立起来的，由于缺乏材料，今天已很难查考。他很可能自仁宗幼时便服侍左右，朝夕相处，尽心尽力，感情非常人可比，故深得信任，成为仁宗朝非常活跃的一名宦官。庆历元年宋夏战事正酣之时，麦允言在河东前线统兵。[1]庆历七年贝州发生兵变的时候，麦允言早已奉调回京，在仁宗身边服务，担任入内押班，也就是御前宦官首领。贝州兵变的消息传到开封，仁宗第一时间派出去的"捉贼使臣"就是麦允言。[2]皇祐元年，仁宗下令研制天文观测仪器"黄道浑仪"，以及"漏刻""圭表"，麦允言则是项目负责人之一。[3]

仁宗信任麦允言，乐于把他放到各种重要的岗位上去，而麦允言也基本胜任。麦允言在西北前线当的是钤辖，这是宋朝宦官统兵的常用名目，它的主要作用是监督军事将领，保证军队"走正道"，不要背离了中央领导、皇帝的意旨。钤辖上边还有更高级的指挥官，那才是"军事主官"。仁宗派麦允言去贝州捉贼的时候，根本没有料到贝州城会那么难打，所以，他最初的想法是让麦允言去主持"平贼"。但是，贝州太硬，单凭麦允言啃不下来，这才派了更高级别的文臣，先是明镐，后来干脆由副宰相文彦博亲自挂帅。当然，贝州平定之后，麦允言也是跟着立了大功的。研制天文观测仪器的团队，"翰林学士钱明逸详其法，内侍麦允言总其工"[4]，负责技术攻关、画图纸的是博学的文官翰林学士钱明逸，麦允言的工作是等图纸设计出来之后，监督工人们建造——充其量，麦允言是个管理型人才。麦允言没那么

[1] 见《宋史》卷三二三《赵振传》，第 10462 页。

[2] 见《续资治通鉴长编》卷一六一，第 3891、3892 页。

[3] 见《宋史》卷七六《律历九》，第 1744 页。

[4]《宋史》卷七六《律历九》，第 1744 页。

厉害，厉害的是皇帝。麦允言最厉害的地方，是他得到了仁宗的充分信任。

仁宗是一位相当仁义的皇帝，对每一个从他生命中走过的女人、男人和宦官，都情深意长。仁宗喜欢麦允言，信任麦允言，生前已不断加官[1]，死后封赠，又欲极尽哀荣。

仁宗下令，追封麦允言为司徒。这是一个很过分的决定。"司徒"是最高级别的官员加衔——"三公"之一。宋朝的"三公"指的是太尉、司徒、司空。所谓"三公"都是古代传下来的官衔，在宋朝已经完全没有实际职权，但是尊贵无比，这顶高帽子，原则上只有宰相、亲王一级的人物才配戴。这样尊贵的头衔，仁宗竟然给了一个宦官！虽然是死后追封，也实在是令人难以接受。

仁宗还打算特许麦允言的葬礼使用一品卤簿。卤簿就是仪仗。追封司徒，到底是个空衔，其影响力不过是在官僚群体内部。倘若麦允言的葬礼使用了一品卤簿，那么，全开封、全天下的老百姓就都知道皇帝是如何宠爱一个宦官了。这在文官们看来，实在是荒诞不经、有悖礼仪。皇帝的个人感情在冲击礼仪制度。[2]

此事于礼不合，仁宗岂能不知？所以，在给中书的圣旨里，他特加说明："麦允言有军功，特给卤簿，今后不得为例。"[3]最高统治者破坏制度的时候，最常用的"语气助词"，恐怕就是这一句"下不

[1] 见胡宿：《文恭集》卷一七《麦允言可景福殿使制》。

[2] 见司马光：《论麦允言给卤簿状》，见《温国文正公文集》卷一六。《文献通考》卷一一九引"玉山汪氏"论唐宋卤簿差异，谓"本朝人臣亦有给者，而比旧愈严矣。故中官麦允言及充媛董氏之丧，诏给卤簿，而司马温公皆争之，以其非常典也"。

[3] 司马光：《论麦允言给卤簿状》，见《温国文正公文集》卷一六。

为例"了。但是，不管怎么说，破坏了也就破坏了。汉朝廷尉（大法官）杜周断案专门看皇帝的脸色，有人批评他身为法官却不遵循国家的律令。杜周大言不惭地回答说："三尺安出哉？前主所是著为律，后主所是疏为令，当时为是，何古之法乎！"三尺，指法律，"以三尺竹简书法律也"。法律是从哪里来的？前边的皇帝说对的就是律，后来的皇帝认可的就是令！跟当权者保持一致就是正确，古老的法律条文又有什么了不起?![1] 如果法律可以任意改变的话，那的确是没什么了不起的。而那些"下不为例"的做法，到下一次皇帝再需要这么做的时候，是可以堂而皇之地当作"先例"来援用的。

仁宗要破例给麦允言一品卤簿，为了皇帝的面子和感情，宰相们不再多说，把皇帝的圣旨转给了太常礼院。太常礼院坚决反对，以此来表达对礼仪原则的坚守。这篇由司马光执笔，全体礼官署名的《论麦允言给卤簿状》就保留在现存的司马光文集中。

在奏状的开头，司马光先给仁宗讲了一段"故事"。春秋的时候，仲叔于奚为卫国立下了大功，卫侯本想赏给他更多封地，仲叔于奚拒绝，提出想要"曲悬和繁缨"。"曲悬"指钟磬一类乐器的特殊组合悬挂方式，三面悬挂、空出南面来。"繁缨"是一种特殊的马具，具有装饰性作用。按照当时的礼制，只有诸侯一级的贵族才能使用曲悬和繁缨。仲叔于奚只是一个大夫，没有资格使用曲悬和繁缨，但是他宁可不要封地也要这两样。卫侯答应了。孔子事后得知，失声叹息说："可惜了，不如多给他封地呀。唯有器与名，不可以给人。"封地可

---

[1] 见司马迁撰，裴骃集解，司马贞索隐，张守节正义，中华书局编辑部点校：《史记》卷一二二《酷吏列传》，中华书局，1982 年，第 3153 页。

言震之莫不震叠懷柔百神及
河喬嶽允王維后明昭有周式
序在位載戢干戈載櫜弓矢我
求懿德肆于時夏允王保之
時邁

图二五 ⊙ 南宋 马和之《周颂·清庙之什图》（局部）

绢本长卷，27.4厘米×645厘米，现藏辽宁省博物馆。"繁缨"是一种特殊的马用带饰，
具有装饰性作用，通常用在天子、诸侯辂马的身上。繁指的是马腹带，缨指的是马颈革。

以多给，金银财宝当然也不在话下，只有礼器和名义这两样，绝不能
随随便便给人！为什么孔子会特别重视那些看上去"虚头巴脑"的礼
器和名义呢？不为别的，只因礼器、名义之中承载着等级秩序。没有
了等级秩序，只讲现实权势，有权有势的人为所欲为，整个社会就会
陷入混乱。为长治久安计，就必须尊重秩序，因此，对秩序的外在标

志——礼器和名义就要慎之又慎，绝不能随便授出。这是君主必须遵守的原则。仁宗自幼接受良好的儒学教育，仲叔于奚请曲悬、繁缨的故事和孔子的教导，他都明白。司马光轻轻一点，仁宗自然透彻。

讲完了道理，司马光笔锋一转，开始讲人情。他对仁宗说，麦允言只是一个"近习之臣"，是陛下身边的一个宦官，没有过人的功劳，您却赠给他三公的名号，给他一品的卤簿。您以为这是对他好，却不知道这恰恰是让他被动犯罪。"陛下虽欲宠秩其人，而适足增其罪累也。"为什么这么说呢？三公级别太高，卤簿是用来褒赏大功之臣的，这两样"皆非近习之臣所当得者"。您想要用三公的礼仪为麦允言送终，一旦成行，"鼓吹萧铙，烜赫道路"[1]，这就等于在昭告世人麦允言用了不该用的礼典，犯了"僭侈"之罪，越礼非法，会让全天下的人对麦允言侧目、扼腕、大张挞伐。最后，司马光总结说，允许麦允言的葬礼使用一品的卤簿，绝不是麦允言的光荣，也不是陛下爱惜麦允言的本意。还是请陛下收回成命吧！

这一篇奏状虽然是"逆龙鳞"而上，在原则问题上守得极紧，丝毫不肯放松，语气上却是娓娓道来，无一丝一毫的躁气，一切为皇帝着想，为麦允言着想。仁宗的做法明明不对，奏状却没有急三火四地给仁宗贴上"滥用名器"的标签，而是站在仁宗的角度考虑败坏制度可能造成的不良后果。态度温和而坚定，这是典型的司马氏谏书风格。

那么，谏书是否奏效呢？南宋的历史学家、《续资治通鉴长编》的作者李焘认为"光奏之从否，当考"[2]，他似乎没有看到仁宗从谏

[1] 司马光：《论麦允言给卤簿状》，见《温国文正公文集》卷一六。

[2]《续资治通鉴长编》卷一六九，第4062页。

如流的记载，所以采取了谨慎态度，不置可否。另一位宋人王辟之却在他的笔记《渑水燕谈录》中说"仁宗嘉纳之"，也就是说仁宗欣然接受了司马光等人的意见。[1] 而李焘修《续资治通鉴长编》的时候是参考了《渑水燕谈录》的。那么，是李焘看漏了，还是李焘明明看到了王辟之的记载但却觉得不可信呢？多半是李焘看漏了。仁宗从来都不是一位固执的君主，麦允言八月去世，仁宗当即就给了他司徒的赠官，后来又下旨中书，表示要给麦允言卤簿，中书于是把皇帝的旨意传达到太常礼院，命太常礼院讨论此事。此时，仁宗给麦允言卤簿的想法还没有形成正式命令，只有中书和太常礼院等极小范围的人知道。九月十四日，司马光执笔，太常礼院拿出了处理意见，表示反对。这个时候距离麦允言去世已经过去较长时间，仁宗最感情用事的"冲动期"已经过去，应当能够从理智出发考虑这件事了。司马光的奏状又写得入情入理，处处维护他的尊严，仁宗又有什么理由不开怀接纳呢？！

　　是时候介绍一下司马光服侍的第一位君主——宋仁宗赵祯（1010—1063）了。作为皇帝，仁宗绝不是一位强势君主。他是真宗赵恒（968—1022）的独生子，从小作为接班人培养，受过良好的儒学教育。他名义上的母亲刘皇后是一位极其能干的女人，严厉多于温柔。真宗去世时，仁宗才十三岁，刘太后摄政掌权十一年，母子之间其实没有太大的矛盾。刘太后去世后，才有人告诉仁宗，刘太后不是他的生母，仁宗得知真相，震惊伤心之余，却仍然能认识到刘太后对自己的抚育之恩，一直善待刘太后家族。对于从小照顾自己的淑妃杨

[1] 见王辟之撰，吕友仁点校：《渑水燕谈录》卷一，中华书局，1981年，第6页。

氏，他也心怀感激，刘太后死后，仁宗甚至接受刘太后遗命尊杨氏为太后。

就品性而言，仁宗是相当仁义的，他多情、念旧、讲道理、懂原则，即便犯错也不会太过固执己见。在仁宗身上，权力欲始终没

图二五 ⊙ 宋 佚名 《宋仁宗坐像轴》（局部）
绢本，立轴，设色， 188.5厘米×128.8厘米，现藏台北故宫博物院。

有压倒人性。仁宗"仁义",只是这仁义也不全都是闪光点,"仁义"有时也可以意味着软弱、容易摇摆。而一个皇帝的软弱和摇摆对国家来说绝非幸事。跟仁宗的软弱做斗争,纠正他的错误,努力把皇帝"建设"成为比较理想的好皇帝,是仁宗朝中央官员的主要责任。自从进入馆阁,司马光便积极参与进来,反对给麦允言一品卤簿是他的灵乌初鸣,而到了这一年的年底,又出事了。这一回,事情出在后宫。

仁宗的后宫生活曲折得可以拍电视连续剧。他十五岁娶开国将领郭崇的孙女为皇后。两人之间一直矛盾不断,主要原因可能是郭姑娘是将门之后,脾气的确有点儿大,又有刘太后撑腰,遇事总不肯低眉俯首,偶尔占占仁宗的上风说不定也是有的。刘太后去世之后,后宫没了大家长弹压,群芳争宠,郭皇后心中积忿,想要动手教训恃宠而骄的美人,没想到耳光却打在了仁宗脖子上。盛怒之下,仁宗把郭氏赶到长乐宫当女道士。仁宗废后曾经引发台谏官的强烈反弹,仁宗下令宫门紧闭,表示不接受任何劝告,御史中丞孔道辅率领全体谏官、御史在垂拱殿外集体抗议,其中就有正值盛年的范仲淹。第二天一早,孔道辅、范仲淹被贬外放,仁宗下令禁止台谏官集体行动,"仍诏谏官御史,自今并须密具章疏,毋得相率请对,骇动中外"[1]。可能失去的才是美好的。过了没两年,仁宗心里又非常想念郭氏,多次派人去慰问,还捎去诗歌聊表相思。郭氏和诗一首,诗意委婉凄凉。仁宗的心就更软了,想让郭氏偷偷回宫。不料这位郭氏却是个刚烈、

---

[1] 废后,贬孔道辅、范仲淹是明道二年十二月的事。见《续资治通鉴长编》卷一一三,第 2649 页。

要面子的，一定要"百官立班受册"才肯回来。而仁宗此前已经册立新后曹氏[1]！

图二七 ⊙ 宋 佚名 《宋仁宗后坐像轴》
绢本，立轴，设色，172.1厘米×165.3厘米，现藏台北故宫博物院。

[1] 宣布立曹后在景祐元年九月，行册封礼在十一月。见《续资治通鉴长编》卷一一五，第 2700、2706 页；《宋史》卷二四二《慈圣光献曹皇后传》，第 8620—8622 页。

　　郭氏的要求让仁宗颇费踌躇。两下里正在较劲儿的时候，郭氏罹患小疾，仁宗于是遣大宦官阎文应带御医前去诊治，"数日，乃言后暴薨"。阎文应是仁宗废后的幕后推手之一，"中外疑阎文应进毒，而不得其实"。仁宗终于永远地失去了郭氏，"深悼之，追复皇后"，最终给了郭氏她想要的名分。[1] 对废后郭氏的处置，充分暴露了仁宗性格的一大特点——多情、长情，耳软心活、优柔寡断，或者说不专断，能听得进不同意见。

　　大约从康定元年起，张美人成了仁宗最喜欢的女人。这位张美人自幼丧父，八岁被母亲送入宫中，得仁宗养母杨淑妃收养调教，受到了后宫争宠、固宠的训练，"巧慧多智数，善承迎，势动中外"。仁宗一直十分宠爱她，内外皆知。皇祐元年，张美人晋级为贵妃，声势直逼曹皇后。美丽的张贵妃是有心事的。她的心事是自己没有一个好娘家——人家曹皇后可是开国元勋曹彬的孙女，家中叔叔伯伯皆是高级武官。为了建设一个好娘家，张贵妃不断向仁宗推荐自己的堂伯张尧佐。张贵妃的父亲去世时，张尧佐正在四川做官，张母钱氏本想前去投靠，张尧佐却推说道远，不肯收留。钱氏无法，这才把女儿送进宫。为了打造娘家势力，张贵妃不计前嫌，大力提拔张尧佐。张尧佐是进士出身，混得还不错，来自后宫的提拔，他其实可以拒绝。仁宗初年，手握实权的摄政刘太后想要认刘烨做同宗，刘烨宁愿装"死"，永远离开中央政府，也不肯俯就——那是一等一的君子。可是，这样的便宜，张尧佐怎么能不占？他从前拒绝接纳孤儿寡母，是见利忘义；如今见贵妃娘娘以荣华富贵相召，便立即扑上去，也是见利忘义。变化的是权势，不变的是那一颗趋炎附势的小人之心。

张贵妃要建设娘家，仁宗皇帝自是大力支持，所要动用的当然都是国家资源，是司马光认为最不能滥用的"器与名"。张尧佐一路扶摇直上，不断冲击着宋朝官场的道德底线。谏官御史们睁大了警惕的眼睛，步步紧盯。仁宗要提拔张尧佐当三司使的时候，台谏官们终于忍无可忍。三司使在宋朝主管财政，地位仅次于宰相、枢密使，号称"计相"。照这个趋势发展下去，张尧佐任枢密使、宰相岂不也是指日可待了?! 在强大的舆论压力下，仁宗不得不取消张尧佐的三司使任命，改命他为"宣徽南院使"、"淮康节度使"和"景灵宫使"。这三个使衔都没什么具体职务，但是高贵而实惠。张尧佐的"三使任命"是皇祐二年闰十一月己未日发布的，同日，仁宗还下诏申明"后妃之家，毋得除二府职位"，明文规定外戚不能当宰相、枢密使，试图以此来安抚舆论。这样一来，张贵妃不开心了。于是，第二天，仁宗又给张尧佐加了一个有些实际职务的头衔——"同群牧制置使"，这是"弼马温"的副长官。[1]好脾气的仁宗皇帝，在原则道理、舆论压力和心爱的女人之间可以说是用尽了心思，摇摇摆摆，想要左右逢源。

只可惜，舆论并不买账。知谏院包拯第一个站出来表示强烈反对，他说节度和宣徽这两个使在本朝高贵无比，杜太后生了太祖、太宗两个皇帝，她的老弟杜审肇哥几个"穷老才有一得节度使者"。雷有终为国平定西川，才得到宣徽使……他张尧佐，论亲能亲得过杜审肇兄弟吗? 论贤德、功劳，能比得上雷有终吗? 可是皇上却将宣徽、节度两使一块儿给他，"若非内外协应，蒙惑攘窃，宁至此哉?"如果不

[1] 见《续资治通鉴长编》卷一六九，第 4067 页。

是内外勾结，蒙骗迷惑陛下，盗窃名器，怎么会有这样的结果？而张尧佐竟然觍着脸就受了，"真清朝之秽污，白昼之魑魅也"，真真是我朝清明政治的渣滓，大白天见鬼了。包拯还说，张尧佐的任命书下来那天，"阳精暗塞，氛雾继起"，这是老天在警告陛下。所以，请陛下"断以大义，稍割爱情"，实在不行，就在宣徽、节度两使里面选一个给张尧佐，再罢了他的同群牧制置使职务，下放到地方上去，才是"仰合天意，俯顺人情"的正道。[1]包公的奏疏以排山倒海的气势，直接把张尧佐打入了鬼魅之群，掌风所到之处，张贵妃和仁宗恐怕也被伤得五官移位、七窍生烟！

仁宗给张尧佐三使任命的同时，还特地任命了一位御史中丞，名叫王举正。此人的特点是"重厚寡言"，仁宗和开封舆论都觉得他书生气重、胆子小，可能会犹豫避让，在张尧佐的问题上失声，过十天半个月，生米煮成熟饭，再说什么就都晚了。结果，让所有人都没有想到的是，这书生只是平时胆子小，真遇到了原则性问题，勇气却堪比包拯。包拯炮轰张尧佐的第二天，王举正就开腔表示反对张尧佐的四使任命。

王举正的举动让仁宗如同吃了一记闷棍，只好对王举正的奏疏采取"不报"的态度，不批示、不转发、不理睬。更让仁宗没想到的是，又过了四天，王举正竟然趁着上朝，率领御史台、谏院等所有掌管舆论的官员在仁宗面前集体抗议。这还不算，退朝之后，台谏官又追着宰相在宫殿走廊上一顿狂批，斥责他们没有抵制仁宗的荒唐命令。宰相们自知理亏，只好低头挨骂。直到仁宗派人来劝说，抗议的官员才

[1] 见《续资治通鉴长编》卷一六九，第 4067—4068 页。

肯散去。[1]

这就是大宋仁宗朝的政治！它不是没有问题的，但是出现问题就会有人提出来，允许抗议，可以商量，一切为了朝廷国家。官员们仍然闪烁着理想的光芒，相信正义，坚持原则。目睹了这一幕的司马光回到家里，奋笔疾书，起草奏状，反对张尧佐的任命，支持台谏官。这不是他职务范围内的事，却是他心中责任范围之内的事。当然，跟包拯的火爆比起来，司马光的奏状充满了善意的体贴，温和而坚定。他想要告诉仁宗的，仍然是一个简单的道理，打比方说：

> 人有种瓜而甚爱之者，盛夏日方中而灌之，瓜不旋踵而烟败。其爱之非不勤也，然灌之不以其时，适所以败之也。今陛下贵用尧佐，远过其分，天下已侧目扼腕而疾之。又复摧折忠谏以重其罪，是正日中而灌瓜也。臣窃为尧佐寒心，而陛下独不为之深思远虑哉！[2]

司马光所说的，是浅显的常识。有人种瓜，太爱自己的瓜了，三伏天，大中午的，日头正毒，生怕瓜秧被晒坏了，不辞辛劳顶着大太阳去给瓜浇水。结果一会儿的工夫，瓜反而打蔫儿枯萎，让他给浇死了。这人爱瓜吗？爱到极致了。但是在不合适的时候浇灌，反而把瓜给浇死了。不恰当的爱就如同毒药，越多越有害。司马光说，陛下给张尧佐的高官厚禄，远远超过了他应得的，全天下的人对此深恶痛绝。

---

[1]《续资治通鉴长编》卷一六九，王举正上疏在皇祐二年闰十一月甲子，台谏官集体上殿在戊辰日，见第4068—4070页。

[2] 司马光：《论张尧佐除宣徽使状》，见《温国文正公文集》卷一六。

陛下又为了张尧佐责备忠诚的台谏官，这会加重张尧佐的罪过，这正像是顶着大日头浇瓜，不会有好结果的。我私下为张尧佐感到寒心，陛下这么爱张尧佐，却偏偏不肯为他做长远打算吗?!

如果爱，请理智地爱，不要捧杀。这是司马光想要对仁宗皇帝说的第一层意思，司马光还有一层意思，是担心仁宗对批评意见的抗拒态度会改变本朝宽松的政治风气：

> 今台谏官前后言尧佐者数矣，陛下曾不留神省察，少为末减，以慰其心。夫人主所欲为，人臣岂能强变之哉！顾自今以往，事复有大于尧佐者，在列之臣嗫嚅拱手，视之而已矣！此非朝廷之福也。[1]

台谏官前前后后多次批评张尧佐的任命，陛下却不曾留心听取，稍做改变来安抚他们的心。皇帝想要做什么，臣子又怎能强行改变?!但只是怕从今以后，再遇到比张尧佐的任命更为严重的事件，在位之臣却要紧闭双唇袖手旁观，坐视不管了！这可不是朝廷的福气呀！

司马光的这篇奏状，虽然是激于一时义愤而作，但仍然保持着那种从容细腻、"与君为善"的态度。但是，这篇奏状最终却没有呈递到仁宗御前。因为过了没两天，张尧佐本人就顶不住压力，主动请辞宣徽南院使、景灵宫使，仁宗得了台阶，也赶紧从高处下来，免去张尧佐的宣徽南院使、景灵宫使头衔和同群牧制置使职务。张尧佐只领了淮康节度使的虚衔，端坐京师，干领厚禄。[2]

[1] 司马光：《论张尧佐除宣徽使状》，见《温国文正公文集》卷一六。

[2] 见《续资治通鉴长编》卷一七一，第4106页。

台谏官员的集体抗议奏效，司马光的奏状也就没有必要递呈了。但是，司马光对于仁宗拒绝批评意见的警惕还是很有先见之明的。就在台谏官集体抗议的第二天，仁宗盛怒之下，曾经下诏命令中书对台谏官员"取戒厉"，要让宰相口头警告台谏官，不得再有无礼犯上的行为，并且下旨"自今台谏官相率上殿，并先申中书取旨"，台谏官集体上殿，必须先通过中书取旨报批。这是仁宗气头上的旨意。预先申报的批评，还能有什么意义呢？对此，枢密副使梁适对仁宗说："台谏官盖有言责，其言虽过，惟陛下矜察。然宠尧佐太厚，恐非所以全之。"这话，仁宗听进去了，"取戒厉卒不行"。[1]

一群有理想有操守的台谏官员，一个不那么强势的讲道理的皇帝，成就了仁宗朝政治的宽容开放，它让问题有机会暴露出来，并得到纠正，让朝政向着更健康的方向发展。但是，正如司马光所担心的，这种局面是脆弱的。君与臣在根本上是无法一较高下的，换一个刚愎自用的强势皇帝，或者如果宰相跟皇帝串通一气，那么，批评将无处容身。这是皇帝体制不可克服的先天性弊病。司马光是敏锐的。所以，他劝说、祈求他的皇帝要走正确的路。作为一名有前途的官员和未来的政治领袖，司马光已经在开封政坛崭露头角。他在成长。有庞籍的庇佑，司马光的成长显得十分顺利，没有跟现实发生任何实质性的碰撞。然而，一帆风顺绝不是真正的成长，真正的成长必定会伴随着痛苦。这样的痛苦司马光必须经历，必将经历。一个温和的理想主义者与纷繁复杂、讲究势力的现实怎么可能相安无事?! 理想与现实、原则与势力之间的碰撞必然发生，痛苦即将到来，挣扎无可避免。

[1] 见《续资治通鉴长编》卷一六九，第 4070 页。

02 灰色震荡

政治运作是一件相当复杂的事情，它的复杂性就在于它永远都不可能，也不应该是非黑即白的，在抽象的黑与白、善与恶、美与丑之间，存在着深深浅浅的"灰色地带"。想要在现实中秉持理想，让理想照进现实，首先需要了解和认识这些"灰色地带"。在现实政治中，一个对"灰色地带"一无所知或者根本不屑的纯粹的理想主义者是危险的，因为，他会以极大的热情一厢情愿地推行他抽象的理想。结局可能有两种：一种是他铩羽而归，出师未捷身先死；还有一种，如果他的力量足够强大、机会足够好，能够在短时间内轰轰烈烈地用理想"改造"现实，那么可能会招致灾难性的后果。一名成熟的政治家必须学着认识现实，了解运作中的实际，对"灰色地带"有把握而不迷失。当然，对自幼接受正统教育的社会新人来说，认识"灰色地带"，掌握与"灰色地带"相处的艺术，绝非易事。甚至"灰色地带"的存在，都会让他激愤、疑惑、痛苦挣扎。而只有经历了发现"灰色地带"的震荡与痛苦，政治家才有可能开始走向成熟。

皇祐三年（1051），司马光便经历了这样一场"灰色震荡"。

事情仍然是从司马光的礼官职务开始的。礼官最常处理的礼仪事务往往与丧葬有关。比如，司马光进入礼院之后参与讨论的第一个案子，就是大宦官麦允言的葬礼仪仗规格。皇祐三年六月二十三日，一桩奇怪的葬礼申请递到了太常礼院。国子博士刘庆孙提出，要为他在宋夏战争中为国捐躯的父亲刘平招魂以葬。刘庆孙的申请通过枢密院上报皇帝，仁宗批复，"送太常礼院详定闻奏"。[1]

人死之后，由于种种原因，找不到尸首，只好请巫师作法，把死人的魂招回来，象征性地举行葬礼，棺椁、坟头、墓碑、仪仗都是全的、真的，唯独棺材里边是空的，这就叫"招魂葬"。唐睿宗的两个妃子被他的母亲武则天秘密处死，"梓宫秘密，莫知所在"，尸骨下落不明。[2] 唐睿宗重新登上皇位之后，追封这两位妃子为皇后，为她们修建陵寝，举行招魂葬。这大概是"招魂葬"最有名的例子了。招魂葬"古已有之"，并不罕见；但在正统的儒家看来，却不合礼法，是一种非正常的、不正当的葬俗。

按照中国传统的生命观和死亡观，人有魂、魄二气，魄是一种物质性的存在，相当于肉体本身，肉体没有了，魄气也就散了，魂却是非物质性的，可以离开肉体单独存在。人死之后，"骨肉归复于土，魂气无所不之"。因此，华夏族古圣相传的处理死亡的方式是，一方面"作为丘垄，以藏其形"，实行土葬，用棺椁、黄土来掩埋尸体，安置死者的体魄；另一方面"作为宗庙，以飨其神"[3]，建立宗庙、立祖宗牌位，用洁净的食物和崇敬的心情来礼拜逝者的灵魂。小户人家不一定有宗庙，但也一定会有祖宗牌位。如果说宗庙是生者与逝者之间心灵沟通的场所，那么，坟墓就是生命与死亡之间不可逾越的界限。

---

[1] 见司马光：《论刘平招魂葬状》，见《温国文正公文集》卷一六。

[2] 见刘昫等撰，中华书局编辑部点校：《旧唐书》卷五一《睿宗昭成皇后窦氏传》，中华书局，1975 年，第 2176 页。

[3] 司马光：《论刘平招魂葬状》，见《温国文正公文集》卷一六。

坟墓的唯一正当用途是"藏形"，也就是埋尸，掩藏死者形骸。其他的葬礼、棺椁、陪葬品等等都必须服务于这一目的。反过来说，"非身无棺，非棺无椁"，没有尸体就无所谓棺材，没有棺材更谈不上有椁——套在棺材外面的大棺材。"苟无丧而葬，招幽魂气"，明明没有尸体却举行葬礼，招来幽魂之气，"于德为愆义，于礼为不物"，是对道德的背离，属于非礼行为。

"苟无丧而葬，招幽魂气，于德为愆义，于礼为不物"——招魂葬非礼，这是东晋儒者袁瑰等人于晋元帝建武二年（318）做出的解释。[1] 到皇祐三年刘庆孙提出申请之时，已经过去了七百多年。七百多年间，这一解释被传抄、引用，反对招魂葬的基本原则，虽然偶尔会被打破，比如唐睿宗招魂葬妻，却从未被抛弃。[2]

招魂葬不合礼法。刘庆孙的申请于六月提出，两个月后，司马光代表太常礼院提出审查意见，反对为刘平举行招魂葬。[3] 宋朝高层接纳太常礼院的建议，否决了刘庆孙为刘平举行招魂葬的请求。刘庆孙也是读书人，招魂葬不合礼法，他不会不知，又何以自讨没趣，提出这样一项申请呢？

原因很简单，刘庆孙想要向世人确认、强调他的父亲——刘平真

---

[1]《晋书》卷八三《袁瑰传》，第2166—2167页。杜佑撰，王文锦等点校：《通典》卷一〇三"礼·沿革·凶礼"，有"招魂葬议"目，录袁瑰《禁招魂葬表》、荀组《非招魂葬议》、干宝《驳招魂葬议》等讨论文章，中华书局，1988年，第2701—2704页。

[2]后来，司马光的学生范祖禹批评唐睿宗的做法说："苟无体魄，则立庙以祀之而已，魂气不可得而葬也。夫棺椁所以掩形也，墓所以藏棺椁也，其形气既无有矣，而必为之陵墓，不亦虚乎！"见范祖禹撰，吕祖谦注：《唐鉴》卷八。

[3]见司马光：《论刘平招魂葬状》，见《温国文正公文集》卷一六。

的已经死了，而且死得很壮烈！

根据宋朝的官方宣传，刘平是在宋夏战争中为国捐躯的。刘平的殉国事迹如下：康定元年，刘平率领大军增援延州，途中误入西夏军队事先布好的埋伏，在延州附近的三川口遭到伏击，几乎全军覆没，刘平被俘，"骂贼不食而死"，壮烈殉国。然而，刘平的殉国事迹却有一个致命的缺陷，那便是，谁也没有见过刘平的遗体。因此，关于刘平的下落，更准确的说法其实是，刘平在三川口与敌人血战之后就消失了。

事实上，在战场上消失了的刘平差一点就被当作了叛徒。刘平麾下的宦官监军黄德和，在三川口战役中奉命殿后。但他贪生怕死，当宋朝大军与西夏人进入交战状态之后，他见势不妙，率部临阵脱逃。黄德和的军队逃跑之后，在宋朝边境地区一路狂奔了七天，抢劫了七天，犯下累累罪行。黄德和心中有愧，担心朝廷追究下来，自己项上人头不保。因此，当他得知大军覆没、刘平未能生还的消息，立刻恶人先告状，向宋朝中央报告说刘平兵败"降贼"，而自己乃是"力战得出"，把自己打扮成从死人堆里爬出来的不屈战士。宋仁宗正在为三川口之败损兵折将痛惜不已，得到黄德和奏报，怒火中烧，立即派兵包围了刘平等"降将"的家。眼看着刘平一家就要满门抄斩，幸好宰相大臣头脑清楚，拦住了仁宗。仁宗同意先查明事实再做区处。朝廷在河中府（今山西永济西边）设置了专案组，专门调查黄德和告刘平投敌一案。调查的结果，是黄德和"退怯当诛"，腰斩于河中府，人头落地，送往延州悬挂示众，以儆效尤。而刘平等人则成了光荣的殉国者，"刘平等力战而没，子孙宜加赏恤"。为了表彰刘平的忠诚，宋仁宗给了刘平"节度使兼侍中"的最高级别赠官，将位于开封信陵坊的一座大宅院赏赐给刘平的家人。刘平的夫人赵氏被封"南阳郡太夫人，子孙及诸弟皆优迁，未官者录之"，得到提拔的刘家男丁共计十五人。[1] 浩荡皇恩，一时无两。从此之后，刘平的名字就罩上了大宋朝忠烈的光环。在官方的宣传口径中，刘平是在被俘之后"骂贼不食而死"的，他是宋朝的骄傲、文臣武将的榜样。

然而，刘平的死亡却没有战死者的遗体为证。按照正常逻辑，既然谁都没有见过刘平的遗体，他就有可能还活着！朝廷刚刚把刘平塑造成为国殉难者，私底下有关刘平真实下落的各种传言就开始甚嚣尘上。有人说刘平根本就没死，还有人说他在西夏的国都兴庆府（今宁夏银川）活得好好的，偌大的年纪还有了新的女人，生了娃娃。

刘平未死的传言，陕西和开封很多人都知道。有人信，也有人不信。范仲淹是信的，他因此主张要更加善待刘平的子弟。仁宗不信——不能信啊！好端端的忠烈之士怎么就成了苟且偷生的俘虏？如果相信刘平还活着，那么皇帝的脸面、大宋的尊严何在？那黄德和岂不是白白冤杀了?！刘平的家人也不信——他们更加不能信。当年黄德和告刘平降敌，刘家差一点儿就遭了灭门之祸；好不容易峰回路转，刘平成了忠烈之士，刘家才有了这绝世的荣耀；若是相信刘平还活着，刘家岂有遗类乎?！绝不能信！同样不能信的，还有当年为刘平辩护、把他一手打造成忠烈之士的官员群体。

刘平必须已经死了，尽管他可能还活着。这是宋仁宗、刘平家人和许多曾经为刘平辩护的官员的共识。所以，在宋朝官方的宣传话语

---

[1] 见《续资治通鉴长编》卷一二七，第3307页。《宋史》卷三二五《刘平传》，第10499—10504页。

中，刘平继续扮演着忠烈的榜样。只是，这种说法却无法改变"刘平可能还活着"的事实，更无法阻止越来越多的人获知"刘平可能还活着"的消息。

庆历五年，西夏人释放了与刘平一同被俘的大将石元孙。这件事彻底动摇了刘平殉国者的形象。按照宋朝的官方宣传，这位石将军早在五年前就应当追随刘平一起殉国了。可是，他竟然活生生、好端端地回来了！石元孙的归来，就像是一记耳光，重重地打在宋仁宗和大宋朝廷的脸上。不少人主张直接在宋夏边境上砍下石元孙的脑袋，让西夏人看看。一班肝火旺盛的台谏官还有次相陈执中都是这种想法。让西夏人看什么呢？看看神话破灭之后宋朝方面是如何恼羞成怒的？看看为宋朝出生入死的一员大将好不容易死里逃生回到故国，是如何被皇帝忘恩负义地砍掉了脑袋的？如果是这样，岂不白白让西夏人看了笑话！如果是这样，以后谁还会为宋朝卖命？！幸好，首相贾昌朝还算是个明白人，他力主免石元孙一死；仁宗也不算太糊涂，最终，石元孙被送到全州（今湖南全州）编管，也就是监视居住。石元孙受到惩罚，不是因为他投降了，而是因为他的活着回来让他本人的殉国事迹碎成了渣，并直接动摇了刘平这面忠烈的大旗。

石元孙回国四个月之后，范仲淹给皇帝打报告，为石元孙求情。他指出石元孙既不是临阵脱逃，也不是不战而降，只是没有战死沙场而已，"但有不死于王事之罪"。范仲淹请求为石元孙恢复名誉，给他一个虚衔，让他转到条件更好、距离开封更近的地方去安度晚年，原话如下：

（刘平与石元孙）同战拒贼，日夜血战，兵少食

尽，力屈被擒。即不曾退走，亦非不战而降，但有不
死于王事之罪。[1]

这段话看似简单，其实暗藏玄机。"同战拒贼，日夜血战，兵少食尽"
说的是刘平和石元孙两人，"力屈被擒"一句说的究竟是石元孙自己
（这是已经得到证明的事实），还是刘平和石元孙二人，范仲淹模糊
其词，并未指实。因此，仁宗可以理解为，石元孙与刘平两员大将领
兵救援延州，与敌血战，兵死粮绝，力气耗尽，在一切努力失败之后，
石元孙一个人做了俘虏。仁宗也可以理解为，刘平与石元孙两员大将
率兵与党项人浴血苦战，弹尽粮绝之后，双双被俘——石元孙和刘平
都做了俘虏，刘平被俘的传言可能属实！原谅石元孙就等于原谅刘平，
以及更多战败被俘的宋军将领。宋夏战争之初的形势是那般恶劣，整
个国家都准备不足，边防军从上到下都缺乏战斗经验，刘平等人虽然
战败被俘，但是已然竭尽全力，唯有宽容安抚，才能避免武人寒心，
鼓舞士气。这就是范仲淹话中的玄机。他在向仁宗呼吁，承认历史，
接受现实，勇敢面对。

只可惜，诚实而勇敢的人实在太少。大多数人都倾向于苟且了事。
石元孙投降，既然人已经放回来，那就实在没什么可隐瞒的了。然而，
刘平既然未见生还，则必须已死。石元孙可以投降，刘平却是万万不
能投降的。因为二人身份不同。石元孙是开国元勋石守信的孙子，属
于地地道道的武人，对武人，宋朝社会的道德要求没那么高。石元孙
投降，可以接受，可以原谅。刘平则不同，他失踪之时的身份是武官、

---

[1] 范之柔：《范文正公年谱补遗》，见《范仲淹全集》附录二，第830—831页。

大将，然而这员大将却是进士出身，是从文官换授过去的武官。

宋朝实行崇文政策，从第二个皇帝宋太宗开始，更是大开科举之门。经过太祖、太宗、真宗、仁宗四代君主的涵育培养，宋朝建国八十年之后，文官的政治地位、社会地位已经大大地超过武官，进士出身者更成为文官当中最尊贵也是最重要的一群，宰相、枢密使、三司使是进士出身，谏官、御史是进士出身，负责转运财赋的是进士出身，知州、县令是进士出身，从宋夏战争开始，连边防大帅也换成了进士出身的文官。进士出身就像是闪闪发光的金字招牌，昭示着大好前程；而且，这前程不靠祖宗不靠别人，靠的是"五经勤向窗前读"，囊萤映雪、悬梁刺股的个人奋斗。书读得好，便有可能"朝为田舍郎，暮登天子堂"，全社会读书应举蔚然成风，包括武人家的成器儿孙。刘平就是一个武官子弟转型成功的典范。

真宗景德二年，刘平进士及第，一共做了十九年的文官，可以说是官声卓著，当过知州、御史、三司盐铁判官。直到仁宗天圣元年，经掌权的刘太后主动提议，刘平在五十出头时才换授武官。换是换了，他的进士出身还在，他的同年关系还在，他在过去十九年中作为文官积攒下来的社会关系还在。按制度，换武之后的刘平是武官；论感情，在文官的心中，刘平还是自己人，是高贵的进士文官的一分子。所以，文官们吹捧他、爱护他，对他寄予厚望，希望他能在武官的岗位上干出普通武官无法完成的事业来，为进士文官争气，拓展文官神话。对于刘平，文官们"爱之也深，责之也切"。在他们看来，刘平就应该打胜仗，打不了胜仗也应该为国捐躯，表现出高于普通武官的士大夫气节。这就是刘平断断不能降的原因所在。

庆历五年石元孙的归来让本来就有致命伤的刘平忠烈神话出现了

明显的漏洞，也让刘平一家感到了恐惧。范仲淹的求情中已经隐含了揭开盖子、恢复真相的可能，但是，认识水平能够企及范仲淹的又有几个？对大多数苟且之辈来说，既然刘平本人并没有活生生地出现，那么，又何必自打嘴巴，自己打碎自己树立的偶像？在真相面前，大多数"相关人士"选择了闭目塞听、装聋作哑。

也许是范仲淹的求情发挥了作用，也许是仁宗最终还是恢复了理智，原谅了石元孙，石元孙终于在有生之年回到了开封亲人身边，在家中去世，终年七十二岁。而刘平英勇殉国的事迹仍然在官方话语中继续讲述。只是，明白人都知道，那是一个谎言。对一个已经戳破的谎言，可以有两种处理办法：一是让它自生自灭，利用人类的忘性，让时间冲淡一切，这是聪明的做法；还有一种愚蠢的做法，是编造一个新的谎言来掩盖它。

刘庆孙奇怪的招魂葬申请，就是一个为了掩盖真相而试图制造的新谎言。刘平早已客死他乡，石元孙也在寂寞中与世长辞。这一年，距离刘平战败被俘有十一年，距离石元孙归来有六年。十一年的岁月磨蚀，如果不再反复强调，是足以让人们忘记一个英雄的，不管他是真的，还是假的。六年的时光，也足以让人们忘记石元孙归国带来的震动。当时间已经长到足以冲淡有关刘平的一切，刘平之子却主动提出招魂葬，意欲何为？

除了贪婪，我想不出更合适的理由。刘家必是早已得知刘平的确切死讯，希望通过招魂葬确认刘平的忠烈地位，同时谋求进一步的好处。司马光给朝廷的建议如下："今刘庆孙等所请招魂葬，不可听许。所有将见赠官品定谥，则乞依条例施行。"刘平的赠官是十一年前就有的，刘家人想要的是定谥，也就是谥号。谥号是对一个人的盖棺论定。

根据宋朝制度，谥号通常是在大臣死亡之后、下葬之前这段时间产生，由死者家属整理死者生平事迹上报，太常礼院拟定，报皇帝批准。葬礼与定谥相关联，刘家想要的就是一个体面的葬礼和一个光荣的谥号，把刘平忠烈之士的荣光刻在石头上，让它看得见，摸得着，堵别人的嘴，安自家的心。这应当就是刘庆孙提出招魂葬申请所打的如意算盘。只可惜，有司马光等礼官的阻拦，招魂葬申请被驳回，刘平的定谥问题也只好搁置。直到六年之后，刘平才得到了"壮愍"的谥号。[1]当然，那就与司马光无关了。

司马光代表太常礼院起草的《论刘平招魂葬状》，语气仍然平和。可是，他的内心却难以平静。用新谎言去遮盖旧谎言，这完全违背了他自幼所受的教育。而在审查刘平事迹的过程中，司马光又发现了更大、更荒唐、更离奇的谎言，自幼所信奉的道德原则受到严厉挑战，司马光经历着深刻的灰色震荡。

在年轻的司马光看来，刘平招魂葬事件的是非是不言自明的：招魂葬不合礼法，纯属荒唐；刘平战败降敌，并无殉国壮举；当年信息混乱，误判为殉国，不能纠正，也就罢了，如今给刘平招魂、风光大葬，岂不自取其辱?！刘家人贪利，大宋朝廷却没有必要继续赔上尊严，取笑邻国！然而，对宰相大臣们来说，此事却是重之又重的，重得让他们张不开嘴，说不出话。面对刘平未死的事实，宰相大臣集体失语，沉默以对。而这些大臣当中的代表人物便是宰相文彦博和枢密使庞籍。他们情愿让流言满天飞，情愿让朝廷继续丧失信誉，也一言不发。

想当年，刘平失踪之后，宦官黄德和告刘平投敌，朝廷在河中

[1] 见司马光：《论刘平招魂葬状》，见《温国文正公文集》卷一六。

府成立专案组调查此案。仁宗钦点的办案人员有三位，第一位是殿中侍御史文彦博，第二位是一名宦官，第三位就是庞籍。刘平能够洗刷投敌的耻辱，被打造成节烈的标杆，文彦博和庞籍出力最多。如今文彦博和庞籍主政，要让他们亲手把自己树立起来的偶像打碎，谈何容易?! 况且，从现实政治的角度看，牵一发而动全身，如果承认刘平并非殉国，不是忠烈，且不论虚的、大的，比如朝廷的面子，只说那些具体的、实在的，就已经是一团乱麻，无法收拾。刘家的恩典怎么办? 黄德和怎么办? 他是因为诬告刘平被处以死刑的。杀错了吗? 没杀错，一个临阵逃脱、陷主帅于死地的监军，该杀。但如果要翻刘平的案子，免不了会有人跳出来翻黄德和的案子。到那时，必然又是一场混乱，该如何收拾? 因此，从文彦博和庞籍的角度来看，对待刘平最好的办法，于私于公，都只能是以静制动，让时间来做主，等待刘平被俘的事实沉入岁月的湖底。至于刘平的儿子提出要为刘平举行招魂葬，在文彦博、庞籍看来，这是一个愚蠢而危险的提议，因为它很可能会再一次把刘平被俘的事实从湖底翻起，搅动一池春水，甚至卷起轩然大波。刘平怎么生了这么一个贪婪、愚蠢、不懂事的儿子?! 文彦博和庞籍暗地里摇头叹息，却也不敢有什么主动的表示，只好沉默着，静观其变。他们的做法，虽然在更年轻的一辈看来不够有原则，但至少跟刘家拉开了距离，没有用新谎言来掩盖旧谎言。从某种意义上说，这是基于历史和现实的合适决定。未必完全正确，但是基本合适。

　　因为背负着历史包袱，文彦博和庞籍只能沉默，无法出声。因为没有历史包袱，司马光和他的太常礼院同事们做出了驳回刘平招魂葬申请的决定。从某种意义上说，这个决定其实"解放"了文彦博和庞籍，让他们可以不必在现实和历史之间继续挣扎。通过刘平招魂葬事件，司马光跟他所崇敬的父辈拉开了距离，在宋朝的政治舞台上走出了属于自己的独立姿态。在这个过程中，我们看到了司马光政治生命的成长，也看到了庞籍、文彦博的宽容、大度，他们没有护短，用历史来葬送现实，而是尊重和接受年轻一代的建议，对年轻一代的新姿态采取了宽容鼓励的态度。从这个意义上说，庞籍是真正爱护学生的老师。经此一事，司马光对政治的认知加深加厚了，司马光与庞籍之间的关系，也没有因为司马光的独立而疏远，相反，他们由于彼此间的理解而更趋近密。

站在司马光的角度，理解了庞籍、文彦博在刘平事件中的为难，也就懂得了历史与现实之间的联系。历史太重要，古可以为今鉴，过去从未离开，只不过换了一种方式潜藏在现实之中，现实总是在历史的遗迹中走向未来。人事复杂、利益纠缠，政治中的人，特别是高层政治人物，牵扯太多，一举一动，必须慎重，不能不动，动则不能不慎。刘平招魂葬事件，给了司马光一次深刻的灰色震荡，让司马光对现实政治中的"灰色地带"有了切实的认识和理解。除此之外，它还让司马光与恩师庞籍之间的关系有了微妙的变化，让司马光开始呈现更加独立的、不同于庞籍的政治形象。

然而，刘平事件对司马光的影响远不只这些。在审查招魂葬请求的过程当中，司马光有了一个新的发现，这一发现对他的影响是震撼性的。李焘《续资治通鉴长编》记载说：

（皇祐三年十月）史馆检讨司马光以时政记及起
居注并不载元昊叛命、契丹遣使事。会庞籍监修国史，
光请即枢密院追寻本末，自至史馆议之。修撰孙抃谓

国恶不可书，其事遂寝。[1]

　　司马光于皇祐三年七月从馆阁校勘升任史馆检讨，成为宋朝国史馆的一名史官，同时仍兼任礼官。为寻找与刘平相关的记载，司马光调阅了"时政记"和"起居注"。"时政记"和"起居注"是两种本朝史料汇编，重点记录以皇帝为中心的各种国家大事。皇帝临朝听政，起居官旁听记录，称为"起居注"；皇帝与宰相、枢密使讨论军国大政，起居官无权列席，则由宰相、枢密使亲笔记录，称为"时政记"。"国之大事，在祀与戎"，照理说，像宋夏战争、宋辽关系这类关系安危存亡的大事，"时政记""起居注"应当有详细记载。可是，司马光查来查去，竟然查不到一点记载，"时政记"没有记，"起居注"也没有！而"起居注""时政记"却是未来编修本朝国史的主要基础。如此大事完全缺载，岂不荒唐?!

　　然而还有更荒唐的。这一年的十月，庞籍高升了宰相，兼任监修国史，成为史馆名义上的最高长官。近水楼台，司马光征得同意，到枢密院查阅了宋夏战争期间的有关档案。然后，他到史馆，想要跟各位同僚商量如何填补记载漏洞，把历史补全。让司马光万万没有想到的是，这一要求竟然遭遇到史馆修撰孙抃理直气壮的拒绝。孙抃的理由是"国恶不可书"——国家的问题、错误、耻辱不得记载！这说法简直荒唐透顶。倘若只能歌功颂德，凡是问题、疏漏、错误、罪行，只要是负面的、阴暗的、丢脸的，都要一概省略，那还能叫作历史吗?史书的力量，不正在于秉笔直书、忠实记录过去吗?!难道"不书"

[1]《续资治通鉴长编》卷一七一，第4116页。

就等于不曾发生吗？凡所发生，必有原因。有意遗忘只能在未来重蹈覆辙，在同样的地方犯同样的错误。面对理直气壮的孙抃，司马光简直出离愤怒！孙抃哪里配做一个史官？他根本不懂得何者为史。然而，这种荒唐的意见竟然占了上风——史馆里多的是像孙抃这样不学无术、没有历史责任感的史官！而庞籍身为宰相，只是史馆名义上的负责人，就算支持司马光，又哪里理会得了这许多?! 更何况，在庞籍眼里，记与不记，又差多少？司马光的建议胎死腹中，"其事遂寝"，就这样不了了之了。

"国恶不可书"充分暴露了官僚集团对于历史记载的漠然态度，这种漠然由来已久、流弊深远，它与司马光对历史的认识构成了剧烈冲突，让他感到震惊、愤怒，也激发了他补足本朝缺史，为未来留一份真实记录的决心。多年以后，在为哲宗皇帝编纂的本朝历史大事简编中，司马光郑重地记下了这样一笔：

> 康定元年正月，元昊……围延州。甲戌，大败官军于三川口，执刘平、石元孙。会大雪，解围去。[1]

在战场上被"执"，当然就是做了俘虏。刘平与石元孙在三川口之战中做了俘虏，他不是忠烈之士，官方的宣传撒了谎。关于宋夏战争、关于刘平，司马光终于让历史显现出了它的本来面目。

当然，这是后话。回到1051年，年轻的史官司马光是愤怒而无奈的。

◇◇◇◇◇◇◇◇◇◇◇◇

[1] 司马光：《稽古录》卷一九《宋仁宗》，见王瑞来点校，王水照主编：《司马光全集》，上海人民出版社，2022年，第604页。

他的前辈坚信"国恶不可书"，他的恩师庞籍也不觉得少写几行、漏记几件有什么要紧。人微言轻，司马光只能把理想放在心里，暗下决心，在未来，当自己能够做主书写的时候，一定要秉笔直书，用真实记录来惩恶扬善。当下，他能够做主的，是在礼官的职权范围内坚持原则，用适当的礼仪来维护正义和秩序。因此，面对刘平的招魂葬申请，他毫不犹豫地投了否决票。一个礼官所需要的非凡勇气，司马光毫不缺乏。

03 皇帝的私心

一波未平，一波又起，刘平招魂葬风波刚刚平息，司马光又迎来了新的挑战。这一次，礼官司马光所要对抗的是皇帝的私人情感。

就在这一年的九月，前任枢密使夏竦去世了。仁宗表达了非同一般的伤心和哀痛。夏竦是在病重之后请求从河阳（今河南焦作孟州市西）回京治疗的，仁宗先派了太医快马加鞭去迎，又担心夏竦身子弱、禁不住舟车劳顿，派了肩舆去接。皇帝的恩典加上最好的医疗条件，也没能留住夏竦，回到开封没多久，夏竦就去世了。死讯传来，仁宗第一时间赶往夏府祭奠；九天之后，又在宫中为夏竦"成服"举哀。[1]夏竦之事，足见仁宗的长情仁义。仁宗五岁开蒙读书，夏竦是他的启

---

[1] 见《续资治通鉴长编》卷一七一，第 4109 页。

蒙老师，三年相处，感情深厚。如今人没了，只能在身后哀荣上下功夫。仁宗给了夏竦太师、中书令的赠官，又想给夏竦"文正"的谥号，却没想到开封舆论大哗。司马光代表太常礼院上疏表示反对。

夏竦哪里配不上"文正"二字？一个细节足以表明他在时人心中的印象。夏竦因病请求自河阳返京，可是，当时很多人都觉得这老家伙是在装病耍花招，想要趁机图谋重新回朝。这话甚至传到了仁宗耳中，以至于夏竦死后，仁宗亲临吊丧之时，特地让人拿掉蒙在死者脸上的面幕，要亲眼看看夏竦的样子。看到夏竦"颜色枯悴"，仁宗愤愤不平地对身边人说："竦枯悴若此，疾岂诈乎？"[1]别人说夏竦装病，仁宗为夏竦感到不平；但是，仁宗却不肯多想，为何夏竦口碑如此之差。小孩子对启蒙老师的爱蒙住了仁宗的眼睛，让他忽略了太多明显的事实。比如，宋夏战争期间，夏竦身为陕西前线最高指挥官，胆怯畏战，既拿不出什么御敌方案，也没有身先士卒的态度，好不容易出去巡视一次边防，还带着侍婢，差一点就激起兵变。又比如，夏竦担任枢密使期间，贝州王则反叛，明镐在前线领兵浴血奋战，夏竦却在背后给他使绊子。这样一个人，怎么配得上"文正"这样高贵的谥号呢?! 夏竦"以文学起家，有名一时，朝廷大典策屡以属之"[2]，是公认的大手笔，"文"字当得起，唯独一个"正"字，却毫不搭界。

人们反对夏竦谥"文正"，还有一个原因，是仁宗给夏竦"文正"的方式不符合程序，属于私相授受。皇帝也需要遵守制度吗？要的! 在当时的宋朝，制度必须遵守，即使皇帝也不例外。皇权至高无上，

---

[1]《续资治通鉴长编》卷一七一，第 4109 页。

[2]《宋史》卷二八三《夏竦传》，第 9576 页。

皇权的稳定与国家的长治久安是一致的，这是帝制国家的基本原则，所有的规章制度、礼仪程序都服务于这一原则。然而，规章制度、礼仪程序一旦制定，就应当得到遵守。遵守制度、照章办事，对皇权、对江山社稷有利。关于这一点，当时的宋朝中央有着高度一致的认识。而仁宗给夏竦谥"文正"，恰恰违反了程序，不符合制度，是对礼法的破坏。司马光在反对夏竦谥"文正"的奏状中首先提出来的，就是程序问题。他引用了《丧葬令》中的相关文字："诸谥，王公及职事官三品以上，皆录行状申省，考功勘校，下太常礼院拟谥讫，申省议定，奏闻。"[1]

《丧葬令》是宋朝国家有关丧葬制度的法令。按照《丧葬令》，只有王公以及三品以上官员才有资格向朝廷申请谥号，且有着严格的程序。第一，由家属整理死者行状，即生平事迹概述上报到尚书省。第二，核实行状。尚书省吏部的考功司要对家属上报的"行状"进行核实。行状出自亲友之手，当然只说好话不说坏话，大话谎话有时也在所难免，因此，不能全信，必须核实。第三，礼官拟谥。考功司将核实好的行状送交太常礼院，礼官根据死者的生前事迹、是非功过，草拟谥号，上报尚书省。第四，开会讨论。尚书省集合相关官员会议讨论，审核礼院所拟谥号，如果妥当，上报宰相。第五，宰相奏闻。宰相府将拟定的谥号上报皇帝，再以皇帝敕令的形式下发到考功司。第六，发放"证书"。由考功司将最后形成的谥号以敕牒的形式发放到死者家属手中。[2]

---

[1] 司马光：《论夏令公谥状》，见《温国文正公文集》卷一六。

[2] 《宋史》卷一二四《礼二十七》，第2913页。

　　只有经过上述六步产生出来的谥号才是合乎制度礼法的。在谥号产生过程中，皇帝所起的作用，是作为朝廷国家的首脑与皇权的具体代表赋予"有司"的行为及其结果合法性。审核行状、拟定谥号、会议讨论皆"有司"之事，皇帝（甚至宰相）并没有实质性参与。谥号产生之后的"奏闻"环节，不同于带有审核意义的批准，而是奏报皇帝知晓，并由此获得皇权的加持。这是正常情况。

　　然而，夏竦的"文正"谥号却是仁宗御笔亲拟的。起初，夏竦的谥号也是走了正常程序的，得到的结果是"文献"。"献，贤也""聪明睿智曰献"。[1] 这一谥号送到知制诰王洙手中，要形成正式的颁授文书时，出了问题。王洙指出，"文献"与本朝僖祖——开国皇帝赵匡胤的高祖父赵朓的谥号重了，"臣下不当与僖祖同谥"。[2] 既然如此，夏竦的谥号应当发回太常礼院重审，再拟新谥。就在这个节骨眼儿上，仁宗动了私心，决定绕过宰相和有司，给心爱的老师一个崇高的谥号，"特赐谥文正"。[3]

　　这一绕，绕出了巨大麻烦。司马光在奏状中直言不讳，指出仁宗这么做是私心作祟，他写道：

> 　　陛下圣德涵容，如天如地，哀愍旧臣，恩厚无已。知竦平生不协群望，不欲委之有司，概以公议，且将掩覆其短，推见所长，故定谥于中，而后宣示于外。

[1] 苏洵：《谥法》卷一。

[2] 见《宋史》卷二九四《王洙传》，第 9815 页。

[3] 见司马光：《论夏令公谥状》，见《温国文正公文集》卷一六。

这段话的大意是：

陛下的包容之德宽大如天地，对东宫旧臣格外关照，恩宠无限。明知道夏竦的生平不孚众望，所以根本就不想把夏竦的谥号交给有关部门来拟，用公议来评价夏竦。陛下心里想的，就是怎样掩盖夏竦的短处，褒扬他的长处，所以，才在宫里头定了个谥号，然后就对外宣布了。

接下来，司马光直斥仁宗的私心：

> 臣等谓犹宜择中流之谥，使与行实粗相应者，取以赐之，亦非群臣所敢议也。今乃谥以文正，二者，谥之至美，无以复加。虽以周公之才，不敢兼取。况如竦者，岂易克当？所谓名与实爽，谥与行违。传之永久，何以为法！

大意如下：

我们觉得，如果陛下只是选个中等的谥号，让它与夏竦的实际行为大致对得上，臣僚们也不敢非议。可是，您竟然想要给夏竦谥"文正"。"文"和"正"，是两个最美好的谥号，再没有比"文正"更崇高的了。即便是周公那样的人才，都难说是"文""正"两全。更何况像夏竦这样的，怎么配得上"文正"二字?! 给夏竦谥"文正"，这就是人们所说的名实相悖，谥号与行为乖离。这种做法，怎么给后代子孙做榜样?!

对于仁宗绕开制度私相授受的行为，不仅司马光代表太常礼院提出了批评，考功司的负责人刘敞也表达了严正抗议。刘敞说："谥者，有司之事也。竦奸邪，而陛下谥之以正，不应法，且侵臣官。"[1] 大意是，定谥，是有司的职权范围。夏竦奸邪，而陛下却给他"正"字，不符合谥法，而且侵犯了我的职责。

"百司各得守其职"[2]，陛下不得"侵臣官"，职责所在，即使是皇帝也不能侵犯。这是司马光与刘敞的共同抗议，能否奏效，还要看仁宗。

司马光的奏状是皇祐四年（1052）七月十三日报上去的，仁宗迟迟未予理睬。仁宗应当是想拖，拖一拖，时间一长，说不定就混过去了。但是，很不幸，他碰到了司马光和刘敞。等了十天之后，七月二十三日，司马光上了第二道奏状。这第二道奏状柔中带刚，劲道十足。司马光首先回顾前情，"获悉陛下有旨，要赐给夏竦'文正'的美谥，我们立刻上疏请求陛下改正错误，收回成命。可是，直到今天，也没有见到陛下的行动"。司马光接着写道："臣等窃以凡为人臣，受禄不必多，居位不必高；苟当官不言，则刑戮之人也。是以夙夜惶惧，不敢默默。" [3]

这一段文字，铁骨铮铮，有担当，有胆识，实在是道义之言，值得特别表彰。它的大意是，我们心里都觉得，做臣子的，待遇可以不优厚，地位可以不崇高，但如果明明是职责所系却闭口不言，那就该杀头。所以，我们一天到晚都觉得惶恐畏惧，不敢继续保持沉默。

皇帝绕开有司，要为夏竦私自定谥"文正"，作为礼官，岂能沉默?!

◇◇◇◇◇◇◇◇◇◇◇◇◇◇

[1]《续资治通鉴长编》卷一七一，第 4108 页。

[2]《宋史》卷三一九《刘敞传》，第 10383 页。《东都事略》卷七六《刘敞传》。

[3] 司马光：《论夏令公谥第二状》，见《温国文正公文集》卷一六。

接下来，司马光表明了"有司"的三点立场。

第一，夏竦的生平事迹配不上"文正"两个字。"道德博闻曰文"，说的是"所学所行不离于道德"；"靖共其位曰正"，说的是为人正直。"文"和"正"强调的都是践行道德，而夏竦"奢侈无度，聚敛无厌，内则不能制义于闺门，外则不能立效于边鄙"，贪婪淫荡，生活作风腐化堕落，为人狡诈，守边无功。这样一个人，"陛下乃以文正谥之。臣等戆愚，不达大体，不知复以何谥待天下之正人良士哉！"

第二，陛下在夏竦谥号的问题上私心太重。陛下给夏竦美谥，是因为夏竦是东宫旧臣。可是，东宫旧臣一大把，"死而得谥者非一，陛下未尝亲有所定"。只有夏竦是个例外，这难道不正是因为陛下知道夏竦的所作所为不得人心吗？如果陛下觉得夏竦的确正直，那么为何不把这件事交给有司，交给公议？陛下的初衷是护夏竦的短，结果却弄得尽人皆知。这种做法，实在是得不偿失。

第三，用崇高的谥号来还人情，满足私心，后果不堪设想。谥号就是一个名义上的东西，为什么人们还重视它？因为它能够公正地反映一个人的是非功过，可以起到劝善沮恶的作用。"谥法所以信于后人者，为其善善恶恶无私也。"如果陛下把谥号当作礼物来酬谢私恩，让谥号失去了公正性，那就会让人们觉得谥号就是个虚名。让夏竦这样的"不令之臣"，"生则盗其禄位，死则盗其荣名"，久而久之，便会导致"善者不知所劝，恶者不知所惧"，进而彻底摧毁整个社会的道德标准，"臧否颠倒，不可复振"。[1]

一言以蔽之，夏竦谥"文正"，满足的是皇帝的私情，破坏的却

[1] 见司马光：《论夏令公谥第二状》，见《温国文正公文集》卷一六。

是大宋王朝长治久安的基础，一个社会赖以存续的道德秩序。兹事体大，唯望陛下三思！

仁宗读到这里，很难不动容。在奏状的最后，司马光却没有坚持把夏竦定谥案发回有司重审，相反，他请求仁宗体察公论、采纳礼官建议，自己动手，为夏竦改谥。

这是帝制时期的一个官员所能做出的最佳选择——说服皇帝自己改正错误。帝制时期的最高原则是皇权至上，皇帝与制度，如果必须有一个显示弹性的话，那么，一般来说不会是皇帝。武则天当皇帝的时候，有人诬告宰相刘祎之受贿、私通他人侍妾，武则天下令刘祎之停职待审。办案人员奉命向刘祎之出示了皇帝所签发的"敕"书，刘祎之嗤之以鼻，说："不经凤阁鸾台，何名为敕！"凤阁、鸾台指中书、门下两省，敕书虽以皇帝的名义颁布，但按照制度，下发之前，须经中书、门下两省讨论审核。武则天未经中书、门下就直接发敕，不符合程序，因此遭到刘祎之的怒斥："没有经过凤阁、鸾台，叫什么敕书?！"然而结果又怎样？武则天大怒，认为刘祎之这是公然对抗皇帝特使，干脆下令"赐死于家"。[1] 这个故事中引用频率最高的，是刘祎之那句"不经凤阁鸾台，何名为敕"。学者用它说明唐代的敕旨必须经过中书、门下的审核，不是皇帝的一言堂。但是，如果我们完整地观察整个故事，就必须承认：皇权还是比制度大。皇帝的合作是制度得以顺利推行、程序正义得以延续的基础。

站在司马光的角度来看，有司定谥的程序正义固然重要，然而还有比程序正义更为重要的原则，那就是让谥号公正地反映是非公论，

---

[1] 见《旧唐书》卷八七《刘祎之传》，第 2848 页。

发挥道德杠杆的作用，维护"国家之至公"。在程序正义与是非公论之上，则隐然矗立着司马光所信仰的帝制时期的最高正义——君权至上，"臣有事业，君不信任之，则不能以成"。

司马光的第二道奏状、刘敞的第三道奏状递上去，仁宗终于回心转意了，"奉圣旨改谥文庄"[1]。夏竦，从此被称为"夏文庄公"。

04 庞籍罢相

正当司马光在开封政坛顺风顺水、崭露头角之时，他的恩师庞籍却遭遇了个人政治生涯的一次重大挫折。皇祐五年（1053）闰七月，庞籍罢相，"以本官知郓州（治今山东东平一带）"。一般而言，旧相出镇，在职位降低的同时，会适当调高个人级别，以示恩宠；"以本官知郓州"，等于背负了处分。秋天到来之前，庞籍黯然离京。

庞籍的下台始于一桩闹剧般的诈骗案。

在这场闹剧中，第一个出场的是齐州（治今山东济南）人皇甫渊。此人帮助官府捉拿贼寇有功，按律应得赏钱若干，可是他不稀罕钱，一心想当官，于是向官府申请把赏钱兑换成官位。而当地政府却未

---

[1] 司马光：《论夏令公谥第二状》题注，见《温国文正公文集》卷一六。

予理会。[1]

一个官儿迷表达了贪欲，第二个贪婪的人随即上场，这就是道士赵清贶，赵清贶向皇甫渊表示可以帮助他实现梦想。赵道士是当朝宰相庞籍的亲外甥，自诩手眼通天。赵道士引着皇甫渊进京，给他引见了一位"堂吏"，也就是宰相府办事员。这位堂吏是第三个上场的贪婪的人。皇甫渊随即将贿款双手奉上。这钱的大头儿当然是给庞相公的。然而，到这个时候为止，庞籍本人对这一切毫不知情。

皇甫渊交了钱，却许久不见委任状下来，赵道士也不见了人影。于是皇甫渊就跑到待漏院的门口去堵截庞籍。待漏院是百官上朝之前集合休息的地方。隔着威严的仪仗，皇甫渊只能在外围叫嚷抗议。庞籍不明就里，感觉官威受到侵犯，又担心在同僚下属面前造成恶劣影响，于是就"勒渊归齐州"。[2] 这样一个微不足道的小人物，庞籍并未放在眼里，只当他是无理取闹。

在皇甫渊的吵闹叫喊声中，庞籍很不情愿地登场，又很不耐烦地要强行结束这不愉快的插曲。遣送了皇甫渊，庞籍自认是结束了一场闹剧，却万万没想到其实是开启了一场悲剧。

此时，第四个关键人物上场，此人也是一个"小吏"。可能是出于正义感的驱使，也可能是有意为皇甫渊张目，"小吏"向庞籍告发，赵清贶与堂吏假借庞籍的名义诈骗皇甫渊钱财。

庞籍闻言，立即命人把赵清贶和收受贿赂的堂吏一起捆起来，移

---

[1] 这种事情需要地方政府的保举，比如这一年的九月，就有一位京东路的举人周端"捕强盗十四，而亲擒者七人"，受到京东路安抚司的保举，获得了官员身份。见《续资治通鉴长编》卷一七五，第4232页。

[2] 见《续资治通鉴长编》卷一七五，第4223页。

送开封府处置。作为一个真正有政治理想的人，庞籍律己、治家都很严。据司马光回忆，庞籍本人"闺门燕居，人不见其有惰容"，"子弟虽爱之甚，常庄色以诲之"。[1] 他爱惜羽毛，看重声誉。当年从陕西前线立功入朝，庞籍本可以为长子庞之道表功请赏，然而，庞之道却能主动提出把功劳让给别人。这是庞籍所赞许的人生态度——立大志，开心胸，着眼于长远的未来，而非一时一事的得失。为了有数的钱财赔上清名令誉、无限前途，这样的蠢事，庞籍是看不上的。把赵清贶和堂吏移送开封府，可以说是他的本能反应。

证据确凿，人犯又是宰相送来的，开封府很快做出裁决，道士赵清贶及涉事堂吏"皆坐赃刺配岭外"。[2] 事情进行到这里，庞籍的做法可以说是大义凛然、无可挑剔的。

那么，此案又是如何导致庞籍罢相下台的呢？

赵清贶死了。刚刚离开开封进入许州（今河南许昌）境，犯人赵清贶就一命呜呼了。谏官韩绛因此弹劾庞籍"阴讽府杖杀清贶以灭口，又言事当付枢密院，不当中书自行"[3]，这就是南宋历史学家李焘对庞籍下台原因的记载。据此，庞籍下台是因为谏官韩绛的弹劾，而韩绛弹劾庞籍的罪名是两项：第一，庞籍为灭口，暗示开封府在行刑的时候痛下杀手，最终导致了赵清贶的死亡；第二，庞籍在赵清贶一案中有处置不当情节，自行处置了本该由枢密院掌管的事务。

那么，这两项罪名是否成立？如果成立，又是否足以导致庞籍下

---

[1] 见司马光：《太子太保庞公墓志铭》，见《温国文正公文集》卷七六。

[2] 见《续资治通鉴长编》卷一七五，第4223页。

[3]《续资治通鉴长编》卷一七五，第4223页。

台呢？

先看第二项。韩绛所说"当付枢密院，不当中书自行"的"事"究竟指什么？我认为，它指的应当是皇甫渊捕盗功劳的奖赏方式问题——赏钱还是授官，此"事"归枢密院掌管，宰相的确无权处置。但是，话又说回来，庞籍本人从未插手此事；就连赵清贶，也只是说说，并无真正动作。因此，这项罪名基本不成立。而且，这一项就算成立，也不至于导致宰相下台的严重后果。

要命的是第一项，倚仗权势杀人灭口，这是恶性刑事犯罪。这一项又是否站得住脚呢？

赵清贶的确是在流放途中毙命的，这是事实。[1] 赵清贶受过重刑，身上有伤，他上路的时候又是夏天，天气闷热。一个身负重伤的人在湿热的天气里赶路，必然会加重伤口感染，如果押解的公差不加体恤，不许医治，不让休息，那么，死亡简直就是必然的。而开封府在执行杖刑的过程中，也的确存在问题——"杖近脊下"[2]，应当打在臀部的杖打得太靠上，伤到了脊柱，造成了致命伤。

如果此事属实，那么，庞籍至少有三宗罪：首先，作为宰相，没能管好亲属，导致赵清贶以卖官为由诈骗钱财，破坏了大宋朝廷的名誉；其次，作为舅舅，没能教育好赵清贶，又在事发之后导致了赵清贶的死亡，这是多么残忍；最后，作为宰相、百官的表率，竟然为了一己私利，指使开封府杀人灭口，简直罪大恶极！

丑闻在开封迅速流传，急剧发酵。一时之间，朝堂之下、衙门内外、

---

[1] 见司马光：《太子太保庞公墓志铭》，见《温国文正公文集》卷七六。

[2]《续资治通鉴长编》卷一七五，第 4226 页。

图二八 ⊙ 明 佚名 《帝鉴图说·览图禁杖》

《览图禁杖》出自明代张居正编撰的《帝鉴图说》，讲的是唐太宗览《明堂针灸图》后，命臣子传旨下去禁止杖背的故事。张居正通过这个故事规劝明神宗向先贤学习为君之道，要体恤百姓，适当减少杖责，可见其良苦用心。

街头巷尾，人们窃窃私语、佐餐下酒的，都是这件事。各种天马行空的"合理"想象、添油加醋的细节推演，像灰尘一样漫天飞舞，让人们感到义愤、新奇和刺激。对普通大众来说，真相是什么，反而不那么重要，重要的是够惊奇、够刺激。然而，对仁宗、庞籍和宋朝政府来说，真相却是必须追寻的。宰相的清白也是政府的清白，事关国家的颜面。那么，真相究竟如何？庞籍有没有指使开封府对亲外甥赵清贶杀人灭口？韩绛的指控是否属实？

答案是否定的。李焘在记录赵清贶之死与韩绛对庞籍的指控之后，还记录了宋朝政府对于此案的调查结果，"然谓籍阴讽开封，覆之无实"。[1] 照此说来，庞籍是无辜的。只是，在得出这个结论的时候，庞籍早已下台多日，一切都已不可挽回！

庞籍于闰七月初罢相，月底离京，而调查结果的出台最晚不过十月初得出。那么，仁宗为什么不能等调查结果出来之后再做决定？

庞籍死后，司马光回思往事，这样总结庞籍下台的前因后果：在"赵清贶事件"发生之前，庞籍已经得罪了太多的人，"内外怨疾颇多"。"赵清贶事件"的发生则给了这些"怨疾"一个强大的出口，"言事者乘此争诋毁公，协力排之"，由此形成巨大的舆论压力。仁宗"虽知公无罪"，但是，顶不住压力，"欲厌言者之心"[2]，想要平息舆论，于是，就匆匆忙忙地把庞籍送走了。国之宰辅，一位功勋卓著、富有经验的老资格政治家，就这样被赶下了中央领导岗位。"怨疾"势力之强大可想而知。他们是谁？

〰〰〰〰〰〰〰〰〰〰

[1] 见《续资治通鉴长编》卷一七五，第 4223 页。

[2] 司马光：《太子太保庞公墓志铭》，见《温国文正公文集》卷七六。

为首的那个，当然是谏官韩绛。《东都事略》和《宋史》的《韩绛传》都把驱逐庞籍作为韩绛任谏官期间的主要成果，说赵清贶死后，韩绛"奏请穷治"，"言籍讽府杀之"，最终导致庞籍和开封知府双双被贬。[1]

韩绛的背后，站立着台谏官这个特殊的群体。唐代，御史台"掌肃正朝列"，以宰相百官为监督对象；谏官"掌供奉讽谏，扈从乘舆"，以皇帝为工作对象。[2]宋朝"台谏合流"，御史台官和谏官之间区别缩小，整合成一支批评力量。台谏官人数虽然不多，但是能量巨大，引领、主导着开封的舆论走向。

论实权，台谏官与其主要批评对象皇帝、宰相大臣根本无法相提并论。然而，台谏官的能量来源不是权力，而是儒家道德和本朝传统所主张、维护的原则和正义。这是一个正常的社会，人们虽未必能时时遵守，但仍然相信原则和正义。因此，当台谏官义正词严地对皇帝、对宰相提出严厉批评、猛烈攻击的时候，那种把个人生死置之度外的凛然态度，那种一切以朝廷大局、江山社稷为重的浩然正气，是足以令权势畏惧瑟缩、屏息敛足的。

皇帝、宰相、台谏官构成大宋中央朝堂之上三支最重要的力量。皇帝是君，宰相、台谏官都是臣，臣对君只能劝谏，而劝谏是没有强制约束力的。归根结底，皇帝把握着宰相、台谏官的前途命运。在这三支力量当中，台谏官最大声也最弱小，他们只是中层官员，还在上

<hr />

[1] 见《东都事略》卷五八《韩亿传附子绛传》，《宋史》卷三一五《韩绛传》。

[2] 见李林甫等撰，陈仲夫点校：《唐六典》卷一三《御史台》、卷八《门下省》，中华书局，1992年，第387、247页。

升途中，需要舆论的支持，更需要皇帝的认可。宰相是政府首脑，最高级别的官僚，佐天子而理大政，位高权重，责任重大。台谏合流，以批评、纠正朝政缺失为主要目标，宰相自然首当其冲。

自从庆历新政失败之后，台谏官的火力越来越集中到宰相身上。宰相可以说是动辄得咎，轻易下台。庞籍是被台谏官赶下台的，庞籍的前任文彦博也是。

台谏官内部开始滋生出某些不良风气。比如，对内部的少数派、异见者采取"零容忍"态度——当台谏官采取统一行动时，不允许有人不合作。在弹劾庞籍的过程中，御史吴祕"独不弹奏"，跟整个台谏官群体唱了反调。这名唯一的反对派，在庞籍倒台之后，也遭到了罢职外放的处分。[1] 这种"零容忍"的态度，表面上提高了台谏官的批评效率，实质上却削弱了其行为的正当性——当批评者不容许批评，批评的意义何在?! 殿中侍御史唐介当着仁宗的面直斥宰相文彦博，而文彦博则为唐介辩护："台官言事，职也，愿不加罪。"[2] 文彦博如此说纵然是做姿态，但也是崇高的姿态。皇帝与宰相对台谏官大度包容，台谏官却不肯容纳内部的异己。

台谏官的不良风气还包括批评内容的避重就轻、避公就私。对朝政得失、真正的国家大事，他们不敢说、不愿意说或者说不到点子上。相反，对宰相大臣的私生活、那些说不清道不明的东西，却是津津乐道，勤于发现，勇于攻击。仁宗本人曾对这种风气表示不满，他说："古

---

[1] 见《续资治通鉴长编》卷一七五，第 4226 页。

[2]《宋史》卷三一六《唐介传》，第 10326—10330 页。《续资治通鉴长编》卷一七一，第 4113—4116 页。

之君子贵夫几谏，今则务讦人阴私，以沽直名，朕不取也。"[1] 包拯则引用真宗朝名相王旦的话，"迭相称誉近乎党，迭相纠讦近乎公"[2]，提醒仁宗要警惕台谏官为批评而批评、以廉价的攻讦赚取个人声望的倾向。

宰相与台谏官本来是合作关系，批评的目的是让朝政朝着更为正确的方向前进。但是，韩绛对庞籍的攻讦却浸透了偏狭浅陋。

庞籍于国有大功。皇祐四年，活动在宋朝南部边疆之外的部族首领侬智高发兵入侵宋朝领土，占领邕州（今广西南宁），建立"大南国"政权，试图割据广西。宋朝政府兴兵讨逆，吃了几轮败仗之后，只得从陕西前线调大将狄青前往剿灭。狄青军人出身，"面涅"犹存。在宋朝此时的政治文化中，军人出身者已被压到了官僚集团的最底层，文官对他们是断断不肯放心的。以韩绛为首的台谏官就认为"狄青武人，不可独任"，坚持要派一位高级文官去做狄青的副手——哪里是副手？分明是"太上统军"，真派这么个人去，必然会"视青无如也"，狄青的号令就没人听了，还打什么仗？！在这种情况下，是庞籍力排众议，为狄青的忠诚和作战能力打了包票，这才打消了仁宗的顾虑。[3]最终，狄青率军击败侬智高的军队，保住了宋朝的领土。

庞籍为什么敢为狄青担保？因为他在陕西当过边防大帅。宋夏战争爆发，宋朝能整顿边防、阻止西夏势力的蚕食，靠的就是边防三大帅范仲淹、韩琦和庞籍，而狄青是他和范仲淹一手培养、提拔起来的

[1]《续资治通鉴长编》卷一七〇，第 4089 页。

[2]《续资治通鉴长编》卷一七〇，第 4094 页。

[3] 见《续资治通鉴长编》卷一七三，第 4175—4176 页。

军人将领。对于宋朝军队的组织结构、作战能力，特别是文官和武官、军人之间的关系，庞籍有着最深刻的了解，他在军队和军人中有着崇高的声望。作为宰相，庞籍做出了正确的判断，承担起了自己应当承担的责任。但这就让他得罪了韩绛等台谏官，因为他说得对，他们说得不对，他的正确和博大正好映衬出他们的狭隘。

韩绛们不喜欢看见自己的狭隘。所以，韩绛不遗余力地攻击庞籍，其余的御史随即跟进，他们跟进还有一个非常具体的自私的理由——庞籍遏制了御史的快速升迁，恢复了御史任满必须先出任地方官的旧制。宦官也对庞籍表示不满——大宦官王守忠想要节度使的崇高头衔，遭到了庞籍的抵制。司马光说，在"赵清贶事件"发生之前，对庞籍的"内外怨疾"已经很多，"内"应当就是宦官，"外"主要就是这些台谏官。在"内外怨疾"的夹攻之下，在杀人灭口的指控之下，庞籍来不及辩白，就被赶出了中央。庞籍遭遇了他官僚生涯的滑铁卢，离开了宰相高位，在巨大的压力之下前往山东郓州就职。

受庞籍牵连外放的，还有开封知府吕公绰、推官孙锡、判官王砺，以及没有参与弹劾庞籍的御史吴祕。司马光与此案无关，所以他并未受到牵连，但是，他却与庞籍有关。

此时距离庆历五年正月庞籍荣升枢密副使已经过去了八年多。在这八年之中，庞籍由枢密副使、参知政事、枢密使一路高升，直到宰相，位极人臣。司马光的地位也在不断提高，他先是当了三年清闲的教书先生——国子监直讲，之后便入馆阁，兼任礼官、史官，级别也从中层跃升到上层，成为升朝官。一个三十五岁的官员能有这样的成绩，实属不易。要知道，这可不是宋朝刚刚建国、百废待兴、急需人才的时候了——到 1050 年，宋朝建国九十年，官场早已是人满为患，大多数人只能靠熬年头、混资历慢慢往上爬。司马光能走得这么顺，自身的高素质与庞籍的赏识提拔是两大必要条件，缺一不可。庞籍的政治生涯轨迹与司马光政治生命的成长轨迹显示出高度的一致性。如今，庞籍黯然下台，司马光会做出怎样的选择？他是会像当年追随父亲一样跟随恩师侍奉左右，还是会继续留在朝中谋求个人的独立发展？

从道义和感情上说，司马光都应该放下一切，去追随庞籍。司马光与庞籍是师生，更如父子。司马光丧父之后，庞籍主动承担起了父亲的责任，对司马光关怀备至、爱护有加；痛失长子庞之道之后，庞籍更把司马光当作了自己在政坛上的继承人，悉心培植，一力维护。这八年来，司马光实际上一直充当着庞籍私人秘书的角色。在司马光的文集中，还保留着几篇他为庞籍代笔的作品，比如《为庞相公让明堂加恩第一表》《为庞相公让明堂加恩第二表》《为庞相公让官表》《为庞相公再让宰相表》《为庞相公谢官表》。通常而言，"表"是一种非常程式化的文字，形式大于内容，文辞华美，对仗工整，读来铿锵有力，却多空话、套话，比如自谦才疏学浅、水平不高，要说"伏念臣赋能甚薄，探道未深，习诗礼以为儒，师法令而补吏"[1]。这不是司马光所喜爱的风格。他后来回忆说，自己开始练习这类文体的写作，就是因为"相公（指庞籍）在枢府（枢密院）时，始令学作四六文字，供给笺奏"[2]。

倘若我们回到当时，加上一点合理的想象，便会看到隐藏在这些程式化文字背后的，是庞籍与司马光之间深厚的师生情谊。公务之余，

[1] 司马光：《为庞相公谢官表》，见《温国文正公文集》卷五七。

[2] 司马光：《上始平公述不受知制诰启》，见《温国文正公文集》卷五九。

在庞府的书房，烛光之下，书桌之旁，或是庞籍端坐、司马光侍立，或是司马光执笔、庞籍在旁踱步，庞籍一边思考一边告诉司马光他究竟想要表达什么意图。司马光把写好的文稿呈送给庞籍，庞籍一边随手拿笔在稿子上点读修改，一边告诉司马光这里需要注意什么，那里哪个词不能这样用，告诉他皇帝最在意什么，同僚和下属又希望从中看到什么。而司马光则认真地听着，看着，不时点头，偶然发问，有时会心一笑。那该是一种多么亲密、多么温馨的场景啊！

想当初，庞籍被派到西北前线的时候，他是把长子庞之道带在身边掌管机要的，如今庞之道离世，司马光便充当起了这个角色，成了庞籍身边最亲近、最知心的晚辈和学生。庞籍去世之后，他的次子庞元英对司马光说，"公平生知爱莫子如也"[1]。说庞籍一辈子最了解、最喜爱的莫过于司马光，那是毫不夸张的。

此外，特别值得一提的，是庞籍对司马光的栽培是一种非常理性的栽培。第一，它是合法的，没有违背当时的制度原则。庞籍对司马光的提携，比如推荐他进入馆阁，都是按照规矩，在制度允许的范围之内进行的。第二，它是"合理"而"有情"的。什么叫"合理"？庞籍之所以提携司马光，是因为司马光水平足够——如果水平不够，庞籍肯定不会降格以求——当然，话又说回来，水平足够的人不止一个，庞籍之所以提携司马光，还是因为这是他看着长大的老朋友的儿子，这便是"有情"。"合理"而"有情"，公私两便；仅仅"有情"，妄想把烂泥扶上墙，那就是"徇私"了。司马光能有庞籍，庞籍能有司马光，是这两个人的福气。更重要的是，庞籍对司马光的栽培是大

[1] 司马光：《太子太保庞公墓志铭》，见《温国文正公文集》卷七六。

气的，有大爱在焉。庞籍像对待儿子一样照顾、提携司马光，却从未把司马光当作自己的私人财产，他允许、鼓励司马光在政治上展现出一种相对独立的"天子之臣"的姿态，希望司马光长出自己的翅膀。

爱也有大小吗？当然有。父母之于子女、长辈之于晚辈、领导之于下属、整个社会对于下一代的爱，都有大有小。"小爱"是把他们"爱"成"我"的私人财产，让他们离了"我"就不行，永远听"我"的话、看"我"的眼色行事，永远在"我"的羽翼下"幸福"生活。这是小爱，小爱自私，以"我"为中心。大爱无私，以所爱者为中心，大爱让他们——孩子、晚辈、下属、下一代——在爱中成长，长成另一棵大树，以树的姿态站立在"我"身旁——有一天他比"我"高了，"我"愿意用爱的目光来仰望他。

庞籍对司马光的爱便是这样一种大爱。在刘平招魂葬事件中，大将刘平在宋夏战争中做了西夏人的俘虏，却被误认为殉国忠烈。庞籍亲自参与认定了刘平的忠烈身份，后来刘平被俘的消息传开，庞籍本人对刘平的下落采取了沉默态度，但是，他却没有阻拦司马光对刘平事件的真相的追查，而是以宽容的态度允许司马光发出自己的声音。作为礼官，司马光旗帜鲜明地公开反对为刘平举行招魂葬，如果没有庞籍的默许，这是很难想象的。庞籍的大爱，让司马光得以展示自己作为"天子之臣"忠诚于朝廷国家的独立姿态，而这种姿态对司马光未来的发展当然是最有利的。

司马光终将独立，长成参天大树，在宋朝的政治舞台上占有一席之地。但是，在恩师遭遇逆境时撒手而去，绝非司马光的为人。两年以前，庞籍的前任文彦博遭弹劾罢相出镇，司马光的好友李子仪随之外任。当时很多人觉得李子仪"不当舍中都游外方"。而司马光以玉作比，相勖以君子之道，为李子仪送别：玉石大用可以为圭为璧，那是朝廷的礼器；小用可以为环为玦，那是君子的配饰；为圭为璧还是为环为玦，是工匠的选择，玉石本身又怎么能做得了主?! 玉石所能做的，只有保持它"明洁润泽"的品质；"君子之道犹玉也"，无论放到哪里都不会改变它高贵的特性；去吧，子仪，不必担心你的前程！[1]

这话是司马光在两年前对李子仪说的，两年之后，当他敬爱的庞丈、恩师庞籍遭遇弹劾、黯然下台，司马光理应不计前程，毅然随侍。但是，在庞籍外放之后司马光的行踪却显得似乎不够毅然决然。庞籍罢相外放是在闰七月初五，司马光离开首都调往郓州却是在八月底、九月初，中间隔了约两个月。难道说司马光"知之非艰，行之惟艰"？司马光在个人前程与师生情分之间犹豫了吗？

如果在这种问题上犹豫，那就不是司马光了。

司马光能够从庞籍之后车，绝不是件容易的事。毕竟，庞籍不是司马光的父亲，如果是父亲，他可以奏请朝廷，弃官随侍，这在司马光是完全没有问题的。但庞籍与司马光虽然情同父子，却毕竟没有父子名分。作为一名现任官员，司马光想要追随庞籍，必须有个名目。这名目本来也是现成的，那就是"奏辟通判"。按照宋制，宰相、枢密使等官员外放知州，可以自己提名通判人选，向中央报备即可。这是朝廷给卸任中央领导人的一项重要优待。如果庞籍能够奏辟通判，他一定会带司马光走，司马光也必然会欣然随行。然而，就在庞籍罢相外放任命发布二十一天之后，闰七月二十六日，宋朝政府却出台了

[1] 见司马光：《送李子仪序》，见《温国文正公文集》卷六四。

一项新规，"尝任二府出知州者，毋得奏辟通判"，取消了前任宰相、枢密使奏辟通判的特权。[1] 毋庸置疑，这条新规就是针对庞籍的打压措施。但是，新规颁布一个月之后，司马光便得到了郓州通判的任命。

这中间究竟发生了什么，具体情形，不得而知。唯一可以确知的，是仁宗的想法发生了改变。人治社会，最高统治者的意志左右一切。当皇帝改变了想法，一切皆有可能。"赵清贶事件"中，台谏官坚决主张驱逐庞籍，仁宗虽然并不相信庞籍会杀人灭口，但也没有力排众议，他在犹疑之中半推半就地站在了社会舆论这边，同意驱逐庞籍；庞籍走后，他又糊里糊涂地同意了不许前任二府大臣奏辟通判的新规。可是，过了没多久，"赵清贶事件"调查结果出炉，仁宗心中的天平开始倒向庞籍，悔意渐生。仁宗后悔，这是千真万确的。

庞籍下台的皇祐五年，正是每三年一次举行南郊祭天典礼的年份。按制度，南郊祭天之后，必有大赦，届时内外大小官员都要加官晋爵。南郊祭天典礼举行之前一个多月，仁宗就催促有关部门，要赶紧给庞籍加上"观文殿大学士"的荣誉头衔。他嘱咐宰相："庞某可就加观文殿大学士，速行之。若过大礼，是与有罪者无以异也。"[2] 在仁宗的亲自关怀下，十月四日，庞籍的"观文殿大学士"加衔发布，比南郊大赦整整提前了一个月。[3] 庞籍罢相，是以本官出镇的，没有提级，也没有获得前任二府大臣应得的"大学士"一类的荣衔。如今，仁宗这么说，又这么做，就是想要向世人表明，庞籍没有过错。显然，在

---

[1] 见《续资治通鉴长编》卷一七五，第 4226、4227 页。

[2] 司马光：《太子太保庞公墓志铭》，见《温国文正公文集》卷七六。

[3] 见《续资治通鉴长编》卷一七五，十一月己巳条，第 4237、4238 页。

仁宗的心里，这个"观文殿大学士"是他欠庞籍的。同时获得加衔的，还有受庞籍牵连外放的前任开封知府吕公绰。对仁宗的做法，谏官韩绛极力反对。这一次，仁宗未加理睬。韩绛干脆"家居待罪"，停止履职以示抗议，这是宋朝台谏官在意见得不到听从时的"常规动作"。仁宗派人到家里慰问了韩绛，但并未收回成命，相反，韩绛被提级、调离谏职。这是宋朝皇帝应对固执己见的台谏官时的"常规动作"。不管怎么说，宽容言者的大原则，仁宗还是守住了。

庞籍的外放，对仁宗来讲，在政务实践上是有实际损失的。不久之后，契丹使臣来访，提出了几个从未有过的要求，其中就包括索要仁宗的御容画像。外交无小事，契丹人究竟在打什么算盘，仁宗心里没底，询问执政大臣，大臣"皆相视莫能对"。显然，在位的这一群都不熟悉相关事务，也缺乏应对新问题时应有的灵活性和决断力，至少尚需磨炼。这让仁宗越发明白庞籍的价值，他"怅然久之"，叹了口气，说："前者出庞某太匆匆！"[1]

尽管如此，"庞某"还是离开了。文彦博、庞籍的相继罢相让仁宗朝的宰相变得更加软弱，新上来的人对皇帝的约束能力越来越差，它的后果将会慢慢显现。

---

[1] 司马光：《太子太保庞公墓志铭》，见《温国文正公文集》卷七六。

05 郓州习政

皇祐五年八月二十九日，就在司马光忙着在开封城里辞行的时候，忽然得到消息，说他的同年好友邵必被贬到远在福建的邵武军去监酒税，此刻已经上路出城。邵必走得匆忙，又知道司马光也在忙乱之中，所以没有通知他。司马光闻讯，立刻向南一路追赶到开封南郊，终于撵上邵必，以一杯薄酒为老友送行。两人都各怀心事，哪里喝得下？仓皇别过，司马光又得赶回城里继续收拾行囊。[1]

一年前，司马光同榜进士中高中第二名的李绚在开封病故，终年四十岁。司马光为他撰写了墓志铭。[2]李绚生前曾任开封知府，差不多是这一榜进士中发展最好的一个，可惜英年早逝。如今自己要跟随恩师出京，邵必又遭到贬谪，同年好友，一时星散，司马光心中感慨万千。他尊敬长辈，也珍惜友谊。在过去八年的首都生活中，司马光的生命中有一群志同道合的好朋友，比如范镇、吴充、邵必、邵亢、宋敏求，他们陪伴着彼此的生命，互相勉励，互相监督，共同成长，"同歌太学下，共醉金马旁。修竹压窗寒，夭桃倚户芳。金盘剖卢橘，玉壶分蔗浆。惊呼局上急，嘲笑杯间狂。神情一契会，形迹两俱忘"[3]。

[1] 见司马光：《和冲卿崇文宿直睹壁上题名见寄，并寄邵不疑》，见《温国文正公文集》卷三。

[2] 见司马光：《龙图阁直学士李公墓志铭》，见《温国文正公文集》卷七八。《续资治通鉴长编》卷一七二，第4138页。

[3] 司马光：《和冲卿崇文宿直睹壁上题名见寄，并寄邵不疑》，见《温国文正公文集》卷三。

图二九 ⊙ 明 李在 《山庄高逸图》（局部）
绢本，立轴，水墨，188.8 厘米 × 109.1 厘米，现藏台北故宫博物院。图中客舍内有两人把酒对坐，像在话别，正如司马光以一杯薄酒为老友邵必践行的画面。

同辈朋友始终是司马光生命中非常重要的内容之一，是他成长的另一条轨迹。王安石也是司马光的同辈朋友，只不过，那是在王安石当政变法之前。关于司马光与同辈间的交往，且容后文再叙，这里先来说说司马光在郓州陪伴庞籍的生活和工作情况。

相较于首都开封，郓州政轻务简，相对清闲。这是一个政府干预较少，社会各行各业自然发展、各自繁荣的时代，地方政府唯一的"硬指标"是为朝廷收税，而中国老百姓是顶顶配合的老百姓，但凡正常年景，税都不难收。"讼庭虚静官曹乐，儒服宽长邑里贤。"[1] 这个上下相安、庸常苟且的时代到王安石变法才宣告终结。当然，这又是后话。

---

[1] 司马光：《奉和始平公忆东平》，见《温国文正公文集》卷九。

从皇祐五年秋到至和二年（1055）六月，司马光陪伴庞籍，在郓州度过了一年半的时光。

至和元年（1054）春，早已摆脱了"赵清贶事件"阴霾的庞籍给司马光派了一趟私差，请他到商州（今陕西商洛东南）去，为父亲庞格刻诗立碑。诗是太宗、真宗两朝的名臣王禹偁为庞格所作的赠诗。淳化二年（991），知制诰王禹偁得罪太宗，被贬为商州团练副使[1]，庞格时任商洛主簿，因而得与定交。王禹偁"以文章独步当世"，官高位显，为人"刚简峭直，固不妄与人交"。庞格"以九品官与相往来"，得到王禹偁的友谊和赠诗，这是让庞氏父子无比骄傲的一件事。王禹偁的赠诗，与司马光所作的刻诗原委——《王内翰赠商洛庞主簿诗后序》[2]被一同刻到了石头上。如今那诗碑早已磨灭，王禹偁的诗也不复流传，只有司马光的《王内翰赠商洛庞主簿诗后序》还在讲述着两代人的情谊。

从郓州到商州，是一段不短的旅途。清明时节，尚在归途之中的司马光作诗遥寄郓州僚友，记录当时的所见所感：

> 原上烟芜淡复浓，寂寥佳节思无穷。
> 竹林近水半边绿，桃树连村一片红。
> 尽日解鞍山店雨，晚天回首酒旗风。
> 遥知幕府清明饮，应笑驱驰羁旅中。[3]

[1] 见《续资治通鉴长编》卷三二，第719页；《宋史》卷二九三《王禹偁传》，第9794页。

[2] 司马光：《王内翰赠商洛庞主簿诗后序》，见《温国文正公文集》卷六四。

[3] 司马光：《寒食许昌道中寄幕府诸君》，见《温国文正公文集》卷六。

雨丝一直在飘，雨大的时候，沉醉于春日好景的诗人只好解鞍下马，跑到山野小店避雨，顺便饮一杯村酿。雨霁，天晴，诗人继续登程，天色已晚，回头看时，绿竹红花掩映下，那避雨的小店酒旗飘扬，恰似画中风景，再想想自己正从那画中走来，不禁莞尔。一笑之间，他想到了远在郓州的庞籍：这个时候，恩师应当邀集僚属在府中会饮，笑语晏晏之际，他们肯定笑我还在路上奔波。

春日诗中的司马光是愉快的。到了夏天，天气闷热，公务繁忙，轻松逐渐退去。在给吴充、邵必两位同年的诗中，司马光这样描述当时的状况：

> 行行到官下，日积簿领忙。
> 文书拥笔端，胥史森如墙。
> 况当三伏深，沾汗尤淋浪。
> 细蝇绕眉睫，驱赫不可攘。
> 涔涔头目昏，始觉冠带妨。
> 诚知才智微，吏治非所长。
> 惧贻知己羞，敢不益自强！[1]

此诗的情绪，一曰"忙"，每日都有处理不完的公文，笔头简直就没停过，小吏们时时围在身前等候批示，黑压压的像堵墙；二曰"热"，正三伏天，大汗淋漓，苍蝇乱飞，轰都轰不走；三曰"躁"，头昏脑涨，连戴帽子、系腰带都觉得多余了。司马光这样一个讲究礼仪的人，能说出这样的话来，心中焦躁，可想而知。这年夏天，宋朝

◇◇◇◇◇◇◇◇◇◇◇◇◇◇

[1] 司马光：《和冲卿崇文宿直睹壁上题名见寄，并寄邵不疑》，见《温国文正公文集》卷三。

图三〇 ⊙ 南宋 佚名 《山店风帘图》
绢本设色，团扇，25.3 厘米 × 24 厘米，现藏北京故宫博物院。

一半的国土遭遇大旱，京东旱情最为严重。[1] 而庞籍除了郓州知州的职务以外，还兼任整个京东西路八个州级单位的安抚使，对一路治安负有责任。作为下属和晚辈，司马光尽全力为庞籍分忧。工作量陡然增大，与春天的悠闲相比，的确就是两重天地了。

焦躁如此，除了忙与热，还因为司马光的确不是行政长才。宋朝以诗赋策论考试取士，文官入仕之前，并未受过行政训练，入仕之后

[1] 见《续资治通鉴长编》卷一七九，第 4328 页。

立即进入行政管理角色。有人天生适于处理行政事务，自然是如鱼得水；有人生性不善处事，而乐于观察思考，这样的人其实更适合监督批评的角色。司马光就属于后者，诚如诗中自白，"吏治非所长"。一旦忙起来，难免焦躁。当官还要应对小吏的奸猾舞弊，这也让司马光感到头疼。自隋朝起，帝制中国实行"官吏分途"制度，官员统一由中央的吏部任免，实行避籍制、任期制和俸禄制，人才在全国范围内流通；吏员没有官品，由地方政府选拔任用，实行终身制，通常没有俸禄；官与吏之间存在严格的身份区隔。[1] 吏的社会地位、文化水平都比官低，但他们终生专门与部门或者地方的行政事务打交道，熟悉法令条文的具体规定，对于各种猫腻、关节也烂熟于心。《红楼梦》第四回，贾雨村断案，听到薛蟠强抢民女，逼死人命，义愤填膺，本欲公事公办，却被一个门子拦下，向他揭示贾王薛史四大家族的关系网。这门子便是吏的典型。吏常常会抓住官对法令条文不懂不熟的短处，动手脚、做文章，上下其手。要想当一个好官，首先必须有本事管束吏。能让吏乖乖听话的，都是非常精明强干的官员，传记里肯定会有一笔。而司马光显然不在精明强干之列，他的长处在于锲而不舍、尽心尽力。

秋凉之后，郓州的旱情仍未得到丝毫缓解。"旧廪既罄，新场无望"，余粮即将耗尽，新收成却还毫无指望，百姓的生计，地方的安宁，都令人担忧。司马光代表庞籍，跑遍了郓州境内的重要庙宇，向各路神明祈祷，请求神明可怜老百姓的困苦，宽恕官吏的过错，让瑞雪及

---

[1] 有关"官吏分途"的历史，可以参看赵冬梅：《法度与人心：帝制时期人与制度的互动》，中信出版社，2021年，第230—235页。

时降落，保留一点收成。[1] 可惜，司马光的祈祷并未奏效，这场旱灾一直持续到第二年的春天，整个京东地区的越冬小麦基本绝收，土地干得冒烟，小米也无法播种，"农心焦劳，所向无望"，形势变得严峻起来。

这种时候，最是考验政府的良心、能力与政治家的智慧。幸运的是，宋朝政府还是有良心、有能力的，也不乏有智慧的政治家。朝廷下令，打开用以备荒的常平仓和军储库，向民间开放粮食借贷；免除老百姓欠政府的租税，不再追讨；各级政府停止兴修各种工程，要让老百姓有饭吃，得休息。[2] 中央的救济政策，庞籍和司马光极力推行，让郓州百姓得实惠，渡难关。

尽管如此，京东大地上仍然弥漫着不安的情绪。正如司马光的同年好友、谏官范镇所言，"山东盗所起处"，本来就有武装反抗暴政的传统。此时若一个火苗丢下去，必将是一片火海，不可收拾。因此，维护州县稳定是第一要务。作为京东西路安抚使，庞籍的职权包括"兵甲、盗贼"，负责掌管本路武装力量，防范武装反抗的发生。然而，他的下边还有若干负有类似责任的机构，按照朝廷制度，那些机构不全听他的。宋朝的制度特点就是分权，特别是"兵权"，是一定要分了再分的。分权的好处是便于中央控制，但分得太过就会造成政出多门，缺乏统一号令，万一有事，力气不能往一个地方使，反而白白误事。这道理人人都明白，但是，占据高位的人却往往不敢提出权力整合的要求，因为他们怕，怕被中央怀疑，怕被同僚议论自己有不轨图谋。

[1] 见司马光：《诸庙祈雪文》《祭黄石公文》，见《温国文正公文集》卷八〇。

[2] 见《续资治通鉴长编》卷一七九，第4326页。

此刻，京东形势危急，庞籍向中央提出，取消职能类似的相关机构，让安抚司成为京东西路唯一的"兵甲、盗贼"主管部门。[1] 能够提出这样的权力整合要求，需要非凡的责任感，要把个人安危暂时放到一边。庞籍做到了，仁宗也基本同意了。在庞籍的经营维护之下，京东西路平安度过了至和元、二年间（1054—1055）的旱灾和饥荒。天灾固然可畏，人类却可以凭借理性减少灾祸。

春天的悠闲愉悦，夏天的忙碌焦躁，秋天的企盼，冬天的考验——郓州通判的经历，是司马光第一次面对如此实在而严峻的地方行政事务。此前，他的地方历练是非常有限的。首先，他担任过的职位屈指可数，父亲去世之前，他先后担任华州和苏州的属官，接下来是四年半的服丧期，服阕之后，出任滑州属官，再往后，便随庞籍进京了。其次，他在三个地方官职位上的时间都非常短：华州，将近一年；苏州，一年多一点；滑州，一年。换言之，在担任郓州通判之前，司马光全部地方工作的时间只有短短三年。最后，在这三年可怜的地方工作履历当中，司马光所承担的责任又是少得可怜的。在华州和苏州，他的父亲司马池都是邻州的知州——司马光在华州，他父亲在同州；司马光在苏州，他父亲知杭州。严父在旁，司马光只要做一个虚心好学的上进孩子就够了，真正需要他独立做出判断的事情基本上没有。在滑州，他又碰到了两位绝好的上司、一群友善的同僚，虽然也奉命办了一些事情，比如代理韦城县令，比如监督黄河河堤的加固，但基本上没遇到什么太大的困难。只有在郓州，作为通判，司马光才承担了比较大的责任，也开始面对更加复杂的具体问题；只有在郓州，面对持

[1] 见《续资治通鉴长编》卷一七九，第 4329 页。

续的旱灾，司马光才开始有机会在实践中磨炼自己的行政能力。郓州是使司马光的行政能力成长的第一课堂。当然，庞籍的存在还是让司马光的独立性打了一些折扣。毕竟，真正要对一切负起最后责任的，是庞籍，不是司马光。

"诚知才智微，吏治非所长。惧贻知己羞，敢不益自强！"就先天性格与成长经历而言，司马光都很难成为行政长才。相比之下，王安石却是在地方自属官而长官，自县而州、自州而路一阶一级历练上来的，具有丰富的独当一面的实际工作经验，魄力、能力均远过侪辈，司马光难以望其项背。在郓州，司马光还做了一件非常符合他性格、能力的事情，那就是管理州学。司马光胜任愉快，跟当地的学生和学者结下深厚的友谊。他和平民学生王大临之间的友谊一直持续到王大临去世，堪称佳话。[1]

庞籍晚年作诗追忆郓州岁月，司马光和诗云："千岩秀色拥晴川，万顷陂光上下天。委地鱼盐随处市，蔽空桑柘不容田。讼庭虚静官曹乐，儒服宽长邑里贤。"多年以后，紧张已经消散，留下的是愉悦和满足。和诗之中，还有这样的句子——"宵衣深念长城固，肯待从容傲醉乡"[2]，说的是庞籍对边境事务的关注。作为宋朝不可多得的有经验、有能力、有魄力的边境事务、军事问题专家，庞籍时刻关注着西北问题。

[1] 王大临终身未第，"以善讲解为诸生师，月受俸于州学钱二千"，属于编制外的州学教师。嘉祐五年，他用积攒的州学俸钱三十万安葬父母兄长，司马光应邀为其父作《郓州处士王君墓志铭》。司马光入相之后，推荐王大临为太学录，可惜任命甫下而王大临已逝，司马光伤心不已。见司马光：《荐王大临札子》《郓州处士王君墓志铭》，见《温国文正公文集》卷五四、卷七七。

[2] 司马光：《奉和始平公忆东平》，见《温国文正公文集》卷九。

至和二年年六月，京东形势稍稍得到缓解之后，庞籍又带着司马光前往河东前线。在那里，司马光将会受到他有生以来最为严峻的一次考验。

06 禁地与雄心

至和二年，庞籍调任并州（今山西太原、文水等地）；年底，司马光抵达并州，出任并州通判兼庞籍的机要参谋[1]，直至嘉祐二年（1057）六月返京任职。就在这短短的一年半之中，发生了一件让他刻骨铭心、永生难忘的伤心事。关于此事，在回到开封的一两年间，司马光逢人便说，想要解释，却无人愿听，无人能解；庞籍却终生不再提起，就像它从未发生。此事起初是公事、国事，是关乎宋朝边防、宋与西夏两个政权关系的大事；后来就变成了司马光与庞籍两人之间的私事，事关师生情、僚友谊；到最后，当所有人都选择遗忘，它便成为司马光个人的伤心事，深埋心底，烙印终生。那么，这究竟是怎样的一件事？

这件事情一开始，是国家大事，司马光奉了庞籍的命令巡视边防。为了增强边境防御力量，司马光建议庞籍在宋夏边境增修堡寨。

---

[1] 司马光《论屈野河西修堡第二状》："况臣在并州日，受经略司牒管句本司要重公事。"见《温国文正公文集》卷一七。

这里有必要简单介绍一下庞籍在并州的职责，以及并州在宋朝国防中的战略地位。庞籍在并州时有两个重要职位：一个是"知并州事"，也就是并州的地方长官，掌管并州一地的地方事务；另一个是"河东路经略安抚使"。后一个职位里有两个关键词，一是"河东路"，一是"经略安抚使"。先看"河东路"，"路"是介于中央与州之间的地方管理单位，它的地理范围比州大很多，当然，比元代出现的"省"要小。当时的"河东路"包括二十三个州级行政单位[1]，它的地理范围大致相当于今天的山西省，东西向与山西省界基本吻合，南北向比山西省短。河东路的重要性不在东、南，而在西、北。河东路的西部边界大致就在黄河大拐弯拐过来向南流的那一段，过了黄河再往西一点就不是宋朝地界，而是西夏领土了——这是西边，河东路守卫着宋与西夏的边防线。至于北边，过了雁门关，今天山西北部的大同、朔州就是契丹人的地盘了——"河东路"的北边是宋与契丹的边防前线。对于北宋最重要的两个邻国——契丹和西夏，河东路都负有防御之责。这就是庞籍的职位"河东路经略安抚使"中的第一个关键词"河东路"，它的核心指向是边防。而"经略安抚使"则是一路最高军政长官，负责经略边防、保卫国家安全。作为"河东路经略安抚使"，庞籍负有统率边防驻军、组织防御、守土御敌的重大责任。

河东路所面对的这两个邻国，北边的契丹相对而言还是比较稳定的。自景德元年年底（1005 年年初）订立澶渊之盟以来，宋与契丹已经和平交往五十年，虽然偶有摩擦，但作为政治上成熟的大国，宋与

---

[1] 根据《宋史》卷八六《地理二》，河东路在当时有二十三个州级行政单位，包括十七个州和六个相当于州的"军"，"军"的军事功能要大于民政管理功能，见第2131—2138 页。

契丹都深知和平的重要性，不会轻启战端。而且，宋和契丹在河东的这一段共同边界，从宋朝方面来看，是有险可守、易守难攻的，即便宋与契丹发生摩擦，一般也不会发生在河东。河东路边防的主要麻烦来自西夏。庆历四年年底[1]，在经历了长达七年的战争之后，宋与西夏签订停战协定，西夏向宋称臣，宋承认西夏的实际存在，两国间的战争状态结束。但是，西夏国内仍然存在诸多不稳定因素，党项贵族蚕食宋朝领土的野心并未停止。在维护和平、防止战争再度爆发的大前提下，如何守卫国土，维护边境安宁，是庞籍和所有的河东边境守臣所面临的问题。

河东路宋夏问题的具体麻烦来自一条河和河西边那块肥沃的土地。这条河是黄河的支流，名叫屈野河（今名窟野河）。河东路下属的麟州（今陕西神木北）的州城就建在屈野河东岸，按照宋夏达成的划界协议，从麟州城过屈野河向西六十里，都属于宋朝领土，这就是"屈野河西地"。正是这块屈野河西地，成了宋夏领土争端的根源。

在庞籍到任之前，宋朝实际上已经丧失了对大部分屈野河西地的控制权。为什么会这样？如果去问麟州守臣，他们会说这是因为党项贵族的贪欲。新任党项首领谅祚（元昊之子）的舅舅没藏讹庞是个贪得无厌的人，他看中了屈野河西这块肥沃的土地，派人偷偷种上了庄稼，又把收获的粮食都拉回了自家（而不是西夏国）的粮仓。但这只是一部分事实，另一部分事实，麟州守臣是绝对不会坦白的。那是因为他们私心作祟、胆小怕事，没有尽忠职守。屈野河西地的伤心史就

---

[1] 宋遣使者"册命元昊为夏国主，更名曩霄"，在庆历四年十二月乙未，即1044年12月29日。见《续资治通鉴长编》卷一五三，第3723页；《宋史》卷一一《仁宗本纪三》，第219页。

像是一部三幕剧。

第一幕，"职田争端"。屈野河西这块地，本来是宋朝政府的土地，租给老百姓耕种，收获所得归当地官员所有，作为职务补贴，这种地在宋朝叫作"职田"。麟州不是只有一名官员，知州之外，还有通判，还有当地驻军的统兵官。在职田的分配问题上，这些官员都觉得不公平。官司打到转运司，于是乎，最聪明的解决方案下来了：屈野河西地被宣布为禁地，"官私不得耕种"。干脆，谁都甭争了！宋朝方面放弃了屈野河西地的耕种权，一片好端端的肥沃土地要撂荒。

会撂荒吗？不会！宋朝的农民想种，党项的农民也想种。宋朝人赶着牛去耕地，党项人看见，立刻就上来赶，说："你们官府都不敢种，你凭什么来?！"赶走宋人之后，党项人像蚕吃桑叶一样，一点一点侵占着屈野河西的沃野良田。这就是在"职田争端"之后上演的第二幕"蚕食记"。

"蚕食记"开始时，距离宋夏开战还有十几年。到宋夏开战前后，党项人已经悄悄向前推进了十几里。宋夏战争结束之后，双方重新划定边界，这十几里地在名义上回到了宋朝的怀抱，宋朝所占有的屈野河西地重新达到六十里。

如果拍纪录片，这时候画面上应该是生机盎然、等待开垦的土地，画外音应当是极度兴奋、充满希望的："屈野河西地重新回到了大宋的怀抱！"但是，接下来上演的却是令人沮丧的"失地记"。

麟州守臣不敢或者说不愿意去管理、经营这块土地。有位负责任的武官曾经越过屈野河到河西去巡逻，结果，党项人还没怎么着，麟州守将却不干了，发来公文通报批评。从此之后，宋朝官方无人再敢过河。麟州守将为什么要这样做？原因太简单了，宋和西夏已经讲和，党项人再贪婪，也不敢穿越六十里河西地，再跨过屈野河到河东来捣乱，宋朝的军队和老百姓不到河西去，双方就不会有任何接触，没有接触就不会有冲突。官员都是有任期的，只要在任期之内平安无事，官员们就是为国戍边有功，任满就可以提级。所以，麟州守将最关心的，不是屈野河西的领土是否遭到蚕食，而是河东的军民千万不要给他们惹事。宋朝军民不敢到河西去，六十里屈野河西地真正成了一块宋朝人的禁地。党项人当然不会让它空着，一年一年，春种秋收，一点一点，向东蚕食。

这出"失地记"上演了十年。庞籍和司马光到达河东的时候，党项人的实际控制范围距离麟州州城只剩最后的二十多里！当然，党项人所占据的那四十里屈野河西地，按照宋夏划界协议，仍然属于非法占有！但是，管他非法、合法，实际控制才是关键！

党项人对屈野河西地的蚕食，已经影响到了麟州的安全。青天白日，宋朝人在屈野河上捕鱼，党项人就敢上来驱逐追赶，扬言说"屈野河中线才是宋夏边界"。到了夜里，竟然有党项人越过屈野河，绕过麟州城，跑到麟州城东边去抢劫粮食、牲畜。宋朝的巡逻队追到屈野河边，就再不敢追了——追不得到党项人事小，上峰怪罪下来，谁担着？1044年划定的宋夏边界本来在屈野河西六十里，由于宋朝官僚的失职、党项贵族的蚕食，到1055年，实际上已经东移到了屈野河一线，到了麟州城下！再这样姑息下去，后果不堪设想！

庞籍决定整顿边防，收回屈野河西地。经营边防，对付党项人，庞籍还是很有一套的。他采取了四项措施。第一，命令宋朝军队重新开始在屈野河西巡逻，驱赶党项武装和党项垦荒队。第二，正式向西夏政府提出抗议，要求西夏国主约束贵族，归还宋朝土地。西夏国主谅祚当时就是个几岁的小孩，侵占屈野河西地的大贵族没藏讹庞是他的亲舅舅，是抚养他长大的人。所以，想要让国主约束没藏讹庞，基本难以奏效。庞籍这么做，肯定也没指望国主的命令能起多大作用，主要目的还是引起西夏上层矛盾，并且在屈野河西地问题上表明宋朝的正义立场。第三，停止宋夏边境贸易，断绝对西夏物资输出。这是贸易战，很管用的一招。第四，派司马光巡视边防，筹划屈野河西地的最终解决方案。

嘉祐二年春，司马光奉河东路经略安抚使庞籍之命，巡视河东路西北各州。他此行的任务，是代表庞籍，对河东路的对夏防务形势做整体考察。三月底，司马光首先抵达河东路西北角的丰州。当时正是榆钱飘飞、柳树吐絮的时节，司马光登上丰州故城，看到裸露在荒原上的累累白骨，想到战死沙场的将士，感叹战争的残酷，写下了"满川战骨知谁罪，深属来人戒覆车"的诗句。[1] 司马光一生都反对统治者为满足私欲发动战争，他珍惜普通人的生命。

四月中，司马光来到了巡视的重点——麟州。在司马光到来之前，屈野河西地曾经热闹了几个月。正月里，没藏讹庞亲自率兵来到屈野河西，摆出大干一场的架势。到了三月，屈野河西地已经集结了几万党项军队、农民和耕牛。军队保护，农民耕种，要把屈野河西地狠狠地翻耕一遍，巩固党项人在屈野河西地的实际存在，向西夏国内的反对派说不，向庞籍示威，向宋朝示威，这应当就是没藏讹庞的打算。然而，就在司马光到达之前，没藏讹庞却忽然退兵了。宋朝方面得到的情报，是西夏国内反对没藏氏的势力发难，没藏讹庞要赶回首都兴

[1] 见司马光：《三月晦日登丰州故城》，见《温国文正公文集》卷九。

庆府去"救火"。如此说来，庞籍分裂西夏上层的计谋已经开始奏效。对宋朝来说，这绝对是个利好消息。

司马光就是在没藏讹庞退兵之后抵达麟州的。司马光虽然反战，但绝不畏惧上前线。跟那些自己不敢过河也不让别人过河的官员不同，他亲自越过屈野河向西行进几十里，一直到达宋夏边界的白草平。肥沃的土地，芳草萋萋，静静地等待着开垦。这让司马光想到了庞籍的嘱托，感到了肩上的重任。守土之责，责无旁贷！是时候恢复大宋对屈野河西地的实际控制了！

陪同视察的麟州正副长官——知州武戡和通判夏倚向司马光报告，西夏人退兵之后，他们已经在河西修筑了一座堡寨。他们向司马光建议，乘胜扩大战果，继续向西推进，再修两座堡寨。武戡、夏倚向司马光保证，如果经略使大人批准，增派三千禁军、五百厢兵，禁军掩护，厢兵修筑，不出二十天，就可以修成两座堡寨。到那时，"从衙城红楼之上，俯瞰其地，犹指掌也"。[1] 从麟州衙门的红楼西望，三座堡寨一线排开，堡中有宋兵把守，西夏人有任何动作，都可以及时用烽火报告，直达麟州。如此，西夏人就再也不敢侵占屈野河西的良田了，修堡计划可以确保麟州以西五十里之内绝对安全。

这个计划想要实施，必须征得经略使庞籍本人的同意，但是，毫无疑问，司马光个人是赞同这个计划的。他立即掉转马头，赶回并州向庞籍报告。回程之中的司马光油然生出参与创造历史的兴奋与自豪——在庞籍的主持下，在他的参与策划下，屈野河西地将要回到宋朝的怀抱。"春风得意马蹄疾"，在司马光的眼里，四周景物都变得

[1] 见《续资治通鉴长编》卷一八五，第 4477 页。

图三一 ⊙ 南宋 陈清波 《湖山春晓图》

团扇，绢本设色，25厘米×26.7厘米，现藏北京故宫博物院。这是一幅淡雅的西湖小景图，所绘为西湖早春时节的景象。打眼望去，远山接天，静水横卧，意境清雅邈远。虽两地相距甚远，但画中的赶路者恰如路过岚州宜芳县的司马光，而这青山含翠、草色欲滴的美景也正如当时司马光所看到的旖旎风光。

温柔可爱，眼前有宽阔的路，胸中有涌动的诗。老天也帮忙，似乎有意配合他的心情。路过岚州宜芳县时，正赶上雨后初晴，青山含翠，草色欲滴，桃李争艳，司马光脱口吟出"满川桃李色，共喜传车还"

的诗句^[1]，那满川桃李似乎都在欢迎他巡边归来。

这样的好心情对在并州的司马光来说，实在是来之不易。

司马光是在至和二年年底离开山东，取道河北翻越太行山，进入并州的。他有一首《苦寒行》^[2]，描述的就是那次艰难的旅行，还有他初到并州的感受。起句云"穷冬北上太行岭，霰雪纠结风峥嵘"，一个"穷"字足见当时的艰难窘迫。太行山的路很窄，有的地方只能容一个人通过。按照宋朝制度，司马光此行携家带眷，随行的有他的独生子，还有张氏。大风雪之中，小孩子冻得直哭。做母亲的却是一点办法也没有，张氏自然是愁容满面。由于对旅途环境的恶劣估计不足，干粮带得也不够，仆人们总是在喊饿，马也是瘦的，看着一点力气也没有，石板路滑，马失前蹄，吓得人出了一身又一身的冷汗，而这冷汗在人身上都冻成了冰。

"万险历尽方到并"，人到了并州，司马光才真正体会到什么叫作冷得"惨烈"。"阴烟苦雾朝不散，旭日不能复精明"，整个早晨都蒙在雾里，太阳好像根本就出不来似的，人的心情一下子就降到了冰点。"跨鞍揽辔趋上府，发拳须磔指欲零"，骑马去府衙上班，头发冻成了卷，胡子感觉一碰就断，手指头好像就要掉下来，冷啊！好不容易进了办公室，仍然是冷，"炭炉炙砚汤涉笔，重复画字终难成"，砚台里结了冰，要放到炉子上烤，笔头也冻得生硬，要用热水泡软了才能写，可还是描来描去不成字。天太冷，想要喝口酒暖暖，"谁言

[1] 司马光《和乐道，自河外南辕过宜芳，雨晴气和，景物可爱，马上偶成》："京洛春应老，河边初解颜。碧浮烟际草，翠滴雨余山。目极塞帷外，诗成揽辔间。满川桃李色，共喜传车还。"见《温国文正公文集》卷九。

[2] 司马光：《苦寒行》，见《温国文正公文集》卷三。

醇醪能独立，壶腹迸裂无由倾"，酒壶也冻裂了，哪儿还有酒啊！这就是司马光初到并州的感觉，寒冷愁苦，一点儿新官上任的兴奋都没有。不是司马光对并州有偏见，而是当时的并州冬天实在太冷，根据竺可桢先生对中国古代物候资料的研究，宋朝正处在中国历史上的一个寒冷期，气温普遍比现在要低，所以，那时的并州比现在要冷得多，而那时人们的保暖御寒能力也比现在要差得多。

除了冷，让司马光感到不适应的还有"老"。就是在刚到并州的这一年，三十九岁的司马光第一次在自己的头上发现了白发。尽管司马光自我安慰说"我年垂四十，安得无华颠"；他鼓励自己勇敢面对，坚持不拔那几根白发，要留着它们时时提醒自己切勿虚度光阴，"留为鉴中铭，晨夕思乾乾"；然而，毫无疑问，他的心里是有一点发虚、有一点担忧的，"所悲道业寡，汩没无它贤。深惧岁月颓，宿心空弃捐"。[1]司马光的长处是批评，是匡正，是做皇帝和朝政的忠诚的监督者。最适合他建功立业的地方是朝堂，不是地方；最适合他发挥才能的是高层政治、大政方针，不是按部就班的公文。居庙堂之上服侍皇帝，是司马光的"自我期许"和"自我设计"。他本来离那个目标已经很近了，只是因为庞籍罢相的关系，他才离开了皇帝，离开了首都。从开封到郓州，再到并州，快四十岁了，他却离朝堂越来越远。端详着铜镜里已经有了白发和皱纹的中年男子，司马光心里怎么能够不起急，怎么

[1] 见司马光：《初见白发慨然感怀》，见《温国文正公文集》卷三。

能够不焦虑？[1]

当然，司马光并不后悔到并州来。他来，就是为了报答庞籍的知遇之恩，"我来盖欲报恩分"，他愿意为知己者死。恩师老了，又遭受了不公正的待遇，身边必须有人照顾。为了庞籍，哪怕冻死边城，司马光也不会说一个"悔"字。但是，除此之外，他看不出自己在这寒冷的边城还能够有什么作为。这才是让司马光感到沮丧的症结所在。对理想主义者来说，最痛苦的是什么？不是没有工作，而是看不到工作的价值和意义。所以，到并州之后的很长一段时间，大概有几个月，司马光虽然对工作兢兢业业、尽职尽责，但情绪却始终不高。这种情况在嘉祐二年春视察屈野河西地之后，发生了真正的逆转。在那片沉睡的土地上，司马光看到了边疆工作的意义。当他在麟州州衙的红楼上向西远眺，当他跟麟州守臣商讨屈野河西地的收复计划，在那一瞬之间，他放下了自我，不再执着于在朝廷建功立业的自我设计，他的胸中激荡着在边疆参与创造历史的自豪感。

在屈野河西地增筑堡寨，让宋朝的存在成为事实，让那一片草长莺飞的土地成为宋人春种秋收的沃野良田。这美好的图景让司马光感到欢欣鼓舞。他快速赶回并州，向庞籍做了报告，庞籍很快就批准了司马光的提议，并且用公文通知麟州准备动工。如果这一切能够实现，那么，司马光的个人履历将写下重要的一笔。但是，这种乐观昂扬的

---

[1] 司马光到并州之后写的诗，有很多类似的调调。见《温国文正公文集》卷九，《晋阳三月未有春色》："上国花应烂，边城柳未黄。"《和道矩红梨花二首》："应为穷边太寥落，并将春色付秾芳。"《陪诸君北园乐饮》："须知会府闲时少，况复边城乐事稀。"《到并州已复数月率尔成诗》："忽忽此何地，经时更自猜。……薄宦真何益，浮生信可咍。鹏蜩定有分，不若存心灰。"《柳溪对雪》："春风不胜雪，散漫渡芜沙。……塞下芳菲晚，聊将当物华。"

气氛并没有持续太久，屈野河西地收复计划并未取得预期的成功，很快，司马光和庞籍就被甩入了麻烦的旋涡，国家事、边防事也转变成了这一对师生之间的感情事、司马光毕生的伤心事。

07 恩师的冒险

宋夏关系变数多多，机会稍纵即逝。庞籍增修堡寨的命令抵达麟州的时候，修筑堡寨的最佳时机已经逝去——没藏讹庞又回来了。三月的时候，没藏讹庞曾经在屈野河西地上集结了一支三万人的武装力量，目的是掩护开荒的农民。司马光抵达视察之前，没藏讹庞突然撤军，这才给了宋朝增筑堡寨、进驻屈野河西地的契机。可是，如果要有大动作，就必须征得河东经略安抚使庞籍的同意和兵力支持，小小的麟州既没有权限也没有能力。屈野河西地在麟州，庞籍坐镇并州指挥整个河东路的防务，按照当时的道路里程，从麟州到并州有六百里地，司马光走得再快，也需要十来天。庞籍接获司马光的当面报告，书面批示之后赶紧派人送批准文书到麟州，走这些必要的行政程序都需要时间。当庞籍的批文送达麟州知州武戡的时候，形势已经发生逆转——没藏讹庞解决了国内的反对势力，带着那支三万人的大军，浩浩荡荡地重新开入了屈野河西地。

而庞籍的增兵还没到。按照原计划，庞籍应当派来三千禁军、五百厢兵，三千禁军负责警卫，五百厢兵负责修筑堡寨。这三千加五百能够奏效的前提，是西夏方面没有大动作，三千禁军，挡住西夏方面小股军队的骚扰，足够了。而现在，没藏讹庞的兵力有三万之多，就算庞籍派来三千禁军，再加上当地原有的一千多禁军，撑死了不到五千人，跟三万大军硬碰硬，只能是死路一条。况且，按照中央的精神和庞籍的指示，和平的大局还是要维持的，边防军不得与西夏军队正面冲突——屈野河西地问题已经基本上没有立即解决的可能了。麟州知州武戡手捧庞籍的批文，悲从中来——他跟那些懦弱的前任不同，他想做事，可惜，做不成了！而就在同一时间，在六百里之外的并州，司马光还在憧憬着收复屈野河西地。今天，当我们回看这一幕的时候，能够清晰地感受到公文旅行和信息传输手段滞后所造成的悲剧效果。而在当时，司马光对此一无所知。等他知道的时候，情况已经变得不能更糟了。

麟州守军最终还是跟西夏军队正面遭遇了，战斗的结果只能用"惨烈"二字来形容。嘉祐二年五月五日，宋军与西夏军队在断道坞发生激战。投入战斗的宋军骑兵、步兵加起来一共是一千四百多人，战斗结果如下：最高指挥官郭恩等六名将领战死，三百八十七名士兵阵亡，一百多名宋军被党项人砍下耳朵、鼻子之后放回，宋军损失武器一万七千八百九十九件、战马两百八十匹。[1]

这是庆历四年年底宋夏停战十三年来宋夏之间最大规模的武装冲突。屈野河西断道坞之战，宋朝败得太惨了！

像很多损兵折将的战事一样，这场战役之中也有个不懂军事却又能凌驾于军事主官之上的宦官。此人名唤黄道元，职位是"走马承受"。

---

[1] 见《续资治通鉴长编》卷一八五，第4476页。

"走马"言其交通方式，骑马快跑，行动迅速；"承受"即接受，所受者何？皇帝的命令。"走马承受"就是皇帝派在军前搜集信息、传递信息的角色，担任走马承受的不全是宦官，但这个黄道元是。带领那支一千四百人的军队前往屈野河西地的，除了郭恩、宦官黄道元之外，还有麟州知州武戡。郭恩是最高军事指挥官，他的职位是"管勾麟府军马事"，相当于河东军区之下的麟府军分区司令。出发之前，已有情报说西夏人已经在屈野河西部署了大部队，队伍长达十五里。郭恩的第一反应，是取消此次行动。黄道元大怒，对郭恩恶言相向。郭恩是军人出身，大老粗，最受不得这种冷言冷语的刺激，一怒之下，连夜带兵出城，沿着屈野河向北行进。行进到中途，先是看见远处山峰上有火光在运动，后来又听到战鼓声，武戡、郭恩判断这是西夏人。这时候，往回走还是来得及的，然而，黄道元却说火把之类都是胆小鬼为了让对手退兵耍的鬼把戏，死活不信，逼着郭恩继续前进。天亮时分，这支军队终于陷入了西夏军队的包围圈。战斗一直进行到早饭时分，武勘杀出一条血路，逃回麟州，郭恩被俘自杀，黄道元被俘后又被放回。

在宋人关于断道坞之战的历史记忆中，宦官黄道元是罪魁祸首。这符合故事的一般逻辑。通常，跟最高权力有一点儿亲近关系的小人物都会狐假虎威，成事不足，败事有余。郭恩、武戡的地位、职务都比黄道元高，然而，当狐狸拿出老虎的威风时，狼也会乖乖听话的，因为狼怕老虎，怕到家了。所以，断道坞战败的细节其实不必追究。但是，有一个更大的问题必须追究。这支军队究竟为什么要出城？或者说，究竟是谁派这支军队出城的？

损兵折将，总得有人出来负责任。一个黄道元太小了，根本负担

不起这样的责任。郭恩已经殉国成为烈士，烈士的责任是鼓舞后来者
的士气，无须负担这样的责任。河东路出了问题，作为河东路的最高
长官，庞籍必须为此承担责任，这是跑不掉的。问题是，庞籍究竟应
该承担怎样的责任？如果这次出兵跟他没有直接关系，只是一次例行
的边境巡逻，那么，庞籍只负有领导责任。但是，如果这次出兵与屈
野河西地增筑堡寨的计划有关，或者更直接一点说，如果这次出兵就
是为了到屈野河西地增筑堡寨，那么，就是庞籍指挥失误，不仅庞籍，
还有代表庞籍视察边防、提出增筑堡寨计划的司马光都要负主要责任！

　　这支军队究竟是奉了谁的命令、为了什么目的出城呢？关于军队
出城的原因，有两种说法。

　　第一种说法认为郭恩领兵出城，是奉了庞籍的命令，目的是为增
修堡寨勘察地形。南宋李焘的《续资治通鉴长编》，以及元朝人所修
的《宋史》[1]均持此说。按照李焘的记载，没藏讹庞退兵之后，庞籍
派司马光巡边，司马光与麟州守臣合计之后，向庞籍建议增修堡寨。
"（庞）籍遂檄麟州如其议。于是，（郭）恩及（武）戡、（黄）道
元等以巡边为名，往按视之。"[2]这是李焘的原文，《宋史》的记载
也差不多。"于是"意为"这个时候"，也就是五月四日断道坞之战
发生前夕。"按视之"的"之"指的应当就是增修堡寨事宜。整段翻
译过来，大意为，庞籍就在这个时候传令给麟州，表示同意增筑堡寨。
五月四日这天，郭恩、武戡、黄道元等人就以巡边为名，前往勘察修

[1] 见《宋史》卷三二六《郭恩传》，第10521—10523页；《宋史》卷四八五《外国一·
西夏传·谅祚》，第14001页。

[2]《续资治通鉴长编》卷一八五，第4477页。

筑堡寨的地点。按照这种记载，"巡边"只是名义，为增修堡寨勘察地形才是目的，而庞籍的指示是郭恩等人出城的直接原因。这样推断，庞籍应负主要责任。

持第二种说法的，是庞籍的墓志铭（《太子太保庞公墓志铭》）和神道碑。庞籍墓志铭的作者是司马光。按照司马光的叙述，在断道坞之战发生之前，西夏使者已经抵达并州，正在跟庞籍进行边界问题谈判。西夏人之所以主动来谈，是因为庞籍的贸易战措施发生了作用——庞籍关闭了边境贸易，西夏人想卖的卖不出去，想买的买不到，吃不住劲儿了，只好低头，打算在领土问题上做出让步。这是庞籍的聪明之处，他整顿军纪，重振了边防军的士气，让西夏人看到宋军的力量，但是却主张尽量避免武装冲突——能够用谈判解决的问题，不必大动干戈。断道坞之战就发生在谈判进行过程中——郭恩"恃其勇果"带队出城，结果遭遇了没藏军队的伏击。武戡逃回来之后，为了推卸责任，"乃言其日行视堡地，为虏所掩，以致失亡"。也就是说，武戡宣称那天他们出兵是为了勘察增筑堡寨的地点，结果遭到了党项人的伏击，以致惨败。墓志铭是埋在坟墓中的，庞籍去世、下葬以及墓志铭的写作时间都是在嘉祐八年。像庞籍这样高级别的官员，墓园地面还可以竖立神道碑，庞籍下葬之后的第二年（治平元年，1064），庞家人又请当时的史官王珪写作神道碑。关于断道坞之战，神道碑的说法比墓志铭更简单、更直接。根据神道碑，庞籍虽然批准了增修堡寨的计划，但是"堡实未筑也。已而敌兵辄复聚"。修堡并未成为现实，而敌兵却重新在屈野河西地集结。按照庞籍的主张，在这种情况下，宋军应当静观待变。没想到郭恩、黄道元和武戡却"擅率兵"前往，"欲出其不意以击之"，最终招致惨败。[1]根据庞籍的墓志铭和神道碑，出兵是郭恩、黄道元、武戡擅自决定的，庞籍只负有领导不利的责任。

这两种说法，哪一种更接近事实呢？从时间顺序上看，墓志铭、神道碑在前，《续资治通鉴长编》《宋史》在后。《续资治通鉴长编》的作者李焘肯定读过墓志铭和神道碑，李焘是位严肃的历史学家，而且是司马光的崇拜者，可是他却没有采用司马光和王珪的说法，而是把出兵和修堡直接联系在一起。也就是说，李焘所采信的，正是司马光所认为的武戡在战败之后推卸责任的说法。那么，李焘为什么要这样写？一种可能是李焘认真研究过这个细节，最后断定司马光和王珪的说法不可靠。墓志铭、神道碑之类的文字，通常是应死者家属要求、由死者生前友好所作，带有强烈的私人倾向。换句话说，庞籍的墓志铭和神道碑，在相关问题上，很可能会持偏袒庞籍的态度，司马光和王珪的说法未必真实。但是，也不排除另一种可能，那就是在这个细节上，李焘并没有仔细推敲，他只是按照事件发生的时间顺序大致排了一下就写下来了。《续资治通鉴长编》是一部大书，共计九百八十卷，记载北宋九朝一百六十八年的历史。对这样一部大书来说，断道坞战败是一个重要细节，至于出兵的原因、责任的划分，是细节中的细节，其实并不重要。在这个"细节中的细节"问题上，李焘没有必要分得太清楚。不管出兵是否直接奉了庞籍的命令，它的目的是不是勘察堡寨基址，作为河东路经略安抚使，庞籍都必须对兵败丧师承担责任。

[1] 见王珪：《庞庄敏公籍神道碑》，见杜大珪编，顾宏义、苏贤校证：《名臣碑传琬琰集校证》上集卷二二，上海古籍出版社，2021年，第467页。

至于这责任是直接的还是领导的，相较于国家的损失而言，区别并不大。站在李焘的角度，完全可以这么想，因为李焘在外边，在远处。但是，站在司马光的角度，这就不是细节，是大节了，因为司马光本人就纠缠在这件事情里面，庞籍是父亲一样的恩师，而司马光自己也是重要当事人！那么，司马光是否会为了维护庞籍说假话呢？

在断道坞之战出兵动机这个问题上，我倾向于相信司马光的说法。我有两个理由，第一，还是时间，前面简单算过，这里还可以再细算一下。根据现有史料，从时间上推算，司马光三月三十日还在距离麟州一百五十里的丰州。论理，他应当在三天之后抵达麟州，假定他在麟州只考察两三天，他从麟州动身返回并州向庞籍汇报的日子应当在四月五、六日。从麟州到并州是六百里，走得再快，恐怕也得十天，他抵达并州的日期应当是在四月十五或十六日。庞籍批准增修堡寨计划，然后再将他的批示下发给麟州，走的是官方的邮递系统，比司马光肯定要快，估计四月二十日能到麟州。这个时候，情况早就发生变化，增修堡寨的计划只能搁浅。所以，司马光在墓志铭、王珪在神道碑里都强调修筑堡寨并未成为现实，的确是实情，没有撒谎。修堡计划搁浅，麟州方面应当立即报告庞籍，而庞籍一以贯之的边境政策是不跟西夏人硬碰硬，更重要的是，此时，西夏已经被他逼到了谈判桌前，双方已经开始谈了，在这种情形之下，庞籍应当会做出按兵不动、谨守边防的指示。所以，郭恩出兵可能只是一次例行巡边，跟修堡没有直接关系。这是我相信司马光的第一个理由。第二个理由纯粹是道德上的——这是一位至诚君子，他不会撒谎。从五六岁时吹牛皮被父亲呵斥，司马光一辈子都"不敢谩语"，他的座右铭，他给学生的人生寄语就是"诚"，就是"不妄语"。

基于上述理由，我倾向于相信司马光关于断道坞之战出兵原因的说法。司马光是诚实的，他没有说谎。但这只是就"细节中的细节"而言，倘若我们稍退一步，拉开距离看大局，我还是同意李焘的说法。虽然增筑堡寨并未成为事实，但是筑堡计划的确是有的，如果庞籍没有明令取消，那么，武戡说是为了勘察堡址或者说为了考察是否具备筑堡条件才出兵的，也不能算错。换言之，在这个细节问题上，司马光过于计较和纠结了！

何以至此？因为他身在其中，因为这件事关系到他的恩师庞籍。关心则乱，乱则纠结。这一层关系，前文已述。但这还不是最主要的原因。司马光对断道坞之战出兵原因的纠结执着，还有更深一层的关系。屈野河西地问题在断道坞之战后的发展，完全超出了司马光的想象。宋夏两国之间的边境纠纷即将转化为庞籍与司马光之间的感情纠葛。

断道坞之战发生在嘉祐二年五月五日，六月，司马光就被调回开封，出任判吏部南曹，相当于国家人事部负责审核档案、资料的一个职位。这是司马光自庆历五年追随庞籍以来第一次离开庞籍。十二年了，庞籍在开封，司马光便随他在开封；庞籍遭到弹劾，罢相出知郓州，司马光便随他去郓州；庞籍调到并州来为国守边，司马光便随他来到这苦寒的边塞。无论荣辱，生死相随。可是，这一次，庞籍未动，司马光却先回首都。这究竟是一次普通的调动，还是庞籍的有意安排？司马光没有明说。从事情的后续发展来看，这很可能是庞籍的有意安排，因为庞籍感到了危险，他不想让司马光也陷在这危险里。他想要在危险到来之前，把司马光送到安全地界。

那个把军队领上败亡之路的宦官黄道元被党项人放回来之后，朝廷派出专案组,前往河东调查断道坞之战的战败原因,专案组的组长是侍御史张伯玉。[1] 这位张御史,根据司马光的记载,乃"新拜官",刚刚当上御史没多久,急于出名。御史是监察官,监察官想出名,最快捷、最容易的方式,当然是攻击声名卓著的元老重臣,这样才显得不畏强暴、一心为公。新晋御史张大人摆出了一副要抓大案的架势,发出公文要求庞籍上交所有与屈野河西地事件有关的文件。该承担的责任,庞籍无意回避。然而,张御史的来者不善还是让庞籍感到了极度不安。他最担心的,是司马光的前程。麟州知州武戡一口咬定,他们领兵出城是为了勘察增修堡寨的基址,朝野舆论也都在斥责筑堡计划,认为是筑堡导致了兵败。如果专案组一定要在增修堡寨的问题上大做文章,那么,司马光是跑不掉的,毕竟,增修堡寨的计划是司马光在视察屈野河西地之后正式提出来的。庞籍实在不想让司马光卷进这场气势汹汹的责任纠纷当中。于是,他做了一个异常大胆的决定,从呈送给御史大人的文件当中,拿掉了跟司马光有关的部分。这部分文件应当包括他派司马光去巡边的命令,还有司马光会同麟州守臣请求增筑堡寨的报告。庞籍快七十岁了,对于自己的政治前途,他已经毫不在乎。他在乎的是司马光的政治前途。

庞籍根据自己的政治智慧、政治经验做了一次非凡的冒险,目的就是为司马光的前途做出最理智的安排。庞籍爱司马光,就像爱自己早逝的长子庞之道。事实上,这么多年下来,他已经分不清庞之道和司马光,在司马光的身上,他看到了庞之道,庞之道的生命在司马光身上延伸,得到了最好的发展。他绝不能让一次兵败玷污了司马光的

---

[1] 见《续资治通鉴长编》卷一八六,第4494页。

履历。藏匿文书保护司马光，这是庞籍在理智与情感的权衡之下所做的最佳选择——庞籍用情感为司马光选择了一条理智的路。那么，对司马光来说，这种选择又是否合乎情感与理智？

08 鹇鹒之怨

"从前有一只小鸟，名叫鹇鹒[1]，它的体型比麻雀还要小。鹇鹒的家在邓林，那是一片无边无际的莽莽森林。有一天，邓林着火了。鹇鹒想要保护家园，就飞到远处的湖里，在水里打湿自己的羽毛，然后再飞回来，飞到着火的邓林上方，把羽毛里沾的水滴下去。一趟又一趟，水滴还没落下就变成了蒸汽，火势一点也不见减弱。而鹇鹒还在努力奔波，一趟又一趟，做着旁人眼里的无用功。邓林太大，火太猛，鹇鹒的力量太渺茫，它其实什么都做不了，可是它却不能不做些什么。"

上面这个故事是司马光讲的。嘉祐二年的夏天，司马光觉得自己就像是这只小鸟，面对眼前的巨大变故，心力交瘁地做着无用功。

司马光初到并州的时候，写过一首《苦寒行》，表达对当地寒冷天气的高度不适应。他不喜欢这个远离首都又过于寒冷的边城。那个时候，对司马光来说，并州是一个边缘而陌生的地方。一年半之后，嘉祐二年六月，司马光调回开封工作，终于可以重回温暖的中心地带。

---

[1] 鹇鹒，真有此鸟。曾孝濂先生《云南花鸟》有美图。

然而，他却没有一丝一毫的兴奋。相反，司马光心情沉重，心中充满了不舍和担忧。不舍，是因为恩师庞籍还留在并州；担忧，则是因为屈野河西地问题还没有得到解决，中央专案组还在并州蹲着，庞籍承受着巨大的压力。

临行时，司马光向庞籍辞行。除了勉励，庞籍什么都没说，他的表情也是安详的。他们像往常一样饮酒闲话，庞籍说的都是从前的事儿。从前，他和司马光的父亲司马池一起饮酒，菜是那样简单，酒也是开封市上最廉价的酒，可是，他们谈得那样投机，那样快乐。那个时候，半大小子司马光竟然有耐心一直在旁边站着，听两个大人谈天说地。庞籍说，从那个时候起，他就知道这个孩子将来一定会有大出息。现在，终于是时候了。"好好干吧！"庞籍说，"我今年七十，老了，真的该退休了，唉！"按制度，七十致仕，庞籍无心恋栈，这两年来，他一直在计划退休的事情。两年前，皇帝派他来守边，要借重他的经验对付西夏人，庞籍责无旁贷，只好压下退休的念头。而如今，屈野河西地问题一出，在这个节骨眼儿上，庞籍哪里还敢提退休的事？

依依不舍地告别了庞籍，司马光来到开封。在首都，他发现，几乎所有人都在议论屈野河西地问题，而且众口一词，人人都说增筑堡寨是断道坞兵败的祸根，人们说庞籍要修筑堡寨，惹火了西夏人，这才导致西夏大兵压境，我朝兵败断道坞。望着这些完全没有边疆工作经验，在开封的温柔富贵乡里饱食终日的上司、同僚，司马光感到陌生和愤懑。他逢人就解释，力图澄清两件事，第一，增筑堡寨是必要的，屈野河西地本来就是宋朝领土，前任守臣玩忽职守、疏于防范，这才导致西夏势力的入侵，而西夏人对屈野河西地的蚕食已经威胁到麟州城的安全，麟州已经出现"孤危"之势。深入屈野河西地，增筑堡寨，不仅可以恢复宋朝对屈野河西地的实际控制，而且可以保卫麟州的安全——筑堡是必要的。第二，断道坞兵败，与增筑堡寨的计划、与庞籍没有直接关系。由于西夏大军再度进入屈野河西地，增筑堡寨的计划已经暂时搁置。断道坞兵败的真正原因，是边防将领贸然出兵，"前无探候，后无策应，中无部伍，但赍酒食，不为战备"——既没有对敌情进行事先侦察，也没有与邻近部队沟通建立策应机制，出兵之时，纪律涣散，只带着食物和酒，根本就没有做好战斗准备——这样打仗，如何能不败？

这番道理，司马光见了大臣长官说，见了同僚平辈说，直说得口干舌燥，嗓子里几乎要冒出血来，可是，他见了几十个上百个人，却没有一个人肯认真听他说。有脾气暴躁的，刚刚听到"屈野河西"四个字，就厉声呵斥，根本不给他开口的机会。脾气温和一点儿的，倒是肯听，可是嘴角始终挂着不阴不阳的微笑，表面上嗯嗯啊啊，好像是听进去了，可是一回头跟别人说起来，却在感叹司马光为恩师庞籍辩护都辩糊涂了。司马光觉得，自己就像是传说中的鹪鹩，想要用羽毛上沾的水去扑灭邓林的火，徒劳而无功！司马光感到从未有过的无力。最后，司马光只得闭上嘴，以沉默来面对。

秋天到来的时候，专案组对屈野河西地问题相关人员的调查结论逐渐出炉，七月底，麟州知州武戡受到"除名"处分，撤销一切官职，押送江州"编管"。[1] 接下来，麟州通判夏倚遭到贬官处分，被调到偏远地区去收税。虽然庞籍的处分还没有出来，但是，明眼人都看得

---

[1] 见《续资治通鉴长编》卷一八六，第4486页。

出来，专案组倾向于把兵败与筑堡直接挂钩，庞籍必将承担较大责任。如果专案组一定要把兵败与筑堡联系起来看，如果怎么说都没人相信这两件事其实并不构成直接的因果关系，如果庞籍和同僚将要为筑堡和兵败受到惩罚，那么，他司马光又怎么可以像个没事儿人一样躲在旁边为自己幸免责罚而沾沾自喜呢?! 司马光决定勇敢地站出来，承担自己应该承担的责任。他向皇帝上奏状，详细陈述屈野河西地问题的经过，极力为庞籍开脱，请求独自承担筑堡导致兵败的罪责，他说："今日之败在于无备，不在修堡与过河也。"断道坞之战失败的原因，在于毫无准备、贸然出战，不在于修堡，不在于过河。司马光还说：事实明明如此，然而，我却听到人们议论纷纷，都说是庞籍擅自修筑堡寨，这才惹来了西夏军队，导致边境动荡、损兵折将；我认真反思整件事情的来龙去脉，深知是我跟麟州官员商量之后，把增筑堡寨的计划报告给庞籍的；庞籍本人从未到屈野河西地亲自勘察，都是我愚蠢，考虑不周，随便议论边防大事，"当伏重诛"，我应当受到最严厉的责罚；如今舆论都把罪责归在庞籍头上，我怎么可以"晏然不言，苟求自脱？"……庞籍的本心是要为国家巩固疆土，他的所有行动都发自至诚，从未考虑他自己，他只是太过相信我，才导致了如今的局面，恳请陛下饶恕庞籍，"独治臣罪，以正典刑"，纵然是上刀山下油锅，我也无所畏惧。[1]

在这篇奏状中，我们可以强烈地感受到司马光的不甘心，他仍然不能接受专案组和开封舆论把修堡与兵败直接挂钩的看法。然而，司马光的纠结却不能改变专案组的结论和宋朝官方对这个问题的认识。

[1] 见司马光：《论屈野河西修堡状》，见《温国文正公文集》卷一七。

到了这一年（1057）的十一月，庞籍的处分终于下来了，他被剥夺了节度使的荣誉头衔，调到青州担任知州。节度使是宋朝官员最高级别的品阶之一，武官带节度使就顶了天了，文官带节度使，也可以享受最优厚的工资待遇。庞籍的节度使头衔没了，对他本人来说，是一个处分，但并不太严重。庞籍还有观文殿大学士的荣誉头衔，还有户部侍郎的级别，还有青州知州的职位。对于这一切，庞籍看得很开，人生七十古来稀，一个七十岁的老头子还能活多久！作为河东军区的最高军事长官，他应当对断道坞战败承担责任，关于自己，庞籍实在没什么可担心的。他唯一挂念的是司马光的前途，他不希望司马光受到任何牵连。在这一点上，他成功了——在专案组展开调查之前，他就把司马光调回了开封，而且藏匿了一切与司马光有关的文件。每每想到这一点，庞籍甚至感到欣慰。

庞籍可以如此，司马光却不能安心。对于恩师和同僚们受到的处分，司马光岂能无动于衷？得知庞籍失去节度使头衔、调任青州的消息后，司马光再次向仁宗皇帝打报告，主动请求处分，他说："修堡之事，皆臣所致。若治其罪，臣当为首。"修堡计划是自己向庞籍建议的，如果要治罪，首当其冲的应是自己；他说自己是庞籍的机要参谋，"庞籍凡处置边事，未尝不询及于臣，采用其说"[1]，所有的边防事务，庞籍都要征询自己的意见，都会听自己的。司马光竭尽心力、百般辩说，想要让仁宗皇帝相信自己才是罪魁祸首，自己才是最应当受处分的那个人。

这一篇报告打上去，仍然和第一篇一样，泥牛入海无消息。仁宗

---

[1] 司马光：《论屈野河西修堡第二状》，见《温国文正公文集》卷一七。

根本不理他，司马光又去拜见宰相大臣，请求朝廷要么杀了自己，要么把自己流放到岭南去，再不济，把自己调放到边远地区去工作。总之，他需要惩罚，以此来证明他没有背离、没有辜负庞籍和河东的同僚。然而，仁宗、宰相大臣和庞籍之间似乎达成了某种默契，他们好像合着伙儿要把司马光从屈野河西地案件中撇清，给他一个清白的履历。司马光还想继续抗争，他甚至想要"以死自请"，但是，至亲好友的劝告却让他悚然心惊。他们说："你明知道朝廷不会同意，还这样做，难道是想要'饰伪以采名'吗？""饰伪以采名"，什么意思？摆摆姿态来沽名钓誉！原来，在别人的眼里，他司马光是屈野河西地案件中唯一的受益者，不管他说什么，都会有"得了便宜卖乖"的嫌疑。司马光彻底沉默了，他已经无话可说。

屈野河西地事件，让敬爱的恩师失去了节度使的头衔，其他相关人员都遭到了处分，只有司马光被撇了出去，他全身而退，毫发无伤；不但无伤，反而简直像是得到了奖赏优待，他被调到了中央，得到了提拔。这样的局面，是庞籍想要的，但是司马光想要的吗？绝对不是！可庞籍已经做出牺牲，万一说多了，招致反对派的攻击，那岂不是让庞籍前功尽弃?！司马光只能被动接受。

占便宜，得好处，可能是很多人努力的方向。然而，对一个有着坚定的道德原则的人来说，如果这好处背离了他的道德原则，那么，这样的好处只能是折磨。而这折磨、这好处，却是无法拒绝的。不管原因如何，司马光都觉得自己像一个出卖了恩师和僚友的人，而这样的人，实在是没脸苟活在人世的——别人都受到了惩罚，就他自己安然无恙，凭什么呢？在家里，吃饭的时候想到这些，他拿筷子的手会忽然停在空中，然后无力地垂下，胃口立刻就没了。睡觉的时候想到这些，他会拍着席子，半宿半宿地唉声长叹。出门去上班，在衙门里办事，只要有人"正视其面"，司马光都会觉得那目光之中充满了责备，他会忍不住低下头，不敢跟对方的目光相接。活到三十九岁，司马光头一次发现自己的行为竟然可以如此龌龊不堪、令人鄙视，他陷入了前所未有的痛苦自责之中。"臣实内惭，无以自处。"[1] 他觉得自己应当被鄙视，被抛弃，尤其是被庞籍、被所有因屈野河西地问题受到处分的同僚抛弃，于是，他断绝了跟旧日同僚的书信往来，主动放逐了自己。

痛苦压得司马光喘不过气来。这是一个理想主义者被迫置身于"灰色地带"的痛苦。政治中的人有时会不得不为了各种利益考量暂时放下甚至背离原则。这一点，司马光在皇祐三年的刘平招魂葬事件中就已经领教过。大宋王朝极力打造的忠臣烈士刘平，实际上做了西夏人的俘虏，对于如此明显的事实，两位宰相文彦博和庞籍却都保持沉默，因为他们都属于那个一手把刘平打造成烈士的群体，因为刘平的身份关系着刘平一家的生死荣辱，关系着一大群人的名誉地位。那个时候，司马光还是一个政治上的孩童，他为老一辈政治家们的懦弱感到羞耻不屑，感到义愤。那个时候，他站在事件的外面，站在利益纠葛之外，与真理、正义、原则同气。而这一次，他在事件的里面，在风暴的中心，甚至他自己就是利益纠缠的核心。理智告诉他，恩师的做法是错误的，违反制度，不合原则。按照制度，他们应该把所有的文件光明正大地交给审理本案的官员，然后再光明正大地跟审理本案的官员辩白。然而，庞籍却以不容置疑的果决与坚定告诉司马光，藏匿文书固然错误，

---

[1] 司马光：《论屈野河西修堡第二状》，见《温国文正公文集》卷一七。

却是必要的。审理本案的官员是带着结论来的，开封不会接受任何辩白。一份清白的履历，对接近四十岁的司马光来说，太重要了。四十岁，不能再折腾了，履历上有这样一个污点，这辈子就不一定"缓"得上来了。庞籍的担心，司马光当时并不完全理解。而未来则用铁一样的事实告诉司马光，庞籍的担心绝非多余。

麟州通判夏倚，受屈野河西地问题的牵连，背着处分，被贬到偏远地区担任收税的小官。治平四年（1067），他受到宰相大臣的推荐，得以参加馆阁的入职考试，考试明明通过了，却有御史来翻旧账，批评他"素无学术，尝任麟倅败事"，"倅"，就是通判。[1]"学术"之有无，可以见仁见智，而能通过馆阁的入职考试，就很难说"素无学术"，足见此言不实；然而，"曾经担任麟州通判败坏国事"，却是一个洗也洗不去的实在污点！夏倚娶李氏，妻族背景深厚。[2]这样一个人，又得到了宰相大臣的推荐，却因为历史问题被挡在馆阁的外面，无法进入高级文官预备队。此时距离断道坞战败，已经过去了整整十年，皇帝换了两个，从仁宗换到英宗再换到神宗，夏倚履历上的污点却仍然挥之不去。对照夏倚后来的遭遇，庞籍的做法绝对是正确

---

[1] 见《续资治通鉴长编》卷二〇九，第 5087 页。

[2] 李端懿"女四人，长适皇侄、右屯卫大将军、吉州团练使、建安郡公宗保，早卒；次适秘书丞夏倚；次适皇侄、左领军卫大将军宗景；次适皇侄孙、右监门卫将军世逸"。夏倚是李端懿诸婿中唯一的文官。李端懿的母亲"曰齐国献穆大长公主，太宗之女，真宗之妹，今天子之姑，属亲而尊，礼秩崇显，其淑德美问彰于内外"。其父"和文公（名遵勖）好学不倦，折节下士，喜交名公卿，一时翕然，号称贤尉。故李氏之盛，受宠三朝，而天下之士不侵其荣，而乐道其德"。李端懿卒于仁宗嘉祐五年。夏倚获得推荐在神宗即位之初，他之不获馆职，李氏恩宠已衰、影响力下降可能也是一方面的原因。见欧阳修著，李逸安点校：《欧阳修全集》卷三三，《居士集》卷三三《镇潼军节度观察留后李公墓志铭》，中华书局，2001 年，第 491、493 页。

的，那是一个老牌政治家对自己接班人的奋力推举。庞籍不惜自己犯错误，来换取司马光履历的清白，他在用自己的政治生命哺育司马光的政治生命。

这是一场原则与利益的缠斗。在事实层面上，司马光没有违反制度，他的表现符合当时的道德原则，他不断地向皇帝、向宰相大臣表白，请求责罚，充分表达了作为官员的责任感、作为学生对恩师的爱和作为君子的道德追求。然而，他却是庞籍错误的唯一受益人，道德上的洁癖让他没办法不鄙视自己。因此，在心理层面上，司马光必然痛苦。在实际政治当中，如何处理、拿捏局部利益与道德原则之间的关系，如何在照顾局部或者个人利益的同时保守道德底线，这是有良心的政治人物毕生的课题。一个国家，只要还有官员为这样的问题纠结思考，这个国家就还是有希望的。

司马光的痛苦在不断积聚，这种痛苦填满了他的胸膛，让他难以呼吸。他需要一个出口，需要一个了解事情经过又能懂他的听众。嘉祐八年盛夏，这个出口终于出现了。屈野河西地事件的重要当事人、前麟州通判夏倚辗转托人给司马光带来了一封信。这封信打开了司马光情感的闸门。在这过去的一年里，有好几次，他提起笔来想要写信给夏倚，可又觉得自己对不起夏倚，不知道能不能得到夏倚的原谅，他甚至都不确定夏倚会不会收他的信。如今，看到夏倚的来信，亲眼看到夏倚说相信他的为人，相信他不是一个"卖友求荣"的人，司马光就像是被判了无期徒刑的犯人忽然得到了赦免。他立刻回书一封，倾诉自己在过去这一年中的挣扎和痛苦，写完之后，觉得意犹未尽，别纸附书，又是一封。这一个信封里的两封信，是我们所能看到的司马光一生之中最为感情外露的文字，字里行间有泪水在流淌、在奔涌，上面我所讲的有关屈野河西地事件的具体经过，很多就来自这两封信。

嘉祐三年（1058）的夏天，司马光在心理上经历着一生中最大的煎熬。嘉祐三年到四年，一年之间，司马光一共打了三个报告，请调虢州。他所声称的理由是，虢州靠近老家陕州，如果能够出任虢州知州，就可以在为朝廷效力的同时，就近照顾父母的坟墓和老家的宗族。这样家国、公私两便的工作机会，在宋朝叫作"家便差遣"。司马光申请"家便差遣"，乍看起来颇有道理，深究起来理由却并不充分——他并不是非回家不可的——申请"家便差遣"最过硬的理由，是照顾或者安葬父母，而司马光的父母早已安葬，哥哥也在外地做官，无须照顾。由此可见，司马光请调虢州，必定还有难以明言的细密心思——在司马光的人生词典里，知虢州就意味着背处分。他的父亲司马池就做过虢州知州，而司马池知虢州就是一次降职处分——调任虢州之前，司马池的职务是杭州知州。同样是知州，杭州知州比虢州知州地位要高很多。因为不肯迎合官场吃喝风，司马池遭到陷害，这才降职调任虢州知州。司马池由杭贬虢，司马光一直在身边陪侍。因此，对司马光来说，"知虢州"约等于"背处分"。而这个处分，司马光太想要了。如果能得到这个"处分"，那么，他就和恩师庞籍，和所有因屈野河西地事件受到处分的同僚们站到了一起，就不再是一个背弃了大家独自升官的可怜虫了。

司马光无法克服他的道德洁癖。尽管他坚持认为自己在屈野河西地问题上没有过错，但是，当所有相关人士都受到处分时，他又怎么可以容忍自己置身事外？既然独自升官是可耻的，那么不如大家一起放逐——司马光想要逃离，逃离开封，逃到一个偏远小州去。对政治人物而言，道德洁癖究竟是利是弊，读者可以见仁见智、自行判断，但是，逃避显然是不成熟的标志。人在面对心灵困惑时其实是无路可逃的，谁又能逃过自己的内心呢?! 在开封要面对的问题，即使到了虢州，仍然要面对! 这一次，连庞籍在内，谁也帮不了他，司马光必须学会独自面对。范仲淹说"不以物喜，不以己悲"，此时的司马光，物可喜而己难安，横亘在他面前的最大障碍，不是别的，正是自己的心，是他的道德洁癖。鹬鹑救火，徒劳无功，只求心安。在现实政治与抽象原则之间求得平衡，将是司马光毕生的功课。

宽容 与 执拗

迂夫司马光和北宋政治

第四章
稳健的改革派——纯儒的局限

01 当仁不让入谏垣

　　司马光请调虢州的报告打了三次，三次被驳回。此时的司马光，年纪刚过四十，学问、胆识、经验、能力，各方面都出类拔萃，更难得的是，他为人谦和大度，举手投足之间，俨然已有未来领袖的气象。对司马光，仁宗皇帝和老一辈政治家寄予了厚望，有意培养，要在更重要的岗位上继续磨炼他，又怎么肯放他去虢州那种闲散地方？！

　　司马光于嘉祐二年夏回到首都，出任判吏部南曹，次年改任开封府推官，大约一年以后，转任判三司度支勾院。司马光自认"禀赋愚暗，不闲吏事；临繁处剧，实非所长"[1]，不擅长也不喜欢处理繁杂而具体的行政事务。而开封府和三司却恰恰都是以公务繁忙而著称的地方，

<hr>

[1] 司马光：《乞虢州第一状》，见《温国文正公文集》卷一七。

司马光的不适应可想而知。

　　司马光在开封府所担任的是推官。当时的开封府有一名知府、两名判官和两名推官，判官、推官都是知府的助手。司马光分管的是开封府工作的重头戏——司法，他要提审犯人、复核刑事案件。这种跟犯人、跟罪恶打交道的工作，绝不是司马光所喜欢的。若论本心，司马光更喜欢安安静静地读书，读案卷跟读书这两种阅读，用司马光自己的诗来说，"一种劳精神，胸中异忧喜"，同样是劳神费力，感觉却是大相径庭。"人生无苦乐，适意即为美"，开封府推官是个人人羡慕的美差，只可惜司马光却并不觉得"美"，因为不"适意"。"终非性所好，出入意如醉"，毕竟不是秉性喜好的，每天在开封府衙里进进出出，总有种晕晕乎乎不真实的感觉。个人喜好与工作安排发生了严重冲突。这样的冲突天天都有，几乎人人都会遇到，关键是如何对待。

　　对自己不擅长、不熟悉、不喜欢的司法领域，司马光投入了全部精力。"朝讯狱中囚，暮省案前文"，上午提审犯人，下午调阅案卷。好不容易下班回家，已经是"日没轩窗昏"，"援枕未及就，扑面愁飞蚊"，被蚊子吵醒了，干脆还是点上灯，赶紧熟悉熟悉法律文书吧。他有一张藤床，放在北窗之下。藤床本来是用来纳凉的，可是，司马光从头一年阴历九月一直忙到第二年七月末，眼看着秋风起了，才有工夫在上面躺一躺。"所畏旷官诛，敢辞从事勤！"这就是司马光的工作态度——可以不喜欢，但是不能不努力。能选择的时候选择自己喜欢的，不能选择的时候干好自己所得到的！

　　司马光的工作态度和工作成绩，赢得了他的顶头上司——开封知府欧阳修的大力赞赏，因为这种审慎务实的从政理念正是欧阳修本人

图三二 ⊙ 北宋 欧阳修 《行书自书诗文稿卷》（局部）

纸本长卷，墨书，30.5厘米×66.2厘米，现藏辽宁省博物馆。此卷诗文稿包括《欧阳氏谱图序》和《夜宿中书东阁》七律一首。从跋文可知前者作于作者四十九岁，后者作于作者五十七岁。稿卷行笔轻快，笔韵流畅，虽有多处涂改，却更显质朴自然。

所提倡和践行的。今人所认识的欧阳修，首先是文学家。但宋朝历史上真实的欧阳修，以及那些今人在文学史、史学史、科技史序列里"分门别类"介绍的历史人物，比如苏轼、司马光、沈括，他们本质上都是士大夫，是官僚，是政治人物。他们在文学、史学、科技等方面的造诣都"是并且只是"他们官僚生涯的一个侧面。当然，我们强调欧阳修的官员本质，也不否定他的文学成就。在当时，欧阳修也是首屈一指的文坛领袖。可是，这位文坛领袖最关注的却不是文学而是政事。后生晚辈慕名来访，他也乐于接见，然而，"所与言，未尝及文章，惟谈吏事"，在欧阳修的心中，"文章止于润身，政事可以及物"。欧阳修认为，政府的决策、官员的行为关系到治下每一个老百姓的福祉，所以，拥有行政权力的人必须审慎，"遇事不敢忽也"。景祐三年，三十岁的欧阳修被贬至偏僻的峡州夷陵（今湖北宜昌）做县令。他想要读书，可是翻遍县衙，找不到一本可读的书，"无以自遣"，只得翻出本县历年断案的卷宗来"反复观之"，却"见其枉直乖错不可胜数"，

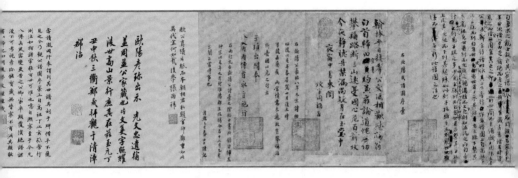

"以无为有，以枉为直，违法徇情，灭亲害义，无所不有"。震惊之余，欧阳修仰天长叹："以荒远小邑，且如此，天下固可知！" 面对耿耿星空，欧阳修自誓"自尔，遇事不敢忽也"。[1] 欧阳修治下的开封府便很好地贯彻了这种"不敢忽也"的从政理念。欧阳修的开封知府任期只有半年多[2]，但是，这半年多的共事却让欧阳修对司马光的能力和态度有了深刻的认识。

离开开封府之后，司马光调任判三司度支勾院，也就是来到了三司中专门负责审计的部门。与开封府推官相比，这个职务的工作量更大，要处理的公文更专业、更复杂。不擅长"临繁处剧"的司马光遭遇了更为严峻的挑战。应当说，司马光还是很好地完成了任务，至少，

[1] 见《宋史》卷三一九《欧阳修传》，第 10380—10381 页；《能改斋漫录》卷一三，第 118 页。

[2] 见周宝珠：《宋代东京研究》，河南大学出版社，1992 年，第 126 页。欧阳修知开封府起自嘉祐三年六月庚戌，嘉祐四年二月陈升之接任。

图三三 ⊙ 唐 阎立本 《职贡图》

绢本，高头大卷，设色，61.5厘米×191.5厘米，现藏台北故宫博物院。传为唐代阎立本绘，此图生动地描绘了唐太宗时，数十位异域使臣与仆从前往长安朝贡的场景。他们浩浩荡荡前往长安，有的使臣骑着白马，身后由仆从撑着伞盖，有的手捧奇石，有的牵着花斑羊，有的抬着鸟笼，有的手持象牙等贡品，进献的皆为异域奇珍。读者或可从此图推想交趾国向宋朝进贡瑞兽"麒麟"的情景。

他的顶头上司，以作风硬朗、性格耿直著称的三司使包拯对他的工作没有表示不满。可以想象，司马光在三司，肯定又像在开封府一样，从早忙到晚，不停地学习，不断地进步。从这个意义上说，大宋朝廷把司马光放到他完全不熟悉的领域、完全不擅长的岗位上去，也未尝不是一种培养官员的有效方式。

在忙碌中，司马光终于克服了屈野河西地事件带来的心理阴影。他又开始发声了。

　　嘉祐三年六月，交趾国（今越南）向宋朝进贡了两只奇怪的动物。这动物的模样有点像水牛，可是身上又好像披着鳞甲，鼻端长着一只角，吃的食物很简单，就是草和瓜果，但是每次都得饲养员打它一棍才肯吃。这动物是什么？去过动物园的小朋友都知道，是犀牛。可是多数宋朝人没见过这动物，不知道它是犀牛。交趾国的使臣说："这就是传说中的麒麟。"麒麟是什么？按照中国古代的祥瑞理论，麒麟是与凤凰平级的祥瑞标志，属于"太平之符"。传说孔子整理鲁国的国史《春秋》，整理到鲁哀公十四年"西狩获麟"。麒麟这么吉祥的动物竟然成了猎物，孔子觉得王道真的是不行了，凄然搁笔。"西狩获麟"于是成为《春秋》的绝笔。如今竟然有蛮夷不远万里向我大宋进贡麒麟，这是多么令人振奋的消息啊——有多少文章可以做，有多少意义可以阐发！

"麒麟"现世，动静很大。这两只巨大的"麒麟"六月进入宋境，在沿途官民的啧啧赞叹、窃窃私语声中，于八月抵达开封。八月二十五日，宋仁宗在开封皇宫的崇政殿召开大会，邀请在京重要官员欣赏交趾国进贡的这两只巨兽。司马光有幸与会，但他对"麒麟"的身份产生了强烈的怀疑：既然麒麟是瑞兽，那么，如果宋朝的统治真的做到了"天下太平"，麒麟应当会在宋朝的土地上主动现身，而不应当像现在这样，被交趾人捉住，关在大笼子里，用船运来。这就是宋朝的学者，追求理性，敢质疑，能思考！

麒麟有可能是假的，所以，不能让交趾人看了大宋的笑话，必须劝说仁宗对这两只食草动物的身份采取谨慎态度，不能承认它们就是麒麟；然而，交趾国的进贡行为、仁宗皇帝的心情还有宋朝的大国体面却是真的，那么，该怎样处理这两只食草动物才能保全大国体面、维护仁宗的心情呢？

八月二十七日，司马光写了一篇《交趾献奇兽赋》。[1] 这篇文章读起来就像是独幕话剧，主角当然是仁宗皇帝，配角就是那两只交趾"麒麟"，此外还有一班衣冠楚楚的宰相大臣。大幕拉开，交趾使臣带着"麒麟"上场。群臣欢呼，颂扬皇帝圣德。在群臣的欢呼声中，

[1] 见司马光：《交趾献奇兽赋》，见《全宋文》第54册卷一一七二，第117—119页。

仁宗上场，令人意想不到的是，仁宗竟然神情严肃，面带愁苦。在群臣惊讶的目光中，仁宗开口表白说："当今天下虽然太平，但是领土面积远不及汉唐；国家虽然富裕，但是跟尧舜的时代比还差得太远。社会矛盾重重，老百姓怨声载道，我怎么敢忘记这些，安享这外国的贡献?！这两只外国野兽，得到它们不会增加我的德行，放走它们不会减损我的德行。与其在它们身上花钱，还不如把这些钱用来迎养贤人。各位觉得如何？"仁宗的表白居安思危、高瞻远瞩、铿锵有力，激起了群臣的崇拜之情。群臣跪倒，表示心悦诚服，愿意帮助皇帝成就盛德。接下来，舞蹈演员上场，用类似皮影戏的简洁方式表现出仁宗招贤纳士、兴利除弊的过程，以及风调雨顺、五谷丰登、百姓安居乐业的繁荣景象。最后，画外音起，唱出主题："那外国的普通动物、热带地方的怪兽，皮不能做车甲，肉不能做祭品，我们凭什么为它耗费国家的资财，凭什么用它来污染我们的皇家动物园呢?！"

九月初三，司马光把这篇有趣的文章献给了仁宗，并附表一篇[1]，向仁宗建议，把可疑的"麒麟"交还给交趾人，要用实际行动告诉交趾人，宋朝不稀罕这样的祥瑞。这两只犀牛是否被退回，不得而知，但是，仁宗在给交趾的答复诏书中却真的没有提到"麒麟"这两个字。仁宗克服了帝王的虚荣，大宋王朝避免了把犀牛认作"麒麟"的笑话。这中间，当然还有别人的功劳，比如，枢密使田况就认为"麒麟"身份可疑，建议仁宗不要使用"麒麟"来称呼那两只食草动物。[2]但是，毫无疑问，司马光那篇充满了趣味的《交趾献奇兽赋》肯定打

---

[1] 见司马光：《进〈交趾献奇兽赋〉表》，见《全宋文》第54册卷一一七四，第147—148页。

[2] 见《续资治通鉴长编》卷一八七，第4515页。

动了仁宗的心。仁宗是一个对自己的儒学修养很有信心的皇帝，他当然愿意做一个好皇帝。司马光所描述的那个忧国忧民的皇帝形象，正符合仁宗的自我想象。对待皇帝，有时候也要像对待小孩子一样，要正面引导，让他看到好的行为会带来正面效果，激发他的荣誉感，如此，皇帝才能乐于接受，这就是说服的艺术。

"交趾麒麟"事件是司马光从河东回开封之后第一次对朝廷事务发声，这一次发声让开封上层看到了一个更为成熟稳重的批评者，一个讲究方法、能够让皇帝听进意见的批评者。这种素质正是台谏官所需要的。接下来，嘉祐六年（1061）发生的日食事件，让司马光有机会向开封政坛展现其另一种宝贵素质——对原则的坚守。

这一年的五月底，司天监预报，六月初一将发生日偏食，所食分数将达到六分半，也就是说，届时月亮的阴影最多会遮住 65% 的太阳。按照汉代以来的传统，日食属于灾异现象，是上天示警。皇帝应当减膳撤乐，避开正殿，以尽可能低调的行为向上天表达悔改向善之意。但是，当时的天文学家早已能够相对准确地预测日食。如果日食是有规律的、可以预测的，那么，还能够说是上天示警吗？人类知识的积累已经对天人感应说构成了挑战，只不过挑战还不够激烈，再加上观念转变相对于知识积累的滞后性，人们仍然相信日食示警说。而且，在当时的政治文化中，还流行着"坏事变好事"的做法。比如预报说有日食，可是到了日子，阴云密布，根本就看不见太阳，当然也就看不见日食。看不见就等于没有，既然没有，那说明什么？说明皇帝圣德感动上天！再比如，预报说食六分半，实际只食了四分或者三分，那又说明什么？当然是皇帝圣明，"万岁万岁万万岁"！一旦"坏事变好事"，百官须上表向皇帝表示祝贺。

看不见就等于没有吗？当然不是。预报食六分半，结果只食四分，难道不可能是预报不准吗？当然可能。这种因为"看不见"或者"食分不足"上表祝贺的做法，在逻辑上不堪一击。但是，当时的人们却不以为非，习以为常。上贺表、收贺表，行礼如仪；其间是非，无人计较。

而司马光则决定一较其真。按照司天监的预报，嘉祐六年六月初一将会出现六分半的日食。如果下雨阴天或者食分不足，到时候负责接收贺表的，就应该是司马光，因为他已经调任同修起居注兼判礼部事，正分管这摊工作。接到司天监的日食预报之后，司马光给仁宗皇帝打报告，对那两种"坏事变好事"的情况进行了有力驳斥。第一，关于"看不见"，司马光说，太阳照临天下，乌云所能遮挡的只是一小块地方。如果日食果真发生，就算京城看不见，其他地方也会看见。如果其他地方都能看见，只有京城看不见，那只能说皇帝被小人蒙蔽了。在这种情况下还要上表祝贺，那不是上下相蒙，自己骗自己吗?!第二，关于"食分不足"，司马光指出，预报食分与实际食分不符，不是因为别的，而是因为负责天文观测的官员水平太差，技术不精，应当处分，而不是祝贺！最后，司马光请求皇帝下旨，如果六月初一日食"看不见"或者"食分不足"，均不得上表祝贺。

司马光的报告是五月二十八日递上去的。到了六月一日，未初（下午一点），日食开始，进行到四分，突然阴云密集，雷电大作，然后就大雨如注了。所以，开封人对这次日食的观测结果是：首先"食分不满"，然后"看不见"了。那么，对待这样的观测结果，该如何解释，又该如何反应呢？

负责天文观测的部门"浑仪所"做出了一个相对中庸的解释，"不为灾"，这种情况无害。那么，"无害"是否就等于"有益"？又是否需要上表庆贺呢？权御史中丞王畴主张免贺，理由如下：虽然后来因为下雨看不见了，但是前面那四分日食还是清晰可见的，所以，日食本身是存在的；既然存在日食，那就说明政治上还是有问题的，陛下还是应当放低姿态、至诚修德，以此回应上天。王畴的结论与司马光基本一致。但王畴是事后批评，司马光是事先预警——单凭这一点，就值得开封政坛对司马光伸出大拇指！

说到这儿，我还想再多说两句，这两句是"题外话"，也是题中应有之义。可能会有读者批评司马光还是不够彻底，因为他并未放弃天人感应说，他仍然相信自然现象与社会现象之间存在着机械的关联互动。提出这种批评的朋友，是在用今天的标准评判古人，既高估了我们祖先在探索自然方面的成就，也低估了我们祖先的政治智慧。

讲一个后来发生的故事。过了不到十年，神宗皇帝即位之后，"明白人"出现了。这些人告诉年轻的皇帝，说"地震水旱这些天灾以及日食月食这些异常现象，都是天数，不是人事得失造成的"。换言之，灾害、天象出于自然，与人事无关，因此，皇帝不必烦恼愧疚，更不用费力检讨。这种说法够"科学"了吧？虽然未能具体说明自然灾害的发生原因，但是已经明确斩断了自然现象与社会现象之间的机械因果关系。

这种说法，在今人看来觉悟足够，在时人看来却充满危险。宰相富弼甚至认为皇帝的这一思想动向关系国家治乱，"是治乱之机，不可以不速救"。富弼说罢，长叹一声，以六十六岁高龄奋笔疾书，写下一篇长达几千字的文章，力劝神宗切勿听信谗言。"人君所畏惟天，若不畏天，何事不可为者！"只要皇帝还畏天，那就还是有底线的；

倘若皇帝连天都不畏了，那就会穷奢极欲无底线；倘若皇帝不再相信天人感应、上天示警，那么，宰相大臣、台谏官员还拿什么来批评、约束皇帝?!"此必奸人欲进邪说，以摇上心，使辅拂谏争之臣，无所施其力。"[1]

看上去牵强机械的天人感应说，却能够让最高统治者常怀敬畏之心，给朝廷国家一个改革积弊、修明政治的机会，是臣子约束皇帝、维护统治肌体健康的重要武器，这就是它的价值与意义。正因如此，富弼才会怕神宗放弃它，司马光才要牢牢地把握它。

嘉祐六年日食事件的结局令人欣慰——仁宗皇帝接受了司马光和王畴的建议，下令百官不得道贺。从此之后，不道贺成为惯例，那种吹牛拍马的集体滑稽表演宣告终结。由于司马光的努力，天人感应说变得更加合理也更加严肃。

如果说嘉祐三年的"交趾麒麟"事件让开封政坛见识了司马光说服皇帝的艺术，那么，嘉祐六年的日食事件则让开封政坛更加充分地认识到司马光的价值——他是一个积极主动的建设性的批评者；他关心大的原则性问题，深谋远虑，高瞻远瞩；他尊重原则，持论公允，理性而温和。这些品质正是最佳的谏官人选，是当时宋朝最需要的。

此时的宋朝，富弼、韩琦等庆历新政领导人已经陆续回到中央，执掌大政。至和二年，富弼出任宰相；嘉祐三年，富弼升任首相，韩琦出任次相。嘉祐六年三月，富弼因母亲去世，丁忧离职，韩琦升任首相，执掌大政。改革派回来了，政策也回来了。富弼、韩琦试图接续庆历新政未完成的事业，整顿积弊。多项改革措施以一种静悄悄的

[1]《宋史》卷三一三《富弼传》，第10255页。

图三四 ⊙ 南宋 马和之 《周颂·清庙之什图》（局部）

绢本长卷，27.4 厘米 × 645 厘米，现藏辽宁省博物馆。此长卷由被誉为"小吴生"的南宋宫廷画家马和之绘。全图字画各有 10 段，右书左画，书画相间。本图呈现的是《我将》篇，描绘的是周王奉献牺牲于天帝，祈求天帝的保佑。

方式逐渐推开。比如加大对官员的监督考核力度，特别是那些具有监督权的路级地方大员，要由御史台长官、翰林学士等中央要员亲自领衔进行考核。包拯担任御史中丞时就负责过这项工作。[1] 比如茶法改革，取消政府专卖，允许民间自由通商买卖茶制品。比如整顿漕运体系，禁止有关部门占有漕运船只及士兵拉私活、谋取私利，减少拉

[1] 见《续资治通鉴长编》卷一八七，第 4517 页；卷一九四，第 4712 页；卷一九五，第 4717 页。

我将祀文王于明堂也我将我
享维羊维牛维天其右之仪式
刑文王之典日靖四方伊嘏文
王既右饗之我其夙夜畏天之
威于时保之

我将

纤厢兵的服役时间，提高漕运效率。比如赋役制度改革，政府对长期
遗留的苛捐杂税进行摸底调查，适度减免：湖南一些州的人头税就得
到了部分减免；四川各州在重大节庆时向皇帝进奉的礼金也免掉了，
只寄空表（贺卡）即可。改革的目标是还利于民，让老百姓享受到实
际好处。

嘉祐四年（1059），仁宗皇帝举行袷享大典，对本朝列祖列宗以
及所有已经故世的皇后进行合祭，富弼、韩琦所领导的中书拟定大赦

赦文，所列条目之多是空前的，每一条都有意把恩泽施放给老百姓。赦书宣布之后，所有人都在感叹这是前所未有的仁政恩德。[1] 在富弼、韩琦的领导下，各级官员对既有问题进行了广泛检讨，改革蔚然成风。正是在这一背景之下，刚刚进入中央工作没多久的王安石向仁宗皇帝进献《上仁宗皇帝言事书》，表达自己对形势的判断和改革主张。[2]

富弼、韩琦所领导的这一波改革，发生在宋仁宗嘉祐年间（1056—1063）。嘉祐是宋仁宗最后一个年号。嘉祐年间的改革是"庆历新政"的回潮，其实完全可以被称为"嘉祐新政"。这是一段被忽略的改革期。我们的历史课本很少提到这一段，其注意力集中于十年之前的"庆历新政"和十年之后的王安石变法。即便是《宋史》的《富弼传》《韩琦传》，也看不到有关嘉祐年间政策变革的突出记载。只有当我们把现有史料中有关嘉祐时代政府活动的记载集中起来，才能看到这一波改革的力度和广度。对"嘉祐新政""轻描淡写"，可能正是富弼、韩琦想要的效果。他们都是庆历新政的亲历者、领导者，曾经目睹它轰轰烈烈、疾风骤雨般的开始，也经历了它黯然神伤的退场。他们深知改革之不易。

皇祐四年范仲淹去世，富弼为他撰写了墓志铭。在铭文中，富弼这样反思庆历新政流产的原因。"然天下久安，则政必有弊者，三王所不能免"，出问题是正常的。然而，弊端长期积累，利益盘根错节，问题根深蒂固，欲其改变，必有非常深入之功夫与耐心，改革积弊"事大不可忽致"。论其本心，范仲淹想要稳扎稳打，步步为营，"将麾

---

[1] 见《续资治通鉴长编》卷一九〇，第4596页。

[2] 见《续资治通鉴长编》卷一八八，第4531—4532页。

以岁月而人不知惊，悠久之道也"。可是，仁宗皇帝"方锐意求治"，再三督促，日日面诘，急不可耐，"求治如此之切，其暇岁月待耶"？！在仁宗的强烈要求下，范仲淹上《答手诏条陈十事书》，开列问题清单，提出改革方案。仁宗"览奏褒纳"，"遽下二府促行"。[1]新政匆匆上马，各项措施全面铺开。结果怎样？改革建议十之八九受到阻碍，根本无法推行，好不容易得以推行，又很快被扭曲、被废弃。变来变去，只是让皇帝更加担忧，让老百姓不得安生。最终，皇帝撤回了支持，改革派黯然离场。

基于这样的反思，当富弼入朝、试图重启改革的时候，"劁以岁月而人不知惊"便成为他的首要考虑。第一，要低调，不要张扬。号子喊得太响亮，固然可以激励士气，可是也会惊动敌手。改革不是阅兵，关键是干，不是喊，不是看。第二，改革措施要实际，要考虑到各种错综复杂的因素，要尽量照顾各方面的承受能力。第三，最后也是最重要的，是取得皇帝自始至终的支持，要保证舆论导向的支持。

为了保证舆论导向的支持，就必须让合适的人占据台谏官职位。在宋朝中央的权力结构当中，台谏官可以说是皇帝、宰相之外的第三势力，虽然官卑职小，却掌握着大宋王朝的舆论导向，甚至可以左右宰相的去留。庆历新政的失败，范仲淹、富弼的下台，在很大程度上是因为台谏官的攻击。新政失败之后上台的宰相文彦博、庞籍，也都是因为遭到台谏官攻击而离开的。如果台谏官攻击宰相是为了朝政，倒也无可厚非，问题是，很多台谏官攻击宰相只是为了显示自己的能

[1] 见富弼：《范文正公仲淹墓志铭》，见《名臣碑传琬琰集校证》中集卷一二，第761—762页。

量，要为自己建立直言不讳、不畏强暴的好名声。台谏官攻击宰相主要有两种路数。一种是扣帽子，攻击宰相结党营私，"朋党"这顶大帽子一扣，再厉害的宰相也得乖乖下台。还有一种是扒隐私，告你帷薄不修——私生活不检点，没管好小妾，或是跟不该发生关系的女人（比如儿媳妇）不清不楚——如此私密的事情，怎么说得清楚？就算最后的调查结论是清白无辜的，可是人言可畏，名声早就坏掉了，只好下台。庆历新政失败以来，宋朝政坛常见的现象，是台谏官依托皇权表现出咄咄逼人的强势，而宰相却在台谏官的逼迫下呈现出沉默的弱势。

这样的台谏官显然不是理想的台谏官。按照宋人观念，理想状态下，台谏官是皇帝的耳目，却不是皇帝或者宰相的爪牙，他们应当是一支相对独立的正义力量，永远站在大宋王朝的长远利益这边。对于任何人、任何机构、任何利益群体可能危害宋朝利益的行为，台谏官都有责任提出批评，监督改正。当然，这只是理想状态，而理想与现实之间永远存在差距。作为皇帝和宰相之外的第三支政治力量，台谏官地位最低，作用却不容忽视，皇帝依靠台谏官监督牵制宰相大臣，宰相借助台谏官限制皇帝以私欲干扰朝政、损害国家利益。批评与监督必须有，台谏官不可无。

嘉祐六年六月，朝廷任命司马光为同知谏院。[1]台谏官中，御史台官多多少少还是有些具体事务的，而谏官则是彻头彻尾的舆论监督者，除监督批评之外，没有任何具体职责，然而却在宋朝的政治文化当中，享有崇高声望。如欧阳修所言，"士学古怀道者仕于时，不得

---

[1] 见《续资治通鉴长编》卷一九三，第 4677 页。

为宰相，必为谏官"，真正有理想的士大夫，为行道而做官，当不了
宰相，就一定要当谏官。"宰相尊，行其道；谏官卑，行其言。言行，
道亦行也。"[1]宰相位高权重，有机会带领政府践行自己的政治主张；
谏官有话语权，有机会充分表达自己的观点，而充分表达观点就有可
能影响施政，让它更合乎我们心中的真理——"道"。一个合格的谏
官需要有明辨是非、坚持真理的勇气，也需要通晓说服的艺术，从朝
廷的角度来看，司马光做谏官，是再合适不过的。司马光的父亲司马
池也曾经是朝廷属意的谏官人选。但是，司马池当年却是态度坚决地
拒绝了朝廷的美意，他说："谏诤之职，不过二途。或犯颜箴阙，以
尽臣节；或吐刚养望，以取贵仕。是不害身则丧名，乌能两全之?!"[2]
在司马池看来，像这种专门提意见、揭弊纠错的官员，只有两种下场：
要么，尽忠职守，触怒权贵，危及自身；要么，避重就轻，避实击虚，
公器私用，以取高官——前者搞不好会赔上性命，后者名节尽失，根
本无法做到两全其美。对于谏官之职，欧阳修赞美它能尽言行道，司
马池却畏忌它能害身丧名，"决志请让"，坚辞不就。那么，父亲所
拒绝的，儿子是否会接受? 司马光会做出怎样的选择?

　　司马光毫不犹豫地接受了朝廷的谏官任命。此前，当他被任命为
开封府推官、判三司度支勾院、同修起居注时，都是推了又推的。他
辞同修起居注，辞官之状凡五上，终不得允，这才勉强上任。然而，

[1] 欧阳修：《上范司谏书》，见欧阳修著，李逸安点校：《欧阳修全集》卷六七，《居
士外集》卷一七，中华书局，2001 年，第 973—974 页。

[2] 庞籍：《天章阁待制司马府君碑铭》。

此番要做谏官时,司马光却"不敢以一言饰让",就接受了任命。[1]

司马光为何不辞谏官?

首先,他有着强烈的使命感。对于谏官的崇高责任,司马光有着深刻的认识。想当初,同年老友范镇荣任谏官,司马光责以大义,言:"自今日以往,天下之民万一有失职而吟叹者,景仁之责也;朝廷之政,万一有违理而伤道者,景仁之责也。"百姓流离失所、朝政违理悖情,谏官都有责任。因为谏官"为天子耳目之臣,朝夕在天子左右,万民之利病,已得而言之,朝廷之得失,已得而言之",是有能力直接影响皇帝,进而影响朝政、造福天下百姓的。从前,司马光对范景仁说:"行矣,景仁勉之!"[2]那么,现在,他在心里对自己说:"行矣,光其勉之!"

其次,司马光对自己的个人能力有充足的信心,他的劝说艺术,他的全局观念,都是做谏官的优质资本。司马光相信自己会成为最称职的谏官,朝廷既有此差除,他当仁不让。

最后,如果拿司马光同司马池相比的话,谏官,司马池不能做、不愿做,司马光却愿做、能做。何以言之?家世背景不同。司马池出身小官僚家庭,其父司马炫只是小小县令,他对高层政治缺乏了解,不知道开封平静水面之下暗流的走向、礁石的位置,所以,这个没有背景也没有野心的绝顶老实的聪明人选择了退避。司马光则大不相同,其父司马池官至天章阁待制,本身是高级官员,司马池的同年、同僚等社会关系发育良好,这些,都成为司马光成长的良田沃土、阳光雨露。

[1] 见司马光:《辞知制诰第六状》,见《温国文正公文集》卷二二。

[2] 司马光:《与范景仁书》,见《温国文正公文集》卷五九。

更重要的是，命运的安排使得庞籍与司马光之间结成了胜似普通父子的师生关系。司马光二十七岁跟着庞籍进开封，庞籍在枢密院、宰相府一路高升，司马光一直陪伴左右，是他的学生、参谋和秘书。司马光与当时另外一位宰相文彦博的私人关系也相当好。[1] 有八年的时间，司马光一直在开封的高层政治圈中历练成长，他了解情况，懂得规则。所以，司马池不能做、不敢做的，司马光却能做、敢做。

02 "嘉祐三札"论政改

嘉祐六年七月二十一日，司马光作为谏官首次上殿，呈上三篇札子。南宋人吕中后来评论说："司马光辅四朝之规模，尽见于嘉祐入对之三札。"[2] 也就是说，司马光辅佐仁宗、英宗、神宗、哲宗四朝的政治纲领，就体现在这三篇札子当中。这三篇札子在司马光政治生涯中的地位，大致相当于王安石的《论本朝百年无事札子》。吕中的"后见之明"可能包含了因司马光后来的成就而追加的意义。当时，三篇札子的直接进谏对象——仁宗皇帝是这样做的：第一篇"留中"，

[1]《司马光集》卷五七有"为庞相公""为文相公"代笔所作的上表，比如《为庞相公让明堂加恩表》《为文相公谢神道碑文表》等。见司马光著，李文泽、霞绍晖点校：《司马光集》，四川大学出版社，2010 年，第 1181—1192 页。

[2] 吕中：《类编皇朝大事记讲义》，见吕中撰，张其凡、白晓霞整理：《类编皇朝大事记讲义 类编皇朝中兴大事记讲义》，上海人民出版社，2014 年，第 241 页。

留在了自己身边；第二篇转发中书，供宰相们学习；第三篇转发枢密院，给军政管理者参考。司马光本人特别看重这三篇之中的前两篇，他后来又把几乎相同的内容献给了英宗和神宗两位皇帝，并且对神宗说："（臣）平生力学所得，尽在是矣。"[1] 由此可见，嘉祐三札不仅是司马光作为谏官的亮相之作，而且是他政治思想的核心表达。那么，嘉祐三札究竟传递了怎样的信息？对于宋朝国家的现状和未来，对于富弼、韩琦正在进行的改革，司马光又表现出怎样的态度？

我们来看一看嘉祐三札的具体内容。嘉祐三札之后，在一个多月的时间内，司马光又陆陆续续上了多道札子，其中有对具体人事的批评，但更多的还是在继续阐发三札的核心思想。所以，我们也把它们放到一起来看。

嘉祐三札，原本各有其名，第一札《陈三德》，第二札《言御臣》，第三札《言拣兵》。翻译成现代汉语，第一札《论皇帝的道德修养》，第二札《论官僚的选任与国家人事体制的弊病》，第三札《论军队的精简》。[2]

第一札《陈三德》所要解决的问题是"怎样做一个好皇帝"。皇帝是帝制国家的最高领导人，皇帝代表国家，维护皇帝就等于维护宋朝国家；皇帝的权力是无边无际、无远弗届的，可以随时侵占、剥夺其他一切权力，没有任何力量可以对皇权形成强制性约束——就其本质而言，朝代内部的"废昏立明"与程度更为严重的"改朝换代"都

[1] 苏轼：《司马光温公行状》，见《全宋文》第91册卷一九九二，第421页。

[2] 见司马光：《陈三德上殿札子》《言御臣上殿札子》《言拣兵上殿札子》，见《司马光集》卷一八，第527—532页；《续资治通鉴长编》卷一九四，第4693—4697页。

只是破坏之法，而非解决之道。唯一在"秩序中""体制内"求解决的方案，只能是"让我们的皇帝保持圣明"，这就是司马光上《陈三德》札子的目的。

司马光指出，"人君之大德有三：曰仁，曰明，曰武"。皇帝应当具备"仁""明""武"三种美德。"人君之仁"不是无原则的包容，而是"兴教化，修政治，养百姓，利万物"的责任，树立良好的社会风气，建立清明的统治，让百姓安居乐业、各得其所。"人君之明"不是说什么都要管、凡事都要审查，而是要"知道谊，识安危，别贤愚，辨是非"，懂得抓大放小，洞察安危，知人善任，明辨是非。"人君之武"不是滥用权力和暴力，而是明辨是非、洞察安危之后的决断力和意志力，"惟道所在，断之不疑，奸不能惑，佞不能移"。"三者兼备，则国治强，缺一则衰，缺二则危，三者无一焉则亡。"这是"自生民以来，未之或改"的真理。

这就是嘉祐三札第一札的核心内容。

嘉祐三札第二札《言御臣》说的是官僚队伍的管理。皇帝可以独自拥有国家，但却不能独自治理国家，所以才会有官僚，官僚辅佐皇帝治理国家——按照帝制国家的政治逻辑，这才是官僚存在的根本性理由。司马光指出"致治之道无他，在三而已。一曰任官，二曰信赏，三曰必罚"。所谓"致治三原则"，就是把合适的人选拔到合适的岗位上，以严明的激励／惩罚机制加以管理，当赏则赏，当罚则罚，则可以达到国家治理的目的。在司马光看来，宋朝官僚队伍的管理，早已背离"致治三原则"，陷入"资历至上"的陷阱。官员通过熬年头升迁品位，按照资历和惯例授任职位，"累日月以进秩，循资途而授任"。只要年头熬得够，不管水平如何都可官至高位，"苟日月积久，则不择其人之贤愚而置高位";但凡资历合乎惯例,不管有无能力都会被委以重任,"资途相值,则不问其人之能否而居重职"。

"资历至上"导致官员任期普遍过短,以普通官员的资质,"更来迭去,易地而守";与"任期过短"相伴随的,还有任职领域不断更迭,"远者三年,近者数月,辄已易去"。在这种情况下,还希望官员职事修举,国家治理高效,"必不可得也"。

不仅如此,"资历至上""任期过短"还导致了官场风气的扭曲。倘若一个官员全心全意地想要做些实实在在的改变,他就难免要冒得罪众人的风险,而做实事是需要时间的,当"绩效未著",结果尚未显现之时,他就已经遭遇了上级的怀疑、同级的妒忌和下级的抱怨。倘若在这个时候,朝廷屈服于"众言"而惩罚他,那么,还有谁肯尽心尽力、服勤公事呢?而那些善于哗众取宠、沽名钓誉的官员,只做表面文章,"蓄患积弊,以遗后人",把隐患留给后任和当地,自己声名远扬。倘若在这个时候,朝廷采纳"众言"来奖赏他,那么,就会激发更多的此类行为。

究其原因,司马光指出,"所以然者,其失在于国家采名不采实,诛文不诛意。夫以名行赏,则天下饰名以求功;以文行罚,则天下巧文以逃罪。如是,则为善者未必赏,为恶者未必诛"。

宋朝官僚队伍的管理为何会背离"致治三原则"?官儿太多了——官员的数量已经远远超过了国家机构所能提供的职位数量,也超越了中央人事部门的管理能力,而宋朝中央又不愿意把人事权分割下放——事实上不只是宋朝,宋之前的隋唐五代,宋之后的明清,都是中央管官员,官员身份统一由中央"认证"、干部的考核升降任免统一由中央人事部门管理。国家大、官员多、人事权集中,所以就只能选择最简单的管理规则——论资排辈；因为人多、位子有限，所以就只能大家轮换着来。这样做的结果，就是每个官员都像是万金油，什么都能干，什么都干不长，当然也就什么都干不好。这就好比让一个人先当两年派出所所长，然后教两年书，再去当法官，当县长，当军区司令，当运输局局长，当外交部礼宾司司长……

那为什么还要养那么多官员呢？因为皇帝要依靠官僚管理国家。既然要依靠官僚，就必须满足官僚的需求、维护官僚的利益，让官僚满意。但是，官僚满意不等于国家治理。这就好比某人办了一个公司，请了一批职业经理人来管，工资待遇给得很优厚，可是这帮经理吃饱喝足天天想的都是自己的儿子孙子房子车子，那当然不行。看短期效应，论资排辈是有好处的，它简便易行地满足了大多数官僚的需要，维护了官僚集团的和谐与稳定；然而，看长期效应，论资排辈绝对是弊大于利，它已经损害了老百姓的利益，早晚，它还会把宋朝国家的利益作为祭品送上官僚利益的祭坛。当官儿可以光宗耀祖、给个人和家族带来利益，按照帝制时代的道德伦理，这一点没有错，但是归根结底，政府的责任是治国理政，官员还是要能办事、办好事的。对于这一点，一个有责任感的政治家应当永远保持清醒的认识。这就是司马光嘉祐三札第二札对宋朝国家人事管理体制的批评。

司马光指出的不是新问题，司马光也不是第一个对这一问题发难的人。事实上，1043 年的庆历新政在很大程度上就是要向这个只论资历、不讲能力的人事管理体制开刀。司马光的创新之处是提出了官僚队伍专业化的设想："陛下诚能博选在位之士，不问其始所以进及资序所当为，使有德行者掌教化，有文学者待顾问，有政术者为守长，有勇略者为将帅，明于礼者典礼，明于法者主法，下至医卜百工，皆度材而授任，量能而施职。"不问出身，不论资历，让有德行的人掌管教化，让有学问的人担任顾问，让有行政才能的人主政一方，让勇敢有谋略的人统领军队，让礼学专家掌管朝廷礼仪，让法律长才主持司法，由此以至于医术、天文、手工技术，都按照才能授任施职。"有功则增秩加赏而勿徙其官，无功则降黜废弃而更求能者，有罪则流窜刑诛而勿加宽贷"，干得好可以提高级别待遇，但不换岗位，使其久任，久而无功则撤换，有罪则处以刑罚。以职位要求为核心，努力建设一支专职久任能办事的官僚队伍，是司马光官僚队伍管理改革的重要目标，也是他针对北宋前期"资历至上"的选任积弊提出的解决方案。嘉祐六年，司马光提出"十二等分职任差遣"方案，主张以职位为核心对官僚队伍进行分层级的管理制度改革。[1] 元祐元年，当司马光结束十五年的闲居状态重返中央之时，还提出过一个更为具体、更具实施性的改革方案 [2]。只可惜这两个方案没有细化推行。

---

[1] 见司马光：《十二等分职任差遣札子》，见《司马光集》卷一九，第553—555页。"十二等之制：宰相第一，两府第二，两制以上第三，三司副使、知杂御史第四，三司判官、转运使第五，提点刑狱第六，知州第七，通判第八，知县第九，幕职第十，令录第十一，判、司、簿、尉第十二。其余文、武职任差遣，并以此比类为十二等。若上等有阙，即于次等之中择才以补之。"

[2] 即司马光《乞以十科举士札子》。"十科"的荐举对象，既包括在任官员，也包括平民，所对应的职位类型，包括官学教育、言论、统兵将帅、路级监察、皇帝老师、朝廷顾问、文史之官、审判官员、财政官、司法专家。原文如下："一曰行义纯固，可为师表科。（有官无官人皆可举。）二曰节操方正，可备献纳科。（举有官人。）三曰智勇过人，可备将帅科。（举文武有官人，此科亦许铃辖以上武臣举。）四曰公正聪明，可备监司科。（举知州以上资序。）五曰经术精通，可备讲读科。（有官无官人皆可举。）六曰学问该博，可备顾问科。（有官无官人皆可举。）七曰文章典丽，可备著述科。（有官无官人皆可举。）八曰善听狱讼，尽公得实科。（举有官人。）九曰善治财赋，公私俱便科。（举有官人。）十曰练习法令，能断请谳科。（举有官人。）"见《司马光集》卷五三，第316—318页。

嘉祐三札的第三札《言拣兵》开门见山，直陈"臣窃闻朝廷近降指挥，拣选诸指挥兵士，补填近上军分。其主兵之官，惟务人多，不复精加选择，其间明知赢弱，悉以充数"。宋朝的军队按照军分（番号）分为下、中、上三等，军分越高，待遇越好，士兵的战斗力在理论上也应该越强；和平时期，宋朝军队采用的是与官僚类似的管理办法，以熬年头为主，每三年拣选一次，普通士兵也有从下等军分填补到"近上军分"的机会。由于拣选填补数量与主持官员奖赏挂钩，"主兵之官，惟务人多"，忽略军人质量。司马光所批评的就是当时军队拣选中存在的以次充好问题，但这一问题并非当时仅有，而是拣选通病。

宋朝军队的特点，一是职业兵，二是数量巨大。职业兵就意味着军人完全脱离农业生产，兵农分离，军人及其家属完全靠老百姓纳税养活。11 世纪 40 年代宋朝的军人数量创下了历史新高，总数约为 125.9 万人，"视国初为最多"[1]；而同期宋朝国家非军事人口的总户数约为 1068 万，其中，纳税户约为 686.28 万[2]。若以全国平民户口计，约每 8.6 户平民养活一名军人；若以纳税户计，则是约每 5.5 户平民养活一名军人。这个负担是相当沉重的。而这些士兵当中有 34.4% 是不具备战斗力的厢军[3]。所以，司马光提出"养兵之术，务精不务多"，

---

[1]《宋史》卷一八七《兵志一·禁军上》，第 4574、4576 页。

[2] 庆历五年，"是岁，天下上户部主户六百八十六万二千八百八十九，口一千五百二十六万三千八百九十九，客户三百八十二万五千五十八，口六百三十九万二千二百六十四"。主客户合计约为 1068.29 万，主户（实际纳税户）约为 686.28 万。见《续资治通鉴长编》卷一五七，第 3814 页。

[3] 庆历总兵数 125.9 万当中，禁军马、步军合计 82.6 万，占 65.6%，是作战部队；其余 43.3 万是专门提供劳役服务的厢军，占 34.4%。

主张通过选拔淘汰，改变军队人多而战斗力差的问题。

这就是司马光的嘉祐三札，第一札说皇帝，第二札说官僚，第三札说军队。透过嘉祐三札，司马光向我们展示了他对宋朝国家整体政治结构的理解。在这个金字塔形的结构当中，高居顶端的是皇帝。皇帝掌握最高权力，是至高无上的统治者，皇帝应当得到尊重，皇帝也应当尊重他的崇高地位，承担起维护王朝长治久安的责任。皇帝不能独断，必须依靠官僚治理国家。金字塔的中间是官僚，官僚上承皇帝，下治百姓。官僚的利益应当得到承认，但不应当损害宋朝国家的整体利益。金字塔的基座是老百姓，他们是社会资源的生产者。皇帝加官僚等于朝廷，朝廷加老百姓等于宋朝国家。朝廷维持着一支庞大的军队，为百姓驱逐外敌，保护百姓的安全。百姓养活朝廷。朝廷要尊重、爱惜老百姓的生命财产，才能有整个国家的长治久安。嘉祐三札没有直接提到老百姓，却处处都有老百姓的利益，皇帝加强修养、做一个好皇帝，官僚队伍专业化、提高执政水平，精简军队，都是为了减轻老百姓的负担，改善朝廷与老百姓的关系。司马光的这个认识既不超前，也不落后，它只是实事求是地反映了宋朝，乃至整个帝制时期中国的政治结构。

嘉祐三札体现出司马光思想当中一些最本质的东西。第一，他主张体制内变革，主张尊重已经建立的制度和传统，但不固守——在尊重的基础上改革弊端。第二，他重视精神的力量，强调道德修养的重要性，比如皇帝要"仁"，要"明"，要"武"，而官僚则应当是德行优先的，他理想的政治状态是贤人政治，皇帝是贤人，宰相百官也是贤人。当然，这只是理想状态。第三，作为一名学养深厚的历史学家，司马光始终有强烈的忧患意识。

在八月十七日所上的《保业》状当中，司马光给仁宗上了一堂非常简单但是也非常有力的通史课。他说，从周平王东迁（前770）开始，一直到现在，"上下一千七百余年，天下一统者，五百余年而已"。即便是这"五百余年"，"其间时时小有祸乱，不可悉数"。而本朝自从太宗皇帝打下割据太原（后改称"并州"）的北汉实现统一（979）以来，"八十余年内外无事"。纵观古今，本朝的治理成就，是令人自豪的，"三代以来，治平之世，未有若今之盛者也"。然而正是这样难得的治平之世，才更需要皇帝的尽心守护。司马光恳请仁宗万勿懈怠，"夙兴夜寐，兢兢业业，思祖宗之勤劳，致王业之不易，援古以鉴今，知太平之世难得而易失。则天下生民，至于鸟兽草木，无不幸甚矣！"[1]

在这里，我们已经看到了司马光写作《资治通鉴》的原动力，他想让历史告诫现在，让历史指导现在，给宋朝一个更久远的未来。在这里，我们也能够感受到，作为历史学家的司马光和作为大宋忠臣的司马光之间的深刻矛盾。作为大宋的忠臣，司马光衷心希望本朝的统治千秋万代，绵延不绝。但是，作为历史学家，司马光却再清楚不过地知道，自从秦始皇建立帝制，没有一个朝代是守得住的，区别只是时间的长短而已。秦始皇亲手给自己制定了"皇帝"的头衔，他得意扬扬地戴上了中国历史上第一顶皇冠，然后满怀豪情地宣称"朕为始皇帝。后世以计数，二世三世至于万世，传之无穷"[2]。那个时候，他信心满满，以为秦朝的统治将是永恒、"子子孙孙无穷匮也"。然而，

[1] 司马光：《保业》，见《温国文正公文集》卷一八。

[2]《史记》卷六《秦始皇本纪》，第236页。

人人都知道，秦朝只存在了短短的十五年。秦朝之后，历经两汉、三国、两晋、南北朝、隋唐以至五代，朝代的更替就像是大海的波浪，一波接着一波，始终不曾停歇。有的朝代为外族所灭，更多的朝代则是自取灭亡。这就是皇帝制度的悲剧，没有任何力量可以对皇帝实施强制约束，那个坐在御座上、能力中等、权力无限的人早晚会腐败，会堕落，会犯下各种不可饶恕的罪行，最终，矛盾将无法化解，火山会爆发，王朝会走向土崩瓦解。关于这一点，作为大宋忠臣的司马光是不会也不能承认的，他只能用历史教训来警告他的皇帝，祈祷他的皇帝仁慈、英明、神武，希望他的皇帝能珍惜眼前难得的长期太平，守住祖宗的基业。[1] 历史让司马光清醒，在清醒之中，他有着最深刻的无奈。

嘉祐六年七月，作为谏官的司马光初次上殿，献上他的嘉祐三札。嘉祐三札树立了司马光的谏官形象，他是关心大事，关心根本性问题的高瞻远瞩的批评者。

批评大事不难，难的是警醒世人，因为急功近利、得过且过，才是人之常情。那些长远来看可能导致毁灭性灾难的制度隐患，生活在当下的人却是"无切身之痛"的，而那些必定带来长远利益的制度建设，眼下却"无旦夕之验"。高瞻远瞩、做长远打算的人，往往会被大家嘲笑。大家说他"迂"，笑话他专绕远路。对于这一点，司马光心如明镜。

在同样上于八月十七日的《重微》状中，司马光给仁宗讲了一个小故事，这故事出自《汉书》。有一户人家，灶的烟囱是直的，旁边

---

[1] 见司马光：《进五规状》，见《温国文正公文集》卷一八；《续资治通鉴长编》卷一九四，第4701—4710页。

还堆着一堆柴火。这家的庄客看见了，说："哎哟，你得把烟囱改一改，改成弯的，还得把柴火挪开，不然，准得着火。"主人听了，觉得好端端的说着火，实在是不吉利——乌鸦嘴，没搭理他。过了些日子，这家果然着火了。多亏众乡邻相助，才把火扑灭。主人很是感激，杀牛摆酒酬谢乡邻，把因为救火焦头烂额的安排在最上座，却单单没有请那位乌鸦嘴的预警人。这时候，有个明白人对主人说："要是你当初听了庄客的话，把烟囱改了，把柴火挪了，那么今天就不用杀牛摆酒，也不会有火灾。如今你论功请客，怎么却'曲突徙薪亡恩泽，焦头烂额为上客'呢？"[1]主人闻言，恍然大悟，最终把建议"曲突徙薪"的乌鸦嘴庄客请到了席面上。这是个故事，也仅仅是个故事，在真实的生活当中，恐怕很难想象遭了火灾的主人会把乌鸦嘴的预警人请到席上。那些高瞻远瞩、具有预见性的批评者，永远面临着被嘲笑、被遗弃的可能——如果人们接受他们的批评并且改正，那么就不会看到他们所预言的危险，也就不知道他们有多伟大；如果人们不接受他们的批评，那么一旦灾难发生，眼前的痛苦只会让人们更感激救火者而不是预警人。人类的爱与痛都是短暂的。那些希望从历史中寻找教训来指导现实的人，注定孤独。

司马光决心做一个乌鸦嘴的预警人，坚持原则，说大事，说要紧事。这是他就任之初立下的誓言。那么，司马光这个谏官究竟做得怎么样呢？

---

[1] 班固著，颜师古注，中华书局编辑部点校：《汉书》卷六八《霍光传》，中华书局，1962 年，第 2958 页。

03 苏辙的对策风波

　　司马光在谏院，从嘉祐六年的七月一直干到治平二年（1065）十月，共计四年零三个月，跨越了五个年头，所以司马光常常自称"谏院五载"。"谏院五载"，司马光一共上了一百七十多道谏书，平均每个月三至四道。[1] 被他批评过的人，可以拉出一个长长的名单，排在第一位的就是"当今圣上"宋仁宗；接下来赫然在列的，是各位宰相大臣，韩琦、欧阳修都被司马光批评过，韩琦当宰相时，批他批得最狠、最让他恼火的就是司马光[2]；往下是皇帝身边的那一群受宠的嫔妃、骄傲的公主、弄权的宦官、膨胀的外戚；再往下才是犯了错误的其他官员。司马光的确做到了他父亲司马池所说的"顶风上，发现了问题冒死都要说"的程度，他触及了核心人物和核心利益。照司马池的想象，这样的谏官日子一定不会好过。司马光最终被免去谏官职位，这是他主动请辞的结果。辞职之时，司马光对自己的"谏院五载"做了如下总结，说他"只知道竭尽忠诚报效国家，树敌众多，四海之内，到哪里都碰得到自己弹劾过的人，所以常常担心自己和后世子孙会无地立足"。[3] 那么，谏官司马光的日子究竟有多难过呢？

　　其实没那么难过，因为，司马光生活的时代是宋朝——也可能是中国古代历史上——对批评意见包容度、接受度最高的时代。那个时

[1] 见李昌宪：《司马光评传》，南京大学出版社，1998年，第135页。

[2] 见罗大经撰，王瑞来点校：《鹤林玉露》丙编卷二，中华书局，1983年，第260页。

[3] 见《续资治通鉴长编》卷二〇六，治平二年十月庚寅条，第5003页。

代，有着最温和的皇帝和最大度的宰相，所以，才有了最勇敢的批评者，发出了最真实的声音。那是怎样的景象呢？让我们来看一场特殊的考试，这场考试发生在嘉祐六年的秋天，司马光是考官之一，其他当事人也是一连串我们熟悉的闪闪发光的人物。

这是一场制科考试。制科又称制举，是不定期举行的选官考试，考试时间、考试科目、考试对象均由皇帝发布命令临时规定。制举不支持自由报名，有意参加考试者必须得到特定官员的推荐。参试者可以是官员，也可以是没有官位的普通人。对朝廷而言，制举最大的好处是自由灵活，需要什么样的人才就开什么科。对考生而言，制举最大的特点是难考，但是一旦考中便会脱颖而出，摆脱论资排辈的常规升迁模式，进入高层视野，开启快速升迁模式。

嘉祐六年八月举行的这场制举考试的科目是"贤良方正能直言极谏"，也就是选拔敢说真话、敢于批评时政的人。这场考试的招考对象是在职官员。考试的命令发布不久，开封城里就聚集了三十多位出色的青年官员，每一个都是自己圈子里的厉害角色，工作能力突出、道德品质优秀，个个都自诩学富五车，人人都自觉前程远大。虽然大家都知道制举的录取名额极少，可是每个人都觉得自己还是有机会的。然而，就在考试前夕，宰相韩琦的一句话却吓跑了大多数应试者。

韩琦说："二苏在此，而诸人亦敢与之较试，何也？""二苏"是谁？大名鼎鼎的苏轼、苏辙兄弟！这兄弟俩只差三岁，苏轼二十六岁，苏辙二十三岁。[1] 四年之前，苏氏兄弟一起通过了常规的进士科

---

[1] 按孔凡礼《苏轼年谱》，苏轼生于景祐三年十二月九日，为公元 1037 年 1 月 8 日。按孙汝听《苏颍滨年表》，苏辙生于宝元二年二月丁亥二十六日，为公元 1039 年 3 月 23 日。两兄弟实际上差两岁多，按传统算法苏轼年长于弟三岁。

考试，当时的主考官、大文豪欧阳修就对苏轼的文章赞不绝口，说要"避此人出一头地"。如今，苏氏兄弟要参加制举考试，又得宰相韩琦如此称赞，其他考生怎么能够不被吓跑?!"此语既传，于是不试而去者，十盖八九矣。"[1]当然也有没被吓跑的，最后参加考试的是四个人，"二苏"之外还有一位王介王先生，不但没被吓跑，而且还考上了，只可惜后继乏力，在此后的政坛上悄无声息。

韩琦既如此言，苏氏兄弟考中，岂不是小事一桩吗？对于大苏苏轼，这场考试的确很简单。对于小苏苏辙，这场考试却是千回百转、惊险连连。

为什么呢？小苏太实诚了。考试的科目是"贤良方正能直言极谏"，他真的就说了大实话。苏辙说了什么呢？苏辙说：

> ……此陛下忧惧之言也。然臣以谓陛下未有忧惧之诚耳。往者宝元、庆历之间，西羌作难，陛下昼不安坐，夜不安席。当此之时，天下皆谓陛下忧惧小心如周文王。然而，自西方解兵，陛下弃置忧惧之心而不复思者，二十年矣。古之圣人，无事则深忧，有事则不惧。夫无事而深忧者，所以为有事之不惧也。今陛下无事则不忧，有事则大惧，臣以为陛下失所忧矣。

这段话直指"今上"虽然口口声声表达忧虑恐惧，却只是说说而已，骨子里并不真的忧虑恐惧，因为若是真的忧国忧民，则当"无事则深忧，有事则不惧"，而陛下却是"无事则不忧"，得过且过，"有事则大惧"，惊慌失措。接下来，苏辙又指责仁宗耽溺女色、荒疏国事：

[1] 李廌撰，孔凡礼点校：《师友谈记》，中华书局，2002年，第22页。

图三五 ⊙ 元 赵孟頫书 《前后赤壁赋》（卷前局部）

纸本，册页，墨书，33.8厘米×16厘米，现藏台北故宫博物院。本册页末有"先人平章手书东坡前后赤壁赋，并画东坡小像，真迹无疑，藏者宜宝之"的字样。

臣疏贱之臣，窃闻之道路，陛下自近岁以来，宫中贵姬至以千数，歌舞饮酒，欢乐失节，坐朝不闻咨谟，便殿无所顾问。

苏辙提醒仁宗好色可能带来的灾难性影响：

久而不正，百蠹将由之而出。内则将为蛊惑之所污，以伤和伐性；外则将为请谒之所乱，以败政害事。妇人之情，无有厌足，迭相夸尚，争为侈靡，赐予不足以自给，则不惮于受略贿。略贿既至，则不惮于私谒。私谒既行，则内外将乱。陛下无谓好色于内而不害外事也。且臣闻之："欲极必厌，乐极必反。"方

其极甚之时，一陷于其中而不能以自出。然及其觉悟
之后，未始不以自悔也。[1]

这就是小苏的答卷，原文很长，洋洋洒洒，超过六千字，其中最核心也最扎眼的就是上面这些。可以想象，小苏同学在考场上答卷的时候，心里想的是江山社稷，奋笔疾书，热血沸腾，心潮澎湃；等到交卷出场，凉风一吹，想到自己的前途，忽然明白，基本上是没戏了。然而，在有机会说话的时候说真话，在有机会"上达天听"的时候直言不讳，这正是热血青年该做的事——没有热血的青春还叫什么青春？！苏辙无怨无悔，准备认命。

苏辙"自谓必见黜"，这感觉还是相当准确的。初考官、翰林学士胡宿就认定，这样的卷子一定要毙掉。为什么呢？第一，"不对所问"，也就是"没有正面回答问题"。这个批评还是有道理的。这场"贤良方正能直言极谏"的策问试题今天还在，保留在苏轼的文集中。策问以仁宗的口气，首先表达"朕"对即位三十六年来"志勤道远，治不加进"状况的忧惧，接下来将所忧惧的内容分门别类，一一设问，正确的答法，是一一应对。比如"京师，诸夏之根本，王教之渊源；百工淫巧无禁，豪右僭差不度"一段，问的是为何首善之区开封社会风气奢靡。苏轼的回答是："此在陛下身率之耳。"比如"周以冢宰制国用，唐以宰相兼度支"一段，问的是宰相是否应当兼管军事、财政。苏轼的回答是："臣以为宰相虽不亲细务，至于钱谷、兵师，

[1] 苏辙：《栾城应诏集》卷一二《御试制策》，见苏辙著，陈宏天、高秀芳点校：《苏辙集》中华书局，1990年，第1350页。

图三六 ⊙ 苏轼《墨竹图》（局部）

纸本、页改卷、水墨，54.3厘米×33厘米（全卷625厘米×33厘米），现藏美国大都会艺术博物馆。在古代，竹被文人雅士视作高雅情趣与高洁品质的象征，因此绘墨竹便成了人格与人品的侧面写照。此画上有『东坡居士』的落款，传为苏轼所绘。画上有多枚项元汴的藏印。

固当制其赢虚利害。"至于前面那一段"朕之忧惧",苏轼也做了必要的回应,其重点是对皇帝表达同情和理解。苏轼所展示的是一个优等生的标准答卷。

苏辙的对策却围绕着皇帝的态度是真忧惧还是假忧惧做足了文章。所以说,胡宿批评他"不对所问"是有道理的。但是,真正让胡宿坚持要把这份卷子给毙了的,却是第二个理由:苏辙如此放肆地批评皇帝,竟然用历史上那些昏君来比拟当今圣上,实在是"非所宜言",简直是犯上忤逆!胡宿提出要毙这份卷子的两个理由,性质差别很大,第二个是原则性的,上纲上线,但是过分突出这个理由就会让人觉得朝廷选拔"贤良方正能直言极谏"的诚意不足,皇帝接受批评的心胸不广。第一个是技术性的,是硬伤,再加上这个理由就足以让苏辙的落榜变得顺理成章,人们会惋惜这么有才华、有胆识的一个人竟然因为这么一点小瑕疵就落了榜,但是不能不承认他的确犯了错。苏辙的错误告诉我们,倘若想要对原则性的问题较真,那么在技术性的问题上一定要严丝合缝,不能让对手抓到任何把柄。眼看着小苏就要白考了。那么,胡宿的意见是不是最后的决定呢?

幸好不是。按照宋朝的考试制度,为避免考官的个人因素影响考试结果,高级别的考试都有多重把关,初考之后还有覆考(复考),覆考之后还有详定。充当覆考官的正是司马光和他的老同年、翰林学士范镇。司马光认为苏辙与苏轼的这两份对策"辞理俱高,绝出伦辈",都应当录取在第三等。

不错,是第三等。宋朝制科分五等录取,然而第一、第二两等形同虚设,从未取过一人;第三等在此之前也只录取过一个吴育(1004—1058)——司马光同年好友吴充的哥哥,也是司马光年轻时候的偶像之一，当过副宰相。制科的录取，一般而言，都是从第四等开始的，能入第四、第五等已经是凤毛麟角。[1] 所以，司马光主张小苏和大苏同样以第三等录取，是一份极高的评价。

在大苏和小苏之间，司马光其实更加看重小苏。他欣赏苏辙对皇帝作风的尖锐批评。皇帝是宋朝政治的首脑和根本，皇帝的作风会直接影响朝廷的风气、国家的安危。对于仁宗的状况，司马光在嘉祐三札之一《陈三德》中曾表达严重担忧，他说："我有幸天天侍立在陛下近旁，看见陛下端坐在御座之上，却始终沉默（'端拱渊默'）；大臣们各抒己见向陛下奏事，陛下却'不复询访利害，考察得失，一皆可之'。"一个皇帝——国家的最高领导人主动放弃了最后的决策权，全凭大臣们自作主张，万一有人别有用心、弄权乱政，怎么办？司马光对仁宗的状态感到担忧，至于造成这种状态的原因，司马光不敢直陈，而勇敢无畏的年轻官员苏辙却说出来了。司马光在心里伸出了大拇指。这样直指时弊、有益国家的好文章，绝对应当放在第三等！这场考试的名目就是"贤良方正能直言极谏"，还有比这篇文章更切题的吗？！

大苏进第三等，范镇没有意见，范镇反对的是把小苏也放在第三等。毕竟此人的对策还是有文不对题的地方，这是硬伤，无法回避。把带着硬伤的文章愣生生摆到第三等，只会招来更多的反感，对这个年轻人的发展没有好处。范镇的考虑显然更为老到和周全。最终，司马光被说服，范镇、司马光一致建议把大苏放在第三等，小苏放在第四等。详定官也主张遵从覆考官的意见，以第四等录取苏辙。苏辙的

[1] 见叶梦得撰，徐时仪整理：《石林燕语》卷二，大象出版社，2019 年，第 92 页。

考场命运出现转机。

可就在这个时候，初考官胡宿再度发飙，坚持要拿掉苏辙。

朝廷没办法，只好又派了其他官员来再审重定。初考、覆考、详定三级，是宋朝高级别考试的常规阅卷程序，再审重定就不是常规程序，而是特事特办了。苏辙的制科考试，已经在宋朝中央高层掀起了一场不大不小的风波。人们都在谈论这个勇敢到有些莽撞的小伙子。很多人都觉得这小子胆子太大，打击面太广，皇帝、宰相、三司使一股脑儿全都骂到了。可是，三司使蔡襄却说："他骂财政主管不敢挡宫里的条子，我只觉得惭愧，实在没什么可抱怨的。"蔡襄很坦诚，但并不是每个人都能像他这样大度。很多被骂到的官员恨透了苏辙，不希望他上来。还有一些没有被骂到却勇于维护上下等级尊卑的官员，也对苏辙充满了愤怒。高层官员当中，也有人反对录取苏辙。在巨大的压力之下，再审重定官裁定苏辙的文章不入等，不予录取。如果这个决定报上去，皇帝点头，那么，小苏同学就制举落榜，只能重返常规升迁模式，回去论资排辈熬年头，而且，搞不好从此就被列入不宜提拔之列，再无出头之日了。

此时，距离八月二十五日的制举考试已经过去了十多天。苏辙的命运悬而未决，制科考试迟迟不能发榜。闰八月初九，司马光再次向仁宗进言，为苏辙伸张正义，他告诉仁宗："在四名考生当中，苏辙的这份对策是最直言不讳的，他直陈朝廷的得失，毫无顾忌。如果因为直言不讳而不录取他，那么，我担心下边的人会认为朝廷的'直言极谏'科只是个虚头巴脑的招牌，我担心从此之后天下之人都不敢说真话。如果是这样，它会大大损害陛下宽容明鉴的美德。……这是一份有瑕疵的对策，它漏答了一些题目，但是，如果陛下因为它的直言不讳而原谅它的瑕疵，录取苏辙，那岂不是一桩美谈？"在这则奏状里，司马光还说了这样的话："我为苏辙说话，不是因为我把这份对策定为高等，于是就非得战胜跟自己意见不一致的。"这句话透露出司马光的困境——在为苏辙辩护这件事情上，他很有可能会遭到"护短"、有私心的指责。事实上，范镇的谨慎也有这方面的考虑，因为范镇、三苏都是四川人，所以范镇得把事情考虑得极周全、做得更稳妥才不致遭到攻击。大苏小苏的恩师、枢密副使欧阳修，在整件事情中基本上保持沉默，显然也是为了避嫌。

司马光的意见来得正是时候，仁宗刚看完，就有主管官员拿着苏辙的试卷来请示，提出的建议是不予录取。仁宗说："求直言而以直弃之，天下其谓我何?!"[1]这正是司马光奏状中的意思。这句话决定了苏辙的制举考试结果。当然，为了平息胡宿等人的不满，仁宗还是把小苏同学又降了一格，最终，嘉祐六年的制举考试录取三人，第三等一人——苏轼，第四等一人——王介，"第四等次"一人——苏辙。大苏和小苏的这两篇对策现在都还在，有兴趣的朋友可以自己去揣摩大苏和小苏的差异。大苏以才华、性情、文章取胜，小苏以正直、严谨、政事见长。大苏的身上散发着无穷的魅力，让当时和后世的男人和女人都爱他，想要追随他，然而，他的政治成就却不如小苏。大苏和小苏的差异，在这场考试中已经初见端倪。苏辙的名次虽然是靠后的，他的直言之名却远远地超过了前两名。"第四等次"，而不是第五等，这个"量身定做"的名次是苏辙的荣耀，也是司马光的荣耀。

对于司马光的恩德，苏辙一直铭记在心。司马光死后，苏辙所作

---

[1]《续资治通鉴长编》卷一九四，第4711页。

的挽词当中就有专说二人之间师生之谊的诗句："少年真狷浅，射策本粗疏。欲广忠言地，先收众弃余。"[1]"众弃余"，这是苏辙对自己当时处境的描述，他说自己是很多人都想要抛弃的。而司马光不夹杂任何私利，坚决主张录取他，只为给忠言进谏者，给宋朝包容异见、接纳批评的好风气开辟天地。

苏辙以"第四等次"录取，嘉祐六年的制举考试宣告圆满结束，皇帝下诏求言，果然得到了逆耳忠言，既得之而能纳之，佳话天成。司马光的上司、谏院的长官杨畋面见仁宗的时候，忙不迭地道喜，说："苏辙是我推荐的。陛下能原谅他的狂妄直言，录取他，这是圣明天子才能做出来的盛德之事。请您准许，把这件事通报史馆，载入史册。"仁宗闻言大喜，当然照准。皇帝也是需要鼓励的，特别是当他做了正确的事情的时候。而对皇帝最大的鼓励是让他彪炳青史，留万世英名。谏官的目的不是批评，而是帮助皇帝做好皇帝，批评和表扬都只是手段。

苏辙被录取了，可是，这场对策风波还有余波。制科录取之后，小苏被分配到商州工作。工作分配了，还要写任命敕书。负责书写敕书的是知制诰，知制诰共计四名，轮到谁值班谁来书敕，这本来是例行公务，却没想到，值班的这位知制诰坚决拒绝为苏辙书敕。他说苏辙的对策有依附宰相、专门攻击皇帝的嫌疑，又说苏辙就是现实版的谷永。谷永是西汉成帝时候的人，《易经》专家，深通天人感应之道。成帝宠爱赵飞燕、赵合德两姐妹，私生活颇受诟病，但是，当时真正掌权的其实是王太后娘家的兄弟，也就是王莽的叔叔们。谷永"前后

---

[1] 苏辙：《栾城集》卷一四《司马温公挽词四首》，见苏辙著，陈宏天、高秀芳点校：《苏辙集》，中华书局，1990年，第281页。

所上四十余事，略相反覆，专攻上身与后宫而已"[1]，表面上看是一片忠心为汉室，骨子里却是在维护掌权的王氏家族。说苏辙是现实版的谷永，这帽子扣得实在不小；更令人"细思恐极"的是，如果苏辙是谷永，那么，谁又是他身后的王家兄弟呢？难道是宰相韩琦？

这样的指责，本来就是无事生非，鸡蛋里挑骨头，较真儿只能惹来皇帝的怀疑，坐实对方的指责，搞不好就是一场政治纷争。如何应对，实在是考验政治家功力的一件事。韩琦笑着说："这份对策里说宰相根本就不中用，想要把我们拿下，换上更合适的，就这人，您还怀疑他是谷永?!"——实在是读书不细啊！韩琦的态度、韩琦的回答，就事论事，大事化小、小事化了。就像武侠里的顶尖高手，对方使出降龙掌，他却使出拈花手，轻言浅笑间把千钧力道化解于无形。在庆历一代的领导人当中，韩琦的政治能力实在是高妙的，他真正懂得宽容的艺术。既然那位知制诰不肯为苏辙写敕书，那么也不能勉强，换另外一位就是了。换上来的这位知制诰名叫沈遘，是大名鼎鼎的《梦溪笔谈》作者沈括的堂兄。沈遘也是制举考试的考官之一，读过苏辙的文章，很是欣赏，愉快地接受了任务，并且在敕书中明确肯定苏辙的对策忠言逆耳，属于"爱君"行为。

苏辙的制举风波到此方算是尘埃落定。考前被韩琦极度看好的"二苏"兄弟，大苏成了宋朝建立以来第二个制举入第三等的天才人物，小苏在经历了曲折反复之后也终于得以录取。他们的母亲程氏已经去世，父亲苏洵正在开封为国家编纂礼书，大苏被分配到凤翔府工作，小苏则主动要求陪伴父亲，履行孝道。新一代的政治人物已经闪

---

[1]《汉书》卷八五《谷永传》，第3473页。

亮登场、蓄势待发，司马光和他的同年朋友们已经从学生变成了老师，从后辈变成了前辈，肩上的责任更重了。然而，在这代人中，分歧和裂缝也悄然出现。还记得那位把苏辙比作谷永、不肯书写敕书的知制诰吗？这位知制诰不是别人，正是后来大名鼎鼎的王安石！司马光和王安石已经相遇，还是朋友。这一代人的故事刚刚开始，即将走向哪里，他们谁都不知道。只有我们这些历史的后来人，了解事件的全过程，看到这里，便忍不住要发出一声长叹。有这样宽容的皇帝、大度的宰相，司马光的谏官生涯基本顺利，但是，他也有遗憾，这遗憾是什么，且容后文分疏。

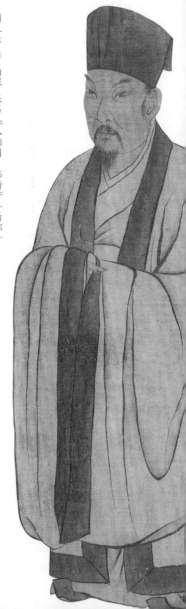

图三七 ⊙ 南宋 佚名《八相图·韩琦》（局部）绢本，长卷，设色，36.5厘米×246.2厘米，现藏北京故宫博物院。

04 与恩师长别离

如果说谏官的工作有什么让司马光感到不便的话，那便是"谒禁"。"谒禁"，简单地说就是私人交往限制，宋朝对某些官员人等——主要是高级官员和外戚设有私人交往限制。比如，按制度，作为皇帝秘书的翰林学士和知制诰不得登门造访宰相宅邸——有事情办公室说；普通官员非因公务不得拜见宰相，这是宰相的"谒禁"。有道是"宰相家人七品官"，大人物的私宅、家人与权力可以产生千丝万缕的联系。举一个极端的例子，北宋末年，蔡京当政，谒禁废弛，跑官流行，很多人每天不干别的，一睁眼就拿着名帖到各路当权人士家的门房报到，天天给看门的作揖打躬，为的就是在签到本上留个名儿，好让那高贵的主人看见。当时有位外地人到开封溜了一圈，回到老家，别人问他京城物价，他说"京城百物皆贵，只一味——士大夫贱"[1]。"谒禁"的存在对于降低腐败、防止官员拉帮结派还是很有用处的。对驸马爷、国舅爷等实行"谒禁"，没有人觉得有任何不妥。"谒禁"能实行得开，也说明政治风气基本面良好。

不过，也有人指出"谒禁"不宜过度。比如司马光的同年好友范镇就认为，宰相有"谒禁"是不信任宰相，待宰相不诚恳，他主张开放"谒禁"，让宰相广泛接触百官，听取各方面意见。[2] 范镇似乎忘记了，真宗朝的宰相是可以在家中待客的，但是，本朝最杰出的宰相之一、

[1] 朱彧撰，李伟国点校：《萍州可谈》，见《后山谈丛·萍州可谈》，中华书局，2007年，第121页。

[2] 见《续资治通鉴长编》卷一八〇，第4357页。

号称"圣相"的李沆居家待客,基本上不开口,人送雅号"无口匏"。[1]对某些具有特殊身份、拥有特殊权力的官员来说,"谒禁"既是提防,也是保护。[2]

手握舆论工具的谏官也是"谒禁"的重点盯防对象,当了谏官,既不能随随便便去别人府上拜访,也不能随随便便在自己家里待客。这项规定,像司马光这么严谨认真的人,当然能够遵守,只是多多少少还是感到了不方便。

司马光是个爱交游也善于交朋友的人。他租住的房子本来在范镇家隔壁,两位老同年比邻而居,要的就是这种可以朝夕往还、随时交流的自在。司马光是嘉祐六年七月就任谏官的。这年的年初,小草刚刚吐出嫩芽的时候,司马光、范镇和一班老朋友曾经聚集在范家的西廊之下学唱歌,有人唱得好,有人唱得很难听,关键不是唱,是乐。这一群相知多年的老朋友,敞开喝,放声唱,笑翻了,喝高了。司马光本来是不喜欢喝酒的,那一天也喝得烂醉。这样的好日子,在司马光进入谏院之后,不再有了。司马光就任谏官的第二年初春,两家之间的隔墙上长出了青青的荠菜,小鸟在树枝间飞来飞去,唱着婉转的调子呼朋唤友,司马光看着,听着,却既不能过墙去范家,也不敢招呼范镇过来。"况复禁过从,陋巷若囚系",因为"谒禁"制度,司马光和范镇"比邻如天涯"了。在那一刻,司马光的心中难免掠过一丝惆怅。他热爱谏官的工作,愿意为朝廷贡献力量,同时,他的心又

---

[1] 见《宋史》卷二八二《李沆传》,第 9540 页。

[2]《续资治通鉴长编》卷一八二,嘉祐元年四月己卯条,右司谏知制诰贾黯罢谏官外任,请求解除两制、两省官见宰相、枢密使的"谒禁","即时追寝前诏",见第 4406 页。

是痒痒的，他盼望着有一天卸下谏官的责任，重温那纵情欢乐的大好时光。[1]

"谒禁"除了让司马光不能与朋友聚会之外，还使他不能面见恩师庞籍，这给他留下了终生遗憾。

嘉祐五年，庞籍终于退休了。庞籍的退休过程说来简直磨人。庞籍是太宗端拱元年（988）生人，嘉祐二年在并州的时候，他就已经过了七十岁生日。七十岁是当时官员的法定退休年龄，过了七十不退，便会遭到贪权恋栈的批评。庞籍不贪权，也不恋栈。他当时就想退休，可是他的退休报告还没打上去，就发生了屈野河西地事件，庞籍治下的军队在断道坞遭遇西夏军队伏击，损兵折将、损失惨重，庞籍遭到降级处分，只好把退休的事暂时放下，接受朝廷命令调任青州知州。到青州半年之后，庞籍正式提出退休申请，可是朝廷非但不同意，还把庞籍调到了河北前线的定州。借着回开封述职的机会，庞籍当面向仁宗请求归老林泉。仁宗说："这些新上来的官员普遍胆小怕事，不敢约束军队，长此以往，定州驻军纪律松弛、不听号令。我想要借重你的威名来镇镇他们。为了朝廷，你就再辛苦一趟吧。"这就是仁宗不肯放庞籍退休的理由，像庞籍这样有着军事与行政双重管理经验、在军人中享有崇高威望的官员，实在是太稀缺了，每一个都是国家的宝贵财富！国家利益至上，皇帝都这样说了，庞籍还能推辞吗？庞籍只得同意去定州整顿军政。临行之际，他跟仁宗约定，一年以后必须允许他退休。仁宗点头。庞籍在定州扎扎实实地干了一年，这一年之中，定州驻军的军纪、战斗力得到了极大提振，除此之外，庞籍还把边境

---

[1] 见司马光：《早春戏作呈范景仁》，《司马光集》卷四。

地区的民间武装"弓箭社"组织起来，加强了边防力量。[1] 一年期限到来，庞籍如约请退，仁宗却只肯让庞籍回京，不肯放他退休。庞籍连续上表九次 [2]，又写二十多封信恳求，这才获得批准，于嘉祐五年五月办理了退休手续，回到开封的私宅颐养天年。仁宗给了庞籍崇高的头衔太子太保，还允许他使用二府规格的仪仗。[3] 头衔、仪仗这些东西，年过七十的庞籍看得很淡。修身、齐家、治国、平天下，他努力过，成就过，经历过，这就够了。退休之后的庞籍卸下了官僚的责任，过起了读书人的本色生活，每日读书，闲来饮酒，偶得佳句，提笔赋诗，乐在其中。

庞籍在开封，司马光也在开封，按说，这一对情如父子的师生从此就可以多走动、多亲近了。可是庞籍退休的第二年司马光就做了谏官，有了"谒禁"，师生之间变得咫尺天涯不相见。人不能见面，笔墨还是能见的，前人写信好说"见字如面"，通信就成了司马光与庞籍之间沟通感情的主要方式。

每隔一段时间，庞籍攒足了得意的诗作，就会派人送给司马光赏鉴。司马光有眼病，视物模糊，可是得到老师的大作，也不管这些了，"昏花病目不自惜，服膺盥手书一通"，亲自抄写一遍，表示要好好珍藏，"子孙宝蓄传无穷"。司马光还赋诗一首，赞颂老师的高风亮节。他说"人情谁不乐将相，往往皓首忘疲癃"，一般人头发都白了、

---

[1] 见苏辙：《栾城后集》卷二二《亡兄子瞻端明墓志铭》，见苏辙著，陈宏天、高秀芳点校：《苏辙集》，中华书局，1990 年，第 1125 页。

[2]《续资治通鉴长编》卷一九一说是七次，司马光《太子太保庞公墓志铭》说是九次。

[3] 见《续资治通鉴长编》卷一九一，第 4624—4625 页。

图三八 ⊙ 南宋 刘松年 《秋窗读易图》
绢本页，设色，25.7厘米×26厘米，现藏辽宁省博物馆。

年老体衰，可是还忘不了权力，舍不得退休，唯独庞籍能够在"耳目明利志气充"的时候"幡然脱去万钟禄"，毅然决然地放弃高官厚禄、退出权力场，实在是了不起。司马光还赞美庞籍的诗写得好，"刻雕众物非用意，默与元化参神功"，天然去雕琢；又说庞籍的诗对他本人很有启发，反复吟咏之下，一时豁然开朗，就像是小孩子智识初开一样，"幸得诵咏袪童蒙"。[1] 说庞籍不贪恋权位是实事求是的表扬，说庞籍的诗有这么好，那简直就是吹捧了。庞籍固然会写诗，可是也绝没有司马光说的这样好，要不然，我们今天说宋诗第一个就得说庞籍了。司马光这样说，其实就是哄老人家高兴。俗话说"老小孩儿"，老人在感情上会变得像小孩子。不管当过多大的官儿，曾经是多么厉害的人物，当他们卸下社会责任，回到家庭，回归自我，就又变成了孩子，一样需要鼓励、需要认同、需要慰抚。司马光是庞籍最亲密、最出色、最成功的学生，他的夸奖必定会让庞籍心花怒放，就像司马光小时候得到庞籍的夸奖一样。三十多年过去，大人和孩子换了位置，孩子长成了栋梁，大人变成了老人。现在，是孩子照顾大人的时候了。只可惜，"谒禁"制度就像笼子一样锁住了司马光，他有心却不能出更多的力，只好用这种方式来安慰庞籍。

司马光想念、关心庞籍。庞籍也想念司马光，关心司马光。嘉祐七年（1062）三月，庞籍听说朝廷要提拔司马光做知制诰，可高兴坏了。这知制诰，负责起草朝廷的高级公文，一共才四个，多么荣耀。可是，庞籍很快又听说，司马光连着打了四个报告，坚决请辞，不肯接受知制诰的任命。这下庞籍坐不住了，亲笔写了一封信，让人送给司马光，询问理由。

在给官方的请辞报告中，司马光说了三个理由：第一，他觉得自己的才能与知制诰的职务要求不匹配，他实在不擅长写作那种辞藻华丽、骈四俪六、不引经据典就不会说话的高级公文，而且，他也做不到思如泉涌，生怕到时候要起草的文件太多，写不出来，耽误公事；

[1] 见司马光：《谢始平公以近诗一卷赐示》，《司马光集》卷四。

第二，他觉得就任知制诰违背了自己原则，他本人主张官员的才能应当与职位相匹配，轮到自己怎么能够不管不顾地往上爬，说一套做一套呢?! 第三，跟他同时被选中的知制诰人选吕公著竟然一辞就被允准了，吕公著能辞，他为什么不能辞呢? [1] 对朝廷，司马光只能说这么多，如今庞籍问起来，司马光就不能不"细说原委"了。

司马光给庞籍写了一封长信，详细解释自己辞官的原因。理由其实还是上面那些——如果还有另外的不可告人的秘密，那司马光就不是司马光了——可是读起来的感觉却大不一样。给官方的报告讲的是理，私人信件里抒的是情。在这封信里，司马光又变成了一个遇到麻烦的后生晚辈，他恳求庞籍理解和支持自己。

司马光对庞籍说:"您知道，我从小就爱好历史，喜欢搜集编纂旧事，对于那种骈四俪六的文章，既没有天分，也懒得卖力。当年为了应付科举考试，写过一阵，勉强过关之后，就再也没在那上面下过功夫。我三十多岁时，您在枢密院工作，您让我学着写骈文，帮您处理信件。我尽力去做了，可是进步终归有限。自从您离开首都到外地工作，我就没再干过这类事。不瞒您说，我跟人交往需要用这类文章应景的时候，都常常要请别人代劳。知制诰要写的东西，是代表皇帝和国家的，要发布到宋朝全境，甚至远播海外。您说，我一个还要请别人代笔的人，怎么能做好这项工作呢?" [2] 从这一番话，我们能读出浓厚的师生情谊，在庞籍读来，是多少美好的回忆啊! 他仿佛又看见司马光少年时跟他的大儿子庞之道一起读书的样子，看见司

[1] 见司马光:《辞知制诰》第一至第四状，《司马光集》卷二一、二二。

[2] 见司马光:《上始平公述不受知制诰启》，《司马光集》卷五九。

马光青年时为自己当秘书、两个人在灯下修改文章的情景，看见司马光淳朴的脸庞、诚实的眼神。

司马光又提到了自己已故的同年老友石昌言，那是一个操行纯正的好人，也曾经以文采著称。可是文章与文章不一样，能写普通文章的人，不一定写得了骈四俪六的高级公文。石昌言不擅长公文写作，却做了知制诰。结果怎么样？他文章里有一点小小瑕疵，立时就被轻薄之士挑出来，传为笑柄。如今石昌言人都没了三年了，那些笑话还被那帮人挂在嘴边嚼。司马光说："我觉得自己写作高级公文的本事还不如石昌言。如果为了荣耀和富贵，明知不行还要上，那么不但是自取其辱，而且还会给朝廷抹黑。"[1]石昌言也是庞籍的学生。庞籍知道，司马光说的全是实情。看到这里，庞籍劝说司马光就任知制诰的心思，也就打消了一半多。

接下来，司马光又解释了自己当初为什么会参加知制诰考试。知制诰也不是朝廷要谁上谁就上的，想要当知制诰，首先得通过考试，看看你有没有写作高级公文的本事。司马光考了，考过了，朝廷的任命也发布了，结果，他却拒绝上任。如果不想当，那么当初为什么还去考呢？直接拒绝参加考试，岂不简单？这是司马光此番辞任知制诰必须面对的一个指责。从接到推荐，到参加考试，再到拒绝就任，司马光经历了好一番纠结、追悔，最终才下定决心——造成这种曲折的关键是吕公著。吕公著比司马光大一岁，出身高官家庭，他的父亲吕夷简是仁宗在位期间执政时间最长、最受信任的宰相。吕公著本人进士及第，能力突出，欧阳修是他的忘年交。吕公著和司马光都是当时

---

[1] 见司马光：《上始平公述不受知制诰启》，《司马光集》卷五九。

政坛中生代的代表人物。这两个人同时得到了参加知制诰考试的推荐。司马光掂量着自己前几次辞官都没有辞掉，这次辞也未必辞得动，就老老实实地去参加了考试。可是没想到，他这边知制诰的任命刚下来，就听说吕公著那边竟然把知制诰给辞掉了。这下司马光受不了了——既然知制诰是辞得掉的，那么，自己再糊里糊涂地去当这个明明不能胜任的知制诰，那简直就是欺世盗名了！司马光实在是不能忍受这种道德瑕疵，所以，他宁愿反悔。司马光把自己的四份辞官报告都抄了一遍，附在信里，寄给庞籍，请庞籍给自己一个评判。信写到这里，话说到这份儿上，司马光又变成了一个受了委屈的孩子，想要长辈给自己一个公道。只要涉及道德问题，司马光对自己永远是高标准、严要求。这样一个至诚君子，在老到的政治人物看来，也许是不够成熟的。但是，这就是司马光，这是他的好处，也是他的局限性。庞籍会有何反应？只有微笑着摇摇头，再微笑。

在这封长信的最后，司马光小小地"撒"了一"娇"，他说："我自从被免了谏官职位以来，心里头一直很高兴，因为终于可以去看望您、侍奉您了。可是现在因为辞知制诰，新的任命还没确定，没拜过皇帝，不敢随便出门，所以，也不知道什么时候才能见到您。我虽然到不了您面前，但是我的心就像天上的云一样，常常会飞到您身边。我心里有太多的话想要跟您说，只可惜见不到面，只能写，拉拉杂杂写了这么多。"[1]

如果这次真的卸下谏官职位，解除了"谒禁"，那他就可以去拜见恩师，当面承欢了。这是司马光的真实想法。只可惜，天不从人愿，

[1] 见司马光：《上始平公述不受知制诰启》，《司马光集》卷五九。

在这封信之后，司马光又打过五个报告，坚决拒任知制诰。这场辞官拉锯战，从三月一直折腾到五月，最终，仁宗批准了司马光的请求，准许他辞任知制诰，给了他天章阁待制的荣誉头衔，又命令他担任"侍讲"——司马光成了皇帝的老师，但是，他的主要职位仍然是知谏院——司马光还得继续担任谏官，"谒禁"尚未解除，司马光和庞籍仍然不能见面，只能通过书信来传递对彼此的关爱。司马光和庞籍都空欢喜、空盼望了一场。

转过年来，嘉祐八年的三月，庞籍的身体已经变得十分衰弱。司马光派家人送信问候庞籍。庞籍心里高兴，挣扎着坐起来，把自己最近写的十多首诗抄下来送给司马光，还在后面加了一行批注："欲令吾弟知老夫病中尚有此意思耳。"这十多首诗和这一行字，已经是"惨淡难识"[1]，字迹模糊，看得出老人的手是颤抖的。恩师剩余的日子已经不多了——司马光潸然泪下。

果然，没过几天，庞籍溘然长逝，享年七十六岁。到最后，司马光也没能和他的恩师见上一面。这件事情成了司马光心中永久的遗憾。庞籍去世二十余天之后，三月二十九日，仁宗驾崩，宋朝进入国丧，高层权力交接状况不断，司马光作为谏官，在新皇帝与老太后之间斡旋折冲，费尽心力。一直到五月十六日，司马光才终于请出假，往庞府去祭奠恩师。

三十多年的恩情，十九年的师生，如今已经是天人永隔。在庞籍的灵前，司马光含泪诵读他写给老师的祭文，多次泣不成声。在这篇简短的祭文中，司马光回忆了庞籍和父亲、和自己这三十多年的

[1] 见司马光：《故相国庞公〈清风集略〉后序》，《司马光集》卷六五。

交往：

> 念昔先人，久同僚审，越自童龀，得侍坐隅。抚
> 首提携，爱均子姓。甫胜冠弁，遽丧所天。孤苦蠢愚，
> 不能自立。长号四望，谁复顾哀？惟公眷怜，过于
> 平日。

> 既释缞服，还齿簪裾。举首朝端，繄公是赖。爰
> 加振拔，俾出泥涂。雠校秘文，讨论前载。逮公出牧，
> 两托后车。推心不疑，言皆见纳。立效甚寡，为负实多。
> 过若丘山，咸加掩覆。善如丝粟，必见襃扬。

> 屡荐其名，彻闻天听，遂尘清贯，获备途臣。今
> 日所蒙，莫非公力。言念恩纪，终身敢忘？[1]

这段简短的文字，就像是用了蒙太奇手法的电影一样，把司马光与庞籍交往的重要瞬间剪接在一起。

"念昔先人，久同僚审，越自童龀，得侍坐隅"说的是庞籍对司马光最初的赏识。那时候，庞籍和司马光的父亲司马池因为在一个单位工作而相识相知，常常在一起把酒畅谈。司马光只有八九岁，却能安安静静地聆听。而庞籍立刻就喜欢上了这个眼睛里有内容的孩子。从此之后，庞籍对司马光关怀有加，"抚首提携，爱均子姓"，就像对待自家的孩子一样。

司马光二十一岁丧父，"甫胜冠弁，遽丧所天"。丧父之后的司马光顿时失去了依靠，感觉孤独无助，"孤苦蠢愚，不能自立"。"长

---

[1] 司马光：《祭颍公文》，《司马光集》卷八〇。

号四望，谁复顾哀"，他在痛苦无助中四处张望，在这个世界上还有谁会爱惜他、关照他？"惟公眷怜，过于平日"，在司马光感觉人生暗淡的时候，庞籍给了他更多的爱和关怀。

"既释缞服，还齿簪裾"，司马光结束服丧、重返官场之后，更是仰仗着庞籍的提携，"举首朝端，縶公是赖"。在庞籍的推荐下，司马光进入馆阁，当上了史官，得以"雠校秘文，讨论前载"。

"逮公出牧，两托后车"，庞籍退下中央领导岗位，出守郓州、并州，一直把司马光带在身旁，让他做自己的助手。他信任司马光、倚重司马光，"推心不疑，言皆见纳"。可是，司马光付出了最大心血的屈野河西地收复计划，却最终成了一场灾难，朝廷损兵折将，庞籍降级调任。但在中央专案组调查之际，庞籍隐藏了所有与司马光有关的文书，把司马光撇了出去。这是庞籍为司马光做过的最出格的事情，也是司马光心中最觉对不起庞籍的事，所以，他说自己是"立效甚寡，为负实多"，而庞籍对自己是"过若丘山，咸加掩覆。善如丝粟，必见褒扬"。

"屡荐其名，彻闻天听"，在庞籍的不断推荐之下，皇帝终于认识到司马光其人，把他从普通官员提拔为近臣，"遂尘清贯，获备迩臣"。

在庞籍的灵前，司马光回顾自己和庞籍这十九年来的师生情谊，想到自己"今日所蒙，莫非公力。言念恩纪，终身敢忘？"可是自从自己担任谏官以来，已有将近两年没有见到恩师，"承乏谏垣，造请有禁。不亲杖屦，殆将再期。岂意一朝，忽为永诀！"

司马光痛彻心扉！哀痛之余，他还有很多事要为老师做。

05 政治家的成年礼

庞籍去世之后，司马光为他做了两件身后大事。

庞籍的长子、司马光的好朋友庞元鲁在十六年前已经去世，为庞籍操持葬礼的是他的次子庞元英。庞元英为父亲选在六月初二下葬，并且决定让在佛寺里停灵十六年的长兄庞之道也一起入土为安。"古之葬，必有铭。"庞籍的墓中需要一块墓志，这块墓志必须真实、准确地概括他的一生，要让当时和后世的人知道这个人是谁：他是谁的子孙，又是谁的父亲和祖父，他为家族的绵延繁盛做过哪些事情；他是谁的臣子，担任过什么样的职务，承担过怎样的责任，造福过哪里的百姓，他为皇帝、为朝廷、为国家都做过什么；他是一个怎样的人，性情如何，爱好如何，跟周围的一切关系如何。在墓中埋上这样一块刻上字的石头，这种风俗起于南朝，到宋朝已经有几百年的历史。对于死者，墓志铭是最后一份人生总结——严格说来，人的一生只有这一篇称得上是"总结"——结束之后的总评价，盖棺论定。对于生者，特别是家属，墓志铭也有它独特的价值。墓志铭写好，刻在石头上，随死者入土；而它的文字则以拓片和文稿的形式继续在世上流传，南宋的时候就有人从墓志铭中辑录名臣事迹，用来教育后人——好的墓志铭会让死者不朽，让家属享受荣光。写作庞籍墓志铭的最佳人选，应当有史笔，有信誉，而又真正熟悉他。找谁呢？

庞元英找到司马光，对他说："公平生知爱莫子如也，子当铭公墓。"义不容辞，情不能辞，司马光含泪答应。司马光为庞籍所作的这篇墓志铭不算标点，有四千三百多字，在司马光所作的墓志铭中可能是最长的。这篇墓志铭,含情而克制,简明扼要、详略得当地叙述了庞籍不平凡的一生。庞籍的一生,是一个非常典型的仁宗朝成功故事:一个完全没有背景的小官僚子弟,通过科举进入官场,因忠直敢言建立个人形象,以安边之功奠定地位基础,凭借着皇帝的赏识、个人的忠诚与努力,一步一步走上宰相之位。范仲淹、韩琦、富弼都有类似的经历。

司马光为庞籍作墓志铭,好处是熟悉,麻烦也是熟悉——他们太亲密了,如果不能克制私人情感,便会大大削弱墓志铭本身的力量。对于这个问题,司马光显然有着深刻的认识,处理得很好。墓志铭一般由两部分组成:前一部分是用散文写作的志文,也就是人物传记;后一部分是用韵文写作的铭文,铭文的部分要用高度概括的文字对死者的贡献进行表彰。在志文的最后、铭文开始之前,司马光写道:"光受公恩如此其大,灭身不足以报,然公之德烈,载天下之耳目,光不敢以一言私焉。"大意是:庞公对我的恩德,我粉身碎骨无以报答,但是庞公的功绩是属于宋朝国家的,天下人耳闻目睹,评价庞公,我不敢掺杂任何私人情感。

撇开私人情感,庞籍对宋朝国家最大的贡献是什么?两次安边!第一次是在1038—1044年的宋夏战争中,庞籍和范仲淹、韩琦一起成功地主持了陕西的作战、防御和谈判,恢复了宋夏边境的安宁,所以司马光在铭文中说:"函谷以西,幼艾嬉游。边鄙不耸,荷公之休。"大意是:从函谷关往西的土地上,孩子们嬉戏玩耍,边境能如此安宁,那是因为庞公的恩德。第二次是庞籍担任宰相期间,他支持狄青统兵平定了广西的侬智高叛乱,使得南岭以南的广袤土地重新归于宋朝的治下,这就是司马光在铭文中所说的"五岭以南,复为王土。制胜庙堂,承公之祐"。应当说,这个评价是相当客观的。

有司马光这样的学生亲自执笔著录生平，盖棺论定，庞籍在九泉之下，真可以含笑了。这是司马光为庞籍做的第一件大事。这一方墓志跟随庞籍埋在了地下，它的草稿则保留在司马光的文集当中，是我们了解庞籍最重要的史料。虽然它不可避免地带有司马光本人的倾向性，但是，作为一名严肃的史家，司马光还是守住了底线，与其他资料比对来看，庞籍的墓志铭基本公道。

司马光为庞籍做的第二件大事是请范镇为庞籍的诗集作序。庞籍一生酷爱写诗，笔耕不辍，不管是在宰相府日理万机，还是在陕西前线戎马倥偬，从没耽误过写诗。庞籍去世之后，庞元英把父亲的诗文辑为五十卷的《清风集》，请司马光作序。序是要放在正文前面的，它的功能是向读者介绍作者和作品；读者和作者见面，序是介绍人；读者要理解作品，序是引路人。能够为诗集作序的人，诗应当写得比作者好。司马光认为自己的诗歌水平不够，"但以荒恶冠于相公文笔之前，太为不知量故也"，特地将此事拜托给同年好友范镇，得到范镇的允准之后，又嘱咐庞元英正式书面邀请范镇，"更请一简咨之"，可以说考虑得无比周全。后来，庞元英考虑到五十卷的《清风集》卷帙庞大，难以流传，"又选诗之尤善者，凡千篇，为十卷，命曰《清风集略》"[1]，雕版印刷。这一次，司马光接受邀约，作《清风集略》

---

[1] 司马光：《故相国庞公〈清风集略〉后序》，见《司马光集》卷六五。岳珂《宝真斋法书赞》卷一一有《司马文正〈集序帖〉》，即司马光建议庞元英向范镇修书请序的信。岳珂于"绍定戊子（元年，1221）三月"得到《集序帖》真迹，但是岳珂对《集序帖》内容的理解多有差误。信中的"相公"实指庞籍，而岳珂以为宋莒公宋庠，故而推断此帖"恐是答宋莒公家子孙之求集序者"，大误。又，文渊阁四库本将帖末之语录为"光再拜太傅"，"太傅"当为"太博"，是"太常博士"的省称，庞元英当时的官阶就是"太常博士"。

后序，追记庞籍的诗歌创作，以及庞籍晚年用诗和自己进行的最后的交流。对于像父亲一样的恩师庞籍，司马光虽然没能见到最后一面，但是，其他该尽的心、能出的力，他都尽心尽力了。

庞籍走了，司马光生命中又一个阶段——司马光人生的第二阶段——结束了。到嘉祐八年，司马光四十五岁，在这个世上生活了四十四年。这四十四年的生命，自然分成两个阶段。第一阶段是从出生到宝元元年中进士，再到庆历四年结束服丧，在这二十五年里，司马光生命的活动范围主要是"家"。二十岁以前，在别人眼里，他是官员司马池的小儿子，聪明、听话，勤奋用功，待人接物彬彬有礼，一副少年老成的样子。司马光一直觉得自己只是个名列第二的好孩子，有太多人比他强，他知道自己记忆力一般，想要念好书必须比别人下更多的功夫——这功夫他认真地下了。二十岁，司马光高中进士第六名，又娶了张存的三姑娘，金榜题名、洞房花烛，给司马家的门楣添上了浓墨重彩的一笔光荣和喜兴。接下来他开始做官，正式工作两年，但工作地点一直在父亲身旁，从未远离父母。母亲和父亲相继去世之后，他又在家守孝四年半。这就是司马光生命最初二十五年的基调——"司马家的孝子"。作为经营有道、团结互助的涑水司马家族的一员，作为不断上升的官员司马池的儿子，司马光跟社会和官场的实质性接触非常有限，而且相对友善，他不曾有过底层生活经验，也没有在官场上摸爬滚打的挣扎体验，生活给他的反馈基本上是积极正面的，所以，他思想的主调也是积极的、正统的、温和的，他强调皇帝在国家中的权威，同时也主张皇帝应当尊重老百姓的生活。这是司马光人生的第一阶段，作为"司马家的孝子"的阶段。

二十六岁，司马光脱下丧服，前往延州拜见庞籍，从此之后，他的生命便与庞籍紧密地联结在一起，他的人生也进入了第二阶段——作为"庞籍的学生"的阶段。司马光在庞籍灵前拜祭的时候，说过"今日所蒙，莫非公力"，自己今天所有的一切，都是庞籍提携的结果。这是感激之语，也是写实之语。"粪土之墙不可圬"，如果没有司马光个人的努力，再多的提携也是枉然；但是，如果没有庞籍的提携，司马光也绝对不可能发展得如此顺利。庞籍推荐他进馆阁，让他驶入了升迁快车道，又当上了礼官。正是在礼官的位置上，司马光有了独立发声的机会，他反对仁宗给大宦官麦允言用一品的仪仗发丧，反对仁宗给自己的老师夏竦最崇高的谥号"文正"，这些勇敢的表现让司马光很快脱颖而出，成为同辈官员中的佼佼者，得到高层的赏识。庞籍在枢密院和中书省连续工作八年，做了八年的中央领导，司马光一直是他的秘书、参谋和学生。从庞籍那里，他积攒了人脉，学到了高层政治的知识、智慧和技巧。庞籍外放到郓州和并州，又把司马光带在身边当副手，耳提面命不说，还放手让司马光去历练。高层政治经历和地方工作实践兼而有之，这样的机会，只有像庞籍这样的大人物能给——而庞籍能给的，都给了司马光。一个父亲能给儿子多少，庞籍就给了司马光多少。庞籍给司马光的，甚至比这还要多。收复屈野河西地的计划，司马光明明是参与其中的。后来计划流产，宋军在屈野河西地上被西夏人打得惨败，朝廷立案追查，为了保住司马光，庞籍情愿自己犯下严重错误，藏匿了所有能表明司马光与屈野河西地事件有关的文件。因屈野河西地事件，庞籍本人遭到降级调职处分，相关官员流放的流放、降职的降职，唯独司马光在调查结束之前就安然无恙地调回首都，之后一路高升——司马光的发展没有受到屈野河西地事件的任何影响，这一切，全是因为庞籍的极力维护。为了保全司马光的政治生命，庞籍把自己的政治生命豁出去了！

追随庞籍的这十九年，可以说是司马光人生中进步最大的十九年。庞籍为司马光提供了那个时代年轻官员所能得到的最好的发展平台，他把最优质的信息、人力、制度资源向司马光敞开，自己又在旁边充当贴身教练，循循善诱、排解疑难。庞籍给司马光的，绝不只升官的机会，还有观念、作风方面的影响。庞籍那一代政治家的特点是温和、理性、务实，他们能够跟皇帝保持良好的关系，但是又能适当拉开距离；在皇帝本人与江山社稷之间，他们小心拿捏着分寸，努力帮助皇帝为江山社稷做长远打算；他们宽容开放，勇于批评也尊重批评。这些美好的东西，在庞籍的言传身教之下，已经渗透到司马光的生命当中。

事实上，早在庞籍去世之前，司马光和庞籍的关系已经发生了某种微妙的变化。在这过去的十九年里，司马光从青年到壮年，他的生命轨迹一路向上，而庞籍则是从壮年到老年，他的轨迹缓慢下行。所以，当司马光在政治上开始成熟，开始建立起自己的存在价值的时候，也是庞籍逐渐老去的时候。在宋朝的政治舞台上，司马光逐渐独立、逐渐强大，庞籍逐渐淡出，最终挥手作别。这种过程，很多老人家难以接受，而庞籍却乐见司马光的独立。庞籍对司马光的爱当中有一种令人敬佩的东西，那就是，他从来没有试图把司马光变成自己的私产。他培养司马光是因为这是一个值得培养的未来政治家。这中间有一种廓然大度，这种大度其实是那个时代最优秀的政治家的共同特点。欧阳修曾经一札荐三相，一个是曾经使自己遭贬谪的政敌之子吕公著，一个是政见不同、曾经大肆攻击自己的司马光，一个是经术不同、拒绝投入门下的后辈王安石。[1]这就是那个时代的政治家，他们是庆历一代，是范仲淹的同辈，是宋朝历史上最出色的一代，谦谦君子，温润如玉。

在庞籍去世以前，司马光已经独立，但是只要庞籍还在，他在心理上就有个可依靠的人。而庞籍的离世在形式上完成了司马光作为政治家的成年礼。独立的本质是孤单的。庞籍走了，司马光结束了成长，他已经长成。他和他的同代人——司马光、王安石一代即将走上政治舞台的中央，他们将要承担起影响宋朝兴亡的责任，未来的路还很长。

[1] 见叶梦得撰，徐时仪整理：《避暑录话》卷上，大象出版社，2019 年，第 56 页。

第五章

危辱将至：宽容政治的消失

01 新君新政

仁宗一生最大的遗憾和挣扎，便是没能养活亲生之子。嘉祐八年仁宗驾崩之后，他的养子英宗即位。英宗在位仅四年，在国家治理方面乏善可陈，反而把整个朝廷卷入了一场有关他生父名号的大讨论。这场讨论造成了几代政治家的纷争与分裂。司马光作为中生代政治家的代表人物，对以欧阳修为代表的老一辈政治家进行了言辞激烈的攻讦。

治平四年，英宗驾崩，他二十岁的长子即位，是为神宗。当年九月二十三日，神宗下诏召王安石入京担任翰林学士，王安石没有推辞。自后观之，这是神宗与王安石之间君臣遇合的开端，它开启了大变法和北宋政治的法家转向，因而具有里程碑式的意义。二十六日，神宗实现了"二府"大换血。新晋宰执中，神宗最为属意的，是参知政事张方平。张方平现年六十一岁，比韩琦大一岁，跟欧阳修同岁，曾与富弼同学于应天府学，是范仲淹的学生，仁宗朝就已经做过翰林学士、知开封府、御史中丞和三司使这四个最靠近二府的职位，"尽历四职"，只差"大用"——进入二府了。

张方平是难得的财政专家，识大局，有想法，能推行，有着第一流的创造力和行政执行力。在首次担任三司使时，他为京城积攒了足够食用三年的粮食和足够使用六年的马料。等他第二次担任三司使的时候，由于前任工作不力，京城粮食只够用一年半的，马料才够使用一年。而张方平就任之后，不到一年，京城就有了五年的粮食储备。宰相富弼为仁宗讲读张方平的漕运十四策，称其"关系国家财政的根本"，讲了约一百五十分钟（十刻），旁边的侍卫都站不稳了。

要带领国家走出财政危机，张方平是不二人选。张方平的很多政策主张，其实跟司马光很接近。比如，他们都反对政府单纯依靠增兵来加强军力，都主张改善财政状况必须从节流入手，而不能一味增收税费，压榨老百姓。

然而，张方平的任命甫一提出，就遭到了司马光的强烈反对。司马光指出，张方平"文章之外，更无所长，奸邪贪猥，众所共知"[1]。他请神宗调取仁宗朝包拯等人弹劾张方平的章奏，以及当年开封府审理张方平利用职权非法收购商铺的案卷，以证明所言非虚。张方平的"奸邪贪猥"的确是"众所共知"的，他之所以迟迟不得"大拜"，也与此大有关系。然而，若说张方平"文章之外，更无所长"，则纯粹是司马光的道德洁癖在作祟。神宗需要张方平，张方平上场，司马

---

[1] 司马光：《张方平第一札子》，见《司马温公集编年笺注》卷三八，第527页。

光就得离开御史台。

九月二十八日，神宗发布调令，权御史中丞司马光改任翰林学士兼经筵侍讲。权御史中丞与翰林学士的地位声望恰在伯仲之间，中丞权重而翰林清贵。神宗自以为顾虑周全，照顾到了方方面面的利益。可是，这通调令却遭遇重重梗阻，耽搁了五天才为司马光所接受。

按制度，这样重大的任命文书在形成之后、下达之前，要先送到通进银台司进行审核，看任命本身是否合乎制度、人选与职位是否匹配，审核无误，方可送到阁门司，再由阁门司送达官员本人。时任通进银台司主管吕公著驳回了司马光的新任命。吕公著认为，御史中丞职在纠弹，若司马光因弹劾而罢职，恐怕此后的台谏官员都不能尽忠职守了，到那时，"纵使陛下有澄清政治的愿望，可是又从哪里知晓安危利害的信息呢？"

堂堂天子，撤换一个御史中丞，已经考虑得如此周全了，还是不能得偿所愿，不免令人气闷。神宗只得亲笔写信给司马光，解释调动司马光的原因并非张方平之事，而是司马光的道德学问世所推重。神宗想要开设经筵，讲求治国之道，开讲《通志》（后来的《资治通鉴》），则必须司马光亲自讲授，拾遗补缺，陪伴左右。

司马光感激皇帝的厚意，却难以就此从命。"朝廷大政，必当辨是与非"：若司马光所言是实，则张方平理当罢政；若张方平没有问题，则司马光应当受罚。接到手诏之后，司马光立即上疏请求面见神宗，以抒"私恳"。他承诺，面奏之后，自当"遂受告敕"[1]，接受调令。

神宗接见了司马光，会谈细节不详，结果清晰——十月二日，司

[1] 司马光：《受侍读乞先上殿札子》，见《司马温公集编年笺注》卷三八，第530页。

马光改任翰林学士兼侍读学士，张方平继续担任参知政事。力图阻挠此事的通进银台司则被绕了过去。

本朝最称职的台谏官司马光被调离了御史台。此时，人们才想起，好端端的御史台大门，十多天前无缘无故地忽然就倒了。其实倒掉的，又何止御史台的大门？神宗绕过通进银台司，把调令直接强加给司马光，通进银台司丧失审核功能，还有什么用？皇帝正在试图破坏祖宗法度，摆脱一切能够束缚他的制度和人事，走向独裁。

02 司马光对王安石变法态度的转变

人算不如天算。就在司马光妥协就任翰林学士两天之后，治平四年十月四日，张方平丁忧离职。熙宁元年（1068）四月，王安石返京就任翰林学士，次年二月，王安石被任命为副宰相，正式接替了张方平的角色。

神宗任命王安石为副宰相，反对的人不少。神宗曾经告诉王安石："吕诲曾经诋毁你不通时事。赵抃和唐介也多次进言，说你的坏话，生怕我要再提拔你。"神宗的东宫旧臣孙固则直言王安石"文章行谊都很高明"，然而"狷介偏狭肚量小"，非宰相人选。

这些反对的人却不包括司马光。司马光后来追忆，王安石初入中书，"众喜得人"，显然，他本人是与众同喜的。让司马光的态度发生逆转的，是唐介之死与郑獬之去。

三月二十九日，副宰相唐介去世，得年六十。很多人相信，唐介是被王安石气死的。唐介的学问、行政能力和政绩都算不上一流，他能够登上参政高位，一多半是凭了性格中的刚烈正直。想当初，仁宗要给张贵妃的堂伯高官厚禄，殿中侍御史唐介坚决反对，言辞激烈。仁宗气不过，把他贬官外放，结果却让唐介成了举世瞩目的直言标杆。神宗提拔唐介做副宰相，便是要借重他的"刚劲之名"来表明尊重舆

图三九 ⊙ 《王安石肖像》线描

王安石（1021—1086），字介甫，晚号半山，抚州临川人。北宋著名政治家、思想家、改革家。于熙宁二年（1069）迁参知政事，次年拜相。积极推行改革，后遭罢相。王安石变法为朝廷增加了不少收入。

论的态度。

天子用我以直，我当以直报之。熙宁元年七月，在王安石的极力主张下，神宗下诏宣布司法新规，允许在谋杀罪中适用自首减刑原则。在反对无效之后，大多数人像富弼和司马光一样，持保留态度。而唐介则拒绝保持沉默，他几次当着神宗的面与王安石争执不下。一场激烈的辩论之后，落了下风的唐介撇开王安石，转向神宗喊道："谋杀罪大恶极，全天下的人都认为自首不能减刑，说行的就只有曾公亮和王安石！陛下，陛下！"

面对面红耳赤、浑身颤抖的辩论对手，王安石发出了致命一击："那些认为谋杀罪不能自首减刑的，都是朋党！他们是为了反对而反对，他们并不关心法律的真谛和国家的安宁！"

此言一出，满座皆恐。要攻击高级官员，没有比"朋党"更为恶毒的罪名了。当天傍晚，唐介突然一病不起，不久，"疽发于背"而卒[1]。

唐介之死震动了司马光。在他的主持之下，一百五十八名参议官员一致通过了太常礼院为唐介所拟的"质肃"谥号。"质肃"者，"正而不阿，刚而能断"。刚正之人，何来朋党?! 司马光为唐介鸣不平。

开封知府郑獬的离职同样与谋杀自首减刑新规有关。开封百姓喻兴伙同其妻阿牛，谋杀阿李，案发后自首。郑獬拒绝按照新规来判决此案，并扬言要面见皇帝，重启讨论，公开叫板王安石。然而，就在郑獬跃跃欲试，准备上殿面君之时，却被调离了开封知府的岗位，失去了面圣资格。趁着两位宰相不在家——富弼请病假，曾公亮在洛阳

---

[1] 见《宋史》卷三一六《唐介传》，第 10330 页。

出差，副宰相王安石越俎代庖，签署调令，以明目张胆的违规操作，驱逐了素不相能且公开反对自己的郑獬。这是司马光断断不能安然接受的。

熙宁二年的秋天，司马光与王安石对开封政局的感受是迥然不同的。

王安石意气风发。他可以肯定自己获得了神宗皇帝几乎全部的信任——"几乎"这个限定词还是要有的，毕竟，皇帝偶尔还会有动摇、有保留。曾经推荐了王安石又成为王安石反对派的宰相曾公亮感叹说："上与安石如一人，此乃天也！"[1]

在过去一年多的时间里，王安石与神宗有过数次一对一的长谈。神宗聪明颖悟，超过王安石之前所有的学生。在往复问难之中，王安石完成了对神宗的"讲学"，神宗完成了"择术"。王安石确信，接下来朝廷的政策将沿着自己制定的方针路线前进。对于那些反对派，王安石相信，把他们赶走是必要的。本朝的传统是"异论相搅"，允许甚至鼓励持不同意见的大臣在朝堂上争论——王安石不否认这样做可能有些好处，但那只是在正确方针确定之前。方针既定，留着反对派说东道西，只会让皇帝动摇，让政策摇摆，让政府丧失效率。是时候结束吵闹、摇摆，大踏步向前了！

这正确方针，可以分为"最高目标"和"现阶段最迫切的任务"两部分。最高目标是"恢复汉唐旧境"，"依照汉唐两代的幅员规模，由宋王朝再一次实现统一全中国的大业"[2]。要实现这一伟大壮举，

[1]《续资治通鉴长编》卷二一五，第5238页。

[2] 邓广铭：《北宋政治改革家王安石》，生活·读书·新知三联书店，2017年，第123页。"恢复汉唐旧境"语出《续资治通鉴长编》卷二三〇，第5605页。

就必须建设强大的国防力量；而强大的国防，必须以强有力的财政为支持。所以，"现阶段最迫切的任务"就是"富国"，就是"理财"。

在财政问题上，王安石与当时大多数人最大的区别不在于形势判断，而在于解决方案。宋朝国家面临前所未有的财政困境，这是常识，是共识。大多数人提出的解决方案的核心是"节流"，"所谓丰财者，非求财而益之也，去事之所以害财者而已矣"[1]。王安石解决方案的核心则是"开源"，向富人下手，由政府出面，直接接管那些原本由富人所把持经营的事业，把原本富人"蚕食细民所得"的社会财富变成政府的直接收入，由政府来统一掌控使用。

王安石的政府将排除异见，从财政下手，进行大刀阔斧的改革。熙宁二年二月十三日，变法领导小组"制置三司条例司"成立，知枢密院事陈升之（1011—1079）、副宰相王安石担任组长。制置三司条例司直属于皇帝，在用人等方面拥有极大的灵活性，王安石是其头脑和灵魂。在王安石的主导下，条例司就像是一个高效率的孵化器，各项新法不断酝酿、出台。

头一个要改的就是东南地区供应中央物资的管理制度。宋朝的经济重心在东南六路，政治重心在北方。顺着运河，东南物资源源北上。按照当时的制度，各地供应中央物资的种类和数额都是固定的，三司只管收，地方只管送，毫无灵活性，碰上大丰收、价格便宜也不敢多送；赶上歉收、绝收，却要从外地高价买进再转送开封。如此一来，老百姓吃亏，政府也不占便宜，白白把大把的银子送给那些"乘时射利"的大商人。怎么改？在东南设置"中央采购代表"一职，给本钱，

---

[1]《苏辙集》卷二一《上皇帝书》，第369页。

给政策，让他根据开封的库存和需求信息，以及东南各地的生产情况，综合考虑价格、运输成本等因素，实时调控，根据就贱就近的原则决定政府购买和物资征发的品种及数量。这个"中央采购代表"就是"东南六路发运使"，发运使并不是新职位，只不过它本来的职责只是简单的催收督运，而王安石赋予了它新生命，希望它成为东南物资与开封需求之间的枢纽，为政府创造效益。这项新法被称为"均输法"。

均输法是在七月颁布的。接下来还会有青苗法，这是王安石早在鄞县试验成功了的。有关科举制度的改革、有关劳役制度的改革，也都在酝酿之中。大宋王朝，必将摆脱贫弱之姿，国富兵强，指日可待。熙宁二年的秋天，王安石信心满满，脚步坚定，意气风发。

熙宁二年秋天的司马光却忧心忡忡。他还是翰林学士，是神宗的经筵老师，皇帝依然尊重他，享受跟他在一起谈史论今的时光，遇事还愿意听听他的意见。可是，司马光的内心深处却在经历一场深刻的痛苦折磨。他眼睁睁看着大宋王朝政治传统中那些最美好的东西，就像是黄河岸边的泥沙一样，正在快速流失。

那些胆敢反对王安石的人被一个一个地驱离了中央。在重大人事任免案上，王安石表现出高度的"任性"。按照宋朝制度，重大人事任免案必须由皇帝和宰相共同商定，宰相、副宰相集体签署，以防止皇帝、宰相、副宰相中的任何一方、任何个人独断专权、非理性决策。可是，王安石引导着神宗，轻轻巧巧地就把制度给绕过去了。自二月初进入宰相府以来，不管大事小事，只要跟其他宰相意见不一致，王安石就会单独求见皇帝。而每一次，他都能成功说服皇帝，拿到"御批"，以"御批"来搪塞其他宰相，压服公众舆论。变法领导小组"制置三司条例司"，"制置"的是"三司"的"条例"，三司长官却不在其中；

如此重要、关系政策未来走向的机构，也没有其他宰相的参与。

司马光更担心王安石的这种作风对神宗的影响。神宗本身就是一个对制度缺乏耐心的年轻皇帝，他需要一个负责任的宰相从旁提醒。作为经验丰富、富有智慧的资深政治家，宰相"佐天子而理大政"，本应在皇帝发昏的时候拦着他，而王安石的做法却正好相反，他在利用皇帝的不耐烦，怂恿皇帝冲破传统、打碎制度。那么，除了列祖列宗留下的制度传统，还有什么是能够束缚皇帝的？打破传统与制度、失去制约的皇权是可怕的，它将会吞噬一切！

在司马光看来，本朝的确需要改革，但改革绝不是草率的全盘否定、另起炉灶。他利用经筵进讲的机会，苦口婆心劝说神宗："天下就像是个大房子，有破败的地方就要修，只要房子本身没有大毛病就不需要拆了重造。真出了大毛病，要翻盖，没有好的设计师、没有最优质的材料，也是不行的。现在这两样都没有却要硬生生拆了没大毛病的老房子盖新的，只怕这新房子连遮风避雨都做不到啊！"

司马光眼睁睁地看着王安石与他最初所标榜的立场渐行渐远。"变风俗，立法度"[1]，开放言路，引用君子，振作风气，这是王安石最初的说法。司马光全都同意。然而，王安石的调子变得是那样快，快得简直让司马光回不过神来。他说"引用君子"是在二月三日上台之初，可是到了三月二十一日，他却说："如今想要理财，就必须提拔能干的人。"当德与才不能兼备时，王安石选择舍德而取才。他提醒神宗，要提防社会舆论的批评："天下人只看见朝廷优先提拔能力突出的，看不到朝廷对道德君子的奖掖，只看见朝廷把理财当作头等大事来抓，

[1]《宋史》卷三二七《王安石传》，第 10544 页。

还没来得及整顿礼义道德、社会风气,可能会担心风俗败坏,流弊无穷。各种意见都会出来。所以,还请陛下首先确定治国之道的先后缓急('陛下当深念国体有先后缓急')。"这是什么话?因为理财是迫切的,所以脸面、体统、规矩、道德秩序都可以暂时不要吗?问题是,当你想要的时候,还能不能要得回?就算是能,在风俗败坏、丧失了底线的社会废墟上重建道德秩序,得多花多少力气?!

二月,王安石说"泰者通而治也,否者闭而乱也",主张广开言路。三月十八日,他还说"除弊兴利,非合众智则不能尽天下之理"[1]。可是,四月间,他挤走了滕甫;五月间,他挤走了郑獬;到六月,又赶走了吕诲。神宗想要安排青年才俊苏轼到宰相府工作,王安石反对的理由无比直白:"苏轼和我的所学(思想)及议论(观点)都不一样,无法共事。"而那些仍然留在核心机构中的"异议分子",对于政策,已经没有置喙的余地,剩下的就是两条路,要么改弦易辙,跟王安石走,要么离职。比如,神宗皇帝钦点进入制置三司条例司的苏辙,其财政观点与司马光接近,在条例司如坐针毡地熬了五个月之后,只得主动请辞。

王安石对于异己思想、观点、人物如此极端的排斥和打击,让司马光感受到强烈的不安。

[1] 黄以周等辑注,顾吉辰点校:《续资治通鉴长编拾补》卷四,中华书局,2004年,第 154、169 页。

03 司马光与王安石的第一次较量

熙宁三年（1070）二月，神宗颁布制诰，任命司马光为枢密副使。枢密副使是枢密院的副长官，属于二府大臣，地位仅次于宰相、副宰相和枢密使。王安石曾经明确表示，司马光不能大用，用司马光就是为反对派"立赤帜"。如今，神宗却要司马光入枢，意欲何为？

司马光枢密副使任命的颁布时间，正在王安石"病告"期间。二月初五，王安石开始在家养病，六天之后，十一日，神宗下诏命司马光入枢。

王安石告病的起因，是前任宰相韩琦对青苗法的批评。韩琦以河北的推行状况为例，指出青苗法是打着利民旗号的敛财利器。韩琦的批评让神宗发生了动摇，他全然不理会王安石的辩解之词，指示条例司对青苗法进行检讨。一时之间，反对派群情振奋，条例司人心惶惶。

然而，王安石也不是从一开始就决心长期告病的。二月初三，他首次递交辞职报告，并缺席政务，初四又露了一面，初五之后才态度坚决地休起了病假。其中的关键，是一封措辞强硬的"批答"。"批答"是对王安石辞职报告的回复，大意如下：

朕以为你才华高过古人，名气重于当世，所以才从闲居之中召你出来，委以重任。众所周知，朕对你推心置腹，言听计从，我们之间的信任，没有人能离间。可是如今，新法推行，士大夫议论沸腾，老百姓人心骚动。在这个时候，你却想撇开事务责任，退出政治纷扰，只求自己方便。为你自己的私心打算，倒是没有遗憾了。可是朕的寄托、朕的希望，朕去推给谁？！

这是极其严厉的训责。变法大业举步维艰，皇帝自己摇摆不定，却反过来责备王安石逃避责任，是何道理？更让王安石不能容忍的，是批答的结尾竟然表达了这样的意思："请立即恢复正常工作，不要再浪费时间推辞了。所有请求理应不准，也不要再打类似的报告了！"措辞如此生硬无礼，让王安石情何以堪？！接获批答之后的第三天，王安石再次递交辞职报告，并且从此踏踏实实地在家里休起了长假。

那么，这道批答究竟是谁的手笔呢？翰林学士司马光！

毫无疑问，这道批答是司马光政治生涯的一个败笔。司马光写作批答的初衷，是"以君臣大义责备介甫，盼着介甫接到批答早日出来办公，改变新法中让老百姓感到不便的部分，造福天下"。其结果，却只是给了王安石一个提醒，一定要警惕神宗的动摇，要更加无情地清除神宗身边的反对派！司马光这样训斥他，凭的不就是翰林学士"代王者立言"的职务便利吗？翰林学士、谏官、御史这样的职位，都必须换上支持自己的人。

然而，这败笔却也无法避免，因为它出自神宗的旨意。神宗曾就此批答向王安石道歉，称"朕失于详阅，今览之甚愧"。[1]虽"失于详"，但究竟还是"阅"了的。批答所反映的，无疑是神宗当时的真实意图，而司马光只是神宗的笔！翰林学士不止一个，神宗要慰留王安石，却偏偏选择反对派的领袖司马光来代笔，这已说明了一切。败笔之所以无法避免，还因为司马光是乐意为神宗所用的。

这道小小的批答，原文只有九十字，背后却隐藏着神宗、王安石与司马光之间在政策走向、治国理念方面的大较量。神宗想要的是，

<hr />

[1] 见《续资治通鉴长编拾补》卷七，第305页。

保留王安石的执政地位，让司马光加入高层，加以牵制，缓和激进的改革步调，避免激化矛盾；王安石想要的是，清除反对派势力，打消皇帝的动摇，勇往直前，推进变法措施；司马光想要的是，改变王安石排斥异己的政治作风，取消王安石这些以搜刮老百姓为目的的新政，回到庆历，进行官僚体制的内部改革，节约国家财政支出，提高行政效率。

王安石主导，司马光监督牵制，激进与保守共存，而神宗作为皇帝垂衣拱手，天下大治。这是神宗理想的政治图景，它符合本朝传统。问题是，能否实现。

二月十一日，神宗任命司马光为枢密副使，司马光连上六札，坚辞不就；二十八日，神宗收回成命，下令司马光重回翰林学士院供职。未上任就解职的二府大臣，司马光是"破天荒"的第一个！

凡前所未有之事，必有前所未有之因。这枢密副使之位，神宗之命，司马光之辞，所着眼的都不是人事任免，而是政策走向。司马光的这六篇奏札，前三篇的说辞简单老套，无非是说自己天性质朴，资质愚钝，不通时务，而枢府要地，任重责大；后三篇则直奔主题：请陛下取消制置三司条例司，废除青苗法，陛下听我一言，胜过给我高官，如果陛下以为我的想法全无道理，那么我又有什么资格来当这个枢密副使呢？

司马光与神宗推拉之际，韩琦遣专使快马加鞭从河北送信到开封，请文彦博转告司马光："皇帝如此倚重，不如接受任命，说不定能践行自己的理想；真到了理想不能实现的那一天再离开，如何？"韩琦想要告诉司马光的，无非是两个字——妥协。什么是妥协？妥协就是冲突各方在激烈的较量之后，各让一步，达成和解，建立平衡。能妥协才不致崩溃。妥协是一种智慧，而智慧比聪明更高级。

韩琦与文彦博，是与范仲淹、庞籍同辈的资深政治家。他们的儒学修养未必比得上司马光、王安石辈，却有着更丰富的政治经验，更为洞明世事。韩琦希望司马光能像自己一样，始终保持内在的高标，勇于妥协，积极接纳人生的种种不如意，在有限的条件下最大限度地实现理想。

只可惜，妥协与接纳尚未进入司马光的生命词典。在他的眼里，枢密副使代表着名利地位，而在目前的情形下，接受它就意味着对原则和理想的背叛。司马光对文彦博说："从古至今，被名利二字诱惑，毁坏了名节的人，已经不少了。"

在给韩琦的回信里，文彦博感慨："君实作事，令人不可及，直当求之古人中也。"[1]司马光书生意气，实在不像是现实政治中的人。

就在司马光的第四篇辞职报告递上去的同一天，二月二十一日，王安石结束休假，复出视事。二十三日，王安石下令将韩琦批评青苗法的报告发付条例司，一场暴风骤雨般的大批判即将展开。

神宗最终还是倒向了王安石，他太想成为一个伟大的皇帝了，而承诺帮助他实现理想的只有一个王安石。

神宗是英宗的儿子，英宗继承的是仁宗的皇位，但英宗不是仁宗的亲生子。在诸多拥有同等继承权的宗室成员之中，仁宗选择了英宗。对于英宗的好运气，宗室之中颇有人不服气。而英宗即位之后的表现其实是不及格的：他先是因病不能正常履行一个皇帝和孝子应尽的责任；好不容易临朝听政了，却又为了尊崇自己的生父把朝廷搞得乌烟瘴气。作为一个聪明绝顶的少年，神宗耳闻目睹了英宗四年的种种荒

[1]《续资治通鉴长编拾补》卷七，第 317 页。

唐，如今登上皇位，当然要以自身的伟大来证明英宗继统的绝对正确，那就必须开疆拓土，兴致太平。

所有的人，包括韩琦、富弼、欧阳修、张方平、司马光，都在絮絮叨叨地告诉神宗：国家财政困难，要节流，不可轻举妄动，不可随便用兵。只有王安石对神宗说你可以，更重要的是，王安石给了神宗解决财政困难、充实国库，富国而后强兵的具体办法。所有人都喜欢拿"祖宗"来约束年轻的皇帝，而王安石却明确告诉神宗"你就是祖宗"，你不必追随，你可以创造，你可以为所欲为！这怎能不让神宗兴奋喜悦，跃跃欲试?!

在司马光与王安石之间，神宗只会也只能选择王安石。他仍然会动摇，对王安石也会有不满，然而，动摇归动摇，不满归不满，最终，神宗还是会回到王安石的路线上来。

这是神宗的宿命，也是大宋王朝的宿命。随着时间的推移，司马光水滴石穿般地慢慢体悟到了命运的不可逆转。

熙宁三年二月二十一日，王安石结束病假，开始对反对派进行严厉打击，三战三捷。王安石的第一战剑指韩琦，为青苗法辩护。青苗法是到目前为止遭受批评最多、最严厉的新法。而韩琦是批评青苗法最用力的老臣，也是唯一真正打动了神宗的批评者。连王安石都承认，在所有批评青苗法的章疏中，"惟韩琦有可辨，余人绝不近理，不可辨也！"[1]

三月四日，神宗下达最高指示："目前人们所提出的有关青苗法

[1]《续资治通鉴长编拾补》卷七，第334页。另见刘成国：《王安石年谱长编》卷四，中华书局，2018年，第1025页。

的弊病……都是地方官吏松弛懈怠、营私舞弊造成的，不能归咎于青苗法本身。"同日，由王安石亲笔润色的驳韩琦书《画一申明常平新法奏》雕版印刷，下发到各州县，严正申明青苗法是利民之法，若有害民之事，一定是推行过程中出了问题，"自是州县官吏弛慢，因缘为奸，不可归咎于法"。[1]《画一申明常平新法奏》可能是中国乃至世界历史上第一份雕版印刷的论战文章。王安石对反对派的战书在短时间内印刷千万，抵达各州各县；而他的批判对象韩琦只有一支笔、一张纸。技术与权力的结合，加剧了论战双方的不平等。

王安石的第二战以谏官李常的贬谪为契机，一石三鸟，压制舆论。李常是王安石亲自推荐的谏官，却对青苗法批评甚力。王安石的得力助手吕惠卿微笑着把李常拉到没人的地方，轻声细语地对他说："君何得负介甫？我能使君终身不如人。"[2] 李常转身不顾而去，最终被贬滑州通判。

受李常事件牵连被贬的，还有司马光的老同年、翰林学士、知通进银台司范镇。针对李常对青苗法的批评，王安石责令李常交代，究竟哪一州哪一县有他所指称的极端行为。条分缕析讲明白，这叫"分析"。宋朝制度，谏官可以"风闻言事"，只管纠错，话可以说得相对模糊，而不必交代信息来源。谏官"分析"是前所未有之事。责令李常"分析"的诏书，在通进银台司遭到了范镇的坚决抵制。于是，就像处理司马光的翰林学士任命一样，神宗再次绕过通进银台司，让

---

[1]《宋会要辑稿·食货》四之二四。另见《续资治通鉴长编拾补》卷七，第314、327—328页。

[2]《续资治通鉴长编拾补》卷七，第315页。

旨意直达李常。范镇愤然请辞，神宗照准。这是继吕公著之后第二个因此辞职的通进银台司长官。

责令谏官"分析"，破坏了台谏官作为独立的监督者所享有的特权；绕过通进银台司直达政令，破坏了通进银台司的封驳权。而这两项制度都是防止皇帝或者宰相专权的关键。这就是王安石的石头砸下来的第三只大鸟——本朝制度。

王安石第三战的打击对象是御史中丞吕公著。吕公著的前任吕诲因为反对王安石，被贬出京。而吕公著则是王安石亲自推荐的御史中丞，他被贬同样是因为反对王安石。以吕公著离任为契机，神宗与王安石达成共识，对台谏官进行了一场大换血。四月八日，御史中丞吕公著罢；十九日，监察御史里行程颢罢；二十二日，右正言李常贬通判滑州，同时遭贬的还有监察御史里行张戬、王子韶；二十三日，侍御史知杂事陈襄罢，程颢再贬签书镇宁军节度判官公事；同日，前秀州军事判官李定被任命为监察御史里行，而这是一个公认的劣迹斑斑的坏蛋。

王安石在清障，扫除前进道路上的拦路虎、绊脚石，他要大踏步前进。

王安石的胜利，在司马光看来，却是制度的崩塌、秩序的瓦解。司马光听说，王安石为了打消神宗的顾虑，说"天变不足畏，祖宗不足法，人言不足恤"。[1] 天变是什么？民怨上达，就是天变，"天听自我民听"，而王安石说没什么可怕的。大宋王朝的百年无事从哪里来？全凭祖宗留下的制度传统，可是王安石说，那些旧东西都不用守

---

[1] 见《名臣碑传琬琰集校证》下集卷一四，引《实录·王荆公安石传》，第2026页。

了。满天下的人都反对青苗法，对王安石专横的作风议论纷纷，可是王安石说，那都是流俗，是庸人胡说，不值得认真对待。三"不足"，每一个都直指司马光最为珍视的本朝传统。

三月二十八日，借由为馆职考试出题的机会，司马光发起反击。馆职考试是宋朝国家最高级别的文官选拔赛，它选拔的是未来的台谏官、翰林学士乃至宰相。司马光把"三不足"直接放到了题面上，试图引发一场有关本朝政治走向的大讨论，题面大意如下：

按照儒家经典的记载和之前大儒们的解释，古代的圣王之所以能够天下大治，是因为他们一举一动都对上天怀着敬畏之心，遵守先王的法度、本朝的传统，与众人同心同德。而现在却有人说："天地和人，了不相关，日食、月食、地震这些，都有规律，不值得畏惧。祖宗留下来的传统和制度，不一定都好，能改就改，不值得遵循守护。平庸的人喜欢墨守成规、畏惧改变，跟他们只能分享成果，不能共同谋划创造。他们的议论不足采纳。"照这种说法，古今有别，儒家经典中的陈旧记载，难道全部不能采信了吗？还是说，上古圣人的言语，深刻微妙，高明远见，非常人可以探知；古代大儒的解释，我们还没能悟到其中深意？请各抒己见。

然而，司马光期待中的大讨论却并未发生——神宗临场换题，让人在试卷上贴纸，盖住了司马光的题面。这样激烈的文字，神宗又怎么会允许它出现？！

当然，神宗也不是完全不为所动，私底下，他问过王安石"这样做是不是会丧失人心"，他甚至请求王安石对青苗法加以调整，"以合众论"。可是，王安石斩钉截铁地告诉神宗："所谓得人心，是因为合乎天理公义……所以，只要我们的做法合乎天理公义，就算是招致四国叛乱，那也不能叫作丧失人心；相反，那些不符合天理公义的做法，哪怕全天下的人歌功颂德，也不能算是得人心。"在青苗法的问题上，王安石断然拒绝任何让步，他说："陛下方以道胜流俗，与战无异，今少自却，即坐为流俗所胜矣！"[1]

王安石与神宗之间的小摩擦，外人是看不见的。开封高层人人都看在眼里的，是皇帝与王安石团结如一人。曾公亮说："上与安石如一人，此乃天也！"既是天意，人又如何违得?!

反对派纷纷被贬，批评的声音渐渐远去，许人说话的空间正在压缩。司马光感到窒息。熙宁三年本来是一个多好的年头啊——司马光、王珪、范镇、宋敏求之子同年登科，同年之子今又同年，实在是佳话一桩。可是个人的欢乐却无法抵消对国家命运的担忧。皇帝的心意无法扭转，政治走向已然确定，剩下来能做主的，便只有个人的去向了。

04 临去三札守长安：
司马光在新法政治中最后的努力

司马光去意已决，他要远离首都，远离皇帝，远离王安石把持下的中央。熙宁三年九月十六日，司马光被任命为知永兴军。永兴军是宋朝对唐朝故都长安的正式称呼。按当时制度，知永兴军同时兼任永

---

[1]《续资治通鉴长编拾补》卷七，第 339 页。

兴军路安抚使、兵马都总管，"兼领一路十州兵民大柄"。宋朝在陕西设有五个路，其中四个与西夏直接接壤，永兴军路位于陕西腹地，负有应援其余四路的责任。

临行之际，司马光献上三份奏札，为永兴百姓请命。第一札，请求在永兴军一路十州范围内免于推行青苗法和即将出台的免役法。"役"是老百姓以一定时间的无偿劳动形式履行对朝廷国家所承担的义务。免役法，就是取消无偿劳动，改为百姓纳钱免役，政府用收到的钱向市场购买所需服务。司马光认为，免役法的危害将会比青苗法还要严重。"上等人户本来是轮流充役，有时间获得休息，改为免役之后，年年都要交钱，却变成了永远得不到休息；下等人户本来无役，如今却都要出钱，结果是孤贫鳏寡之人，也无法免役了。"

第二札，请求皇帝承诺不调发陕西的"义勇"去守边，更不要把"义勇"直接变成军人。这一请求之中，包含了司马光对本朝边防策略的深刻反思。本朝相承，每临大战必增兵。老百姓临时披上战袍，只能虚张声势，非但不能增强宋军实质战力，反而会破坏整个社会的生产生活秩序，陕西为害尤甚。1040—1041 年，宋与西夏战事正酣之际，陕西"三丁之内选一丁"，原本只说是当民兵保家乡，结果却很快被刺面成为正式军人，派往前线。彼时司马光正在涑水故园为父母守孝，耳闻目睹周围百姓的"惶扰愁怨"，亲见陕西州县"田园荡尽……比屋凋残"，二十年难以恢复元气。1064 年，陕西再度"三丁之内刺一丁"，充当"义勇"民兵，司马光时任谏官，六上札子，坚决反对，又曾亲往中书向宰相韩琦表达最强烈的抗议。如今西北局势紧张，朝廷极有可能把这些"义勇"改编成正规军，让他们永远无法回到土地上去。所以，他临别上札，为陕西十五万"义勇"儿郎请命。

图四〇 ⊙ 北宋 燕文贵《扬鞭催马送粮忙》（局部）
绢卷设色，51.4厘米×953.8厘米，现藏美国大都会艺术博物馆。

　　第三札，请求朝廷不要把所有的兵都调到边境上去，而忽略了内地州军的安全，相反要加强内地的兵力，以备不虞。这样的建议，范仲淹在宋夏战争期间也曾经提过。

　　对于神宗与王安石，司马光已彻底失望，但他又怎能放弃希望？这临去三札，便是他不忍弃绝的希望的挣扎。

　　十一月二日，司马光拜别神宗，第二天，他便带着夫人张氏、儿子司马康和简单的家当离开开封，前往古长安上任。一路之上，迎面而来的，多是拖儿带女背井离乡的逃荒人。十二天之后，司马光抵达永兴军。下车伊始，他便被宣抚司铺天盖地的命令包围：命令陕西义勇分作四批，轮番发往缘边戍守；命令在当地驻军中选拔精锐之士，同时面向社会招募敢死队员，以备奇兵；命令各州制作干粮、布袋、推车，以备运送军粮……所有这些命令，全都指向战争。

司马光试图一搏，抵制宣抚司那些急于星火的命令。顶着巨大的压力，司马光下令，暂不执行宣抚司制作干粮的命令，同时，他又向宣抚司打报告，请求取消干粮制备命令。

熙宁四年正月，当春天即将到来的时候，作为永兴军的地方长官，司马光的面前出现了一道难题：催收青苗钱。青苗钱一年分两次发放和回收：春散夏敛和夏散秋敛，利息明文规定不能超过二分。但这二分不是年利率，而是从春天到夏天、从夏天到秋天的利率，所以，它的真实年利率水平不是20%，而是40%甚至更高。更高是因为，青苗法以实物（粮食）的形式发放和回收，但借什么，还什么，都是官府说了算。官府说，借小米要还谷子，小米1斗计价75文钱，谷子1斗计价25文钱。夏天借小米1斗等于75文钱，也就是3斗谷子，秋天要还本钱3斗谷子加利息6升谷子，总计3斗6升谷子。讨价还价？门儿都没有。

司马光向中央请求：第一，将青苗法的偿还条件改为借米1石，还米1石2斗，如此，"细民犹不至穷困，官中取利虽薄，亦不减二分元数"；[1]第二，暂缓追缴青苗欠款。熙宁三年夏天大旱、秋天淫雨，夏粮绝收，秋粮严重歉收，让老百姓拿什么还呢？已经有那么多还不起的出去逃荒了，还想再逼走更多的人吗？竭泽而渔，岂是为政之道？他已经下令所属八个受灾最严重的州，按照百姓受灾的实际情况决定是否追缴青苗钱。

不久，圣旨下达，大意是：命令陕西常平司疾速关牒永兴军，本

---

[1] 见司马光：《奏为乞不将米折青苗钱状》，见《司马温公集编年笺注》，第99页。

路州军必须认真执行司农寺的催缴命令，一切按规定执行；不得执行司马光所下命令，以免耽误百姓及时缴纳青苗钱。

接到圣旨的第二天，司马光递交报告，请求到洛阳出任闲职，开封很快照准。四月，司马光离开古长安，前往洛阳。

司马光守长安，前后不足六月。"恬然如一梦，分竹守长安。去日冰犹壮，归时花未阑。风光经目少，惠爱及民难。可惜终南色，临行子细看。"[1] "惠爱及民难"是司马光最大的遗憾。他已然尽力，却仍然抗不得开封，救不得百姓。

05 独乐园中狮子吼

熙宁四年年初，由神宗亲自主导的西北拓边行动遭遇严重挫败，神宗以"兴师败衄"之名将西北战区主帅韩绛贬官，调任邓州知州。宋神宗开始接受王安石的主张，把内政暂时放到第一位，加大排斥、打击异己分子的力度，力图扫清新法推行路上的所有障碍，二月下旨处分阻挠青苗法的官员，三月派出使者巡行各地，纠察奉行新法不力的情况，甚至已经退居洛阳的前任宰相富弼也因拒不推行青苗法遭到贬官处分。五年正月，京城开始设置"逻卒"，"察谤议时政者收罪之"，开封变成了一个不能随便说话的城市。"危辱"时代已经降临，大宋

---

[1] 司马光：《到任明年旨罢官有作》，见《司马光集》补遗卷一，第1632页。

政坛，寒意渐深。"危辱"二字，出自司马光的诗《初到洛中书怀》：

> 三十余年西复东，劳生薄宦等飞蓬。
> 所存旧业惟清白，不负明君有朴忠。
> 早避喧烦真得策，未逢危辱好收功。
> 太平触处农桑满，赢取间阎鹤发翁。[1]

"未逢危辱"，是隐晦的说法。"危辱"在司马光身后已经影随多时。离开永兴军之前，二月，陕西转运司接到中央命令，调查司马光治下的永兴军官吏执行农田水利法不力的问题。司马光走后，八月，中央派员至陕西，"体量陕西差役新法及民间利害"，[2] 矛头所向，仍然是司马光。当然，迫害并未发生。

司马光退居洛阳，优哉游哉，自得其乐。他研究古典"投壶"游戏，撰文论述游戏与个人修养之间的关系。他跟老朋友范镇书信往还，继续多年以前开始的礼乐讨论，你来我往，不亦乐乎。回到洛阳两年之后，熙宁六年（1073），司马光在尊贤坊北面买下二十亩地，亲自设计、督造了一座小巧精致的花园别墅，取名为"独乐园"。独乐园中，既有"读书堂"以供骋思万卷，神交千古，又有"弄水轩""钓鱼庵"可供"投竿取鱼"，复有"种竹斋""浇花亭"，可以莳药草、灌名花、听竹赏雨，甚至还有一座高高的"见山台"，可以凭栏纵目、远眺群山。"明月时至，清风自来，行无所牵，止无所柅，耳目肺肠悉为己有，

---

[1] 司马光：《初到洛中书怀》，见《司马光集》卷一一，第370页。

[2] 见《宋史》卷一五《神宗本纪二》，第280页。

踽踽焉，洋洋焉，不知天壤之间复有何乐可以代此也？"[1]

"独乐"一词，出自《孟子·梁惠王下》。孟子的原意却是反对独乐的："独乐乐，不如与人乐乐；与少乐乐，不如与众乐乐！"《孟子》又说"穷则独善其身，达则兼济天下"。司马光自嘲："自乐恐不足，安能及人？"他的独乐，是"兼济天下"的理想破灭之后的"退而求其次"，在无奈的穷途里保持积极的态度，退到最后，还有自己，然而也只剩下自己。

在洛阳，除《资治通鉴》外，司马光还编著了一部《书仪》。《书仪》的内容是对各种礼的仪式规定，包括公私文书和家信的格式，冠礼、婚礼以及与丧葬祭祀礼有关的仪式。《书仪》在司马光的思想体系中有着重要意义。文书、家信是社会交往的书面表达方式，它既是人与人之间社会关系的体现，又是构建和维系社会关系的工具。冠礼即成年礼，是男性获得完全社会人身份的开始。婚礼通过一对男女的结合把两个家族联结在一起，构成更为广阔的社会网络。丧葬祭祀之礼连接生者与死者、现在与过去，慎终追远，让个人与家族获得了超越死亡、生生不息的意义。礼的核心是关系、等级和秩序，而仪式则是礼的外在表现形式。离开了仪式，礼就变成了空中楼阁，秩序亦将陷入混沌。而对秩序的尊重，是司马光思想的核心。他所制定的各类仪式，皆斟酌古今，因时制宜，实用简朴。

司马光二十岁中进士，五十三岁退归洛阳，在过去的三十三年中，他人生的主要目标是辅助皇帝"治国平天下"。此时"治国平天下"的理想已不能伸张，只能退回到"修身"与"齐家"，然而他所要"修"

图四一 ⊙ 明 仇英 《独乐园图》（局部）

绢卷设色，28厘米×519.8厘米，现藏美国克利夫兰艺术博物馆。司马光撰有《独乐园记》，描绘的是他在洛阳宅园独乐园内的生活情景。我们从文中不难看出此时司马光的生活是恬淡优游的。

的，绝不止自身；所要"齐"的，绝不止自家。"陕州、洛阳之间的人都被他的道德感化，师法他的学问，效法他的简朴。"

只是，这哪里是司马光真正想要的生活？

熙宁七年（1074）四月，在"以衰疾自求闲官，不敢复预国家之议"[1]整整四年之后，司马光再度上疏神宗，长篇谠论，直指朝政缺失。他痛心地指出，王安石彻底改变了本朝的政治风气，大意如下：

（王安石）好人同己，恶人异己。……独任己意，恶人攻难。只要是跟他意见一致的，破格也要提拔；谁敢发表不同意见，灾祸羞辱

[1] 司马光：《应诏言朝政阙失事》，见《司马光集》卷四五，第965页。

随之而来。谁愿抛弃福祉自取祸患，撇开荣耀甘就屈辱？这是人之常情。于是天下急于富贵的官员纷纷来依附他，竞相劝说陛下增加对他的信任，听他的话，用严刑峻法来杜绝异论。像这样的人，高官美差，唾手立得。几年下来，中央和地方掌握实权的职位上，就都是这一类人了。

……

台谏官是天子耳目，其功能是规正朝政缺失，纠察大臣专权妄为，本应由陛下亲自选择，现在也交给宰相来选人了。而那宰相专门任用他的所亲所爱，对他稍有违背，就加以贬斥驱逐，来警告后来人，其目的就是找出最能阿谀谄媚的人来，为他所用。这样一来，政事的错误差失、群臣的奸诈、下民的疾苦、远方的冤屈，陛下还能从哪里听到看到呢?!

派到地方巡视调查新法实施利害的使者，也是他所亲所爱的人，都事先秉承了他的意旨，凭借他的气势，来逼迫州县官员。他们掌握着对州县官员的评价，而这评价可以决定州县官员的升降。那些州县官员，对他们奉迎顺承都来不及，哪还有工夫讨论新法实施利害、跟他（王安石）对着干呢?! 所以，使者回来报告，一定是说州县两级都认为新法利民利国，可以行之久远。陛下只看见他们交上来的报告粲然可观，就认为新法已臻至善，众人交口称赞，又怎么可能知道他们在外地的所作所为呢?!

……（各级官员）不立即奉行新法，马上遭停职处分，被换掉。还有因为对新法不熟悉而误有违犯的，也会遭到停职处分，甚至遇到大赦也不予赦免。……如此一来，州县官员只好奉行文书，以求免于获罪遭罚，不再留心民间疾苦。

（为了封住批评者的口）又偷偷派出逻卒，到市场上去，到道路上去，偷听人们的闲谈，遇有谤议新法的，立即抓起来行刑。街头挂出了榜文，悬立赏格，鼓励告发诽谤朝政的人。

在司马光眼中，王安石治下的朝廷国家，皇帝被蒙蔽，官僚万马齐喑。新法因此得以快速有效推行，而它是否利民，已变得无关紧要。

对于王安石的各项新法，司马光一概斥为"朝之缺政"，予以全盘否定：

> 方今朝之缺政，其大者有六而已：一曰广散青苗钱，使民负债日重，而县官实无所得；二曰免上户之役，敛下户之钱，以养浮浪之人；三曰置市易司，与细民争利，而实耗散官物；四曰中国未治而侵扰四夷，得少失多；五曰团练保甲、教习凶器，以疲扰农民；六曰信狂狡之人，妄兴水利，劳民费财。[1]

司马光的批评，基本符合事实，却未必能够事事切中肯綮。司马光说青苗法两败俱伤，既造成了民间的贫困，又没给朝廷带来什么好处。这句话，前半部分是对的，后半部分则未免"想当然尔"。根据现代学者的研究，"政府得到了不少的好处。单以熙宁六年为例，青苗利息就达到了二百九十二万贯，为数是颇为可观的。这对青苗法法令所标榜的，'皆以为民，而公家无所利其入'来说，不能说不是一个讽刺"。对于市易法，现代研究者也得出了类似的结论："虽然立

---

[1] 司马光：《应诏言朝政阙失事》，见《司马光集》卷四五，第 968 页。

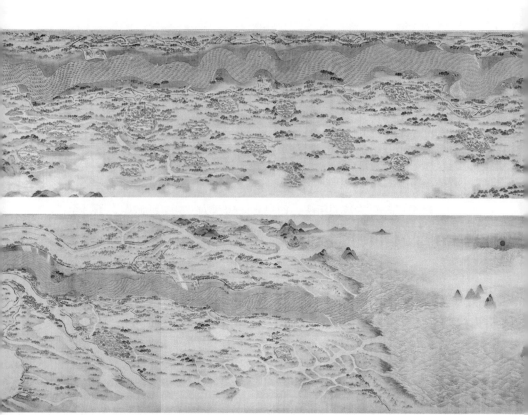

图四二 ⊙ 清 佚名 《黄河图》（局部）
绢本设色，80 厘米 × 1260 厘米，现藏台北故宫博物院。

法时表现出摧抑兼并的外貌，但是，政策规定只是它阳宣的一面，财政考虑才是其阴伏的本质。"

　　司马光认为免役法免去了富裕地主的劳役，向贫下农民敛钱，来养活所谓"浮浪之人"，也就是城市平民。这一评价反映了传统农业社会对城市平民的高度不信任，却没有击中役法实施中的核心问题。宋代役法实施中最核心的问题，可以归结为两个"适用性"：一是地区适用性，不同地区情况不同，应当因地制宜；二是役种适用性，有的适合轮差，有的适合雇役，应当因役制宜。而免役法是"一刀切"的，因此，它解决了诸如"衙前"役造成富裕平民破产等问题，也造成了一些新问题，比如，贫下农民有力而无钱，也要被迫出钱免役。

事实上，倘若我们着眼于宋朝政治文化的变迁，那么我们会注意到，还有一件事是司马光没有提及但同样——甚至更加——紧要的，那便是王安石衡量评价政府行为的标准。

淤田之法，是在河道开口子，使人造洪水携带河底淤泥改良土壤。然而人造洪水所淹之地，并不都是不毛之地、无主荒田，还有老百姓的田庐冢墓。因此，照理说，衡量淤田是否成功，既要算经济效益，看淤田的投入产出比，也要算社会效益，看它对百姓的田地、房屋、坟墓等财产是否构成侵害。宦官程昉在河北淤田，"堤坏水溢，广害民稼"，且"欺瞒朝廷"。他向朝廷上奏说"百姓乞淤田"，而调查却表明"百姓元不曾乞淤田"。程昉后来也承认，他只拿到了"逐县乞淤田状，但不曾户户取状"。[1]

得知实情的神宗大为紧张，而王安石则理直气壮地为程昉辩护：

淤田得到朝廷派出官吏和各县官员的请求状，这就够了，哪里用得着挨家挨户取得同意?! 程昉上奏说百姓请求淤田，既然没有状子，也就难以分辨虚实。但是，他为朝廷出力，淤田数量达到了四千顷。就算他上奏声称"民户请求淤田"这句话不实，也没有可以怪罪的道理啊! 陛下对那些邪恶奸佞的小人尚且能够包容涵纳，为什么碰到这些为国出力的人，却不惦记他们的功劳，反而抓着一句半句的错话，就要治罪?

◇◇◇◇◇◇◇◇◇◇◇◇◇◇◇◇

[1] 见《续资治通鉴长编》卷二四九，第 6073—6074 页。

照王安石的意思，有没有取得百姓同意，是不是在这个事情上欺瞒了朝廷，一概无关紧要，要紧的是那实实在在的收益——淤田四千顷！用收得的钱、辟得的田来"冲抵"政府的不义，这样赤裸裸的言论，在王安石这里，不是第一次，也不会是最后一次。

王安石还告诉神宗，漳河流域的百姓曾经到开封来上谢表，感谢朝廷派程昉到河北来兴修水利。此事被南宋史家李焘记在了《续资治通鉴长编》的正文里，同时附注：郑州原武县百姓因为淤田浸坏庐舍坟墓，又妨碍秋天播种，相约去开封告状；县令把人追回来之后，"将杖之"；百姓怕挨打，谎称"我们是要到朝廷去上谢表的"，于是，官府就真的替百姓写了一封《谢淤田表》，二百多百姓签名之后，由两名小吏送到了中央。由此可见，对于漳河百姓上谢表这件事，李焘是不信的。

何止李焘不信，王安石恐怕也不会真的信。王安石本人就曾在宰相府的门口遭遇抗议民众的围堵。东明县百姓几百家拖儿带女，抗议免役法实施不当。神宗太容易动摇了，所以，王安石必须经常用"好消息"来宽慰神宗，安他的心。像百姓上谢表这样的把戏，王安石明明一眼就能看穿，却要当成真的说。因为，他说了，神宗就会信。神宗信了，新法才能继续。而神宗是必须信的，因为他的目的在于增收，用不断增加的财政收入去供养他开疆拓土的伟大理想。

王安石不是不知道，新法需要完善。熙宁三年，他的学生陆佃（陆游的祖父）应举入京，拜见老师。王安石"首问新政"。陆佃回答说："新法不是不好，只是推行之中不能贯彻初衷，结果反而扰民，比如青苗法就是这样的。"王安石闻言大惊，立刻与吕惠卿商量，派人前往调查。他后来说过："法固有不及处，须因事修改，乃全无害。"[1]
在市易法遭到强烈攻击之后，他又曾对神宗说："市易法一事，我每
天都在认真思考，恐怕不至于像批评者说的那么不堪。只是请陛下不
要急着做决定，且容我一一推究，陛下再加察验，自然能洞见曲直。
如果陛下为众人的诋毁诽谤所动摇，仓促做出什么决定，那就会导
致反对派上下协力望风承旨欺骗陛下，恐怕会让忠良受到冤枉。"

王安石希望得到充足的时间和空间来改善新法，这种等待改善的
耐心，需要宽容的政治氛围，而宽容却恰恰是王安石正在极力驱除的
东西。

熙宁七年四月，司马光打破不议国政的自我禁忌，忽然做此狮子
吼，起因是神宗于三月末颁布旱灾求言诏。早在熙宁三四年间，陕西、
河北等地已出现严重旱情。到了熙宁六年冬至七年春，受旱区域又扩
大到两浙、江淮地区。而东南地区一直是国家的粮仓。正常年景，每
年通过汴河从东南运往开封的粮食高达 600 万石。这一年，真正抵达
开封的粮食只有 200 万石。开封米价暴涨至每斗 150 文，辇毂繁华，
竟然也有了饥荒之相，怎能不让神宗感到紧张?!

国家财政同样让神宗感到担忧。熙宁四年，在王安石的支持下，
军事天才王韶开始主持西北战事。他收服了青唐（今青海西宁）地区
势力最大的俞龙珂部，进而将宋朝的领土拓展到甘肃临洮、临夏、宕
昌、岷县。熙宁六年夏秋之际，王韶发动攻势，"前后历时五十四日，
军行一千八百里，收复五州，拓地两千里"。然而，西北用兵所造成
的军费消耗也让神宗始料未及。熙宁六年八月，陕西永兴军的兵储"才

[1]《续资治通鉴长编》卷二五一，第 6124 页。

支三季"。而储备不足显然不是永兴军一路的特殊状况。兵马在外，粮草却渐渐空虚，这怎能不让神宗感到紧张焦虑？神宗的拓边行动是在巨大的财政压力下开展的，王安石的理财给了他一些底气，可是打仗竟然是这样费钱，还是让神宗感到了心虚脚软。

契丹的威胁也加剧了神宗的焦虑。有情报表明契丹有意重启宋辽领土争端。宋朝拓边西部，兵力、财力、民力的投入重点都在西边；与此同时，宋朝还在湘西腹地展开了开拓行动，力图征服久居深山的"化外蛮夷"。当此之时，若契丹再从北边打过来，宋朝腹背受敌、三处用兵，当如何是好?!"今河北都无备，奈何？"

重重忧虑之下，神宗产生了严重动摇，开始怀疑王安石的路线、政策是否真的出现了问题。当发现陕西永兴军的兵储"才支三季"时，神宗立刻下令三司使薛向彻查。薛向于是派人赴陕西调取六年以来的钱谷、金银、匹帛出入细数两本——"六年以来"，正是王安石以新法理财以来。这哪里是查陕西，分明是查王安石！最终，薛向的调查被王安石以"扰人至多"为名叫停。对于神宗没完没了的各种担忧，王安石很是不以为然，但是，他显然不能打消神宗的顾虑。神宗与王安石之间，裂痕在显露，在加深。

神宗还受到了来自皇族内部的压力。曹太皇太后甚至劝说神宗暂时罢免王安石，希望他与王安石适度切割，平息舆论，缓和矛盾。他的二弟岐王颢也从旁帮腔，结果招致了神宗冲口而出的怒喝："是我在败坏天下吗？汝自为之！"

"汝自为之"，出自皇帝之口，砸向享有皇位继承权的宗室亲贵，简直就是恶毒的诅咒。神宗已焦虑不堪、身心俱疲，无力择言。"是我在败坏天下吗"的反问，则流露出极度的委屈与不甘。

熙宁七年四月十九日，神宗宣布，王安石罢相，出知江宁府。然而，我们却很难说司马光的狮子吼在其中起了什么直接作用。司马光奏札上报的时间是四月十八日，而他投书的地点在洛阳。也就是说，在司马光的奏札抵达神宗御览之前，王安石的罢相制就已经公布了。上天示警，来自官僚集团与皇室内部的压力如此之大，让神宗不得不罢免王安石以平息物议，与人、与天谋求和解。

但是，王安石罢相绝不等于神宗有意回到司马光的路线上。王安石的罢相待遇优厚，措辞尊重，表达了赞美眷恋之意。继任首相韩绛，出自王安石推荐，人称王安石的"传法沙门"；参知政事吕惠卿则是王安石一手提拔、最为欣赏的人，人称王安石的"护法善神"。在他们之上的，则是王安石最优秀的学生——神宗。王安石人虽然离开了开封，但他的政策还在继续执行。

06 使命著《通鉴》

自熙宁四年退归洛阳，司马光一住便是十五年。这十五年中，他最大的成就，便是编年体史学巨著《资治通鉴》。《资治通鉴》记载了一千三百六十二年的历史，它的记事上起周威烈王二十三年，下至宋朝建立的前一年，是宋朝人的古代史和近代史。

当今天的人们隔着千年岁月回望宋朝，朝堂上下的明争暗斗、喧嚣纷扰早已沉入深不见底的岁月之海，而《资治通鉴》静列于岸边高台之上，传递着有关华夏过往的消息，享受着人类文明的礼敬。作为政治家的司马光被遗忘、被脸谱化，作为《资治通鉴》作者的司马光却因岁月的打磨，发出莹洁的辉光。《资治通鉴》不朽，司马光不朽。从这个意义上看，洛阳的闲居岁月倒像是老天的一种成全——对中国史学乃至华夏文明的成全，对司马光的成全。然而，所有这些，都是后来人的印象，是淡化过程、省略细节之后的美好想象。《资治通鉴》的史学成就，就像是摆在人们眼前的一颗珍珠、一枚琥珀，真实美好；过程之中的痛苦、死亡、挣扎与忍耐都隐藏不见。然而，关于司马光，关于《资治通鉴》，有一些细节是不应当被遗忘的。

《资治通鉴》之所以能成书，除司马光个人的努力之外，还得益于刘攽、刘恕、范祖禹这三位出色的助手，以及皇帝的支持。英宗特批，成立以司马光为主导的专门机构——书局，它的唯一任务就是编修《资治通鉴》。司马光可以自主选择修史助手和工作人员，所有书局工作人员由朝廷提供俸禄待遇，连续计算工龄；宫廷图书馆龙图、天章二阁和国家图书馆三馆秘阁的藏书向书局开放。此外，英宗还"赐以御书笔墨缯帛，及御前钱以供果饵"，从"皇帝私房钱"里拨款赞助修史，并"以内臣为承受"，安排一名宦官在书局服务，以便沟通，由此来确保皇帝对《资治通鉴》编修工作的直接关怀。书局的这些特权，神宗都予以保留，他还为《资治通鉴》作序赐名。司马光于熙宁三年外放永兴军，熙宁四年回洛阳"靠边站"，书局却仍然保留在开封。

熙宁五六年间，书局和司马光经历了严峻的考验。有人散布谣言，说《资治通鉴》迟迟不能完工，是因为司马光贪图官府的笔墨缯帛，还有皇帝御赐的水果点心和赏钱。这显然是要利用司马光的道德洁癖，刺激他主动放弃书局，切断与皇帝之间最后的直接联系。

司马光还没做出反应，他最亲密的助手范祖禹先沉不住气了，向司马光建议解散书局，私人修书；而他本人情愿放弃官员身份，追随司马光。范祖禹是范镇的侄孙，与司马光有师生之谊，于熙宁三年司马光离京外放前夕入书局，从此一直留守，当时只有三十出头，血气方刚。

而司马光五十五岁，已知天命，编著《资治通鉴》便是老天赋予司马光的使命。他深知"私家无书籍、纂吏（抄写员）"，"今若付光自修，必终身不能就也"。[1] 为了《资治通鉴》，就必须保留书局、依靠朝廷；而要依靠朝廷，就必须忍受诽谤所带来的屈辱。面对诬蔑攻击，司马光已经习得最聪明的对策——"静以待之"，不申辩，不抗争，绝不以任何方式撩拨对手。

最终，神宗保留了书局，并且允许书局迁往洛阳。这要感谢那位担任书局通讯员的宦官，他奉命暗查，结论是"初虽有此旨而未尝请也"，也就是说，皇帝答应给书局御用笔墨缯帛和果饵金钱，但司马光从未请领。

书局风波过后，司马光"严课程，省人事，促修成书"，加快了修书的进度。

元丰七年（1084）十二月，《资治通鉴》正式完成，进献给朝廷。它的最后定稿共计三百五十四卷，包括正文二百九十四卷，目录三十卷，《考异》三十卷。此时，距离英宗皇帝下诏开设书局，已经过去

<hr />

[1] 见司马光：《与范梦得论修书贴》，见《司马温公集编年笺注·附录》卷三《佚文二》，第 170 页。

了十九年。

对于英宗皇帝的眷遇，神宗皇帝的庇佑，司马光问心无愧。《资治通鉴》的编修，首先由助手"遍阅旧史，旁采小说"，搜集资料，以"宁失于繁，毋失于略"的原则编成资料"长编"。司马光以"长编"为基础亲自审定，斟酌删减，让历史叙述呈现出清晰脉络，并亲笔写作"臣光曰"，解释得失，发挥义理。"长编"一卷长四丈，唐前期一百六十一年的"长编"有二百多卷，连起来有八百多丈长。司马光自课每三日删定一卷，一共删了两年。但这仅仅是唐前期的一百六十一年，而唐后期一百二十八年的"长编"数量三倍于前期。《资治通鉴》的定稿是一项极其繁重的工作，而司马光却在这漫长的苦役中保持了始终如一的认真严肃。他亲手改过的草稿，曾经堆满整整两个房间。黄庭坚翻阅过其中的几百卷，他看到，司马光的批注"讫无一字草书"。[1]《资治通鉴》所展现的是司马光眼中的历史和世界，以及司马光的历史思考，它是司马光的史学著作。

神宗的西北拓边事业遭遇了严重挫折。元丰五年（1082）八月，西夏攻占了宋朝的边境桥头堡永乐城，一万守军"得免者什无一二"。永乐城的陷落使神宗"知用兵之难，于是亦息意征伐矣"。就在此时，有关部门送上司马光的"提举西京嵩山崇福宫"任命草案，神宗提笔批示，待任满"不候替人，发来赴阙"。这八个字被司马光视为一个任满相见的约定，他期待再次见到神宗，当面剖陈心迹，以回圣心，废新法，救百姓出水火。然而，他等到的却是神宗驾崩的噩耗。

元丰八年（1085）三月五日，神宗在开封宫城的福宁殿病逝，得

---

[1] 见《文献通考》卷一九三《经籍考二十》，第 5604 页。

年三十八岁。神宗十岁的长子赵煦（1077—1100）即位，史称哲宗。神宗的母亲太皇太后高氏垂帘听政。

三月十七日，六十七岁的司马光从洛阳出发，日行百里，以奔神宗之丧，二十二日黄昏，一行人抵达开封。当晚，高太皇太后就派了身边宦官前来慰问。宦官捎来了太皇太后的口信："国家不幸，大行皇帝升天。嗣君年幼，老身不得不代理国政。大人事奉过仁宗、英宗和神宗三位皇帝，忠诚坚贞之名，著于天下。请大人一定不要嫌麻烦，多上奏章，畅论国事，以弥补老身的不足。"这是问候，也是邀约。

这位高太皇太后，政治态度明确，反对王安石新法，她曾和仁宗的继后曹氏一起向神宗哭诉新法的种种弊端，说"王安石变乱天下"。高氏是将门之后，血管里流着高、曹两家的血液，性格坚毅。她的曾祖父大将高琼，曾经护送真宗皇帝亲征澶渊。真宗的御辇在黄河岸边犹豫不前，是高琼一杖敲打在辇夫背上，这才让皇帝的御辇过了黄河。她的外曾祖父曹彬是宋朝征服南唐战役的总指挥，功勋卓著，为人却是无比谦虚低调。高氏的母亲是仁宗的曹皇后的姐姐。高氏四岁入宫，与英宗一同在宫中成长，深得仁宗与曹皇后的器重。与英宗结婚之后，二人相互扶持，一起战胜了即位之前的诸多凶险与磨难。从英宗即位之后近乎神经质的表现来看，高氏才是这对夫妇在艰难岁月中的主心骨。就在神宗去世的当天，高氏还失去了一个女儿。这位公主虽非高氏亲生，却是英宗夫妇的长女，彼此感情深厚。身边人试图隐瞒公主的死讯，太皇太后说："你们不要骗我了。我昨夜梦见曹太后、神宗还有公主在一座空旷的宫殿里举杯欢宴，当时我就疑心这绝不是个好兆头。"这样坚毅的女子，世间罕有。

　　作为宋朝新的当家人，高太皇太后最大的优势是政治上的正当性——她是先帝的母亲、今上的祖母，奉先帝遗诏权同处分军国事，垂帘听政，权威不容挑战！然而，即便贵为太皇太后，也终归是一个女子。与男性皇帝相比，作为女性的太皇太后与前朝和外界的阻隔，既是空间的，又是性别的。太皇太后主政须垂帘，垂帘的目的是严守"男女之大防"，然而它所隔开的却是最高领导人与政府。而且，她此前从未涉足前朝事务，政治经验几乎为零。换言之，她被赋予了最高权力的代理权，却毫无政治经验。

　　而高太皇太后所要面对的，却是古今第一政治难题——如何顺利地实现政策路线的调整而不引发政治派别之间的恶斗！太皇太后所要改变乃至推翻的，是饱受诟病的王安石路线。而眼下在朝堂之上、各级政府之中实际运作朝政的，正是神宗朝在王安石路线下培养出来的官僚，他们受益于也受教于王安石的政策路线，是王安石路线的学生和受益人，当然要维护王安石路线。路线的改变将无可避免地引发人事纷争乃至政治斗争。要应对这一切，需要高超的政治手腕和丰富的政治经验。而这些，正是太皇太后所缺乏的。此外还有更实际的问题，王安石路线对宋朝政治构成了损害，需要改变，那么，新的方向在哪里？回到王安石之前、重返仁宗时代，听起来似乎是一个不错的选择。然而仔细想想，却又几乎不可能。王安石的思想和路线已经统治宋朝十八年，影响无处不在，深入官心，想要改变，谈何容易？仁宗时代的宽容政治固然令人向往，但就具体政策而言，仁宗时代却也是问题重重的——不然怎么会有"庆历新政"与王安石变法呢？而王安石的新法，也并非全无是处。在新法与旧制之间，在新党与旧党之间，如何建立平衡，再造宋朝政治，这是古今第一政治难题。而这古今第一政治难题，偏偏让一个女主赶上了。

司马光抵达开封的第二天正好是听政日，皇帝、太皇太后与百官朝会。在待漏院前等待朝会的时候，宫殿卫士认出了司马光，他们远远地向司马光行礼致敬，兴奋地交头接耳："这就是司马相公！""相公"是宋朝人对宰相或者前任宰相的尊称，而司马光从未做过宰相。更让他始料未及的是，朝会结束返回住所的路上，开封的大街两旁聚集了成千上万的百姓，口中高呼着："公无归洛，留相天子，活百姓！"[1]

这是民意，然而却不能不让司马光感到忧惕。改变是必要的，但必须审慎。眼前一步也错不得。司马光不能不有所顾虑。当晚，他拜别了神宗的灵柩，启程返回洛阳，临别，给太皇太后留下一封谢表。

[1]《宋史》卷三三六《司马光传》，第 10767 页。

第六章

『司马相业』空遗恨

01 千呼万唤开言路

欲启新政，先开言路。司马光建议太皇太后广开言路，开放批评，打破王安石当政以来对"异论"的禁忌，允许官员百姓畅所欲言。如此，"民间疾苦，何患不闻？国家纪纲，何患不治？"问题的解决是从承认问题存在开始的，而承认问题存在是从发现问题开始的，要想发现问题，就必须打开下情上通之路，以开放的态度面对批评。开放言路，暴露问题，从而为下一步离开王安石路线、调整政策做舆论准备。这就是开言路的意义。

三月三十日，司马光又上《乞开言路状》，再度重申开放批评的重要性，建议朝廷"明下诏书，广开言路"。[1] 第一，在交通便利、

---

[1] 见《续资治通鉴长编》卷三五三，第 8466 页。

人员密集的地方张榜告示，允许所有人——包括官员和百姓尽情极言。第二，所有批评文字一应"实封"，外地的由地方政府负责及时上报，但是地方政府不得审查，更不得要求上书人交出副本；在京的则由登闻检院、登闻鼓院负责接收。第三，必须申明言者无罪的态度。意见建议合情合理的，立即施行，对建言者加以提拔；其次，取长舍短；纵然一无是处，也不加罪责。

对于司马光"开言路"的建议，太皇太后深为首肯。可是朝政还掌握在王安石的学生辈手里。那么，太皇太后的旨意能够穿透垂挂在她与宰相大臣之间的帘幕，越过高大深厚的宫墙，抵达朝堂，落实到政策中去吗？

四月上旬，第一份求言诏书颁出，然而仅仅是在朝堂之上、面向部分中央官员。司马光得知情况后，于四月二十一日亲书奏札，第三次强调求言的迫切性。然而，就在同一天，开封的朝堂之上，却有两位中层官员因言获罪。

太府少卿宋彭年建议"首都的禁军高级将领应当满编制"，以储备高级军事将领。水部员外郎王谔建议在太学增置《春秋》博士，以便学生学习《春秋》。二人皆"非本职而言"，因此受到处分。那么，他们所指出的，究竟是不是真实存在的问题？就算宋彭年老生常谈，"不识事体"，王谔却抓住了宋朝学术思想建设当中的一个关键问题。熙宁四年王安石改革科举，将《春秋》踢出了官学和科举考场，《春秋》以及所有与这部经书相关联的著述、学问都被驱离了官方的主流知识体系。由孔子删定，自汉代以来为学者宗奉的《春秋》学术，以一人之好恶弃如敝屣，岂不蛮横荒唐？！

如果问题真实存在，为什么不可以说？蔡确所掌控的朝廷给出的解释很简单——这不是你职责范围之内的事情！自王安石当政以来，打着"一道德"的旗号压制异论，到如今十八年了。十八年间，范仲淹时代那种"宁鸣而死，不默而生"的士大夫风骨，那种以天下为己任的浩然正气，已消磨殆尽。官员们习惯了把苟且偷生当作生存智慧，把危言正论当作狂妄自大。逢迎与沉默成为新风气。这种风气对掌权的大臣有好处，他们可以任凭自己的好恶作威作福，却不会受到任何批评；这种风气对那些毫无关怀的小臣有好处，他们可以把国家、朝廷、百姓放在一边，只管巴结上司，闷声发大财。可是最后的结果要谁来承受？是皇帝国家，是列祖列宗留下的江山社稷，"民怨于下而不闻，国家阽危而不知，于陛下有何利哉?！"[1]

一个言路堵塞、拒绝批评的国家，就像是一个人闭着眼睛、捂着耳朵，赤足狂奔在荆棘路上，如何能不受伤害！司马光痛心疾首。

忧愤之中，司马光接到了知陈州的任命状。他随即上表，表示"义不敢辞"，必当竭尽全力，勤于政事，恪尽职守。他不想再给对手任何顺水推舟的机会。他要出去工作，要表达态度，要发声，要为言论开一条生路。在给太皇太后的奏状中，司马光再一次大声呼吁"开言路"，他动情地自我剖白，说："我禀赋愚钝，论文学论政事都不如别人，唯独不懂得忌讳，不依附权贵，遇到事情敢说话，无所顾忌，毫不避讳，仁宗、英宗、神宗三位皇帝之所以赏识我，人们之所以称赞我，都是因为我敢说话。如果连说话都不敢了，那么我对朝廷也就没什么用处了。"

五月五日，一份新的求言诏出台，"出榜止于朝堂，降诏不及诸道"，

---

[1]《续资治通鉴长编》卷三五六，第8510页。

能够看见这则诏书的，仍然只是那些有资格来上朝的中层以上中央官，也就是刚刚受到处分的王谔、宋彭年的同僚。诏书规定了六个"必罚无赦"，作为进言的前提条件。第一，"阴有所怀"，私下里有所企图的，必罚无赦。第二，"犯非其分"，说的事情不在自己职责范围之内的，必罚无赦。第三，"扇摇机事之重"，对国家大事妄发议论，企图挑动不满情绪的，必罚无赦。第四，"迎合已行之令"，对太皇太后上台以来的新做法吹捧迎合的，必罚无赦。第五，"顾望朝廷之意"，对朝廷动向心怀观望，批评新法，企图投机的，必罚无赦。第六，"炫惑流俗之情"，夸大民间悲苦情绪的，必罚无赦。有六个"必罚无赦"在前，求言诏变成了拒谏书，"是诏书始于求谏，而终于拒谏也"。[1]

太皇太后的权威要转化为实际权力，影响改变朝政的走向，就必须对高层进行人事调整。太皇太后属意的第一人选是司马光。她盼望司马光早日回到开封，主持外朝政局。

02 体制困境中的艰难突围

元丰八年五月二十六日，司马光被任命为门下侍郎，成为副宰相。然而，在执政的前九个月时间里，"司马相公"还做不到左右政局。

此诚无可奈何之事。一方面，从上层官员的人员构成来看，新旧

---

[1] 见司马光：《乞改求谏诏书札子》，见《司马光集》卷四七，1009 页。

力量对比悬殊，司马光一派处于弱势。真正主宰开封朝堂的，仍然是神宗留下来的旧人。宰相府的两名正职蔡确和韩缜都是旧人，四名副宰相中张璪、李清臣是旧人，新人只有司马光和吕公著；枢密院长官章惇、副长官安焘都是旧人。这种状况一直延续到第二年（元祐元年，1086）的二月，共计九个月。

另一方面，从制度设计所造成的权力分配格局来看，新人司马光和吕公著也不可能在体制内主导政局。元丰年间，神宗亲自主导官制改革（史称"元丰改制"），对宰相府的权力格局进行改造，旧宰相府是一个整体，新宰相府一分为三，中书、门下和尚书三省的主要负责人都是宰相，三省宰相按照政务处理程序分工，分省奏事，宰相集体面见皇帝共议大政的情况非常罕见。此际的中书省长官韩缜、门下省长官蔡确都是旧人，司马光是门下省的二把手，吕公著是尚书省的三把手。在三省宰相制的权力分配格局中，司马光与吕公著的施政空间着实可怜。

当然，如果太皇太后和司马光愿意，也可以至高无上的皇权为依托，另起炉灶，绕开体制约束。王安石变法之初设置"制置三司条例司"，便抛开了旧有的财政主管机构三司和宰相府。然而，王安石的做法恰是司马光眼中的"乱政"，他自己当然不屑为之。而太皇太后初涉政坛，更无此魄力。既然如此，"司马相公"的作为也就相当有限了。

在最初九个月的时间里，外界和后人想象中轰轰烈烈、说一不二的"司马相公"，其实只做得两件事：第一是主持司法工作，这应该是司马光在宰相府和门下省所分管的工作；第二是整理"告状信"。在司马光的反复请求、太皇太后的强力干预之下，六月二十五日，朝廷终于面向全国颁布诏书，允许全体臣民上言朝政缺失、民间疾苦。

司马光花了将近一个月的时间，对第一批三十卷"告状信"进行了整理归类。其中有一百五十道来自农民的"诉疾苦实封状"，司马光请求太皇太后和皇帝认真阅读，说"这才是建设太平事业的开端"。让最高统治者听到来自下层的声音是"开言路"的应有之义，却不是它的终极目的。一切思想讨论、舆论动员，最终还是要落实到政策调整上去的。

然而在政策调整层面，"司马相公"却是有心无力，寸步难行。七月十二日，司马光利用宰相府和枢密院集体面见皇帝和太皇太后的机会，正式提出废除保甲法。可是他竟然不知道，早在六天之前，主管保甲法的枢密院就已经单独向太皇太后提出了他们的保甲法改造方案。司马光的一番慷慨陈词，最终只换来一句"保甲法仍按本月六日枢密院已得圣旨执行"。这件事让司马光愤恨不已，他在乎的不是自己的面子，而是老百姓痛失了一次彻底免除保甲之害的机会！这件事也在司马光的追随者心中埋下了愤怒的种子，司马光可以不在乎自己的面子，追随者却无法忍受自己所爱戴的领袖受到欺骗和屈辱，一旦追随者的愤怒爆发，那种力量，纵然是领袖本人也未必有能力控制。

同样在体制束缚中的吕公著把变革的目光投向了制度本身。在吕公著看来，神宗搞的这一套三省宰相分班奏事制度，存在严重缺陷，尤其不适应眼下的局面。三省宰相分班奏事，相权被分割得七零八落，皇帝实际上成了"太上宰相"，而宰相则成了皇帝的秘书和助手。这套制度，神宗自己用是没有问题的。元丰五年三省宰相制推出的时候，神宗已经当了十几年皇帝，经验丰富，精力也尚称充沛。朝廷大事，神宗亲自拍板，宰相奉行成命，可以令朝政运行平稳。但是眼下，哲宗幼小，太皇太后是完全没有执政经验的女流，无力总揽全局，政自己出。吕公著建议三省合班奏事：遇有大事，三省宰相一起觐见面商，退下来之后，再各回各省，分工协作。

吕公著在七月十一日提出建议，两个月之后，三省宰相开始合班奏事。然而真正推动改制的，却是蔡确的私心。

三省宰相之中，门下省长官为首相，名义上地位最高；中书省长官为次相，排第二。但实际上，"凡遇重大人事任免案或者政策调整、制度兴废，先由中书省长官与皇帝会议决策，形成决议后以诏敕的形式下发到门下省，由门下省审核通过，再下发到尚书省执行"。由于握有稳定的议事权，中书省长官虽名为次相，实握政柄。元丰五年改制之初，首相为王珪，次相为蔡确。朝廷大事，都是蔡确同神宗商量，王珪拱手不复计较。王珪过世之后，元丰八年五月底，蔡确从次相升任首相，韩缜自枢密院长官升任次相。蔡确掌握中书两年，独享议事大权，深谙其中关窍，岂肯拱手不较。八月中，韩缜利用单独议事之便，蒙骗太皇太后，为两个侄儿谋取不当升迁。蔡确抓住机会，唆使御史中丞黄履上疏弹劾韩缜"以权谋私""公器私用"。最终，太皇太后亲自下令调低两位韩公子的职位，同时下诏三省，凡遇应当由皇帝批示的事情以及需要讨论的台谏官章奏，都由三省宰相共同觐见讨论。

三省宰相合班奏事，司马光和吕公著可以更大程度地参与重大政务的讨论了。

尽管如此，司马光仍然感到寸步难行。新制规定，"凡遇应当由皇帝批示的事情以及需要讨论的台谏官章奏，都由三省宰相共同觐见讨论"。这样一来，问题的关键就变成了，由谁来判断什么是"应当由皇帝批示的事情"。判断的权柄在首相蔡确手里。新制实行之后，"大概每隔三五天，宰相和副宰相会有一次联合办公会"，平时则宰相分署办公，日常政务由小吏抱着文书挨个到每位宰相的办公室报告，而最终拿主意的是首相蔡确，其他宰相的意见很难影响决策、进入政令。司马光恳求蔡确多开会，以便让宰相们各抒己见。蔡确微笑听取，却并不接纳。

无奈之下，司马光上疏力劝太皇太后"独断"，"特留圣意，审察是非"，以防"用人和赏罚之权柄，都归了宰相"，又说：

古语云"谋之在多，断之在独"。……当今的执政之臣……若万一有议论实在不能统一的，请允许他们各自书面上奏己见，希望陛下能仔细审察其间的是非可否，做出抉择，然后，或者在帘前宰相办公会上当众宣布，或者亲笔在奏札上批示"按照某人所奏办理"。

这是很具实操性的建议了。然而，"断之在独"，谈何容易！隔着一个新旧相参、旧相主导的朝廷，单凭太皇太后的"独断"改变朝政走向，难。

"除旧"方可以"布新"，欲变神宗政策，罢免神宗旧相在所难免。本朝惯例，先帝葬礼结束，首相可以主动请辞，以便给新皇更为广阔的施政空间。想当初，神宗初政，韩琦就是这样体面离场的。司马光以己度人，以为蔡确也可以照此办理，他甚至对猛烈攻击蔡确的侍御史刘挚说："过不了多久，蔡确自己就会离开了，做事情何必如此露骨呢？"司马光所爱惜的，是大臣的体面，而大臣的体面即是朝廷的体面。

蔡确有两个时间节点可以请辞：一是元丰八年十月二十四日，神宗的安葬仪式结束；二是同年十一月五日，神宗的祔庙之礼结束。在庄严盛大的"大成之舞"舞乐伴奏下，神宗的神主被奉入太庙第八室，进入"列祖列宗"序列——先帝葬礼正式告成。然而，蔡确在坦然接受了旧相应得的一切升衬恩泽之后，非但没有上表请辞，反而放任追随者大肆鼓吹他在先帝驾崩之际拥立今上的定策之功。

"体面"与蔡确无缘。罗织罪名审查别人，搞掉一个，取代一个，"批其亢拊其背而夺之位"，[1] 才是蔡确的风格。太学生虞蕃控告学官的案子，被蔡确罗织成大案。多名士大夫被牵连入狱，披枷带锁，关进同一间窄小的牢房。牢房之中，置大盆一只，羹、饭、饼、肉都丢进盆里，用勺子粗暴地搅和在一起，如同猪狗食。只是关着，不审不问，过得几日，再拉一个出来审，就问什么招什么了。在蔡确的词典里，"体面"是士大夫的软肋，它唯一的用处就是让人软弱，可为把柄。蔡确不肯主动求退，那就必须逼他退，对这样的人，可以不择手段。这是刘挚等一众台谏官的态度。

位列台谏官弹劾序列第二名的，是枢密院长官章惇。此人的嚣张与凌厉，是司马光、吕公著始料不及、难以招架的。十月初，三省、枢密院集体面见太皇太后，讨论谏官人选。太皇太后亲自提出五名候选人，一众宰执毫无异议。按理，接下来就该走流程形成公文下发了。没想到，章惇忽然开口，先以本朝惯例质疑太皇太后提名谏官的程序合法性，又以台谏官当回避宰执为由反对司马光、吕公著所推荐的范纯仁、范祖禹二人。

按照章惇的说法，"谏官的任命首先需要由两制以上的官员推荐，然后由执政官拟定候选人，再报请皇帝选择批准"。这话听起来义正词严，其实大有问题。本朝政治传统允许皇帝"不经臣僚荐举而亲命台谏官"，比如英宗朝，御史台两名御史出缺，"推荐的名单还没上呈，

---

[1] 见徐自明撰，王瑞来校补：《宋宰辅编年录校补》卷九，中华书局，1986 年，第 529 页。

英宗就从宫里边降出了范纯仁、吕大防的名字，任命为台官"。这种做法于政治伦理也是说得通的——作为个人的皇帝固然在台谏官的监督范围之内，作为朝廷国家象征的皇帝则有权力选择台谏官，因为"这个皇帝"是大私为公、并无私利的。作为皇权的临时代理人，太皇太后同样有权力直接任命台谏官。

章惇说台谏官应当回避宰执，这一点没有问题——台谏官的任务是监督朝政，作为朝政首脑，宰相大臣必然是台谏官的盯防重点，相互回避是题中应有之义。范祖禹是吕公著的女婿，范纯仁与司马光和韩缜都有姻亲关系，用二范为谏官，的确存在风险。可是，章惇说任命二范为谏官是对回避制度的破坏，则简直是瞪着眼睛说瞎话。台谏官回避宰执的制度早就被王安石破坏了。一心为新法唱赞歌的李定是在王安石的力挺之下破格进入御史台的；御史台的副长官谢景温是王安石弟弟王安国的姻亲；薛昌朝、王子韶进入御史台，都是因为王安石的赏识。然而，司马光、吕公著却不能或不愿引用谢景温的例子来为自己辩护。

最终，章惇成功地阻击了二范的谏官任命，也自以为成功地打击了司马光和吕公著。

章惇在羞辱司马光，司马光一味隐忍，这已经是开封政坛尽人皆知的秘密。

元丰八年五月，苏轼结束黄州东坡七年的贬谪生活，出任登州知州。十月五日，抵达登州五日之后，他便接获了回京出任礼部郎中的命令。在登州短暂停留期间，苏轼如愿看到了秋冬季节难得一见的海市蜃楼。这番幸运让本就生性乐观的苏轼坚信他本人和大宋王朝都将迎来一个更美好的新时代。十二月，苏轼抵达首都开封，成为司马光

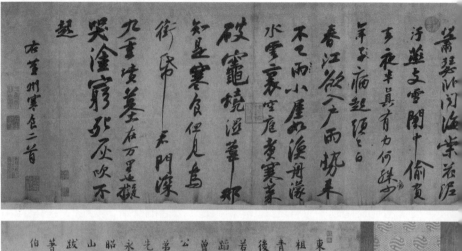

图四三 ⊙ 北宋 苏轼 《黄州寒食帖》（局部）

纸本，长卷，墨书，34.2厘米×199.5厘米，现藏台北故宫博物院。此帖是苏轼谪
居黄州时，有感于仕途波折、生活困顿，于第三年寒食节所发的人生慨叹。从文中可
看出苏轼彼时极为惆怅与苍凉的心境。此帖被誉为"天下第三行书"，留存至今已有
九百余年，被后世视为苏轼存世最好的墨迹。

与章惇之间的调停人。

这是司马光的意思，他希望章惇不要总是当众留难自己。苏轼用
来劝说章惇的是一段三国故事。蜀国的许靖，名气大，声望高，可是
没什么真本事。刘备很瞧不起他。法正劝刘备说："许靖的虚名天下

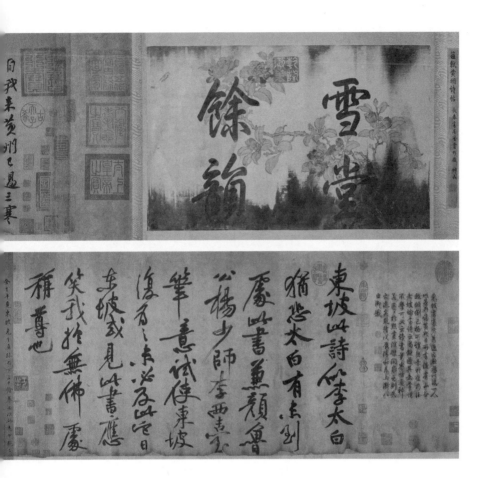

尽人皆知，倘若你不尊重他，天下人一定会认为你轻视贤人，这会搞坏你的名声。"刘备觉得有道理，就用许靖做了司徒。"许靖尚且不可轻慢，更何况是司马光呢?!"

在后世的历史书写中，苏轼与章惇，一忠一奸，势同水火。然而回到历史现场，章苏之间却有过真实的友谊。章惇比苏轼大两岁，本来是苏轼的同榜进士。可是，这一榜的状元章衡是章惇的侄子，章惇无法忍受名落侄后，干脆"复读"重考，两年之后，以第一甲第五名的好成绩再次考中，做了刘挚的同年，官授商洛县令。又过了两年，苏轼考中制科，也被分配到陕西工作。嘉祐七年秋，长安（当时叫作永兴军）解试，苏轼和章惇都被抽调来参与考务，二人这才正式定交。后来王安石变法，章苏产生分歧；再后来，祸起乌台，苏轼落难，章惇得神宗赏识，步步高升；章惇对苏轼的友谊却未有丝毫中断。"乌台诗案"中，章惇是为苏轼说了话的；苏轼被贬黄州之后，章惇又曾主动写信表示慰问。

苏轼为司马光充当说客的底气，便来自章苏之间二十年的友谊，以及章惇对苏轼难得的"看得起"。近乎变态的骄傲，是章惇生命的底色。章惇和苏轼把臂同游终南山仙游潭。章惇冒着生命危险在光滑的悬崖绝壁上题下六个大字"章惇苏轼来游"，令苏轼目瞪口呆。苏轼惊魂略定之际，戏言："子厚兄将来一定能杀人！"章惇不解。苏轼一本正经地说："自己的命都不惜，更何况是别人的命呢！"

抛开传统史书"奸臣自来恶"的书写逻辑，章惇的争强好胜跃然纸上。他年轻的躯体里蕴藏着巨大的能量，这种能量，无论遇到善，还是遇到恶，都可以发挥到极致。

而章惇所遇到的，是神宗-王安石对效率不顾一切的追求。所以，在章惇的身上，我们看到的便是排除一切"不可能"、贯彻上级意志的力量。熙宁五年，章惇主持梅山开边，武力征服现在湖南湖北山区的少数民族，"杀戮过当，无辜死者十之八九，浮尸遮蔽了南江的江面，下游的人几个月都不敢吃江里的鱼"——章惇果然"能杀人"。我们还看到了一流的行政执行力和领导力。章惇管理首都的兵工厂"军器监"期间，三司发生火灾，他指挥救火，镇定自若、有条不紊，如大将临阵。神宗在楼上现场视察救灾，看在眼里，第二天就提拔章惇做了三司使。我们还看到了近乎苛刻的廉洁自律，元丰三年，章惇就已经当上副宰相，但他从未为家人亲戚谋求官爵，即使是正史的《奸臣传》都承认，"他的四个儿子都是进士出身，只有老二章援进入了开封的馆阁，剩下的三个都是像普通人家的子弟一样，由人事部门按部就班地安排调遣，这四个儿子没有一个出人头地的"。

极致骄傲，极致自律，极致聪明，极致能干，对法令制度了如指掌，且具备一流的执行力，这就是章惇。这样的章惇是能够欣赏苏轼的，因为苏轼的才华亦臻极致。对于司马光这样的"迂叟"，以及其他所有人所表现出来的任何错误，章惇都会毫不留情地予以揭露和批评。章惇以为，这样的自己已经是天下第一了。他永远也不会认识到，作为一个国家的领导人，同宋朝最优秀的前辈相比，他终归还是差了一格。这一格便是包容大度的宰相格局，是整体感和大局观。章惇是神宗-王安石时代所培养出来的官僚中的佼佼者，时代要求于他们而言，是服从而非思考，所以章惇的视野永远是在行政和执行层面，而不是在政治层面的。那种把江山社稷、天下苍生融为一体做战略性思考的自觉，章惇没有。

03 "司马相业" 的宽容悖论

在"文字"中，大臣之间、朝堂之上的矛盾性质早已上升到"忠贤"与"奸邪"对立的高度。九月底，监察御史王岩叟就已经吹响号角，大声疾呼"不屏群邪，太平终是难致！""治乱安危，在忠邪去留之间尔！"[1]"倒蔡驱章"逐渐成为台谏官自觉的追求。

蔡确的主要罪名中，比"不肯求退"更严重的，是"拒不宿卫先帝灵驾"。神宗的灵驾从开封的皇宫去往洛阳巩县的皇陵安葬，作为山陵使，蔡确理应全程陪护。按照制度，出发前一天晚上，就应当入宫陪宿。可是蔡确竟然缺席了这关键的一晚，第二天凌晨才赶到先帝灵前，事后也没有向太皇太后报告解释。侍御史刘挚说："这分明就是认为皇帝陛下年幼，可以不恭；认为太皇太后陛下是女子，出不了宫门，可以无礼；又觉得天下的公论反正早就废了，可以欺罔。所以泰然自若，一心贪恋权位！"王岩叟则向太皇太后报告："当初，执政大臣们讨论太皇太后的垂帘仪制的时候，章惇当众大言：'待与些礼数！'"这样的措辞，这样的语气，哪里有一点臣子对君上的尊重呢？简直无礼之极！太皇太后对章惇的怨毒从此深入骨髓。

元祐元年初春，台谏官为"倒蔡驱章"找到了一个冠冕堂皇的理由——天下大旱，首相蔡确竟然不肯主动辞职，以答天谴，"只此一事，自合窜黜！"这话听起来理直气壮，然而老实说，理论基础却不牢靠。宰相固然有"燮理阴阳"的责任，但是，自从汉文帝宣称"天下治乱，

[1] 见《续资治通鉴长编》卷三五九，第 8600—8602 页。

在朕一人"以来，占主流的观点是君臣风险共担而以君为第一责任人，宰相可以因灾异请求避位，皇帝却是多半要慰留的。

刘挚、王岩叟辈相信，君子为追求正义之目标，使用不义之手段，仍不害其为君子。殊不知，手段之不义必将损害目标之正义。他们高举着正义的旗帜，罗织罪名，煽动仇恨，最终挖掉了宋朝政治的宽容根基，而当大厦崩塌之时，他们自己也将深陷其中。

这种做法是司马光所不齿的，但他却没有出面约束台谏官。王安石、神宗和蔡确都把司马光当作反对派的旗帜，反对新法的人也把司马光视为领袖。然而，这"领袖"却毫无组织的意愿和领导的能力。那些把司马光和他的追随者视为一"党"的人，实在不了解司马光。

不错，苏轼跟司马光争论役法，在气头上曾经喊出："难道说您如今做了宰相，就不许我说话了吗？"然而，这段记载的真实内涵却是非常值得推敲的，它出自苏辙的《亡兄子瞻端明墓志铭》，大意如下：

司马光要改革役法，只有苏轼敢于公开反对。有一天，苏轼亲自跑到政事堂（宰相办公厅）去，当着司马光的面批评他的方案是如何不可行。这让司马光很生气。苏轼也不理会，反而高声抗议说："当年韩琦做宰相，要把陕西的民兵刺青变成准军人，您是谏官，极力反对。韩琦不高兴，您一点都不在意。这件事我曾听您详细说过。难道说您如今做了宰相，就不许我说话了吗？"这话勾起了司马光对往事的追忆，他笑了，不再生气。

紧接着，苏辙继续写道：

苏轼知道司马光不会听从自己的意见，说了也白说，因此请求离开首都去外地做官，可是司马光没有批准。司马光生气的时候，已经萌生了把苏轼赶出中央的念头，只是因为病故，没来得及付诸实施。

　　行文至此，苏辙成功地在读者面前展现了刚愎而虚伪的司马光形象。然而，当我们仔细推想，则可以发现，苏辙的说法不通之处甚多。司马光心中所想，苏辙何以得知？又，苏轼主动请求外放，司马光为什么不放行？接下来，苏辙笔锋一转，说到了台谏官：

　　当时的台谏官大多是司马光的人，这帮人只想着迎合司马光来谋求升迁，讨厌苏轼的正直，都争着挑苏轼的毛病，可是又抓不到把柄，只好旧事重提，拿熙宁年间谤讪朝政的案子来恶心苏轼，这让苏轼感到十分不安。

　　言外之意是，司马光不放苏轼去外地，是因为他想要继续打击、挫伤苏轼，那些台谏官就是司马光的爪牙。只可惜，"台谏官"这个情节不仅靠不住，而且简直就没有良心。苏辙似乎忘了，他本人也是受司马光推荐，在那一时期担任过"台谏官"的。况且，哪有什么"熙宁年间谤讪朝政的案子"？苏轼被污蔑"谤讪朝政"的事件，分明是元丰年间的"乌台诗案"！而司马光分明是受到"乌台诗案"牵连的人！

　　那么，苏辙为什么要故意编派这样一个故事，把司马光与苏轼的关系描绘得如此不堪？写作时间——宋徽宗崇宁元年（1102）大致可以指示原因。"崇宁"者，"崇尚熙宁"也，徽宗要高举神宗-王安石的旗帜了！反复不断的北宋后期政治，又到了一个转折关头，反对司马光再度成为"政治正确"。作为一个在政治旋涡中摸爬滚打了四十年的老牌政治家，苏辙当然要尽可能地强调苏轼与司马光的分歧，标榜司马光对苏轼的排斥！

　　终其一生，司马光始终坚信，掌权者对不同意见要采取开放宽容的态度，"尊众兼听"，"尊其所闻，则高明矣；行其所知，则光大矣"[1]。司马光最欣赏的政治家是春秋时期的子产。子产主持郑国国政，改革力度极大，反对派聚集在乡校里指手画脚，手下人建议拆毁乡校。子产说："乡校是我们的老师啊，为什么要拆毁乡校呢？……我只听说过尽忠职守、善意为政可以减少抱怨，从未听说过诉诸暴力可以制止批评。"诉诸暴力制止批评，短期效应可见，长期效应可怕。人们的怨气就像是洪水，一直堵着它，不让它释放，早晚会出现大规模溃堤，而大规模溃堤所造成的伤亡损失是无法弥补的，甚至可能带来灭顶之灾。司马光多次提醒掌权者要警惕刚愎自用，因为那会导致官僚集团的集体堕落和政治腐败，破坏朝廷国家的安定。他精准地描述了刚愎自用的掌权者把朝廷国家引向死路的过程。掌权者一意孤行，讨厌批评，破格提拔应声虫、跟屁虫，羞辱打击异议分子、反对派。那么，能够"立取美官"、升到官场上层的，就会是一些"躁于富贵者"。而这些人的得志，将大大提升整体环境对于无耻行径的容忍程度，从而彻底败坏官僚队伍的作风。这样一来，台谏官员不再批评政治缺失、弹劾奸臣弄权、报告下民疾苦，中央派出的调查组只会依仗权势压迫州县官员以满足"上面的"意图，州县官员奉承上官还奉承不过来，哪还有精力讲求本地治理的得失利弊？最终，皇帝得到了"粲然可观"的报告，对实际情况却一无所知。当权者变成了聋子、瞎子，在肤浅虚伪的吹嘘中飘飘然笃信天下太平，在自我麻醉中走向灭亡。

晚年的司马光仍然主张宽容政治，希望宋朝在政治风气上能重返仁宗时代，恢复多元并存、"异论相搅"的政治局面。然而，坚信宽

[1] 此曾子语。见方向东撰：《大戴礼记汇校集解》卷五《曾子疾病第五十七》，中华书局，2008年，第576页。

容政治的"司马相公"却注定无法实现宽容，王安石和神宗为宽容政治开掘了坟穴，而司马光将眼睁睁看着宽容政治被埋葬，他自己也将挥锹铲土。这就是"司马相业"的宽容悖论。何以至此？

一方面，出于对宽容政治的信仰，司马光对台谏官采取了不管束的态度，放任他们恣意发声，而这显然是一个重大错误。相较于仁宗朝总体政治环境的相对宽松，哲宗初政时期的统治集团裂痕深嵌、矛盾重重，士大夫严重工具化，政治家缺乏大局观。在反对派眼里，司马光所提拔的台谏官当然是他的爪牙，他们的一举一动所反映的都是他的意图。而台谏官通常是中生代政治家，受年龄、阅历的限制，他们中的大多数还没有习得中庸之道，不懂得宽容和妥协的共存之理，习惯于从抽象的道德高标出发度长絜大，本就易于上纲上线，渲染对立、鼓动仇恨。如此，怎能不激起反对派更强烈的对立情绪？从宽容政治出发放任台谏官，实际上却等于放弃了宽容政治。

另一方面，在政策层面，信仰宽容政治的司马光必将固执己见，这是一个真实存在的悖论。司马光理想的政治秩序是尊卑有序、权力与责任并重的。在朝堂之上，持不同意见的宰相大臣各抒己见，"异论相搅"，互相竞争。在充分听取各方意见之后，皇帝"尊其所闻"，以致"高明"，综合评判，做出符合国家利益的决策。在这个开放的朝堂之上，司马光的"己见"只是诸多意见中的一种，与其他意见是平等竞争的关系。但当司马光成为"司马相公"之后，司马光的"己见"与其他意见之间，实际上已很难做到平等。此时，就需要一个具有超越性立场和一流判断力的皇帝（或者是皇帝代理人），来鉴择取舍，做出符合宋朝国家利益的决策。但是，很不幸，在现实的政治实践中，并不存在这样一个人物。哲宗年幼，代行皇权的太皇太后高氏高度信任和依赖司马光，因此，做出最终决策的实际上是司马光（借由太皇太后）。在司马光的眼里，最接近正确的，当然是司马光的"己见"。在政策层面，主张宽容政治的司马光最终将倒向誓死捍卫个人立场的司马光，这就是"司马相业"中的"宽容政治悖论"。

当然，这一切都发生在蔡确、章惇离场，"司马相公"实专朝政之后。

让蔡确不得不黯然离场的，正是他亲手炮制的役法改革诏书。元祐元年二月七日，宋朝政府颁布役法改革诏，宣布废除王安石所推行的免役法，恢复差役法。宋朝实行职业兵制度，老百姓没有"兵役"，只有"劳役"。差役法和免役法最大的区别在于服役的方式。"差役法"就是轮差服役，老百姓以家庭为单位，按照男丁的数量和财产的多少轮流服役。"免役法"就是交钱免役，老百姓出钱，政府向市场购买服务，所以"免役法"又可以叫作"雇役法"。北宋开国以来所实行的是"差役法"，王安石变法改差为雇，实行"免役法"。

司马光痛恨"免役法"，认为"它不仅苛刻地剥削贫民，使民不聊生；又雇用四方无赖浮民，用这些靠不住的人来为官府服役，使官不得力"，斥之为"大害"，必欲除之而后快。全面推翻"免役法"，改行"差役法"，符合司马光的想法。役法改革诏便全文引用了司马光于正月二十二日所进呈的《乞罢免役钱依旧差役札子》。

然而，二月七日，司马光却在病假之中。自正月二十日起，司马光便不得不休假在家，通过奏札向太皇太后，通过咨文向三省和枢密院提出他对朝政的意见和建议。司马光居家养病期间，蔡确所主导的政府竟然全盘接纳司马光的建议，发生如此重大的政策转向，其中难保没有猫腻。

新任右司谏苏辙首先指出"役法改革诏"存在两大先天不足。第一，它没有实施细则，所以是漏洞百出、经不起实践检验的，一经推行，必然问题丛生。这些问题纵然并非"差役法"所固有的，然而，当问题成堆出现的时候，那些在"免役法"体系中得到好处的官员必然会归咎于"差役法"，继而群起攻之。第二，诏书所展现的决策程序存在重大缺失，它完整地抄录了司马光的札子，在前面标注了司马光的姓名，在后面标注了太皇太后的批示"依奏"，却没有说明役法改革决策是否经过三省宰相御前会议的集体讨论——这一点，按制度是必须有的，倘若诏书不写，那就意味着"未经讨论"。如此重大的政令，未经宰相大臣集体讨论，单凭司马光一通报告、太皇太后简单批示便面向全国推行，岂不太过草率?! 这样的一则诏书，又是在向天下官员传递怎样的信息和情绪呢?! 苏辙写道：

> 我认为，司马光讨论差役的札子，大方向是合适的、恰当的，但是中间难免有疏漏，细节难免有问题，这些疏漏，这些问题，执政大臣怎么可能看不出来呢? 倘若各位大臣是出于公心的，懂得同舟共济的道理，那就应当根据司马光所奏请的大方向，把实施细节尽量设计完整，然后再推出。如今只抄录司马光的札子，前面写着司马光建议，后面写着圣旨"依奏"，诏书炮制者的心思，可想而知。今后肯定会有人试图利用推行中出现的反对意见，动摇改革大计……

与苏辙同日上疏的监察御史孙升则直言，诏书所显示的决策程序缺失，可能会导致地方大员认为役法改革之意"独出于司马光一人"，从而造成不必要的思想混乱，"兹事体大……此不可不察也"。[1]

"役法改革诏"的两大缺陷中，没有实施细则的缺陷是现实存在

[1] 见《续资治通鉴长编》卷三六六，第8790页。

的——这本来应该是户部的工作。司马光请户部尚书曾布主持修订役法实施细则，曾布毫不犹豫地拒绝了，他说："免役法的相关法令，事无巨细，都是我主持制定的，现在您让我自己动手去推翻它，出尔反尔，义不可为。"曾布是曾巩的弟弟，王安石的追随者。这番回答掷地有声，让司马光心中暗赞。于是制定新役法实施细则的工作只得暂时搁置。司马光阵营人才之匮乏，以及司马光作为政治领袖的资源调度能力之缺失，由此可见一斑。

那么，决策程序的缺失又是怎样造成的？二月七日的"役法改革诏"真的未经御前会议集体讨论吗？且听章惇的证词。大约在二月二十日左右，章惇上疏，分八条批驳了司马光两篇役法改革札子的"抵牾事节"。这则驳议充分展现了章惇的理性思维和杰出的行政才能，对役法改革方案的完善起到了重要的推动作用。驳议的开头详细介绍了役法讨论的过程，章惇写道：

近来我奉旨与三省共同进呈司马光的《乞罢免役钱依旧差役札子》，已于（二月）六日在御前会议，共同讨论，已经陛下批示。役法的事情，我本来认为不归枢密院管；事实上，自从去年秋天以来，直到今年春天，司马光都是在和三省商议，枢密院没有参与讨论；而且，司马光的札子陛下是只下发到三省的，陛下的亲笔批示也是只下发到三省的。但是不知道为什么，三省在四日却请求枢密院参与共同讨论。五日，枢密院与三省联合办公，我在会上提出，要想共同进呈，就应该让我把司马光的札子留下来，仔细阅读思考三五天，然后才能参透有关役法的利害本末。当时，韩缜说："司马光的文字，我们怎么敢滞留呢？明天就要进呈！"我既然没有参与之前的讨论，又没有仔细阅读过司马光的札子，那么相关利害，我是断断不敢随便评论的。

所以，在共同进呈的时候，我就只是跟随众人一起展开了司马光的奏札，至于其中所述是否合适，一切由三省判断，我的确不知。三省共同进呈之时，虽然已经奉圣旨要"依（司马光所）奏"，但我还是在帘外向陛下剖白了我与役法讨论之间的关系。后来，户部下发役法改革令，那上面有陛下的诏书，诏书里有司马光的札子，我利用一早一晚的时间反复阅读思考，才发现其中有颇多疏漏。

像章惇这样一个绝顶聪明的人，是不会费心为"迂叟"司马光辩护的，当然，他也不屑于抹黑司马光。况且，这段文字的写作时间就在事发十多日之后，包括太皇太后在内的当事人一应俱在，也容不得章惇说谎。所以，这段文字反而是最真实可靠的。根据这段文字，再加上其他资料，我们可以大致复原出二月七日"役法改革诏"出台的全过程。

正月二十二日，居家养病的司马光向太皇太后提交了他的役法改革方案——《乞罢免役钱依旧差役札子》；与此同时，他以咨文的形式向宰相府通报了自己的改革思路，恳求蔡确、韩缜，"若太皇太后将札子降至三省，还望诸公同心协力，赞其成功，如此行之，可以革除长期以来的弊端，让疲惫的老百姓得到休息"。

二月三日，太皇太后将司马光的札子下发到宰相府，交由三省宰相讨论，而蔡确已经打定主意要设计陷害司马光。为了加大说服力，分摊责任，蔡确决定引入枢密院章惇的力量。所以，在二月初四，他请求太皇太后让枢密院参与讨论。让他没有想到的是，章惇竟然要求细读札子。正当蔡确为难之际，愚蠢的韩缜替他解了围。是的，司马光的意见，我们怎么敢滞留呢?! 韩缜说罢，蔡确一脸无辜地看着章惇，全然不理会章惇目光中的怀疑与讥讽。

初六，三省、枢密院共同参与御前会议，共同进呈司马光的《乞罢免役钱依旧差役札子》，围绕札子讨论役法改革方案。会议进行得十分顺利，太皇太后指示依司马光所奏施行。

第二天也就是二月初七，蔡确就把役法改革诏搞出来了，全"依（司马光所）奏"，且无丝毫留滞。而太皇太后则全然没有注意到实施细则和程序缺失的问题。

蔡确自以为得计，却没想到此举为台谏官扳倒自己送去了一个重磅武器。正月二十日司马光的病休，让以刘挚为代表的台谏官感到了极度不安。在刘挚心中，包括他本人在内的台谏官与蔡确、章惇是你死我活、势不两立的关系，台谏官的旗帜是司马光，倘若司马光有个三长两短，旗帜就倒了。到那时，万一蔡确、章惇用政府裹挟了太皇太后，重回神宗时代，那么，这群台谏官将死无葬身之地。"倒蔡驱章"必须立见成效，否则功亏一篑，必将万劫不复。刘挚的注意力都放在了这上面，所以在"役法改革诏"颁布之初，他并未十分留意。然而，一旦刘挚认识到蔡确在"役法改革诏"中的邪恶用心，他的攻击就是直接而猛烈的：

这样一份程序上有明显瑕疵的诏书，已经让所有地方官员感到了疑虑恐慌，他们说，这是因为朝堂之上，意见无法统一，大臣们各怀私心，谋国不忠，才把这样一份诏书鲁莽颁下。出台这样一份诏书，目的就是引发议论，希望各地质疑役法改革，从而让人们误认为役法改革本身就是动摇国本。此不可不察也！

这一批台谏奏札，太皇太后没有全数留中，也没有原文下发，而是陆陆续续地把内容渗透给了三省和枢密院。二月二十三日，在强大的压力之下，蔡确终于递交了辞呈。九天之后，闰二月二日，蔡确罢相，出知陈州。又十二天之后，章惇罢枢密院长官，出知汝州，役法讨论中的首鼠两端是他的主要罪状。两份黜免制书的调性不同，蔡确罢相制好歹保全了大臣的体面，章惇罢枢密制则出现了"軮軮非少主之臣，硁硁无大臣之节"[1]这样的措辞，新旧之间不断激化的矛盾形诸文字，成为此际胜利者对失败者的鞭尸，以及未来更为露骨的政治迫害的理由。而这一切绝非司马光所愿。

元祐元年四月六日（1086年5月21日），王安石薨于江宁（今江苏南京）。王安石的生命已经结束，盖棺论定的权柄掌握在司马光的手上。司马光必须给王安石，给他们共同经历、共同塑造的过去、现在，以及在他们影响之下的未来一个交代。

司马光致信吕公著，为王安石的身后哀荣定调，大意如下：

介甫（王安石的字）这个人，文章、节义过人之处甚多，只是性子不通达，喜欢跟大家对着干，以至于忠诚正直的人都疏远了他，他的身边围绕着阿谀奉承的奸佞小人，最终导致国家制度败坏到今天这个地步。如今我们正努力矫正他的错误，革除他施政的弊端，而不幸介甫谢世。那些反复之徒必定会趁机百端诋毁他。所以，我认为，朝廷一定要对介甫予以特别的优厚礼遇，以此来振作浮薄的风气。倘若你觉得我说的有几分道理，就请转告太皇太后和皇帝。不知晦叔（吕公著的字）以为如何？你也不用再麻烦回信了。只是两位陛下面前，全仗晦叔主张了。

在司马光、吕公著的主持下，太皇太后宣布停止朝会活动两天，以示哀悼，赠给王安石正一品的太傅官阶，给予七名王安石后人入官

---

[1]《续资治通鉴长编》卷三七〇，第8934页。

资格,并下令江宁府配合王家料理丧事。王安礼一直担任江宁知府,目的是方便就近照顾哥哥。四月四日,朝廷调王安礼任青州知州。长兄过世后,安礼请求继续留任,以便营办丧事。朝廷立即照准。

何其大度乃尔!清人蔡上翔赞叹说:"司马光与王安石虽然意见不合,但是论人品都是君子!"作为政治领袖,司马光要顾全的是大局,是朝廷的体面,是大宋王朝统治集团内部的团结。废除新法,厉行政策调整,这是司马光所坚持的。其中是非,当时与后世各有评说,却很少有人注意到司马光为修复团结所做的努力。王安石追求"同",司马光追求"和"。"同"是单调的一律,而"和"是"不同"的和谐共处、融为一体。王安石的理想朝廷是"我"最正确,别人都听"我"的,所以他鼓励迎合,为达目的不择手段。司马光的理想朝廷则是各种意见并存,所以他鼓励批评和讨论,提倡和解,提倡对不同意见乃至政敌的宽容。

《王安石赠太傅制》出自中书舍人苏轼之手,全文如下:

> 敕:朕式观古初,灼见天意。将有非常之大事,必生希世之异人。使其名高一时,学贯千载。智足以达其道,辩足以行其言。瑰玮之文,足以藻饰万物;卓绝之行,足以风动四方。用能于期岁之间,靡然变天下之俗。
>
> 具官王安石,少学孔孟,晚师瞿聃。网罗六艺之遗文,断以己意;糠秕百家之陈迹,作新斯人。
>
> 属熙宁之有为,冠群贤而首用。信任之笃,古今所无。方需功业之成,遽起山林之兴。浮云何有,脱屣如遗。屡争席于渔樵,不乱群于麋鹿。进退之美,

雍容可观。

> 朕方临御之初，哀疚罔极。乃眷三朝之老，邈在大江之南。

> 究观规模，想见风采。岂谓告终之问，在予谅暗之中。胡不百年，为之一涕。於戏！死生用舍之际，孰能违天；赠赗哀荣之文，岂不在我。宠以师臣之位，蔚为儒者之光。庶几有知，服我休命。可。[1]

这篇制书，表面上看都是赞美之词，细读却能品出诸多的不满。制书首先肯定，王安石的智术、辩才、文章之美与影响力之高，都是睥睨当世、旷绝古今的；唯其如此，才能在短短的一年内，赢得皇帝的绝对信任，获取巨大权力，改变整个国家的政策、风俗与走向。这是写实，却未必是赞美。学问、智术、辩才、文章、影响力都是中性词，本身并不包含价值判断，可以服务于仁义，也可以服务于功利；而一个追求功利的人，倘若才智过人，则会走得更远，错得更严重。"智足以达其道，辩足以行其言"一句，化用了《史记·殷本纪》对商纣王的评价"知足以距谏，言足以饰非"，对于王安石的学术指向暗含深刻批评。

经王安石变造的新风俗究竟是好是坏？在制书中，苏轼未加以评论。可是，在另一篇大约作于同一时期的文字中，苏轼却把王安石时代的文学园地比作长满"黄茅白苇"[2]的盐碱滩，发出了痛彻心扉的呐喊。在制书中，苏轼总结王安石的学术渊源，说他"少学孔孟，晚

[1]《苏轼文集》卷三八，1077 页。

[2] 苏轼：《答张文潜县丞书》，见《苏轼文集》卷四九，1427 页。

师瞿聃"。孔、孟是儒家，瞿指佛家，聃指道家。这就等于在说王安石的学术是驳杂的，他从儒家出发，最终却倒向了佛道。这种并不纯粹的知识取向，一方面催生了更具创造力的《三经新义》，另一方面却也把《春秋》赶出了科举的考场——是创造，也是破坏！运笔至此，苏轼的胸中蕴蓄着多少愤怒与无奈！最后，苏轼轻描淡写地提到了王安石的政治作为，说神宗对他的信任是"古今所无"的。对于"安石相业"，苏轼不置一词，而这种绝口不提实际上就是无言的否定。苏轼以高度克制的笔法曲折地表达了对王安石的极度不满和有限敬意。

这曲曲折折的层层意思，我们今天能读出来，当时那些饱读诗书的士大夫怎么可能读不出来?！制书颁布之前，作为门下省长官的司马光和吕公著都是读过的，他们也都签了字——王介甫高才，只可惜路走错了。此时不便明言，是为了团结。要革除王安石施政的弊端，又要通过对王安石身后事的处理来表达和解的意图，振作风气、维护团结，这是司马光和吕公著想要的。然而，把"安石其人其学"与"安石相业"一分为二，区别对待，是难之又难的，并不是每一个人都有这样的认知高度。

既然王安石倒了，那么，跟他有关的一切人、一切事都应该被打倒、被推翻，这应该就是太学副校长兼教务长——国子司业黄隐的真实想法。他怒气冲冲地拆毁了太学生自发为王安石设置的灵堂，把领头的学生关了禁闭，罪名是非法敛财。黄隐的做法在太学诸生中引发了强烈不满，他们纷纷通过各种渠道上告。大多数台谏官都站在太学生这边，对黄隐提出了批评。殿中侍御史吕陶说："士大夫最可怕的毛病，就是势利跟风，不能独立做出公正判断。"吕陶是有资格说这番话的，他所秉持的永远是自己心中的标准，从未势利跟风。但若说黄隐势利，似乎也有欠公平。元丰五年，黄隐入朝担任监察御史里行。当时正是王安石的学问最盛行的时代。神宗问黄隐以谁的学术为皈依，黄隐大声回答"司马光"。黄隐并非随风倒的墙头草，但在他的心中，王安石与司马光是你死我活的关系，他既然是司马光的"忠臣"，那就一定要把王安石的影响连根铲除！在黄隐近乎癫狂的行为之中，蕴含着一种仇恨的力量，这种力量不顾大局，拒绝和解，就像是野火一样，倘若放任它蔓延，必定会烧毁整个官僚集团。

04 和解诏书的流产

范纯仁在"邓绾事件"上看到了同样的仇恨之火。邓绾以歌颂新法得官，从一个小小的宁州通判被直接提拔进宰相办公厅，从此青云直上。"笑骂从汝笑骂，好官我须为之"[1]就是此公名言。他曾任谏官，又长期在御史台任职，为新法鼓吹张目，后来得罪王安石，被贬出朝，徘徊地方。再后来，经过多次大赦恩典，邓绾的官衔待遇得到恢复，四月四日，也就是王安石过世前两日，邓绾被从邓州调往扬州。这本来是一次正常调动。然而，新任殿中侍御史林旦却对邓绾展开了杀气腾腾的攻击。他上疏，指责邓绾"人品下流，是个天生的两面派、马屁精"，又说邓绾冥顽不灵，从邓州改扬州，尚且心怀不满，因此

---

[1]《续资治通鉴长编》卷二一六，第5252页。

请求太皇太后对邓绾"特出圣断，重行诛殛"。[1] 朝廷于是改命邓绾
为滁州知州，林旦却"请求朝廷削去邓绾一切官职，把他流放到边远
地方，终身不予恢复，以谢天下"。邓绾纵然曾经荒唐，可无论如何
也罪不至此；况且，他已经为自己曾经的无耻付出了代价，朝廷又有
什么理由继续穷追猛打?! 倘若这样处置邓绾，那么，所有在神宗-王
安石时代曾经逢迎的官员都将不寒而栗，不能安心本职，而试看今日
之大宋，三十岁以上的官员，又有哪一个不是王安石和神宗提拔起来
的? 倘若如此，搞得官心惶惶，这天下靠谁来治理?!

　　范纯仁感到了强烈的不安。他为邓绾力争了滁州之命，又给太皇
太后连上两道奏疏，一道重申宽宥邓绾的意义："如此，则那些过去
犯了错误的人，都有机会改正，那些辗转反侧的人，都可以获得安宁，
这是事关朝廷治国根本的事情。"一道表明自己无由偏袒邓绾："先
帝在时，命我知襄州，因为邓绾的弹劾，降级改任小州知州。邓绾与我，
无恩有隙。我今天所说的这些，不是为了邓绾，而实在是痛惜朝廷的
体面，还望太皇太后陛下详察。"

　　此时的范纯仁，年届六旬，是政坛宿将，饱经风霜。多少往事，
历历在目。三十四年前，他父亲范仲淹去世，欧阳修以老友身份作神
道碑，特出一笔，强调范仲淹在中年时期与宰相吕夷简实现了和解，
吕是范、欧年轻时的攻讦对象。范纯仁强烈反对，甚至把欧阳修所作
的铭文删掉了二十几个字才刻石，结果彻底惹恼了这位老世叔。那时
的范纯仁二十六岁，还不能理解为什么欧阳修一定要在文中让范仲淹
与吕夷简实现和解。在他心中，父亲是正义的化身，吕夷简是邪恶的

[1] 见《续资治通鉴长编》卷三七五，第9101—9102页。

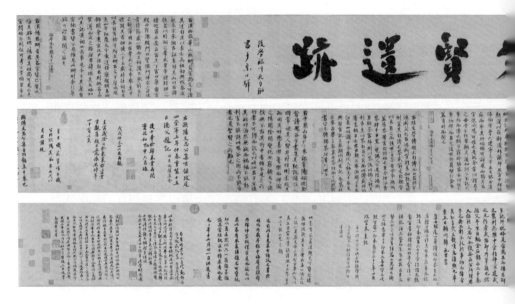

图四四 ⊙ 北宋 欧阳修 《集古录跋卷》

纸卷，27.2厘米 × 171.2厘米，现藏台北故宫博物院。

代表，正义与邪恶之间，怎么可以有和解的空间！二十一年前，范纯
仁是侍御史，韩琦是宰相，欧阳修是副宰相。英宗要尊崇生父濮王，
欧阳修、韩琦主张英宗可以称呼濮王为"父亲"，范纯仁坚决反对，
上疏暗指宰相操弄权柄、威胁皇权，惹得韩琦当众堕泪。那时的范纯
仁四十岁，他相信自己是正义的化身，他越是激烈地批评韩琦、欧阳修，
便越能表达对大宋王朝的忠诚。如今时光流转，范纯仁坐到了当年韩
琦、欧阳修的位置，也终于明白了韩琦的伤心与欧阳修的坚持。现实
政治之中，不可能有纯粹的黑白，妥协、和解都是必要的，"召和气"
才是当务之急。

　　第二天，范纯仁收到了太皇太后的密封手诏，手诏大意如下：

　　我读了你关于邓绾一事的奏疏，所论公允恰当。那些逢迎拍马、

刻剥百姓最严重的官员，朝廷已经罢黜、放逐。当时迎合时势、苟求利己、靠敛财晋升的人太多了，如果朝廷一个都不放过，那么追究起来会没完没了，这恐怕不是安定团结的路子，只会让那些人日夜恐惧，不能自安。我有意颁降一则诏书，宣布宽大恩泽，对于上述行为不再追究，让官员们各安职业，改过自新。你以为如何？请你仔细斟酌，说明你的意见，亲笔书写，密封报告。

这封手诏只要略加润色，就是一篇极好的训诰，可以"垂之万世，永为帝范"了。范纯仁由衷赞美太皇太后的圣明睿智，以为大宋之福。

可惜，太皇太后所说的和解诏书，并未如约出现。四月二十八日，惴惴不安的邓绾在邓州过世。邓绾之死引发了更大范围的恐慌，很多人相信邓绾是被吓死的，倘若他不及时消亡，必然会面临一系列严厉处分。

这种猜测实属空穴来风——就在范纯仁力图谋求和解的同时，台谏官正在积极清理旧账。首先遭到清算的是神宗的亲信张诚一和王安石的干将李定。两人的罪名都是不孝。张诚一不肯及时为生母营葬，把老爹墓中的犀角腰带攫为己有，把嫡母的陪葬首饰洗劫一空。李定则拒不承认自己的生身庶母，以此来避免服丧。这两位，按照当时的道德规范，的确都够得上浑蛋。但是，他们的浑蛋事迹已经过去多年，此时翻出来重加处分，还是让人觉得有政治报复的味道。

接下来便是对"吕惠卿违赦出兵事"的追讨穷究。此事发生在元丰八年，三月六日，哲宗发布登极赦书，严令缘边守将不得侵扰外界，保持边境和平；四月十七日，就在登极赦书早已抵达太原之后，太原知府兼河东路军政长官吕惠卿"违赦出兵"，发动数万大军入侵西夏，挑起战端。五月，西夏人发起反攻，宋朝损兵折将。对此事的追讨却是在一年之后的元祐元年六月。台谏官纷纷上疏，指斥"违赦出兵"是对皇帝和太皇太后权威的悍然挑衅，"公然违反命令擅自发兵，内心深处已经毫无人臣之礼""先帝驾崩之际，臣子理应哀悼，吕惠卿却猖狂发兵，是为大不孝！陛下登极之时，大臣当行礼尽敬，吕惠卿却傲慢违令，是为大不忠！""废赦出兵都敢做，还有什么事不敢做?！"

吕惠卿是王安石一手提拔起来的，长于吏干，精于算计，然而格局褊小，人品低劣。他掌政之后，野心膨胀，以权谋私，失去了神宗的信任，熙宁八年十月，罢政外放，从此徘徊地方十年有余。元祐元年三月，吕惠卿上疏朝廷，请领宫观闲职，没想到却触发了台谏官的口诛笔伐，"违赦出兵事"更触动了皇权最敏感的神经。

台谏官对吕惠卿，必欲置之死地而后快，以为"近岁奸邪，惠卿称首"，"天赋倾邪，安于不义，性本阴贼，尤喜害人。若不死亡，终必为患"。[1]吕惠卿的奸邪固然是众所周知的，然而本朝"百年未尝诛杀大臣"的传统岂可中废！围绕吕惠卿的处分，宰相大臣与台谏官之间发生了一系列拉扯。六月十八日，朝廷发布命令，褫夺吕惠卿文臣荣誉职衔，连降四级，发往苏州，监视居住。二十日，四名谏官集体行动，左司谏王岩叟、左正言朱光庭、右司谏苏辙、右正言王觌在太平兴国寺戒坛集会，联名上疏，重申吕惠卿罪在不赦，要求太皇太后"特赐裁断"，"为国去凶"。[2]太皇太后当即批示："吕惠卿罪恶贯盈，目前的处分太轻，谏官意见极大。要流放到更偏远荒凉

[1] 见《续资治通鉴长编》卷三七八，第9180页。

[2] 见《续资治通鉴长编》卷三八〇，第9235页。

的地方，以平息公论。" 就在司马光、吕公著等人还在商讨之际，二十二日，御史台又全台出动，声讨吕惠卿违敕出兵、无父无君之罪，请求太皇太后"毫不迟疑地清除奸邪，赐吕惠卿一死，以安天下"，喊杀之声，甚嚣尘上。

二十三日，经宰相府集体讨论，上报太皇太后和小皇帝批准，朝廷公布了对吕惠卿的新处分——贬往条件更差的建州监视居住，官阶一撸到底，为建宁军节度副使，这与苏轼被贬黄州的情形差相仿佛。

苏轼撰写了吕惠卿的贬官制书，他丝毫没有掩饰复仇的快感。他以小皇帝哲宗的口吻写道："凶人在位，民不安居。惩罚不当，士有异论。滔天罪恶，必须严加惩处，才能垂范后世……朕即位之初，首先发布的就是安边令，而吕惠卿假称号令，肆行奸谋……如此祸国无道的行为，自古罕闻。孔子治鲁七日即杀乱臣少正卯；舜帝英明仁武，对奸臣贼子流放的流放，杀戮的杀戮。朕初即位，心怀宽宥，对吕惠卿只薄示惩戒。"

在这样的背景之下，太皇太后怎么可能想到发布和解诏书？

台谏官在激化矛盾，宰相却想要召还和气，寻求和解，前有范纯仁，后有吕公著。前任大理寺丞贾种民"专务中伤善良"，他参与审理"陈世儒杀母案"，曾经试图把吕公著拖下水。吕公著的女婿被叫去问了话，吕公著本人则一度主动停职谢罪，直到神宗亲自出面澄清，这才重新出来工作。大约正是因为其意图诬陷吕公著，神宗疑心贾种民结党营私，最终，贾种民被贬出京，降级担任通判。

如今贾种民任满还朝待命，殿中侍御史林旦旧事重提，弹劾贾种民"舞文深酷之罪"，要求予以严惩。吕公著却要求任命贾种民为知州，这分明是提拔了。太皇太后大感不解。吕公著说："太皇太后明鉴，这个人的确害过我，但是他已经得到了惩罚。如今我正在相位，倘若贾种民因为过去的错误而获罪，那么，这会向天下传递怎样的信息呢？惩罚贾种民是小事，朝廷因此丧失宽容的大体，这才是大事啊。"

"朝廷大体"是司马光、吕公著、范纯仁反复陈说、极力维护的。恶要除，但是除恶不能伤了和气。王安石的路线统治宋朝十五年，几乎眼下所有的官员都是在王安石路线上成长起来的，政策调整和高层的人事变动已经让他们感到了不安，再继续扩大打击面，只会让不安的情绪持续发酵。如今，蔡确、章惇已经下台，可是朝廷的各项政策、措施仍然推行不力，似乎各地的官员都在犹豫观望。那种不断蔓延的疲沓情绪，太皇太后在帘子后面也能感受得到。

是时候摒弃前嫌，勠力向前了。六月二十六日一早，太皇太后颁下亲笔手诏，内容大致如下：

先帝变法，目的是行宽厚之政，让老百姓得到好处。而某些官员不能体会朝廷本意，一味追求立功受赏，导致先帝法令在推行中出现重大偏差。政策制定不当者有之，搜刮聚敛毫无节制者有之，奸邪附势者有之，掩盖错误者有之，结交权贵者有之，开边生事者有之。上述种种，对民生造成了极大伤害，时间越久，弊端越突出，导致舆论一片批评之声。倘若不加肃清，必定扰乱纲纪。朝廷因此对其中的罪大恶极者进行了贬谪驱逐。但这也造成了其余相干人等日夜恐惧，焦灼不安。老身则以为，当此新政初开之际，一定要存恤朝廷大体，昭示宽容之恩。对于上述人等，一概不再追究弹劾，令其改过自新，安心本职。请照此意，拟作诏书，布告中外。

吕公著召来中书舍人范百禄，要他务必仔细体会太皇太后的美意，斟酌成文。太皇太后手诏的核心，第一是要对神宗朝做一个总结，结束争论，稳定人心。先帝的政策，出发点绝对是好的，问题都出在了执行层面上。保住先帝这面旗帜，才能避免思想的混乱，维护大局的稳定。第二是要肯定太皇太后摄政以来惩处贪官恶吏、整肃政风、调整政策的做法。第三是要宣布整肃的结束——整肃是必要的，但不能扩大化。第四是要给那些在神宗–王安石时代成长起来的官员吃一颗定心丸，让他们能与朝廷同心同德，这便是"朝廷大体"。范百禄草成之后，吕公著反复斟酌。两天之后，六月二十八日，一封洋溢着和解精神，维护朝廷大体的诏书呈送到了太皇太后面前。诏书以哲宗皇帝的口吻宣布：

朕追思先帝在位，讲求法度，目的是行宽厚之政，惠泽天下百姓。而某些官员，不能推原朝廷本意，或揣测圣旨肆行掊克，或胆大妄为骚扰边境，或接连兴起大狱牵连无辜。弊端积累，久而弥甚。这就是为什么批评不能停歇，朝廷必须惩奸除恶，革除弊端。端正风俗，振作纲纪，是出于公心，不得已而为之。如今罪行昭彰者已正法度，作恶为巨者已遭贬斥。其余的错误问题则可以宽大处理，不再追究，以免破坏天地间的和谐。孔子不做过分的事，舜帝崇尚宽容，为国之道，务必要保全大体。凡今日以前有相关问题错误的，一概不问，言官不得再行弹劾，有关部门不得再加惩处，让他们自我反省，共同营造美好的风俗。谨此布告，中外臣僚，深体朕意。

这是一则信号明确的"和解诏书"，它相当于一次专门针对官员的大赦，目的就是营造团结的氛围，把官僚集团从旧日恩怨、恐惧和焦虑中解脱出来，共同应对当下的治理任务。

然而，出乎宰相大臣们意料的是，六月二十八日即已草成的"和解诏书"，一直拖到七月十一日才得颁降，而降出的版本之中删掉了至关重要的几个字——"言官不得再行弹劾"。没有了这几个字，整个诏书就成了一纸空文。那么，究竟是什么力量让太皇太后改变了心意？

台谏官！御史中丞刘挚、殿中侍御史林旦、监察御史上官均、左司谏王岩叟、右正言王觌闻风而动，纷纷上疏猛烈攻击"和解诏书"，说它是"戒言之诏""姑息之政"，要寒了忠臣义士的心。台谏官沉浸在他们用文字构筑的"忠奸对立"当中，把任何一点有关和解的信号都看作对"奸邪"的妥协，对"忠贤"的背弃。而太皇太后此时显然缺乏作为一个最高统治者应有的格局、襟怀和定见，她在两种政治势力之间摇摆。司马光、吕公著、范纯仁拼命想把她往上拉，拉到一个超越派别、超越个人得失的立场上去，从江山社稷的长远利益出发来看问题，把大宋看作一个整体，要给大宋体面，抛弃前嫌，领导朝廷团结一致向前走。而台谏官则拼命想把她往下拽，拽回到更为现实的利益得失中来，"陛下以为吕惠卿违敕出兵是这么简单的吗？吕惠卿一个地方官哪有这样的能力？陛下试想，当时如果没有蔡确、韩缜、章惇这些人的支持，区区一个吕惠卿又怎么可能做出这样的大事？！陛下，陛下！""必定是宰相大臣与边帅内外勾结，才会发生这样的恶性事件，这样的事情也要放弃追究吗？倘若如此，太皇太后与皇帝陛下的权威何在？！若陛下之权威都不能保全，那还有什么'朝廷大体'可言？！"

太皇太后被台谏官所描述的阴谋吓住了。因此，当"和解诏书"被提交到帘前办公会时，太皇太后表现出了前所未有的决绝："'言官不得再行弹劾'几个字必须拿掉！"

宰执之中，司马光病情恶化，自六月十二日起再度病休，缺席讨论。

在场众臣中，神宗旧人随即低头噤声，范纯仁争而不得，吕公著欲言又止，最终，还是集体"领旨"退下了。

05 黄叶落：司马光之死

六月十二日，司马光病情再度加重，脚上的疮引发的脓肿一直肿到前脚掌，导致整个脚面都不能着地，只能仰面躺着。太皇太后下旨，"司马相公"居家休养，为国珍摄，暂可不必忧劳国事。

然而，值此新旧交替、路线变换之际，司马光的心里有太多的事情放不下。对夏关系方面，司马光主张尽早与西夏正式休兵，结束边境的紧张状态。在司马光看来，"如今公家和民间资源耗竭，疲敝不堪，根源都是用兵"。而神宗的西北拓边行动，既没有通盘的战略考虑，也缺乏有秩序的战场组织，这样的战争简直就是灾难本身！司马光主张，趁新帝即位，早下诏书，赦免西夏人的罪过，归还宋朝从西夏掠取的土地，恢复朝贡关系，重新把握宋夏关系的主动权，与民休息，与国休息。最终，太皇太后接纳司马光与文彦博的建议，宋与西夏恢复了和平交往。

役法改革也是司马光心心念念的。司马光坚信，原则上差役优于雇役；但他也承认，部分役种"雇"优于"差"，各个地区的情况也有不同，必须予以尊重。六月二十八日，司马光上疏重申役法改革问题，特别强调，权力下放到县，允许各县因地制宜，制定适合本地的

食采温國著名凌煙元勲巨德英圖莫傳
四方仰止圖像克肖飲食必祝家至戶到
復我良法式循祖宗進良退姦坐致融融
昵相君實歡聲洋溢農安于田婦安于室
退居西洛十有五年著書立言成名自天
真儒伊何時維司馬如柱如石克建大廈
於皇上帝降祚炎宋爰錫真儒爝為時棟

图四五 ⊙ 南宋 佚名 《八相图·司马光》（局部）
绢本长卷，设色，36.5 厘米 × 246.2 厘米，现藏北京故宫博物院。

差役执行办法，他说："对于利弊的了解，转运司不如州，州不如县。"
假以时日，司马光也许可以成长为一名更为务实的政治家。

八月五日，司马光忽然得知，闰二月废除的青苗钱，四月就已经
恢复。第二天，他临时上殿，在帘前愤然抗议，质问太皇太后："不
知是哪一个奸邪之人劝陛下复行此事的！"司马光不知道，提议部分

恢复青苗法的，正是他所选定的政治接班人范纯仁。范纯仁有充足的理由——政府缺钱！青苗法害民，是因为执行不当，如果适当控制，为什么不可以用？司马光没有能力也没有时间像范纯仁一样理智地思考青苗法与国家财政之间的关系。他只是感到失望，并因失望而愤怒。

在接下来的日子里，司马光的失望在不断加深。他推荐郓州时期的学生王大临做学官，没想到王大临已经过世。他推荐过的一个官员孙准跟妻子的娘家人发生诉讼，遭到了罚金处分。这让司马光陷入自责，他上奏朝廷，自言"举非其人，请连坐"[1]。此事发生在八月二十六日。

两天之后，司马光上奏朝廷，请求授予已故殿中侍御史里行陈洙的一个儿子官职。陈洙，仁宗末年的御史，曾与司马光一同力谏仁宗及时立储，他们共同奋斗，把英宗扶上了皇位，可是英宗之子神宗却把国家搞成了这个样子。

三天之后，元祐元年九月一日清晨，司马光溘然长逝，得年六十八岁。元丰八年五月底、六月初，司马光蒙召入京出任副宰相之时，曾经在给故乡子侄和给范纯仁的两封信中使用了同一个比喻，来描述自己时隔十五年重返政治中心的惶恐忧惧，他说："像我这样性格愚蠢刚直的人，孤零零地处身于陌生的充满了忌恨的官场，就像是一枚枝头黄叶身处烈风中，怎么可能不岌岌可危、摇摇欲坠呢！"如今，那一枚烈风中的黄叶终于坠落。

司马光是累死的。病中的司马光"躬亲庶务，不舍昼夜"。[2] 在

---

[1] 见《续资治通鉴长编》卷三八六，第 9399 页。

[2] 见《宋史》卷三三六《司马光传》，第 10768 页。

生命的最后时光，他喃喃自语，就像是在说梦话，又像是在做临终嘱托。司马康俯身贴耳倾听，断断续续听到的都是"朝廷""天下"。他在书房里留下的最后八页文稿，说的也都是当世要务。司马光二十岁中进士，为宋朝服务四十八年，位极人臣，然而终身衣着朴素、饮食简单，保持了书生本色，只在洛阳置下一处小小宅院和三顷田地。元丰五年夫人张氏去世，"质田以葬"，那三顷田地已经不无损失。

在司马光的心中，是非最大。他直道而行，梦想建立一个上下和谐、秩序井然、安定富足的国家，"让中外之人都能安闲地吃饭、喝茶、游赏、嬉戏，不受战乱的惊吓，不用担心有人窥视窃听"，没有战争和动乱，社会秩序稳定，老百姓春耕夏耘、秋收冬藏，丰年留客有鸡有肉，腊酒虽浑，宾主尽欢。这是最简单的梦想，也是最宏伟的蓝图。为了这个理想，司马光反对朝廷对百姓过度剥削，他主张皇帝和国家要削减开支，要藏富于民，给老百姓休息的时间。当朝廷政策违背他的理想，司马光断然离去，对于神宗捧出的枢密副使的高位，他不屑一顾，情愿躲在洛阳编著《资治通鉴》，一躲就是十五年，开封的荣华富贵只等闲。当太皇太后发出召唤，委以大政，给他调整政策、救民出水火的机会时，司马光明知艰险，仍毅然还京，主持调整大计，"尽人谋而听天命"，这就是司马光的人生态度。

九月六日，哲宗举行了即位以来第一次明堂祭天大典，此番明堂大赦所颁布的利民措施，比以往任何一次都多。仪式结束后，太皇太后和皇帝一起驾临宰相府，吊唁司马光，"哭之哀甚"。

哲宗下令，司马光"赠太师、温国公，襚以一品礼服，谥曰文正。

赙银三千两、绢四千匹，赐龙脑、水银
以敛"。[1] 哲宗亲自为司马光书写了神
道碑的碑额——"忠清粹德之碑"，并
命令苏轼为司马光写作神道碑，又赐银
二千两，专门为司马光修盖碑楼。司马
光的谥号被定为"文正"，这是一个文
官所能得到的最崇高的谥号。

司马光得到了一个宋朝高官所能
得到的所有哀荣，还有一般高官得不到
的老百姓的爱戴。得知司马光过世的消
息后，"首都百姓主动罢市，前往司马
府外吊祭，很多人典当了衣物来置办祭
品"。司马光的灵柩离开首都，被运往
涑水老家安葬，起灵那天，开封人"巷
哭以过车者，盖以千万数"。元祐二年
（1087）正月初八，司马光的葬礼在涑
水故园举行，好几万百姓从四面八方赶
来送葬，素服哀号，如丧考妣。在开封，
有人画了司马光的像，刻印出来到市
场上去卖，开封人家几乎一家一幅，外
地人也纷纷到开封来购买司马光像，不
少画工因此致富。人们像供奉祖先和神

[1] 见《续资治通鉴长编》卷三八六，第 9615 页。

明一样供奉司马光。

为什么人们这样爱戴司马光？答案很简单，因为司马光爱百姓。皇帝、文武百官和老百姓合在一起才构成了宋朝，司马光所关注的是国家的整体利益，他希望在朝廷和老百姓之间求得和谐，建立平衡的统治秩序。司马光的心意，老百姓收到了。